KB218234

야고보서
벧전후·유다
어떻게 설교할 것인가

두란노 HOW주석 시리즈 48

야고보서·벧전후·유다 어떻게 설교할 것인가

엮은이 | 목회와신학 편집부

펴낸곳 | 두란노아카데미
등록번호 | 제302-2007-00008호
주소 | 서울시 용산구 서빙고로 65길 38 두란노빌딩

편집부 | 02-2078-3484   academy@duranno.com http://www.duranno.com
영업부 | 02-2078-3333   FAX 080-749-3705
초판1쇄발행 | 2007. 8. 25. · 개정판1쇄발행 | 2009. 12. 1. 10쇄 발행 | 2022. 3. 21

ISBN 978-89-6491-098-6   04230
ISBN 978-89-6491-045-0   04230(세트)

책값은 뒤표지에 있습니다.

두란노아카데미는 두란노의 '목회 전문' 브랜드입니다.

야고보서 벧전후·유다
어떻게 설교할 것인가

· 목회와신학 편집부 엮음 ·

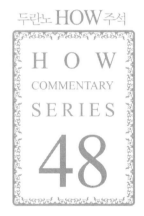

두란노 **HOW** 주석

H O W
COMMENTARY
S E R I E S
48

두란노아카데미

설교는 목회의 생명줄입니다

설교는 목회의 생명줄입니다. 교회 공동체를 향한 하나님의 음성입니다. 그래서 목회자는 설교에 목숨을 겁니다. 하나님의 말씀을 가감 없이 전하기 위해 최선을 다합니다.

이번에 출간한 「두란노 HOW주석 시리즈」는 한국 교회의 강단을 섬기는 마음으로 설교자를 위해 준비했습니다. 「목회와신학」의 별책부록 「그말씀」에 연재해온 것을 많은 목회자들의 요청으로 출간한 것입니다. 특별히 2007년부터는 표지를 새롭게 하고 내용을 더 알차게 보완하는 등 시리즈의 질적 향상을 추구하였습니다. 독자 여러분의 끊임없는 관심과 격려를 부탁드립니다.

「두란노 HOW주석 시리즈」는 성경 본문에 대한 주해를 기본 바탕으로 하면서도, 설교에 결정적으로 중요한 '적용'이라는 포인트를 놓치지 않았습니다. 또한 성경의 권위를 철저히 신뢰하는 복음주의적 관점을 견지하고자 노력했습니다. 또한 성경 각 권이 해당 분야를 전공한 탁월한 국내 신학자들에 의해 집필되었습니다.

학문적 차원의 주석서와는 차별되며, 현학적인 토론을 비껴가면서도 고밀도의 본문 연구와 해석이 전제된 실제적인 적용을 중요시하였습니다.

이 점에서는 목회자뿐만 아니라 성경공부를 인도하는 평신도 지도자들에게도 매우 귀중한 지침서가 될 것입니다.

오늘날 교회에게 주어진 사명은 땅 끝까지 이르러 예수 그리스도의 복음을 전파하는 것입니다. 사도행전적 바로 그 교회를 통해 새롭게 사도행전 29장을 써나가는 것입니다. 이 시리즈를 통해 설교자의 영성이 살아나고, 한국 교회의 강단에 선포되는 말씀 위에 성령의 기름부으심이 넘치기를 바랍니다. 이 땅에 말씀의 부흥과 치유의 역사가 일어나고, 설교의 능력이 회복되어 교회의 권세와 영광이 드러나기를 기도합니다.

바쁜 가운데서도 성의를 다하여 집필에 동참해 주시고, 이번 시리즈 출간에 동의해 주신 모든 집필자들에게 이 자리를 빌어 감사의 뜻을 전합니다.

두란노서원 원장

야고보서

어떻게 설교할 것인가

contents *

발간사

I. 배경연구

II. 야고보서 본문연구

I. 배경연구

01

야고보서 설교를 위한
배경연구

야고보서는 우리가 흔히 공동서신(the Catholic Epistles) 혹은 일반서신(the General Epistles)이라 부르는 것 중 첫 번째 서신이다. 몇몇 예외가 있기는 하지만, 이 서신들은 기독교회의 사상을 형성하는 데에 그리 중요한 역할을 하지는 못하였다. 신약 성경의 중요한 다른 서신들, 특히 바울 서신의 그늘에 거의 가리워져 있었기 때문이다.

이 중에서도 특히 야고보서는 초대 교회 때부터 많은 문제점을 안은 채 오해를 받아왔고, 정당한 평가를 받아오지 못했다. 아마 야고보서만큼 시련을 당한 서신도 드물 것인데, 그 중 가장 많이 제기되었던 문제점은 두 가지로 집약될 수 있다. 그 하나는 사도적 권위에 대한 의심 때문에 초대 교회 당시에 제기되었던 정경성의 문제였고, 다른 하나는 종교개혁 당시의 이신칭의(justification by faith) 사상과의 마찰이라 할 수 있다.

오늘날은 모든 교회가 야고보서를 정경으로 인정함에 별다른 이의를 제기하지 않는다. 그러나 칭의론에 관한 문제점들에 대해서는 아직도 좀 더 명확한 해답을 요구하고 있다. 그 이유는 바울은 이신칭의를 말하고 있는 반면, 야고보는 이와 상반된 이행칭의(justification by works)를 말하는 것으로 이해되어 왔기 때문이다. 이러한 문제는 특히 종교개혁의 주도적 역할을 감당했던 마틴 루터에 의해 제기되었는데, 이신칭의라는 해석적 안경으로 모든 것을 보려 했던 그는 야고보서를 '지푸라기 서신'이라고까지 말하여 부정적인 평가를 제시하게 되었다.

루터는 이렇게 말한다. "… 야고보서는 다른 책들, 즉 요한복음, 바울의 로마서, 갈라디아서, 에베소서, 베드로전서와 비교해 볼 때 의로운 지푸라기 서신(ein recht strohern Epistel)에 지나지 않는다. 왜냐하면 야고보서는 아무런 복음적 성격을 지니고 있지 않기 때문이다"(R. H. Lenski, "The Interpretation of the Epistle to the Hebrews," *the Epistle of James*, p. 426). 루터는 야고보서 안에는 그리스도의 죽음이나 부활 등의 중요한 복음적 내용이 전혀 없다는 것을 지적하면서 1522년에 독일어로 출판된 그의 신약 성경 초판에서 야고보서를 제외시켜 버렸다.

이러한 루터의 부정적인 평가는 그 후 교회가 야고보서를 대하는 데 많은 어려움을 제공하였고, 사람들이 야고보서를 최우선적으로 야고보서 자체의 상황 속에서 해석하기보다는 바울 신학의 틀과 전제에서 해석하는 안타까운 결과를 초래하였다.

그러나 결론부터 먼저 말한다면 이것은 바울 서신과 야고보서의 차이점, 즉 수신자와 그들의 상황의 차이를 바로 보지 못했기 때문에 비롯되었던 문제다. 다시 말하면 바울 서신은 '사람이 하나님 앞에서 어떻게 의롭게 되는가' 하는 칭의의 원인을 말하고 있는 반면, 야고보서는 '의롭게 된 사람은 어떻게 살아야 하는가' 하는 칭의의 결과를 즉 믿음과 행위의 관계를 말하고 있다는 것을 간과했기 때문이다.

이러한 일련의 과정을 보면서 우리가 느끼는 것은 모든 성경의 배경 연구가 중요하지만 야고보서에 대한 배경을 바로 아는 것이 이 서신을 바로 해석하는 데 얼마나 중요한가 하는 점이다. 그러므로 저자와 수신자의 상황(*Sits im Leben*)에 대한 배경 연구 없이는 어느 누구도 야고보서의 의도나 기록목적을 바로 파악할 수 없을 것이고, 야고보서를 바로 설교할 수도 없을 것이다. 이 글의 목적은 야고보서가 기록될 당시 저자와 수신자의 상황을 재구성하고 복원함으로써 야고보서를 바로 설교하고자 하는 설교자에게 도움을 주는 것이다.

저자의 상황

야고보서를 누가 기록했는가 하는 질문은 매우 중요하다. 왜냐하면 이 문제는 본 서신을 어떻게 접근해야 하는지 그 성격을 규정짓기 때문이다. 만약 야고보서의 저자가 예수님의 형제 야고보(갈 1:19)라면 우리는 예루살렘 교회의 지도자로서 그 교회를 이끌어 갔던 야고보의 신학적, 역사적, 사상적 배경을 토대로 해서 야고보서를 이해해야 한다. 한편 일부 학자들에 의해 제기되어 왔던 것처럼 만약 속사도 시대(교부 시대)의 무명의 사람이 저자라면, 우리는 저자에 대한 배경도 없이 서신을 막연하게 해석해야 할 것이다. 따라서 저자가 누구인가 하는 문제는 본 서신을 어떻게 해석해야 할 것인지를 결정짓는 중요한 문제가 되는 것이다.

1. 저자 야고보

저자는 자신을 아주 간단하게 '하나님과 주 예수 그리스도의 종 야고보' (1:1)로 소개한다. 야고보라는 인물은 신약 성경에 여섯 사람(예루살렘 교회의 수장인 예수님의 형제 야고보, 예수님의 열두 제자 중의 한 사람인 알패오의 아들 야고보, 헤롯왕 아그립바에 의해 순교한 세베대의 아들 야고보 그리고 예수님의 열두 제자 중 하나인 야고보 등등)이나 등장할 정도로 흔한 이름이고, 부가된 특별한 설명도 없어서 정확한 신분을 알아내는 데 어려움이 있다. 이 사람들 중에서 야고보서의 저자와 관련되어 언급되었던 사람은 세베대의 아들 야고보와 예수님의 형제 야고보다. 그런데 세베대의 아들 야고보는 AD 44년에 순교했기 때문에 야고보서의 저자로 보기에는 다소 어려움이 있다. 따라서 전통적으로 학자들은 예수님의 형제 야고보를 본 서신의 저자로 간주해 왔다(Origen, Eusebius, Jerome 그리고 대부분의 영국 학자들).

그러나 야고보서의 저자가 예수님의 형제 야고보라는 것에 강력하게 반대하는 사람들도 있다. 이들이 반대하는 이유는 야고보서를 초기의 서신으로 인정할 수 없다는 것에 있다. 다시 말해 야고보서의 내용이 주로 반(反)바울주의적인 성격을 띠고 있으므로 바울 이후의 서신으로 보아야 합리적이라는 것이다. 또 다른 이유는 야고보서가 히브리서와 같이 고도로 세련된 헬라어로 쓰여졌기 때문에 셈족 언어를 사용하는 갈릴리 출신의 야고보에게서 이와 같은 언어 사용을 기대하는 것이 불가능하다는 것이다.

그러나 이 이론들은 야고보서의 저작 시기를 바울 이전으로 보지 않고 바울 이후로 보려는 견해, 즉 야고보서를 바울 서신과 연계시켜서 대립관계로 보려는 시각을 포기하지 않기 위한 억지 이론에 불과하다. 이런 이론들은 결코 본 서신의 저자가 예수님의 형제 야고보라는 것을 논박하지 못한다. 우리는 얼마든지 야고보서를 바울 이전의 저작으로 보아도 반바울주의적인 요소를 보여 주는 야고보서를 해석할 수 있다. 뿐만 아니라 더 중요한 것은 사도행전에 있는 야고보의 연설과 야고보서의 내용을 비교해 보면 주목할 만한 유사성이 있음을 발견한다(약 1:1=행 15:23, 약 1:27=행 15:14, 약 2:5=행 15:13, 약 2:7=행 15:17, 약 4:11=행 15:23, 약 5:19~20=행 15:19). 따라서 사도 야고보를 너무 과소 평가하는 일부 학자들의 견해는 받아들여지기 힘들며, 우리는 본 서신의 저자가 예수님의 형제 야고보임을 알 수 있다.

2. 저작 시기

야고보서의 저작 시기는 대체로 야고보서의 내용과 밀접한 연관 속에서 결정하는 경향이 있다. 특히 바울의 이신칭의 사상과의 상호 관계 속에서 시기를 설정하려는 시도들이 많이 있었다. 사람들은 본 서신의 내용이 바울 이후의 시대 상황을 전개한다고 주장하기도 하고(L. Goppelt 등), 좀 더 구체적으로는 이 서신 속의 상황이 도미티안(AD 81~96) 황제 때의 생활상을 반영하는 것처럼 보인다고 주장하기도 했다(Bo Reicke). 그러나 이와 같은 주장들은 야고보와 바울의 사이를 긴장과 갈등의 구조 속에서 해석하려는 시도의 산물이라 할 수 있고, 결국 야고보의 저작설을 부인하는 결과를 초래한다.

또 어떤 학자들은 비록 야고보서가 바울 이전 시대에 쓰여졌다는 것을 인정하기는 하지만, 야고보의 순교 직전(AD 62)에 기록되었다고 주장한다. 만약 우리가 이 견해를 취하면 역시 야고보서를 바울과의 논쟁 속에서 기록된 서신이라고 볼 수밖에 없다. 즉 야고보서는 바울이 기록한 로마서(AD 55~57)에 대한 반응으로 바울의 이신칭의 사상을 반박하기 위해 기록되었다는 것이다. 이상의 모든 주장들은 약간의 차이는 있지만, 야고보와 바울의 관계를 근본적으로 대립적인 관계로 보는 공통점을 가진다.

그러나 여기서 우리가 한 가지 분명히 알아야 할 것은, 바울과 야고보 사이에는 어떠한 사상의 차이도 발견할 수 없다는 것이다. 즉 야고보서는 바울과 논쟁을 하기 위해서 저술된 서신이 결코 아니라는 것이다. 이것은 우리가 야고보와 바울의 관계를 보면 분명히 알 수 있을 것이고, 야고보서의 성격을 바로 이해하는 데에도 중요한 출발점이 될 것이다.

3. 야고보와 바울의 관계

성경의 기록을 미루어 볼 때 야고보와 바울의 사이에는 네 차례의 만남 – 1차 방문(갈 1:18~20), 2차 방문(행 11:21~30), 3차 방문(행 15:6~29), 4차 방문(행 22:17~23) – 이 있었다. 이 기록들을 통해서 볼 때 우리는 이들 사이에 대립적인 모습이 있었음을 시사해 주는 대목을 한 곳도 발견할 수 없다. 오히려 두 사람 사이에는 사상의 일치성이 존재하고 있었다.

특히 바울이 부조여행을 위해서 예루살렘을 방문했을 때(행 11:21) 바울은 예루살렘 교회의 지도자인 야고보에게 자신의 복음을 제출하였고, 야고보는 이 복음을 승인하였다. 또한 세 번째 방문인 예루살렘 회의(AD 48/49)에서도 야고보는 다시 한 번 바울의 복음을 재승인했던 것을 분명히 알 수 있다.

특히 예루살렘 회의 – 이방인이라도 할례나 율법의 조건 없이 오직 믿음으로만 하나님 백성의 공동체 안에 들어 올 수 있다는 것을 확정지었던 중요한 회의 – 에서 사회를 보았던 야고보는 이방인 선교는 구약 예언의 성취임을 밝혔다. 그리고 이방인에게 할례를 비롯한 율법의 멍에를 메우는 것을 거부하면서 바울의 '할례와 율법 없는 복음'의 정당성을 인정하였다(행 15:13~22). 이렇게 하여 바울과 예루살렘 교회의 기둥 사도들, 특히 야고보 사이에는 믿음으로 의롭게 된다고 하는 '신학적인 합일점'이 이루어지게 되었던 것이다.

우리는 이 회의에서의 야고보의 태도를 통해 그가 '율법'을 구원의 수단으로 이해하지 않는 것을 분명히 볼 수 있다. 만약 야고보가 유대교에서 말하는 것처럼 '율법을 구원의 수단'으로 중요하게 여겼다면, 바울을 반대하여 이방인들에게도 이 율법의 행위들을 요구하였을 것이다. 그러나 이러한 율법의 요구들을 거부하였다는 것은 결국 야고보는 이러한 율법의 행위가 구원과 관련되지 않는다는 점을 분명히 하고 있었음을 밝히는 것이다.

그렇다면 바울에 대한 이러한 야고보의 태도는 무엇을 의미하는가? 결국 야고보는 바울에 대해서 처음부터 죽음을 앞에 둔 순간까지 대립과 갈등의 반응을 보인 적이 없었고, 오히려 두 사람 사이에는 확고한 신학적 합일점이 존재했던 것을 알 수 있다. 그러므로 우리는 야고보서가 바울의 로마서를 반박하기 위해서 쓰여졌다는 주장을 결코 받아들일 수 없다. 따라서 야고보서는 예루살렘 회의 이전에 쓰여졌다고 보는 것이 가장 타당하다.

수신자의 상황

안타깝게도 다른 서신들과 비교해 볼 때, 공동서신들이 지니는 일반적인 특징은 수신자에 대한 특별한 언급이 없다는 것이다(베드로전서는 예외). 이 점은 이 서신들이 어떠한 상황 속에서 기록되었는지 그 역사적 상황을 파악하고 재구성하기가 쉽지 않다는 것을 의미한다.

1. 수신자 : 흩어져 있는 열두 지파
본 서신은 유대적 배경을 가진 저자 야고보를 전제로 할 뿐 아니라, 수신자들도 같은 배경을 가진 사람들이었다는 것을 전제로 한다. 수신자는 간단히 "흩어져 있는 열두 지파"(1:1)로 소개된다. 과연 이 서신의 수신자들이 누구였는가 하는 문제를 정확히 밝히는 것은 그리 쉬운 문제가 아니다. 이는 워낙 다양한 견해들이 있기 때문이다. 우리가 수신자들을 알 수 있는 중요한 단서는, "흩어져 있는(디아스포라) 열두 지파"(1:1)라는 단어와 그들의 정기 집회장소가 "회당"(2:2)이었다는 두 가지에 불과하다.

"흩어져 있는 열두 지파(디아스포라)"라는 말은 일반적으로 팔레스틴 바깥에 사는 여러 부류의 유대인들을 가리킬 때 쓰이는 용어다. 또한 "회당"(2:2)은 유대인 집단의 회집 장소를 가리키지만, 동시에 유대계 기독교 집단의 회집 장소를 의미하기도 하였다. 그렇다면 우리는 수신자들이 야고보의 관할구역이었던 팔레스틴 지역 밖에 사는, 즉 로마제국 전체에 흩어져 사는 유대계 기독교인이라고 말할 수 있을 것이다. 실지로 이 견해가 가장 전통적인 것으로 저자인 야고보와도 조화를 잘 이룬다.

그러나 "흩어져 있는 열두 지파"라는 단어가 반드시 유대계 기독교인에게만 국한되었을까? 이와 비슷한 수신자에 대한 언급이 베드로전서 1: 1~2에서도 나타나는데, 그곳에서는 구체적인 지명까지 언급되었다. 그럼에도 불구하고 베드로전서의 경우에는 독자들의 인종적 배경이나 지형적인 문제를 문자적으로 이해하기보다는 오히려 영적인 의미를 부여함을 볼 수 있다. 여기서 우리가 알 수 있는 것은 '흩어져 있는'이란 단어는 문자적 의미로만 아니라 영적으로도 쓰인다는 사실이다. 실지로 당시 초대 교인들에게는 '교회는 새로운 이스라엘'이라는 개념이 상당한 호소력을 지니고 있었던 것이 사실이다. 이를 반증하기라도 하듯 야고보는 본 서신에서 구체적인 지역 공동체의 문제를 다루는 것이 아니라 일반적인 기독교 독자들에게 적합한 문제를 다룬다. 이렇게 볼 때 수신자는 좀 더 크게 확대될 수도 있을 것이다.

결론적으로 우리는 수신자의 문제를 이렇게 정리할 수 있을 것이다. 야고보서의 수신자들은 일차적으로 로마 제국 전체에 흩어져 사는 유대인 신자들이지만, 동시에 흩어져 있는 일반 기독교인들도 완전히 배제되고 있지는 않는 듯이 보여진다.

2. 수신자의 상황

수신자들의 세부적인 상황에 대한 증거가 거의 없기는 하지만, 우리는 이미 야고보서가 예루살렘 회의 이전 시기에 쓰여졌다는 것을 알고 있고, 수신자들이 디아스포라 기독교인이라는 것도 알고 있다. 또한 야고보서의 내용을 볼 때 첫째, 본 서신이 핍박당하고 있는 유대 그리스도인들에게 보내진 편지라는 것과 둘째, 예루살렘 회의 전에 폭넓게 전파된 바울의 복음에 대해 잘못 이해하고 있던 것을 바로잡으려는 의도가 보인다. 이런 내용을 기초로 우리는 야고보서가 쓰여지게 된 상황을 다음과 같이 재구성할 수 있을 것이다.

1) 핍박 아래 있던 당시 그리스도인들

이때의 핍박의 정체는 세 가지 측면에서 볼 수 있다. 종교적 핍박과 정치적인 박해 그리고 경제적인 어려움이었다.

첫째, 당시 그리스도인들은 종교적인 핍박(유대인에게서 받은 핍박)의 상황 아래 놓여 있었다. 스데반의 순교(행 7장) 이후 예루살렘에 있는 교회에 큰 핍박이 가해진다(행 8:1). 사람들은 '유대와 사마리아 모든 땅으로' 흩어지게 되는데, 심지어 베니게, 구브로, 안디옥까지 이르렀다(행 11:19). 당시 수신자들이 겪고 있던 가장 큰 환난은 한마디로 유대인들에게서 받은 종교적 핍박과 환난이었다. 이런 핍박의 상황은 예루살렘 회의(행 15장)와 바울의 마지막 예루살렘 방문(행 21장)까지 계속되었다고 사도행전은 증거한다. 이로 미루어 보건대 당시 그리스도인들은 유대인들 때문에 심한 종교적 어려움에 직면해 있었음을 짐작할 수 있다.

둘째, 당시 그리스도인들은 또한 정치적인 핍박(로마제국에서 받은 핍박)을 당하고 있었다. 다행히 아직까지 심각할 정도는 아니었지만 그래도 그리스도인들은 정치적인 핍박을 당하고 있었다. 이것은 야고보의 순교 사건과 베드로가 감옥에 갇힌 사건(행 12장)을 통해 알 수 있는데, 이 사건들로 당시 그리스도인들에게 정치적인 박해도 있었음을 짐작할 수 있다.

셋째, 당시 그리스도인들은 경제적인 어려움에 직면해 있었다. 이러한 사실은 글라우디오 황제 때 큰 흉년이 발생하여(AD 46) 바울이 부조여행을 위해서 예루살렘을 방문했던 사실을 통하여 알 수 있다(행 11:27~30).

요약하면 당시 수신자들은 내부적으로 유대인들에게서 종교적인 환난과 도전에 직면해 있었고, 외부적으로는 아직까지는 큰 핍박이 가해지지는 않았지만 여전히 정치적인 박해 아래 있었다. 그리고 기근으로 인해서 경제적인 어려움을 당하는 상황에 놓여 있었다.

우리가 야고보서의 내용을 보면서 알 수 있는 것은 당시 신자들은, 몇몇 부자가 섞여 있기는 했지만 대부분 가난한 사람들이었다는 것이다(1:9~10; 2:5~7). 그런데 문제는 교인들 가운데 바울의 복음을 잘못 이해해서 남을 돌보지 않고 자기 자신만을 위해 살면서도, 자신들이 지금 올바른 신앙생활을 하고 있다고 착각하는 이기적인 사람들이 있었다는 것이다. 즉 '믿음과 행함의 관계'를 바로 이해하지 못하고, '행함으로 자신의 믿음이 입증되지 않으면서도 자신은 바른 신앙생활을 하고 있다'고 생각하는 성숙하지 못한 그리스도인들도 있었다.

이런 어려움에 처해 있는 수신자들에게 먼저 위로와 도전의 메시지를 전하기 위해 지금 야고보서를 기록하는 것이다. 한마디로 야고보서는 핍박 당하고 있는 유대 그리스도인들에게 보내는 위로의 편지인 동시에 이런 어려운 상황 속에 놓여 있음에도 불구하고 남을 돌보지 않는 미성숙한 사람들에게 참된 믿음은 행함을 동반한다는 것을 역설한다. 또한 어려운 자들을 잘 돌볼 것을 권면하는 것이다(1:27; 3:13; 4:17; 5:1~6, 14).

2) 바울의 이신칭의의 복음을 오해했던 그리스도인들
당시 그리스도인들은 이미 폭넓게 전파되었던 바울의 이신칭의의 은혜의 복음에 대해서 잘못 이해하고 있었다. 값 없이 은혜로 구원을 받았으니 신자의 행함은 있어도 되고 없어도 되는, 그래서 구원과는 아무 관련이 없는 첨가물 정도로 간주했다. 혹은 행함이 없이도 마치 믿음이 좋은 것처럼 오해했다. 믿음과 행함은 분리될 수 있는 것으로 또는 그저 믿음만이 중요하고 믿음만 있으면 된다는 식의 오해! 마치 오늘 우리 한국 교회의 많은 성도들처럼 행함이 없이도 믿음이 좋은 것으로 착각하거나, 믿음과 행함이 분리될 수 있는 것으로 오해했다. 행함이란 신자에게 반드시 나타나야 하는 구원의 표시가 아니라 자신에게 상을 가져오는 공로가 된다고 오해하는 것처럼 말이다. 안타깝게도 당시 야고보서의 수신자들은 살아 있는 믿음은 사랑으로 역사하며 반드시 행함으로 열매 맺는다는 것을 바로 알지 못했던 것이다.

이러한 상황 속에서 야고보는 당시 교인들이 잘못 이해하는 부분들을 바로잡을 필요를 느꼈을 것이다. 사실 야고보는 어느 누구보다 바울의 은혜의 복음을 잘 이해하고 있었다. 이미 여러 차례의 만남과 토론을 통해서 바울의 복음에 대해서 잘 이해하였던 야고보는 이러한 잘못을 바로잡고 성도들을 다시 바른 믿음 위에 세우기 위해 야고보서를 쓰게 된 것이다.

3) 기록목적

따라서 우리는 야고보가 왜 야고보서를 써야만 했는지 다음과 같이 정리할 수 있다. 야고보서는 주의 형제 야고보가 예루살렘회의 이전에 여러 상황으로 어려움과 고통에 처해 있는 유대 그리스도인을 위로하고 격려하기 위하여 기록했다. 또 다른 한편으로는 바울의 복음을 잘못 이해하여 실천적인 삶이 결여된 사람들에게 올바른 그리스도인의 삶을 제시하고 바로잡기 위하여 기록한 것이다.

믿음과 행함의 관계

야고보서의 가장 핵심적인 문제는 구원에 대한 잘못된 이해로 말미암아 행함이 결여된 신자들이 나타나고 있다는 것이었다. 그러나 이것이 단지 야고보서만의 문제일까? 결코 그렇지 않다. 아마 야고보가 오늘 한국 땅에 와서 우리 한국 교회 성도들을 본다면 무엇이라 말할 것인가? 동일한 지적을 하지 않겠는가?

오늘 한국 교회의 큰 고민 중의 하나는 교회 생활을 그렇게 오래 했음에도 불구하고 저 사람이 정말 예수님을 믿는 사람인지 아닌지 아리송한 사람들이 너무 많다는 것이다. 다시 말하면 예수 믿는 증거가 삶으로 뚜렷하게 나타나고 입증되어야 함에도 불구하고 순종 없는 신앙고백을 하는 사람들이 너무 많다. 그렇다면 그리스도인의 성숙의 문제를 다루고 강조하는 야고보서는 오늘 우리 한국 교회가 가장 겸손하고 두려운 마음으로 읽어야 할 하나님의 말씀이 아니겠는가!

그렇다면 왜 이런 현상들이 나타나는 것일까? 그 원인이 무엇인가? 한국 교회가 이신칭의의 은혜의 교리에 깊은 영향을 받은 것은 주지의 사실이다. 그러나 불행하게도 우리는 이신칭의 교리를 '칭의와 성화의 균형잡힌 것' 보다는, 일방적으로 받아들여 성화와 선행에 대한 강조는 소홀히 하고 칭의적인 측면만을 지나치게 강조함으로 기독교의 구원을 '값싼 구원'으로 만들려는 경향이 있는 것 같다. 값 없이 은혜로 구원을 받았으니 신자의 선행은 그저 있어도 되고 없어도 되는 그래서 구원과는 아무 관련이 없는 것으로 간주하거나 신자의 상급론에 종속시켜 버린다. 그런가 하면 구원받은 사람은 자동적으로 선행의 열매를 맺을 수밖에 없다는 식으로 오해하는 경향마저 있다.

그러나 성경을 자세히 읽다 보면 '믿음' 을 말할 때 절대로 행함과 분리된 믿음을 말하지 않음을 발견한다. 오히려 믿음과 행함은 바늘과 실처럼, 동전의 양면처럼 붙어 다니는 분리할 수 없는 관계인 것을 볼 수 있다. 그러기에 야고보는 참된 믿음, 살아있는 믿음이란 '행동'으로 그 진실성이 증거되고 나타나는 것임을 강조하는 것이다.

"참된 믿음은 행함으로 증거가 나타나야 한다"는 교훈은 야고보서가 특히 강조한다. 하지만 이런 강조는 동시에 성경 전체에 나타나는 핵심적인 교훈이다. 세례요한은 "너희가 회개에 합당한 열매를 맺으라"고 했고, 예수님도 "이같이 너희 빛을 사람 앞에 비취게 하여 저희로 너희 착한 행실을 보고 하늘에 계신 너희 아버지께 영광을 돌리게 하라"(마 5:16)고 명령하셨다. 이어서 "… 그의 열매로 그들을 알리라"(마 7:20) 하셨고, 결론적으로 "나더러 주여 주여 하는 자마다 천국에 다 들어갈 것이 아니요 다만 하늘에 계신 내 아버지의 뜻대로 행하는 자라야 들어가리라"(마 7:21)고 행함을 강조하셨던 것을 볼 수 있다.

어떻게 보면 예수님께서 구원의 '이중기준'을 제시하는 것처럼 보인다. 구원은 믿음으로 받는 것인데, 어떻게 예수님은 "내 아버지의 뜻대로 행하는 자라야 천국에 들어가리라"고 '행위구원'을 동시에 주장하시는 것일까? 그렇게 의문이 드는 사람은 야고보서를 읽으면서도 역시 야고보도 '행위구원'을 주장하는 사람처럼 보일지도 모른다. 실지로 야고보가 "우리 조상 아브라함이 그 아들 이삭을 제단에 드릴 때에 행함으로 의롭다 하심을 받은 것이 아니냐"(2:21)고 묻고 있지 않은가? 그렇다면 정말 야고보가 그리고 예수님께서 바울과 대조적으로 '행위구원'을 주장하는 것이란 말인가? 이것은 결코 그런 의미가 아니다. 믿음과 행함은 항상 함께 나타나야 하는 것이기에, 구원받은 자는 그 '구원의 표'가 선한 삶으로 나타날 수밖에 없기에 이렇게까지 말씀하시는 것이다. 그래서 야고보도 곧 이어서 "…믿음이 그의 행함과 함께 일하고 행함으로 믿음이 온전케 되었느니라"(약 2:22)고 한 것이다.

또한 이것은 "사랑으로써 역사하는 믿음"(갈 5:6)을 주장했던 바울과 정확히 일치한다. 특별히 이런 강조는 바울 서신에서 더 잘 찾아 볼 수 있는데 바울이 기록한 모든 서신은 그것이 교리적이든 신학적이든 할 것 없이 언제나 행함과 실천을 강조하는 것으로 끝맺는다. 오직 믿음을 강조하는 바울 또한 믿음과 행함과의 관계를 서로 나눌 수 없는 통합적인 관계로 이해했기 때문이다.

그렇다면 이제 신자의 행함에 대한 이해는 분명해졌다. 행함은 믿음과 분리될 수 있는 것이 결코 아니다. 또한 "믿음으로 구원받고, 행함으로 상급을 받는다"는 '상급논리'도 이제는 우리 한국 교회 안에서 사라져야 한다. 물론 우리는 분명히 상급이 있는 줄 믿는다. 그러나 야고보서를 비롯한 성경 전체가 강조하는 것은 "상급을 위해 선한 행실을 하라"는 것이 아니라, 정상적인 신자의 삶은 행함이 반드시 동반되어야 함을 말하고 있기 때문이다. 당연히 해야 할 것을 마치 남보다 더 하는 특별한 것으로 생각하게 만드는 상급논리 때문에 오히려 한국 교회 성도들이 교만과 공로주의의 함정에 빠지지 않았는가!

이제 더 이상 한국 교회를 값싼 은혜와 공로주의 사상이라는 양극단의 틈바구니 속에서 멍들게 해서는 안 된다. '행함'은 정상적인 신자에게 반드시 있어야 하는 '당연한 것'이고 '기본적인 것'이지 어떤 '특별한 것'이 아니다. 신자면 신자답게 살아야 한다. 하나님의 자녀면 하나님의 자녀답게 살면서 하나님을 닮은 모습을 드러내야 한다. 이것이 정상적인 모습이 아니겠는가? 그러기에 성경 특히 야고보서와 요한일서는 신자의 가장 중요한 표식을 '선한 행실'이라고까지 말하고, 예수님께서도 "열매로 그들을 알리라"고 말씀하시는 것이다.

모든 그리스도인은 자신을 구원해 주신 하나님의 은혜에 감격하여 그 은혜에 보답하는 삶을 선한 행실로 나타내야만 한다. 이것이 정상적인 성도의 모습이고, 행함이 없이 입술에만 그치는 신앙고백은 결코 성숙한 신자의 모습이 아니다. 그러므로 성도들은 이 세상을 살아가는 동안 하나님을 닮은 선한 행실로 자신의 믿음을 입증하고, 하나님의 부르심에 합당하게 살아가면서 하나님의 영광을 드러내는 올바른 믿음의 사람이 되어야 한다.

결론

야고보서는 주의 형제 야고보가 예루살렘 회의 이전에 종교적, 정치적, 경제적으로 어려움을 당하는 상황 속에서 바울의 복음을 잘못 이해하고 있는 독자들에게 성숙한 삶을 권면하고, 핍박 속에 있는 독자들을 위로하기 위해서 기록한 서신이다.

과거 흔히 오해했던 것과 달리, 야고보서는 바울 서신과 대립 관계에 있지도 않고 또한 행위구원을 주장하는 서신도 아니다. 그렇게 보여졌던 이유는 수신자들의 대상과 상황의 차이 때문이었다. 야고보서의 대상은 믿음은 있지만 실천이 없는 그리스도인들이었기에 야고보는 성숙한 삶을 위해 '행함'을 강조할 수밖에 없었다. 반면 바울은 행위구원을 주장하는 유대교와의 긴장 속에서 '오직 믿음으로'만을 강조해야만 했다. 즉 야고보와 바울은 '상황'이 달랐고 독자도 서로 달랐다. 이런 차이를 보지 못한 채 마치 한 쪽은 옳고 우월하고, 다른 한 쪽은 틀렸고 열등하다는 흑백논리를 주장하는 것은 '다름과 틀림의 차이'를 보지 못하는 무지의 결과다.

정작 당사자인 야고보와 바울은 후대의 해석자들과는 달리 결코 대립관계에 있지 않았다. 오히려 철저한 신학적인 합일점이 있었고 일관된 주장을 하고 있었다. 사람들이 지금까지 야고보서를 부정적으로 평가했던 이유는, 야고보와 바울의 관계를 대립관계로 보고 그러한 전제 속에서 편파적으로 야고보서를 해석했기 때문이다. 이제 우리 설교자들은 그런 해석의 전제와 틀에 얽매이는 것이 얼마나 무서운 결과를 초래할 수 있는지를 분명히 알아야 한다. 그러므로 야고보서를 바로 설교하기를 원하는 설교자는 먼저 본문 자체에 우선권을 부여하고, 서신의 상황과 배경적 연구를 통하여 상황을 복원하고 해석할 때 야고보서가 무엇을 말하려고 하는 지 바로 들을 수 있을 것이다.

끝으로, 오늘 우리 한국 교회는 야고보서를 어떻게 읽어야 할 것인가? 우리가 알고 있는 대로 죄인은 오직 믿음(*sola fide*)으로 구원받을 수 있다.

그러나 이 믿음은 사랑으로 역사하기 때문에(갈 5:16), 우리가 주님 앞에 서는 날 제일 먼저 물으실 질문은 "무엇을 믿었느냐"가 아니라, "무엇을 행했는가"다. 과연 우리는 이 질문에 무엇이라 대답할 수 있을까? 우리가 섬기는 성도들은 무엇이라고 이 질문에 답할 것인가? 만일 야고보 사도가 이 땅에 와서 한국 교회의 강단에 선다면 무엇이라 설교할 것인가?

값싼 은혜와 공로주의 사상이라는 양극단의 틈바구니 속에서 멍들어 가고 있는 한국 교회는 이제 다시 겸손히 야고보서를 읽어야 한다. 그리고 이제 구원에 대한 바른 이해를 가져야 한다. 우리의 칭의의 근거는 믿음이다. 그러나 이 믿음은 순종의 성격을 가지기 때문에 믿음과 선행은 언제나 같이 붙어 다니지 결코 나누어 질 수 없는 것이다. 그래서 선행이란 믿음으로 구원받은 자에게 당연히 나타나야 할 열매지, 결코 공로나 자랑거리나 상이 될 수 없다는 것을 분명히 인식해야 한다.

이제는 우리 성도들이 의롭다 하심을 받은 '신분을 즐기기만 하는 수준'에서 좀 벗어나 '성숙'을 향해 나아갔으면 하는 간절한 바람이다. 그리고 개인의 복을 비는 기복적인 신앙에서 벗어나 역사와 민족 앞에 책임을 감당하는 '실천적 그리스도인,' '행동하는 그리스도인'이 되었으면 한다. 그이유는 변화와 새창조의 역사는 오직 사명을 감당하는 책임있는 그리스도인들을 통해서만 이루어지기 때문이다. 우리 성도들이 이런 성숙한 신자들로 날마다 변해가는 '성장과 변화'의 역사가 야고보서를 설교하는 설교자들을 통해 이루어지기를 간절히 소망해 본다.

02

야고보서의 경제 윤리[1]

    탤런트 김혜자 씨의「꽃으로도 때리지 말라」를 읽으면서, 지금도 이 세상에서 많은 사람들이 먹을 것이 없음을, 전쟁과 가뭄과 같은 재난으로 죽어가고 있음을 실감했다. 그 책에 의하면 "오늘날 전 세계의 사업 90%가 비본질적인 것을 충족시키는 상품을 생산하고 있으며, 지구상의 60%의 회사와 공장이 여성의 육체와 여성의 아름다움을 위한 물건을 만들고 있으며, 한편에서는 하루에 35,000명의 아이들이 굶주림으로 죽어가고 있다"고 소개하고 있다. 김준우 교수는 1999년「21세기 기독교 총서」를 발간하면서 "세계 인구 가운데 상위 20%가 1998년 현재 전 세계 소득 총액의 86%를 움켜쥐고 있고, 나머지 80%의 인구는 전 세계 소득 총액의 14%를 나눠먹기 위하여 아귀다툼을 하고, 가진 자들은 세계 총 생산량의 47%를 가축의 사료로 사용하여 고단백질 육류 음식으로 배를 채우는 반면에, 다섯 살 미만의 굶주리는 어린이만 해도 2억 명이나 되며, 매일 4만 명의 아이들이 죽어가는 현실에서 '자비와 정의의 하나님은 어디에 계신가?'라고 질문하고 있다." 이와 같은 부의 불균형의 문제는 어제 오늘의 문제가 아니며 오늘 대한민국이라는 현실에서 살고 있는 사람들에게도 피할 수 없는 문제다. 그러므로 이 문제는 인류가 존재하는 한 계속되는 질문이다. 그리고 필자 역시 이미 지적한 통계들을 통하여 '무엇이 정의인가?'라는 윤리적인 질문과 동시에 '그리스도인의 의미는 그런 상황에 직면하여 무엇인가?' 라는 질문을 하게 된다.

따라서 필자는 이런 질문과 관련하여 야고보서에 나타나는 윤리 문제를 다루어 보고자 한다. 그것은 야고보서가 물질의 소유와 사용에 대한 성경적인 전통을 제시하는 동시에 그것을 기독교적인 시각에서 '어떤 의미로 받아들여야 하는가?'라는 질문을 제기하기 때문이다. 그리고 이런 질문은, 위에서 지적한 현대인들의 경제적인 불균형 문제와 오늘 우리가 살고 있는 현실에서의 불균형 문제와도 연결된다. 특히 야고보서는 '부자와 가난한 자'의 문제를 심각하고 심도 있게 다루면서, 이것을 윤리적인 문제로 제한하지 않고 신학적인 차원으로 끌어올린다. 그러므로 여기서 다루려는 주제는 기독교 윤리와 신학이라는 양쪽을 아우르는 대화가 된다.

이 글은 먼저 야고보서에 나타나는 '부자와 가난한 자에 대한 이해'를 구약과 유대교의 전승에서 고찰하고, 그 후에 야고보서에 등장하는 사회 계층의 당시 상황을 사회학적인 입장에서 접근하며, 마지막으로 야고보서의 부자와 가난한 자에 대한 입장(2:1~13; 4:13~17; 5:1~6)을 다루고자 한다.

구약과 유대교 전승의 부자와 가난한 자에 대한 이해

여기서는 구약과 유대교 전승으로 이어지는 부자와 가난한 자에 대한 이해를 사회사적인 측면에서 간단하게 고찰하고자 한다.

1. 구약의 이해

먼저 야고보서에 나타나는 부자들에 대한 비판적인 태도는 구약의 예언자와 율법 전통에서도 나타난다. 특히 구약의 예언자들은 부자와 재산에 대한 비판을 수행할 때 율법 안에 있는 사회적인 법률을 사용하였다. 그리고 그 법률의 내용은 재산에 대한 부자들의 행위가 사회의 약자들을 돌보는 것이 되어야 한다고 말한다. 이런 의미에서 약자들에 대한 관심은 부자들의 의무로 인식되었다. 특히 주전 8세기의 예언자였던 아모스는 북왕국의 부유한 지주들과 왕실 관리들이 가난한 자들을 종속시키고 착취하는 것을 공격한다(암 5:10~12; 8:4~8a). 그리고 이와 같은 아모스의 예언은 남왕국의 이사야에게도 나타난다. 이사야도 대지주들이 토지를 강탈하는 일과 재판관들의 타락과 무자비와 편파성을 신랄하게 비판하였다(사 5:8~10; 10:1~3).

여기에는 구약의 예언자들이 부자들과, 그것을 근거로 가난하고 약한 자들을 억압하는 것을 비판함은 율법과 그들의 율법 이해와 관련이 있고, 특히 신명기 15장 12ff절에 나오는 희년법 정신과 관련하여 이 법이 시행되는 것을 위반하는 것에 대해서 항거하고 있음이 나타난다. 이것은 희년 사상 안에 사회적으로 처지가 낮은 사람들의 빚의 삭감, 노예들의 해방과 땅의 재분배라는 본질적인 내용이 들어 있음을 보여 준다. 이것들은 구약성경 안에 사회 개혁에 대한 근본적인 요구를 제도화하려는 시도가 있었다고 볼 수 있으며 무엇보다도 희년 사상은 훗날 이스라엘의 종말론적인 해방에 대한 상징으로 재해석된다.

2. 초기 유대교의 입장

북이스라엘과 남유다는 위에서 열거하였던 것처럼 부익부 빈익빈이라는 긴장관계에 있었고, 여러 번 이에 대한 개혁을 시도하려고 하였다. 그러나 이런 개혁적인 요구는 일시적인 것으로 끝나고 말았다. 그래서 이스라엘의 역사는 계속해서 상류층과 하류층 간의 긴장 관계로 이어졌다. 그리고 이 긴장 관계는 북이스라엘과 남유다가 멸망하던 시기까지 계속되었다. 그리고 이런 관계는 바벨론 포로기를 지내며 페르시아가 통치하던 시기에도 계속되었다(느 5:15).

특히 알렉산더의 동방 원정 이후 팔레스타인의 경제 상황은 더욱 나빠졌다. 그것은 동양을 정복하였던 알렉산더나 그의 후계자들이 경제적인 목적에서 전쟁을 시작하였고, 이후 권력을 배분하면서 그들이 점령한 땅에서 집중적인 착취를 수행하였기 때문이다. 그래서 하층민들은 부자들에 의해서 어려움을 당했는데, 이 상황은 로마 시대까지 이어진다.

특히 예수 시대까지 이르게 되면 로마인들과 팔레스타인의 헤롯 대왕, 그의 후계자들, 상류층들도 하층민에 대한 착취를 계속해 갔다. 그런 과정에서 대토지 소유자들은 자유로운 소농들을 강제로 추방하였고, 그로 인해서 헤롯 이후에는 땅이 없는 소작농들의 숫자가 증가해 나갔다. 그래서 예수의 비유에 등장하는 지주, 소작농, 날품팔이 하는 일용 노동자, 충실한 관리인, 불의한 관리인, 빚의 탕감과 빚 때문에 노예가 된 사람 등에는 그 당시의 사회적인 입장이 반영되고 있다.

그렇기 때문에 셀류커스 왕조의 안티오쿠스 4세 당시에 시작되었던 마카비 반란(주전 167년 시작)과 로마의 통치 당시 열심당원들이 지배자들에 대항하여 벌였던 대로마 항전(주후 66~70년)은 유대인들의 자유를 위한 투쟁인 동시에 사회적인 지위를 위한 투쟁이었다. 이에 대한 증거는 주후 66년 반란을 주도하였던 유대인들이 예루살렘을 점령하였을 때, 제일 먼저 빚 문서와 토지 대장이 들어 있던 그 도시의 기록 보관소를 불태웠다는 사실에서 드러난다(Josephus, Bell. 2, 427).

우리는 이런 사회적인 투쟁의 분위기를 유대교의 종교적인 문서들 안에서도 발견한다. 그중에서도 이스라엘의 지혜 교사로 알려졌던 벤-시라(Ben-Sira)는 부자들의 비도덕적인 입장에 대해서 날카로운 비판을 가하고 있다(공동번역, 집회서 11:16; 31:5; 13:3~4, 13:19~20; 34:20~22). 그러나 벤-시라는 부자들을 비판함에 있어서 일방적인 태도를 취하지 않았다. 그는 지혜론 전통에 서서 부자들이 정직하게 일하여 재산을 모았을 경우에 하나님은 그들의 생명을 안전하게 보장하시는 것으로 보았고(공동번역, 집회서 31:8), 그 반대로 게으른 결과로써 생겨난 가난과 구걸을 미워하신다는 견해를 피력했다(공동번역, 집회서 31:4; 40:28).

그리고 이런 부자와 가난한 자의 대립은 종교적인 영역에서 가난한 자 혹은 가난에 대한 칭찬으로 의미가 변하기도 하였다(눅 6:20). 그러면서 불의한 부자에 대한 묵시 문학적인 심판의 위협은 더욱더 날카로운 비판으로 발전한다. 특히 이디오피아 에녹서는 단호한 비판적인 입장을 제시한다(이디오피아 에녹서 94:6~10; 97:8~10). 그러면서 야고보서와 연관해서 주목을 끄는 것은 부자와 가난한 자들의 현세적인 불균형이 하나님의 대심판에 직면해서는 뒤바뀐다는 것이다. 즉 부자, 힘 있는 자, 약한 자들을 착취하는 자들은 마지막 심판을 당할 때 영원한 저주를 당한다고 말한다(이디오피아 에녹서 102:9).

반면 노동으로 고통당하는 신실하고 정의로운 가난한 사람들은 그들의 모든 생활을 보상받는다(이디오피아 에녹서 103:9). 그러므로 묵시 문학에 등장하는 심판 사상은 '가난한 자의 경건'이라는 신학적인 주제를 형성하게 하였고, 훗날 '참 이스라엘'과 '가난한 자'는 동일하다는 입장이 생겨나게 되었다. 그래서 '가난한 자'라는 의미는 처음에 사회적인 관계를 설명하는 용어였지만, 그 의미는 종교적인 의미로 변화되어 나갔다고 말할 수 있다. 그래서 팔레스타인 초대 교회는 '가난한'이라는 용어를 자신들을 지칭하는 '참 이스라엘'이라는 의미로 사용하였다(눅 6:20~21, 비교 마 5:3, 5).

야고보서 나타나는 사회 계층 이해

여기서는 야고보서에 나타나는 사회 계층을 예수 시대를 전후한 시점에서 살펴보고자 한다. 특히 야고보서 안에 등장하는 사회 계층들은 그 당시의 팔레스타인 환경에서 이해할 수 있는 사회-경제사적인 배경을 가지고 있다. 이것을 위해서는 그 당시 정황을 알려 주는 당시의 문헌에 대한 이해가 필요하다. 그러나 여기서는 지면상 개괄적인 입장만 제시하고자 한다.

1. 부자들

야고보서는 부자들을 급진적으로 비판하고 있다. 1:10f은 부자들이 그들의 낮음을 자랑해야 한다고 말한다. 왜냐하면 부자는 그의 인생 과정에서 시들어 가기 때문이다. 그리고 2:1~9은 교회 안에서 재산과 지위 때문에 사람을 외모로 판단하는 것을 문제 삼고 있으며, 이것을 죄에 해당하는 것으로 본다. 그래서 야고보서 기자는 하나님께서 가난한 자를 택하여 부자들 앞에 세운다고 말한다. 반면에 부자들은 공동체의 구성원들을 법정으로 끌고 가는 폭력을 행사하고 있으며 그리스도의 이름을 욕되게 하고 있다. 그리고 5:1~6은 부자들이 의인들을 죽였다고 비판하면서(6절), 그들이 지나치게 풍족하게 넘치는 생활을 하였고(4절), 금과 은의 녹이 마지막 날에 그들에 대해서 그와 같은 생활을 한 것에 대해서 증거 할 것이고 그것들은 불처럼 소멸되고 말 것임을 말한다.

이처럼 야고보서는 부자들에 대해서 날카로운 비판을 시도하고 있다. 이것은 그 당시 계층에 대한 이해를 살펴볼 때, 대토지 소유자, 대상인, 납세 임차인이 그와 같은 부자 그룹에 속했던 것으로 보인다. 팔레스타인 내부에서 이런 부자들은 귀족 계층이 되어 산헤드린 구성원으로 활동하였다.

2. 상인

상인은 흔히 대상인과 소상인으로 구분된다. 그러나 야고보서에 나오는 상인은 지중해를 중심으로 무역을 하였던 대상인의 면모를 보여 준다. 그런 면모들을 보여 주는 용어들로는 길(호도이, 1:8), 여행(포레아이, 1:11), 배들(플로이아), 키(페다리온, 3:4), 조종사(유쮜논, 3:4), 도시(폴리스, 4:13), 장사하다(포류오마이, 4:13), 돈을 벌다(케르다이노, 4:13) 등이 있다. 여기에 나오는 이와 같은 상인의 이미지들은 야고보서에 나오는 상인들이 지중해 무역에 참여했다는 것을 보여 준다. 그 당시 무역에서는 아라비아와 인도에서 생산되는 향료와 값비싼 보석들이 아라비아 인들에 의해서 팔레스타인 지방에 전달되었다. 그리고 그것을 다시 지중해를 통해 로마로 전달하는 무역상들이 있었다. 그래서 이들은 사업을 위해서 1년 이상의 시간을 타지에서 보내기도 했던 것으로 보인다(4:13). 원래 팔레스타인 지방은 곡식을 생산하는 비옥한 지역이었지만, 지리상 곧바로 지중해 무역의 요충지에 속해 있었기 때문에, 상인들에 대한 많은 보도를 가지고 있다(비교 욜 3:4~8)

그러므로 4:13이 여행을 위해서 1년 이상의 시간을 보낸다고 하는 것은 구체적인 당시의 상황에 대한 서술이다. 1세기에 팔레스타인에는 상인들이 많아졌던 것으로 보이며 이런 증가는 요한계시록의 정황에서 암시된다(계 18:11~19). 이와 같은 무역 환경에서 팔레스타인은 축이 되었고, 아라비아, 인디아, 알렉산드리아를 연결하는 요충지로써 로마 제국과의 무역에 중요한 역할을 하였고, 그중에서도 예루살렘 성전은 이것을 위해 많은 영향을 끼쳤던 것으로 보도된다.

3. 가난한 자

야고보서는 공동체 내외적으로 부자들과 격렬한 논쟁을 벌이고 있다. 부자와의 대립 개념으로는 '낮은 자' 이외에 '가난한 자'라는 용어가 사용되고 있다. 여기에 해당하는 가난한 자들은 소작인, 무직자, 노예, 거지, 병자이다. 이들이 이렇게 낮은 위치로 전락하게 되었던 이유 중에는 전쟁과 기아와 가뭄, 정치적인 변화가 존재하고 있었다. 특히 야고보서에 등장하는 이들은 야고보서의 저자의 주변 환경이나 혹은 수신자들이었을 가능성이 있다. 특히 야고보서의 부자들에 대한 거부는 하나님께서 세상에 대해서 가난한 자를 택하셨다는 것을 통해서 강조된다(2:5). 그러면서 야고보서는 가난한 자들을 믿음의 부자들로 부르면서, 가난을 종교적인 의미로 보기도 한다.

그렇다고 야고보서를 읽었던 공동체가 가난을 추구했던 공동체는 아니다. 오히려 저자는 이런 표현을 통해 부자들로 인하여 어려움을 당하는 자들과의 연대성을 표현하고자 한다. 즉 저자 자신은 가난한 자들의 친구와 같은 인상을 주며, 그런 의미에서 야고보서는 기독교적인 에비오니즘(Ebionism)의 성격을 가진다.

야고보서는 가난을 찬미하지도 않지만 부자들에 대한 비판을 일방적으로 행하지도 않는다. 부자들에 대한 야고보서의 비판 기준은 하나님의 율법이라는 입장에서 이루어진다(1:25; 2:8, 12).

4. 일용 노동자

야고보서에 나오는 일꾼들은 일용 노동자 계층을 말한다. 즉, 종과 달리 자유가 있었지만 노동력에 의존하여 생계를 꾸려 가는 사람들을 말한다. 따라서 이들의 생활도 대부분 재산가들에게 종속되어 있었다. 특히 야보고서 5:4과 마태복음 20:1~16(포도원 비유)은 그와 같은 상황을 잘 묘사하고 있다. 그들은 시간에 따라서 차별적인 임금을 받곤 하였는데, 그 단위는 시간, 일, 월, 년 등으로 구분되곤 하였다. 그들의 절박한 상황은 특히 마태복음 20:1~16에 잘 나타나고 있는데, 노동 시장에서 마지막 순간까지 고용되기를 바라는 마음으로 기다리는 것이 일반적이었음이 증명된다. 특히 예수 당시에 이들이 가족을 부양하기 위해서는 1년에 200일 이상 일을 해야 했던 것으로 알려지기도 한다. 그러므로 그들이 하루 동안 고용되어서 일당을 제때에 받지 못하는 것은 개인의 생명뿐만 아니라 그 부양 가족들의 생명을 위협했다. 그러므로 신명기 24:15이 말하는 것처럼 해지기 전에 임금을 지불하는 것은 부자들의 당연한 의무였다. 왜냐하면 그렇지 못할 경우 이들은 거지가 되거나 노예 신세로 전락하였기 때문이다. 그래서 때로는 종의 신분이 자유로운 일용 노동자보다 경제적인 위협을 덜 받았다는 보도도 자주 나온다.

물론 그 당시 정기적인 고용인도 있었던 것으로 보인다. 흔히 이들은 작은 소유지를 가지고 있었지만 그것으로 가족을 부양할 수 없어서 결국 그들의 생활 절반은 대토지 소유주들에 고용되어 있었다. 마태복음 13:44의 밭에 숨겨진 보화의 이야기를 그와 같은 배경에서도 이해할 수 있다. 특히 노동자들은 곡물의 수확기나 씨를 뿌리는 시기에 고용되었는데 그럴 경우에는 임금이 올라가기도 하였다. 그러므로 임금이 높을 때 대토지 소유자들은 임금을 지불하지 않는 경우가 발생하곤 하였다. 그러면 노동자들은 임금을 요구해 왔고, 이 과정에서 부자는 여러 가지 조건을 제시하면서 임금을 정당하게 지불하지 않고 깎는 경우가 빈번하게 발생하였다. 부자들은 이와 같은 방식으로 이익을 얻을 수 있었다. 그래서 야고보서는 바로 이런 입장에 대한 비판적인 입장을 취하고 있는 것이다.

야고보서와 경제 윤리

1. 야고보서의 부자와 가난한 자의 차별 문제(2:1~13)

1~13절에서 부자와 가난한 자를 집중적으로 다루는 부분은 2~7절이며, 이 본문을 끌어들이는 1절은 사람을 차별하는 것과 믿음을 가지는 것이 서로 상충되는 것임을 소개한다. 특히 개역개정, 표준새번역, 공동번역은 '사람을 차별하지 말라'(1절)를 명령문으로 해석하고 있지만, 본문의 원래 의도는 '여러분은 우리 주 예수그리스도(에 대한) 믿음을 차별하는 모습으로 가지지 마시오'가 된다. 즉 믿음을 가진다는 것은 차별적인 태도를 가지지 않는 것과 관계가 있다는 말이다. 그리고 믿음의 문제와 관련하여 사람을 외적인 모습에 따라서 판단하고 차별하는 것은 하나님의 심판을 경험하게 된다는 경고가 나온다.

야고보서 저자는 2절에서 '회당'이라는 말을 교회와 같은 의미로 사용한다. 그리고 금반지와 화려한 옷을 입고 들어오는 사람을 언급하는데 이들은 부자이면서 지배 계층이라는 인상을 준다. 본문에 따르면 그 모임에는 가난한 자들과 부자들이 함께 참여하고 있는 것으로 나온다. 특히 가난한 자들에 대한 묘사는 이들이 거지나 아니면 수공업자 계층에 속해 있다는 인상을 준다. 그것은 '더럽다'는 의미의 단어 '뤼파로스'를 사용하는 데서 나타나는데, 이 단어는 그들의 옷 입을 상태를 설명한다. 이것으로 야고보의 교회 안에는 혼합된 계층이 존재하였고, 그 안에서 노골적인 차별의 문제가 존재하고 있음이 암시된다. 저자는 이런 차별의 문제를 지적하면서, 그것이 부자와 가난한 자의 자리배치에서 나타난다고 질타한다. 심지어 가난한 자들은 예배에 참석해도 아무런 자리 배정을 못하는 경우가 있었던 것으로 나온다. 이에 대해서 야고보서 저자는 수신자들의 이런 행동이 그들의 예배를 통해서 나타나고 그것이 바로 그들의 믿음의 상태를 드러내고 있다고 말한다. 그러면서 그들의 그런 태도는 가난한 자들이 믿음을 가지고 사는 것을 방해하는 것이라고 지적한다(5~6절).

계속해서 5절 이하에서는 누가복음 6:20의 "가난한 자는 복이 있나니 하나님의 나라가 너희 것임이요"라는 축복문을 연상하게 하는 내용이 나온다. 왜냐하면 세상과 대립되는 믿음의 본질과 그에 대한 책임이 제시되기 때문이다. 그러나 여기서는 '가난한 자의 경건'이라는 주제를 다루지는 않는다. 오히려 하나님이 세상과 대립하여 가난한 자를 돌보시고, 그들을 믿음에 있어서 부유한 자로 선택하신다는 사실을 강조한다. 이것은 구약에서 출발한 사회 정의 문제가 종말론적인 입장으로까지 발전되고 있음을 보여 준다. 6a절은 가난한 자들을 업신여기는 것이 하나님께 대항하여 죄를 짓는 것임을 말한다. 특히 이 문장은 '그러나 너희들'이라는 주어를 선택하면서 그와 같은 차별적인 태도가 5절의 주어인 '하나님'과 대항하는 것임을 역설한다.

야고보서 저자는 이런 차별을 지적하는 것으로 만족하지 않고, 이제는 '사회 정의'라는 입장까지 발전시킨다. 6b~7절에서는 가난한 자들에 대한 차별이 단순히 차별로 끝나는 것이 아니라 사회적인 일상에서도 그렇게 나타난다고 지적한다. 그래서 저자는 사람들이 그렇게 금반지를 끼고 나타나는 자들에게 아부하는 태도를 비판하고, 동시에 가난한 자들에 대한 경시가 사회적으로 어떻게 나타나고 있는지도 밝힌다. 즉 부자들은 지배 계층에 속하는 자들로서 비사회적인 태도를 취하며 가난한 자들을 압제하고 있다. 이들은 법적인 문제를 의뢰하는 약자들, 노예들, 일용 노동자들, 임대 채무자들, 탄원자들을 업신여기고 그들을 경시하며 도와주지 않음으로 비사회적이고 비윤리적인 태도를 취한다. 이로써 부자들의 사회적인 행동은 원칙을 따르는 것이 아니라, 정의의 도구인 법적인 수단을 악용하여 가난한 자들을 압제하는 데 사용하고 있다. 그래서 결국 그들의 태도는 선하신 하나님의 이름을 모독하는 것으로 판명난다(7절).

이와 같은 고찰은 야고보서의 사회적인 환경이 가난한 기독교인과 상대적으로 부유한 소수(혹은 부유한 소수 기독교인)와의 대립으로 나타난다. 그러므로 야고보는 가난한 자의 경건을 다루지 않고, 부자가 하나님 때문에 가난한 자를 돌보아야 하고, 부를 향유하고 증대하는 것이 하나님에게 대항하는 입장에 빠질 수 있다고 경고한다. 따라서 야고보서에 등장하는 부자계층에는 소수 기독교인이 존재했을 것으로 보이고, 그것이 공동체 안에서 차별 문제를 야기했다고 볼 수 있다. 이런 맥락에서 야고보서에 계속해서 등장하는 가난한 기독교인들(2:15f), 자본을 축적하려는 상인들(4:13~17), 토지 소유자들(5:1~6)은 직-간접적으로 야고보서의 수신 공동체와 연결되었던 그룹이며, 이들은 때로 기독교적인 규범에서 벗어나 공동체의 문제를 야기했던 것으로 판단된다. 야고보는 이들의 차별적인 태도가 그들의 비기독교적인 입장에서 나온 것이므로 그들을 반쪽 기독교인이라고 평가하고 있다.

따라서 이런 반쪽 기독교인들의 불신앙적인 태도는 반성이 요구된다. 그것을 위해서 저자는 8절에서 새로운 주제를 제시한다. 그것은 '네 이웃을 네 몸과 같이 사랑하라'는 계명이 왕(최고)의 율법을 지키는 것이라는 것이다. 그것은 1:25의 '자유의 율법'과 상통한다. 특히 이 계명은 단순히 구약적인 의미에 머무르지 않고, 예수가 말했던 하나님의 법이며, 하나님의 나라로 인도하는 세상의 법과 대립되는 의미다. 야고보서의 이웃 사랑도 구약의 동족에 대한 보복 포기처럼 같이 살고 있는 이방인들을 동등하게 대우하라는 것이다. 그리고 이 의미는 유대교와 초대 기독교의 핵심 사상이 되었다. 특히 여기서 '사랑한다'는 것은 이웃에게 선을 행하고 악을 멀리하라는 사회적인 정의의 이념을 토대로 가지고 있다. 물론 이웃이라는 의미는 여기서 포괄적이지만, 야고보는 레위기 19:18을 가지고 기독교적인 전승을 이어받는다. 그리고 이 사랑은 '자유의 법'의 내용이 되며, 이것은 모든 계명에 있어서 상위 조항이며 기독교인들과 사람들과 하나님과의 관계를 규정한다.

그러므로 1절에서 믿음을 가지고 있지만 사람들과의 관계에서 차별을 추구했던 태도들은 이제 9절과 연결되면서 그에 대한 반성을 요구한다. 즉 믿음을 가지고 있는 사람이 외모로 사람을 판단하면, 율법을 어기는 악한 자들처럼 죄를 짓는 것이라고 말한다. 따라서 외모로 사람을 평가하고 차별하는 사람은 8절에 언급된 왕의 율법의 정신과 대립되는 사람이다. 왜냐하면 이런 사람은 스스로 율법의 경시자이며 습관적으로 그것을 범하며 일부를 인정하지 않으므로 율법 전체까지 부정하는 그의 전인격이 문제시 된다. 따라서 야고보서는 율법과 관련하여 율법의 한 항목은 율법 전체와 유기적인 연관이 있다고 지적한다. 즉 율법의 일부분에 대한 경시는 율법 전체가 목적하고 있는 정신을 파괴하는 것으로, 이미 차별을 통해서 이웃 사랑의 정신을 실천하지 않았다면 율법에 대립할 뿐만 아니라 하나님께 대항하는 자로 판명이 난다(8~11). 결국 모든 율법 규정은 이스라엘 백성과 하나님과의 관계를 규정하는 것처럼, 여전히 기독교인들에게 그에 대한 올바른 관계를 유지하게 한다. 그리고 그것을 유지하는 것은 하나님의 법에 순종하므로 실현된다. 이렇게 야고보는 율법을 행하는 의미를 믿음과 관련하여 소개한다.

이런 입장에서 야고보는 2:12에서, 다시 1:25에서 언급한 '자유의 율법'을 가지고 지금까지 설명한 상황에서 스스로 올바른 판단을 내려야 한다고 말한다. 그리고 그 판단은 종말을 의식하면서 이루어져야 한다고 강조한다(12f절). 결국 야고보서는 차별을 행하는 부자들에 대해서 윤리적인 문제를 제기하면서 그것을 종말론적인 입장으로 끝맺는다. 특히 심판이라는 용어는 심판의 장소, 형벌, 심리, 재판이라는 여러 의미를 포함하고 있다. 그리고 그 심판의 기준은 자유의 율법에 따른 자비와 무자비에 의거한 행위가 된다. 여기서 자비는 어려운 자들과 함께 고난을 당한다는 의미로 마지막 심판의 범주에 들어가며 유대교 전통과 맥을 같이한다. 야고보는 유대교 전통을 받아들이면서, 하나님이 종말 심판에서 동형 보복법과 같은 형식으로 처벌하신다는 것을 강조한다. 이런 의미에서 하나님은 부자들의 비판자로서의 역할을 수행하고 있다.

그러므로 2:14~26에 나오는 '행함이 없는 믿음은 죽은 것'이라는 입장은 같은 맥락에서 이해되어야 한다. 야고보서는 '믿음이냐 아니면 행함이냐?' 하는 이분법적인 구분을 요구하지 않고, 행함이 구원을 위하여 필수불가결한 것이라는 것도 주장하지 않는다. 오히려 믿음을 토대로 한 행함이라는 주제를 이끌어 간다. 즉 이 둘은 분리되지 않는다. 12절의 '자유의 율법에 따라 심판을 받는다'는 말은 야고보서 저술 당시의 믿음의 공허한 정적주의적인 입장에 대한 하나님 말씀(예수의 말씀)의 직설법적인 의미를 강조하는 것이다. 그래서 야고보는 아브라함과 라합의 예를 통해서 담대한 행함을 강조하는 기독교적인 행실을 제시하였던 것이다. 이것은 지금도 현대 기독교가 행함은 없이 믿음에 대해서 지나치게 강조하는 것에 대해서 수정을 요구한다.

2. 선을 행하지 않는 죄(4:13~17)

이 단락은 상업적인 목적을 가지고 긴 여행을 하려는 상인들에 관해서 말한다. 여기서는 긴 설명 없이 그와 같은 사업상의 여행을 목적으로 하며 살다가 선을 행하지 않으면 그것이 죄라고 말한다. 왜냐하면 그렇게 장사를 하여 이익을 남기려는 태도는 현세적인 것을 추구하는 태도가 되고, 그것은 결국 선을 행해야 한다는 하나님의 뜻과 상충되는 것으로 판명나기 때문이다. 그러므로 이 단락 안에서는 신학이나 인간론이라는 주제보다는 장사와 관련된 윤리 행위를 다루고 있다고 보아야 한다. 그러면서 야고보서 저자는, 전체적으로 하나님이 모든 시간 위에 계시고, 그렇기 때문이 인간이 자주적으로 현세적인 안정을 위해서 노력하는 태도를 교만하다고 말한다.

13절은 여행하려는 자가 자신의 안전을 위해 많은 안전장치를 추구하는 태도를 속담과 같은 형식으로 말한다. 먼저 오늘과 내일'이라는 표현은 특정한 시간이 아닌 늘 그렇게 생각하는 태도를 말한다. 그리고 '이 도시와 저 도시'라는 표현 역시 불특정 도시를 말한다. 이 두 가지 표현은 그 당시 통용되던 속담으로써, 여행하려는 사람이 특별한 목표나 방향 없이 '장사가 잘 된다면 어디든지 간다'는 의미를 담고 있다. 특히 여기서 '장사한다'라는 동사 안에는 이미 야고보 당시의 사회 계층 이해에서 살펴보았던 것처럼 부유한 대상인의 무역을 암시한다. 그러므로 여기에 나오는 상인들은 지중해를 중심으로 하여 원거리 무역을 하는 사람들로 생각된다. 그리고 '이익을 얻는다'라는 뜻의 동사 '케르다이노'는 금이나 물건을 필요로 하여 되팔기보다는, 그와 같은 장사를 목적으로 하여 커다란 자본을 소유하고 사회생활에서 유리한 것을 획득하는 것을 목적으로 한다는 의미가 있다. 그러므로 여기에 나타나는 부자들의 상행위는 소유욕과 관련되어 있고, 이에 대한 비판은 이미 부자들에 대한 전승이 보여 주는 것처럼 전통적인 의미와 맥을 같이한다.

그러나 야고보는 14절에서 이것을 다른 각도에서 해석한다. 그것은 야고보서가 부자들을 비판함에 있어서 예언적인 태도보다는 지혜론적인 입장을 취하기 때문이다. 그래서 이런 입장은 앞에서 설명한 전승사적인 배경에서 벤–시라가 보여 주었던 입장과 연결된다고 말할 수 있다. 아무튼 야고보서 저자는 지혜론적인 문장을 언급하면서 위로, 회상, 경고라는 세 가지 기능을 함께 응축시켜서 표현한다. 특히 14b절은 앞에서 말한 사람들의 무지를 논하기보다는 '그런 세속적인 삶이 내일이면 끝날 수 있다'고 말한다. 이 문장에서 수사학적으로 사용되는 '안개'는 인간의 삶을 은유적으로 표현한다. 즉 인간의 삶은 수증기처럼 영원한 것이 아니라 순간적인 시간을 살아간다는 은유가 되고 있다. 이것은 모든 인간을 포함하는 실존을 말하는 것이며, 그와 같은 실존은 부자나 가난한 자들에게 모두 공평하게 존재한다고 말한다. 따라서 야고보서 저자는 상인들이 경험하는 강도, 파선, 경쟁 같은 일반적인 위험보다는 인간의 실존을 말하므로 인간의 한계에 대해서 숙고할 것을 촉구한다.

15절을 보면 이들에게는 하나님을 빙자하여 자신들이 살게 될 것이고, 그리고 무엇인가를 여기저기서 계획하게 될 것이라는 태도가 있음이 드러난다. 그러나 이 문장을 14장과 연결해서 읽으면, 오히려 그 의미는 앞에서 말한 것처럼 '하나님이 오늘이나 내일 그와 같은 사업상의 여행을 원하시는가?'가 아니라, '원래 하나님이 원하시는 것이 무엇인가?'라고 물어야 한다는 것이다. 그래서 야고보서 저자는 이미 원거리 무역을 통해서 이익을 얻고 그것을 소유의 목적으로 삼고 살아가는 사람들의 입장이 '자랑'에 맞추어져 있다고 지적한다. 특히 여기서의 '자랑'은 장사를 통해서 높은 지위에 있게 되었다는 것을 말하는데, 이어지는 문장은 그런 태도가 '세속적인 방식에 견고히 뿌리를 내리려는' 하나님에게 대적하는 하나님 없이 살아가는 태도라고 말한다. 그렇기 때문에 그것은 본질적으로 '악한 것'임이 판명된다(16절).

그러므로 지금까지 살펴본 것처럼, 이 단락 안에 나타나는 상인들의 태도들은 당연히 해야 할 일을 하지 않는 '방조죄'로 판명난다. 이와 같은 전통은 이미 누가복음 12:47; 요한복음 13:16f; 사도행전 7:53의 전승과 연결해서 읽을 수 있으며, 결국 그렇게 장사를 하여 부자가 되려는 사람들은 하나님 앞에서는 종의 신분이며, 종은 선하신 하나님의 일을 행해야 하는 것이다. 그러므로 야고보서는 여행을 한다고 해서 선을 행하지 않는다고 말하는 것이 아니고, 오히려 선을 행해야 하는 당위성을 장사와 여행이라는 이유로 방조하는 것을 문제 삼는다. 즉 그들은 선한 자유의 율법을 따라서 살지 않고 있는 것이다. 그러므로 13~16절은 큰 자본을 벌어들이는 것을 목적으로 하는 것이 하나님 앞에서 문제가 되는 것보다는, 선한 목적을 위하여 여행 자본을 사용하는 것이 오랜 시간을 끄는 투자보다 더 낫다는 적극적인 실천을 강조한다. 이처럼 야고보서의 수신자들은 하나님의 도우심으로 성공적인 사업의 번창을 이룬 후 선을 행할 수 있다는 태도를 반대해야 한다는 것이다. 왜냐하면 그와 같이 선을 행할 수 있는 시간은 급히 지나가 버리고 오히려 그 영혼이 갑자기 데려감을 당하는 더 본질적인 위기를 맞을 수 있기 때문이다(비교 눅 12:13~21).

3. 부자들에 대한 경고(5:1~6)

이 단락은 4:13~17의 연속으로 읽어야 한다. 그러나 4:13~17이 지혜론적인 특징을 가지고 있었다면, 여기에 나오는 부자들에 대한 경고는 예언적이고 묵시적인 성격을 가지고 있다. 먼저 1절에서는 주제를 제시하고, 이어서 4개 항목에 이르는 질책이 나온다. 그것은 ① 재산을 축적하는 일(2f절), ② 일꾼들의 임금에 대한 착취(4절), ③ 사치와 흥청망청하는 생활(5절), ④ 의로운 사람들에 대한 박해(6절)로 열거된다. 그러므로 여기에 나오는 부자들은 사회적인 약자들을 돌보지 않고 오히려 그들을 박해하는 무자비한 사람들로 소개된다. 결국 이 단락은 부자들의 사회적인 책임에 대한 인식을 요청한다.

1절에서 저자는 부자들로 하여금 '슬피 울라'고 말한다. 왜냐하면 그것은 다가오는 심판 날에 그렇게 될 것이니 울라고 하는 것이다. 이와 같은 야고보의 용법은 전승의 영향을 받은 것이다(에디오피아 에녹서 94~97; 눅 6:24f). 그리고 이런 전승의 배경에는, 부자들이 그렇게 현세에서 다가올 심판을 생각하며 운다면 보상을 받게 될 것이라는 사상이 들어 있다. 2~4절에서는 부자들이 울부짖어야 하는 이유를 제시한다. 첫째, 부자들은 지나친 부를 노동자들의 품삯을 착취하는 방식으로 축적했기 때문이다. 이와 같은 지나친 부의 축적에 대해 2~3절에서 재물, 금과 은, 옷이라는 대표적인 개념들을 가지고 그들의 부유한 상태를 언급한다. 둘째, 그들이 그렇게 물질을 소유하게 된 이유는, 부자들이 그것들을 가지고 자신의 삶의 변화보다는 현세적인 안정을 추구하였기 때문이다. 특히 여기서 사용되는 '부유함'이라는 단어는 유동성 있는 물질의 가치 체계를 말하는 것으로써, 토지, 부동산, 노예, 운행 수단, 기구 같은 것과 더불어 돈과 물질에 존재하는 생산 능력까지 포함된 가치를 말한다. 즉 이러한 상태는 현재에 필요한 것 이상의 것을 소유한 상태를 말하며, 사치, 보물 상자, 창고 같은 것을 확보하여 또 다른 생산 가치를 재창출하는 수단까지 소유한 것을 말한다.

세부적으로 보면, 옷이 좀먹는다는 것은 널리 알려진 사실이지만(사 51: 8; 시락서 42:13), 이것이 심판과 관련해서 부자들이 심판 때 아무 옷도 입지 못한다는 보응 사상은 구약과 유대교의 전통적인 입장과 연결된다(마 25:36~38; 눅 3:11). 그리고 3a절의 금과 은의 비유도 고대 세계의 전형적인 어법이다. 특히 이것들이 녹슬었다는 입장과 함께 그 녹의 기능은 종말 때의 심판까지 이어진다. 심판에 있어서 녹의 기능은 부자들의 잘못을 증거 하는 데 사용된다. 그러므로 녹이 잘 슬지 않는 금속인 금과 은이 녹슨다는 것과 그 녹이 심판의 증거가 된다는 것은, 부자들의 행위에 대한 심판의 결과는 자연의 상태를 거스르는 엄청난 것임을 역설적인 방식으로 말하는 것이다. 계속해서 '그 녹이 불처럼 부자들의 육신을 먹어치운다'는 것은 현재적인 육신에 대한 안전을 추구하는 부자들이 종말에 가서는 파멸을 경험하게 될 것이라는 경고다. 그러나 3c절의 문장은, 마지막 심판이 이미 시작되었음에도 불구하고 부자들이 그것을 모르고 오로지 현세적인 것들을 유용한 생명의 안전장치로 생각하고 있음을 보여 준다.

그러면서 4절은 부자들의 그와 같은 부유함의 원천이 불의한 방식으로 얻어졌다고 말한다. 즉 그들이 그렇게 돈을 모을 수 있었던 원천은 가난한 자들의 임금을 착취하는 것으로 나왔다는 것을 4절의 문장을 통해서 말한다. 특히 여기서 '품삯이 소리 지른다'와 '추수하는 자들의 소리가 만군의 귀에 들렸다'는 표현은 가난한 자들의 상황을 의인화하여 상징적으로 표현하고 있다. 그러나 이런 표현들도 성서와 묵시적인 전통에서 통용되던 어법이다. 아무튼 여기에 등장하는 일꾼들은 이미 앞의 계층 이해에서 살펴보았던 것처럼 일용 노동자나 계절 노동자들로 최저 생계를 유지하는 사람들이었고, 그것이 유지되지 못할 경우 그들은 생명에 직접적인 지장을 받는 처지가 되곤 하였다. 이미 살펴보았던 것처럼 유대인 일용 노동자들은 유대교 규정과 도덕에 의하면 저녁 때 임금을 받았던 것으로 보인다(레 19:13; 신 24:14f; 마 20:1~16). 이와 같이 야고보는 성서와 묵시적인 전승을 이어받으면서 야고보서의 부유한 수신자들이 그와 같은 일용 노동자들을 고용하고 있다는 것을 암시해 준다. 즉 이들 노동자들은 부자들의 토지와 생산지에서 수확을 위해서 일하지만, 부자들은 임금을 제때에 지불되지 않는 방식을 통하여 자신들의 부를 축적하였고 그것이 야고보서의 문제가 되고 있다. 그러나 앞에서 말하였던 것처럼, 그들이 그렇게 모아둔 돈이 하늘을 향해서 소리를 지르므로 부자들을 고발하는 주체가 된다(비교 창 4:10; 이디오피아 에녹서 25:5ff; 47:1). 그러므로 부자들은 그들의 외침을 들을 때, 그들의 문제를 자신들의 문제로 인식해야 한다.

그리고 여기서 노동자들의 품삯과 외침이라는 두 개의 주어는 노동자들에 대한 하나님의 관심을 이끌어 낸다. 즉 그들의 외침과 소리는 하나님께 상달되고, 하나님께서는 이제 노동자들의 어려움에 대해서 결단하고 심판을 준비하고 실행하신다. 그러나 5절 이하에서 제시하는 것처럼, 부자들은 이와 같은 하나님의 개입을 우습게 생각한다. 그래서 그들은 흥청망청 사치하였고 심지어 의인들을 박해하는 데까지 이른다. 특히 이 문장에서 '땅에서 사치하였다'는 말은 '하늘에 계신 하나님'이라는 말과 대립되는 듯한 인상을 보이며, 이들의 행위들은 결국 하나님과 이웃을 위해서 살아간 것이 아닌 자신들만을 위해서 살아갔음이 증명된다. 그러나 부자들은 세상에서의 안정을 추구하기 때문에, '도살의 날'이 시작된 것을 모르고 있었고, 그 시간은 이미 시작되어 그들에게 죽음의 시간으로 다가온다는 것을 모르고 있다. 결국 그들은 그런 긴박한 시간 속에서조차도 하나님을 망각하고 그들의 사회적인 책임을 망각하며 지내고 있다. 그러나 그들은 그들에게 다가오는 심판과 죽음의 문제는 피할 수 없는 것이다.

그리고 더 나아가 그들은 사회적인 책임을 회피할 뿐 아니라 의인들을 핍박하였는데, 여기에 나오는 박해는 법적으로 심술을 부리면서 전횡을 일삼는 태도를 말한다. 즉 그들은 부를 얻기 위해서는 아무런 생각 없이 무자비하게 의인을 박해하는 지경까지 이르렀던 것이다. 여기서 언급되는 '의인'은 의로운 기독교인들을 말하는 동시에 예수 그리스도에 대한 회상 혹은 의인 야고보에 대한 회상으로도 이해될 수 있다. 그중에서도 박해받는 자가 저항하지 않는 것은 그리스도를 통해서 그 모범을 찾을 수 있다(사 53:7; 롬 12:17~21; 벧전 2:23). 결론적으로 야고보서의 저자는 부자들에 대한 경고의 말을 통해서 그들의 사회적인 책임과 세상에서 안전을 추구하는 태도를 비판하면서 부자들의 사회 정의에 대한 책임을 일깨우는 동시에, 박해받는 자들에게는 위로의 말을 하고 있는 것으로 이 본문을 이해할 수 있다.

맺는 말

지금까지 야고보서를 중심으로 야고보서에 등장하는 부자와 가난한 자의 관계를 경제 윤리라는 입장에서 살펴보았다. 무엇보다도 야고보서의 의의는 오늘날 우리나라의 개신교처럼 믿음을 지나치게 강조하다가 행함을 잃어버린 입장에 대해서 커다란 도전을 주고 있다. 특히 개신교는 마르틴 루터가 교황청과 대항하여 종교 개혁을 수행하면서 '이신칭의'를 주장하려는 입장 때문에 야고보서에 대해서 '지푸라기 서신'이라는 불명예를 안겨 주었다. 그러나 그 지푸라기 서신이 오늘날 추상화되고 제도화되어 가는 현대의 교회를 향하여 '믿음을 가지고 하나님의 뜻을 행하라'고 항변한다. 이와 같은 야고보서의 입장은, 예수가 예루살렘에 입성할 때 온 무리들이 예수를 향하여 환호하자, 바리새파 사람들이 '선생님, 선생님의 제자들을 꾸짖으십시오'라고 말하자, 예수께서 '사람들이 잠잠하면 돌들이 소리 지를 것이다'라는 말과 유비를 이룬다 하겠다.

지금까지 살펴보았던 것처럼 야고보서 안에는 경제 윤리와 사회 윤리를 위한 중요한 안목을 제시하며, 경제는 '그리스도교적인 책임의 장'이 될 수 있음을 보여 준다. 그중에서도 이런 논의의 출발점은 야고보서의 율법에 대한 이해라고 말할 수 있다. 특히 야고보는 율법을 '자유의 율법'으로 규정하면서 추상적인 믿음에 대해서 재고할 것을 요청하고 있다. 이것은 야고보서의 율법 이해를 위한 중요한 용법으로써 수신자들에게 기독교인들의 삶의 방향성에 대해서 문제를 제기하게 해 준다. 특히 2장 1~12절에서 살펴보았던 내용은 '자유의 율법'을 '왕의 율법'이라고 정의하면서 '네 이웃을 네 몸과 같이 사랑하라'는 계명을 요구하고 있다. 그러므로 여기서 말하는 왕의 율법이라는 말 속에는 '이웃 사랑'의 계명이 왕이신 하나님께 유래하는 것이니, 교회 안에서의 차별과 사회적인 활동에서의 차별은 '사랑하라'는 하나님에게 대적하는 것으로 판명난다. 이것은 야고보서 저자가 율법을 세세한 부분에 이르기까지 신중하게 고려하므로 믿음을 값싼 것으로 전락시키는 기독교인들의 경박함에 대해서 수정을 요구하고자 하였음을 보여 준다. 이것은 '자유의 율법'이 사람들의 생활을 감시하거나 종으로 전락시키는 도구가 아니라, '사랑'을 내용으로 가지고 있는 예수의 말씀을 '자유의 율법'으로 받아들여서 기독교인들의 생활이 믿음의 행위의 분리라는 이중적인 태도로 가지 않도록 교정하려고 하였음이 드러난다. 그러므로 야고보서의 자유는 '율법에 의한 율법 안에 있는 자유'라고 말할 수 있다. 다시 말해서 자유의 '율법인 예수의 말씀에 의한 예수의 말씀 안에 있는 자유'라고 말할 수 있다.

계속해서 야고보서 안에는 종말론적인 입장이 강하게 나타난다. 특히 윤리적인 입장과 관련해서 야고보서의 윤리는 '종말론적 윤리'라고 규정할 수 있다. 특히 부자와 가난한 자의 관계에서 부자들의 태도는 삶의 방향을 현세에 맞추기 때문에 그들의 삶에 대한 종말과 함께 하나님이 최종적으로 인간의 역사에 종지부를 찍는 우주적인 파국으로써의 종말론을 경시한다. 그러나 이미 앞에서 살펴보았던 것처럼, 이스라엘의 역사는 아시리아, 바벨론, 페르시아, 마케도니아, 로마라는 강대국들을 경험하면서 그들에게는 현세적인 하나님 나라 사상과 함께 피안적인 종말 사상, 특히 우주적인 대파국을 통해서 새 창조가 일어나는 종말을 대망하게 되었다. 그리고 이러한 파국의 과정에서는 현세적인 삶에 대한 보응 사상이 중요한 역할을 한다.

특히 야고보서에 나타나는 종말 사상은 전승과 궤를 같이하고 있다. 그 전승은 묵시 사상으로부터 출발하여 예수에게 이르고 그것이 다시 야고보서에 나타나고 있다고 말할 수 있다. 그러면서 동시에 야고보서의 종말 사상은 이것들과 차이를 가진다. 그것은 야고보서 안에 임박한 종말론 입장보다는 지연된 종말론의 입장을 가진다는 것이다. 이것은 야고보서의 지혜론 입장에서 나타나며(1:10~11; 4:14), 종말이 이미 진행되고 있다고 보는 현재적 종말론의 입장에서 나타난다(5:4). 바로 이와 같은 이해를 가지고 야고보서 저자는 가난과 부자의 관계를 인생의 한계점과 심판이라는 입장을 향하게 한다. 그러므로 야고보서에 나타나고 있는 종말론은 일차적으로 개인적인 입장을 겨냥한다.

야고보서는 종말론적인 입장을 견지하면서 현세적인 부자들의 상태와 가난한 자들의 상태는 종말에 가서 달라질 수 있다고 말한다. 앞에서도 언급했던 것처럼 가난한 자는 그 당시의 빈부 계층으로서 물질을 소유하지 못한 사람들이다. 그러면서도 한편에서는 가난한 자의 경건이라는 종교적인 의미

도 여전히 존재한다(2:5). 그러나 역시 본문이 강조하는 것은 부자가 개인적
으로나 사회적으로 하나님의 정의를 실현해야 하지만 마지막 심판에서 보
응을 면할 것임을 강조한다(2:13). 이로써 야고보서는 사람들의 현세적인 삶
을 종말의 빛에서 인식하도록 요구한다. 그리고 이러한 인식은 먼저 개인
의 삶의 종결이라는 한계를 인식하도록 요구하고 있다. 이런 의미에서 야고
보서의 종말론에 '개인적 종말론'이라는 요소가 있다는 지적은 옳다. 그러나
그럼에도 불구하고 간과하지 말아야 할 것은 야고보서는 개인의 심판뿐만
아니라 우주적인 심판에 대해서도 균형을 잃지 않고 있음을 숙지해야 한다
(2:13; 3:1, 6; 4:11f, 5:1~5, 9).

이와 같은 입장에서 보면 야고보서의 경제 윤리는 종말론적 윤리라는 입
장에서 이해되어야 한다. 특히 '부자들은 종말과 직면해서 책임이 더 크다'
는 주장은 야고보서가 수신자들의 공동체 윤리를 형성하도록 요구한다. 그
것은 바로 사람을 차별하지 말고 공평하게 대하라는 요구에서 나타난다
(2:1~13). 그다음으로는 장사하려는 사람들이 목적하는 현세에서의 안전을
위한 추구는 선을 행해야 한다는 하나님의 뜻보다 앞서지 못한다는 것이다.
즉 선을 행해야 하는 문제는 시간적으로 미루어 놓을 것이 아니라 즉시 수
행해야 하는 당면 과제인 것이다. 그러므로 배고프고 추위에 떠는 형제에게
아무것도 주지 않으면서 '평안히 가서 몸을 따뜻하게 하고 배부르게 먹으라'
(2:16)는 말은 '믿음이 있다'는 선언에 어긋나는 비윤리적인 태도가 된다. 그
러므로 '선을 행하지 않으면 죄가 된다'는 야고보서의 경제 윤리는 개인적인
종말론도 아니고 개인적인 윤리도 아닌 공동체의 윤리다.

마지막으로 야고보서의 윤리는 사회 윤리를 지향한다. 이미 5:1~6의 본
문에 대한 설명에서 언급하였듯이, 임금을 제시간에 지불하지 않으면서 그
것을 가지고 자신들의 부의 원천으로 삼으려는 입장은 비사회적이고 비윤
리적인 것이다. 야고보서는 부자들이 임금을 착취하는 모습을 지적하면서
그들이 사회 정의를 어기고 있음을 지적한다. 이미 사회 계층에 대한 이해에
서 드러났듯이 야고보서 당시의 팔레스타인의 사회 경제 상황의 악화의 주

된 원인은 착취에서 비롯된 것임을 지적하였다. 그리고 그와 같은 착취 방법은 선행되어야 하는 하나님의 법 실천과 위배되며 결국 하나님을 대적하는 행위가 되고 만다. 그러므로 부자들은 가난한 자들의 요구를 하나님의 법이라는 입장에서 들어야 한다. 그리고 그 법의 수행은 하나님이 역사에 최종적으로 개입하는 순간에 옳고 그름이 판명난다. 아무튼 그 법을 판단함에 있어서 하나님은 정의를 선택한다. 즉 하나님께서는 공평하게 다루신다는 것이다. 따라서 오늘 우리 사회에서 벌어지는 불평등의 문제는 여전히 하나님의 정의라는 입장에서 숙고되어야 한다. 그리고 그와 같은 불평등의 문제는 기독교인과 무관한 것이 아닌, 하나님의 형상대로 지음을 받은 사람들에 대한 관심이다(3:9~12). 그러므로 하나님의 형상대로 지음 받은 사람들을 불의하고 억압받는 상태에 그대로 방치하는 것은 행함이 없는 죽은 믿음이며, 그들을 이 세상의 저주에 그대로 내맡기는 무책임한 태도다. 그러므로 지금의 모든 교회들과 기독교인들은 그 믿음이 죽지 않은 것임을 행함으로 보여야 한다(2:18).

03

야고보서의 윤리적 주제와
'온전함'

야고보서는 다양한 윤리적 주제들을 설교 형식으로 반복적으로 보여 주고 있다. 예를 들어 '고난 가운데서의 인내'(1:2~4, 12~15; 5:7~11), '부자들에 대한 경고'(1:9~11; 2:1~13; 5:1~6), '혀로 짓는 죄(1:19~21, 26; 3:2~12), '믿음과 행함의 관계'(1:22~25; 2:14~26), '경건'(1:26~27), '지혜'(3:13~18), '욕심'(4:1~10), '비방'(4:11~12), '맹세'(5:12), '기도'(5:13~18) 등이 있다.

디벨리우스(Dibelius, 1~11)에 따르면, 야고보서는 어떤 일관된 구조나 흐름을 가지고 있지 않으며 개별적 권고들이나 일련의 경구들(aphorisms) 또는 몇 가지 주제에 대한 간략한 논의들의 느슨한 결합이다. 슈라게(Schrage, 281)에 따르면, 야고보서의 저자는 그가 생각하기에 기독교인의 생활에 가장 필수적인 것을 일종의 교리 교육(catechism) 차원에서 수집했다. 이러한 이유로 해서 야고보서의 역사적 배경을 알아 내기가 매우 어려운 것이 사실이다. 그러나 야고보서를 하나로 묶는 주제로써 하틴(Hartin)은 '온전함'을, 맥카트니(McCartney, 56~57)는 '참된 믿음'을 들고 있다.

야고보서에 하나의 핵심 주제만 있는 것은 아니지만, 다양한 주제들을 엮어 주는 주제, 일종의 허브(hub) 역할을 하는 주제가 있으며 그것은 바로 '온전함'이다. 이 글은 야고보서에 나타난 윤리의 특징과 주요 윤리적 주제들의 내용을 정리하고, 이 주제들과 '온전함'이 어떻게 연결되는지를 살펴보려고 한다. 단, '부자에 대한 경고'의 문제를 부분적으로 다루겠지만, 이 책에 실려 있는 임진수의 "야고보서의 경제 윤리"에서 자세히 다뤄지고 있으므로 여기서는 구체적인 논의를 생략한다.

야고보서 윤리의 특징 1: 믿음이 전제된 윤리

잘 알려진 대로 바울의 윤리(명령법)는 언제나 직설법과 함께 맞물려 있다. 성경의 윤리는 하나님이 주신 '은혜'(Gabe. 직역하면 '선물'이란 뜻) 위에 '주어진 것'(Aufgabe)이다. 그런데 야고보서의 내용은 대부분 윤리적 권면으로 채워져 있지만 그 윤리에 대한 근거와 동기가 빈약하다고 말한다. 그러나 야고보서 저자가 '말씀을 행함'을 강조한다고 해서, 그가 공로주의를 주장하고 있다든가, 혹은 이신칭의의 복음을 거부하는 것은 결코 아니다. 저자가 윤리의 근거로 믿음을 전제하고 있다는 사실을 기억해야 한다.

야고보서에서 '믿음'은 16회 사용되고 있으며(1:3, 6; 2:1, 5, 14[2회], 17, 18[3회], 20, 22[2회], 24, 26; 5:15), '믿다'는 3회 사용되고 있다(2:19[2회], 23). 이 믿음은 하나님께서 우리에게 베풀어 주신 은혜에 대한 인정과 수용으로써 윤리보다 앞선다. 구체적인 사례를 보자.

1. 중생의 복음

저자는 하나님께서 "진리의 말씀으로 우리를 낳으셨느니라"(1:18)고 하여, 중생의 복음을 말한다. '진리의 말씀'은 구원의 복음을 말한다(엡 1:13; 골 1:5 참조). 1:17에서 하나님을 '아버지'로 언급한 것도 우리가 구원 받은 자녀라는 사실을 말해 준다. 이 진리의 말씀은 하나님 아버지께서 우리에게 주신 온갖 좋은 은사(1:17) 가운데 최고의 선물이다. 저자는 결코 우리의 선한 행위, 윤리적 삶이 우리를 구원한다고 말하지 않는다. 하나님이 진리의 말씀, 곧 복음으로 우리를 낳으셨기 때문에 우리가 구원을 얻은 것이다. 따라서 야고보서의 윤리는 이 복음을 믿는 자들을 대상으로 주어진 윤리다.

2. 마음에 심어진 말씀

저자는 말하기를 더디 하고, 성내기도 더디 하라고 말하면서 그 대안으로 "능히 너희 영혼을 구원할 바 마음에 심긴 도를 온유함으로 받으라"(1:21)고 말한다. 여기서 '말씀'은 1:18에 언급된 '진리의 말씀'과 같은 뜻으로, 야고보 독자에게 전해진 복음의 메시지를 가리킨다. 이 말씀은 우리의 영혼을 능히 구원할 수 있는 구원의 복음에 다름 아니다. 이 말씀이 '마음에 새겨졌다'는 것은 이 말씀이 예레미야가 말한 새 언약을 뜻한다는 것을 보여 준다(렘 31:31~34). 이 복음을 온유함으로, 겸손하게 받아들이는 것이 우리가 말하기와 성내기를 빨리함으로 생겨지는 모든 더러운 것과 넘치는 악을 내버리는 길이다. 즉 복음이 윤리적 삶의 비결이라는 말이다.

3. 예수님을 믿는 믿음 때문에 차별을 금한다

저자는 "사람을 외모로 취하지 말라"(2:1)는 권면의 근거로 "우리 주 예수 그리스도를 믿는 믿음"(2:1)을 제시한다. 하나님과 예수님이 사람을 외모로 취하지 않으신다는 사실은 신약에서 수차례 언급되고 있다(막 12:14; 행 10:34; 갈 2:6; 롬 2:11; 엡 6:9; 골 3:25; 벧전 1:17). 하나님은 유대인이든 이방인이든, 남자든 여자든, 주인이든 종이든 가리지 않고 예수 그리스도를 믿는 믿음을 보고 구원을 주신다. 그렇다면 마땅히 우리도 사람을 외모로 대해서는 안 된다.

이렇듯 야고보서의 윤리적 권면은 복음과 믿음을 전제로 하고 있다. 따라서 그의 행함에 대한 강조를 믿음에 대한 거부나 공로주의로 오해해서는 안 된다.

야고보서 윤리의 특징 2: 종말론적 윤리

1. 부자를 향한 하나님의 심판 선포와 가난한 의인들을 향한 권면

야고보서의 윤리는 종말론이 신학적 근거가 되고 있다. 5:1~11은 종말론적 분위기가 역력하다. 5:1~6에서 저자는 부한 자들에게 장차 임할 심판을 매우 강렬하게 묘사하고 있다. 부자들의 재산 목록인 재물, 옷, 금과 은이 이미 썩어 버렸다고 현재 완료 시제로 묘사함으로써 곧 임할 심판을 실감나게 그린다. 또 저자는 5:3에서 부자들이 말세에 '재물을 쌓았다'고 말하는데, 헬라어 원문에는 '쌓았다'는 동사의 목적어가 나와 있지 않다. 개역한글과 개역개정은 모두 '재물'을 쌓았다고 번역하는데, 가능한 번역이다. 이 경우 부자들이 말세가 곧 온다는 것을 모른 채 재물을 쌓기에만 여념이 없었다는 뜻이 된다. 한편 '심판을 쌓았다'라고 보면 부자들이 부당한 방법으로 재물을 쌓는 일은 곧 '심판'을 쌓는 일이라는 뜻이 된다.

신앙의 눈으로 보면 이들 부자들은 심판 받을 일만 하고 있는데, 오히려 그들이 의인들을 정죄한다(의인에 대해서는 아래 '의인과 온전함'에서 자세히 설명할 것이다). '정죄하다'는 법률 용어로써 아마도 부자들이 그들의 부를 이용하여 사법제도에까지 영향을 미쳐 가난한 자들에게 죄를 뒤집어씌우고 끝내 이들을 죽이기까지 한 죄, 곧 '사법적 살인'을 의미하는 것 같다.

5:1~6이 부자들에게 주는 경고라면 5:7~11은 부자들로부터 억압과 착취를 당하는 자들에게 주는 권면이다. 저자가 이들을 형제라고 부르는 것으로 보아 이들은 성도들이다. 이들은 5:4에서 언급되는 추수 일을 하는 품꾼이다. 부자들은 이들에게 임금을 지불하지 않았다. 그 돈으로 자신들의 배만 불리고 사치하고 방종했다. 품꾼들은 이들에게 저항하지 못하고 그저 울 뿐이다. 저자는 이들에게 마음을 굳게 먹고 끝까지 참으라고 반복하여 권면한다. '길이 참다'가 5:7~8에 3회나 사용되고 있으며, 5:10에서는 명사형 '오래 참음'이 1회 사용되고 있다. 저자가 그저 참으라고 강조하는 이유는 주님의 강림이 가까웠기 때문이라고(5:7, 8) 믿기 때문이다. 즉 종말론적 심판에 대한 소망이 지금의 억울함과 고난을 이겨 내는 원동력인 것이다. 또 저자는 선지자들과 욥의 인내를 본보기로 제시하는데, 주님께서 인내한 욥에게 행복한 결말을 주신 것처럼 주님은 인내하는 형제들을 긍휼히 여기실 것이라고 말한다.

나아가 저자는 서로 원망조차 하지 말라고 말한다(5:9). 이는 자신들을 착취하는 부자들에 대해 원망조차 하지 말라는 뜻은 아니다. 5:4에서 이들은 부당하고 억울한 심정을 울음으로 표현했고, 여기에 대해 저자가 특별히 금지하는 말이 없는 것으로 보아, 5:9에서 말하는 원망은 부자들을 향한 것이 아니다. 여기서 서로 원망하지 말라는 것은 같은 처지에 있는 자들끼리 혹시라도 마음이 힘들다고 해서 상대방을 원망하는 일이 있어서는 안 된다는 뜻이리라. 이것은 단순한 권면이 아니라 엄중한 경고다. "그리하여야 심판을 면하리라 보라 심판 주가 문밖에 서 계시니라"(5:9)고 말하고 있기 때문이다.

2. 종말론적 역전 사상

야고보서에서는 '종말론적 역전'(eschatological reversal) 사상도 볼 수 있다. 1:9~10은 가난한 자와 부자가 종말에 그 상황이 역전될 것을 말함으로써 가난한 자를 위로하고 있다. 또한 부자들에게 부의 무상함을 깨닫고 구제하라는 메시지가 암시되어 있다. 2:5에서도 "하나님이 세상에 대하여는 가난한 자를 택하사… 약속하신 나라를 유업으로 받게 아니하셨느냐"라고 말한다. 1:12와 4:10에는 종말론적 보상 사상이 나타나 있다. "시험을 참는 자는 복이 있도다… 주께서 자기를 사랑하는 자들에게 약속하신 생명의 면류관을 얻을 것임이니라"(1:12), "주 앞에서 낮추라 그리하면 주께서 너희를 높이시리라"(4:10).

이러한 야고보서의 역전 사상은 누가복음에도 잘 나타나 있다. 마리아의 찬가(눅 1:46~55)에서도, 하나님은 비천한 자를 높이고 주린 자에게 좋은 것으로 채우시지만, 교만한 자나 권세 있는 자를 내치고 부자를 빈손으로 보내신다. 예수님은 평지 설교(눅 6:20~26)에서 가난한 자를 축복하고 부자에게 저주를 심판하신다. '큰 잔치의 비유'(눅 14:15~24)에서 처음 초대받은 자들은 잔치에 참여하기를 거부하고, 대신에 가난한 자들, 몸 불편한 자들, 맹인들, 저는 자들이 잔치에 참여하게 된다. '거지 나사로와 부자의 비유'(눅 16:19~31)는 부자와 가난한 자의 역전을 보여 주는 대표적인 비유다. 이 역전의 주제를 프롤레타리아 혁명을 주장하는 공산주의 이론처럼 생각해서는 안 된다. 권세와 재물을 주신 분도 하나님이시기에 권세 있는 자와 부자를 무조건 비판해서는 안 된다. 세리장이던 삭개오는 부자였지만, 예수님은 그를 부르셨다. 삭개오는 이에 응답하여 자기 재산의 절반을 가난한 자에게 나눠 주고, 누구의 것을 속여 빼앗은 일이 있다면 네 배로 갚겠다고 말한다. 이에 예수님은 오늘 그의 집에 구원이 이르렀고 그 사람도 아브라함의 자손이라고 선포하신다(19:1~10). 아브라함의 품에는 거지 나사로만 안기는 것이 아니다. 예수님의 부르심에 응답하고 회개와 나눔의 삶을 산다면 부자라도 아브라함의 품에 안길 수 있다. 반면에 어릴 때부터 십계명을 지켰다 해도 재산을 모두 팔아 가난한 자들에게 나눠 주라는 예수님의 말씀에 순종하지 못한 부자 관원은 구원을 받지 못했다(눅 18:18~23). 권세와 재물은 교만의 주된 요인이기 때문에 권세 있는 자와 부자를 경고하는 것이다. 또 부자들의 가난한 자들에 대한 착취와 억압을 엄중히 경고하는 것이다. 야고보서에 나타난 부자에 대한 경고도 같은 맥락에서 이해할 수 있을 것이다.

야고보서 윤리의 특징 3: 이분법적 윤리

야고보서의 윤리는 세상과 하나님의 적대적 대립 관계 위에 근거하고 있다. "간음하는 여자들이여 세상과 벗된 것이 하나님의 원수임을 알지 못하느뇨 그런즉 누구든지 세상과 벗이 되고자 하는 자는 스스로 하나님과 원수되게 하는 것이니라"(4:4)는 말씀에서, '간음한 여인들'이란 우상 숭배와 각종 죄를 범하는 하나님의 백성들을 가리키는 구약적 표현이다(사 54:5~6; 렘 3:20; 호 2:5~7). 야고보는 이런 성도들을 '세상과 친구가 되었고, 하나님과는 원수가 되었다'고 표현한다. 존슨(Johnson, 216)에 따르면 세상과 친구의 의미는 다음과 같다.

첫째, 세상이란 하나님을 고려의 대상에서 배제하고 하나님의 주장에 대해 적대적인 의미와 가치의 체계(system)다. 즉 세상은 하나님이 배제된 폐쇄적 시스템이다. 세상에 대한 이 정의는 중요하다. 왜냐하면 세상을 어떻게 보느냐에 따라 시기와 그로 인한 분쟁이 일어남이 결정되기 때문이다. 만약 세상을 하나님이 배제된 닫힌 체제로 볼 때, 이런 세상 속에서는 싸움과 다툼이 일어날 수밖에 없다. 왜냐하면 이런 세상 안에서는 누군가 더 많은 것을 가졌다는 것이 내가 소유할 수 있는 양이 그만큼 줄어든다는 것을 의미하며, 따라서 우리 속에는 시기가 생기게 된다. 이 시기는 남의 것을 빼앗기 위해 싸움과 다툼을 일으키게 된다. 극단적인 경우에는 남을 죽여야 한다. 남이 죽어야 내가 살기 때문이다. 남의 것을 빼앗아야 내가 가질 수 있는 것이 더 많아지기 때문이다. 그러나 하나님은 우리의 아버지시고 우리가 구하면 모든 좋은 것을 후히 주는 분이시라고 생각하면 시기하고 싸울 이유가 없어진다.

둘째, 세상과 벗이 된다는 것은 이러한 체계를 자신의 것으로 받아들이고, 거기에 자신을 동화시키고, 거기에 따라 자신을 평가하는 것을 뜻한다.

셋째, 이렇게 하는 것은 자신을 하나님과 원수 되게 하는 일이다.

넷째, 이렇게 볼 때 친구가 된다는 것은 인간의 자유와 가치와 삶의 방식을 표현한다.

세상과 하나님은 적대적 대립 관계에 있으며, 양자택일을 할 수밖에 없다. 세상과 벗되는 일은 마귀에게 복종하는 일이다. 그것은 하나님과 원수되는 일이다. 야고보서에 나타난 구체적인 사례로 말하자면, 성도가 부자에게 아부하고 가난한 자는 무시하는 것에 대해 야고보는 '이런 일은 하나님이 가난한 자를 택하사 믿음에 부요하게 하시고 약속하신 나라를 상속받게 하셨다'는 것을 잊는 것이라고 주장한다(2:1~5). 즉 가난한 자에 대한 차별이 곧 하나님과 원수 되는 일이라는 뜻이다. 성도의 입에서 찬송과 저주가 동시에 나오는 것은 마땅치 않다. 샘에서 단 물과 쓴 물이 나올 수 없는 노릇 아닌가? 무화과나무가 감람 열매를, 포도나무가 무화과를 맺을 수는 없다(3:10~12). 세상의 지혜와 위로부터 내려오는 지혜는 서로 양립할 수 없다

(3:13~18).

따라서 성도에게 요구되는 것은 하나님께 복종하는 것, 즉 자신을 하나님의 주권 아래에 놓는 일이다. 하나님께 복종하는 일은 마귀를 대적하는 것이며, 하나님을 가까이하는 일이다. 우리가 마귀를 대적하면 마귀는 우리를 피할 것이고, 우리가 하나님을 가까이하면 하나님은 우리를 가까이하실 것이다. 성도는 세상과 짝하는 것과 하나님께 복종하는 일을 병행할 수 없다. '두 마음을 품은 자'(4:8)는 죄인이다. 이들은 마음을 성결하게 해야 한다. 즉 오로지 하나님께만 복종하는 한마음을 가져야 한다.

야고보서 윤리의 대표 주제: 온전함

흔히 야고보서는 믿음보다 행함을 강조한 서신, 그래서 루터가 지극히 싫어했던 서신으로 알려져 있다. 그러나 필자는 야고보서 윤리 사상의 근저가 되고 있는 사상은 '온전함'이라고 본다. 야고보서에서 '온전함'과 관련된 단어는 형용사 '텔레이오스'(1:4[2회], 17, 25; 3:2)와 동사 '텔레이오오'(2:22)가 있다. 하틴은 야고보서의 핵심 주제를 '온전함의 영성'(a spirituality of perfection)이라고 보았다. 비록 사용된 횟수는 많지 않지만, 핵심 주제로 사용되고 있다. 야고보에게 있어서 시험도 성도의 온전함을 위해서다(1:4). 성도에게 있어서 율법은 온전한 율법이다(1:25). 그가 믿음보다 행함을 강조하는 이유도 믿음은 행함으로써 온전해지기 때문이다(2:22). 야고보서에 자주 등장하는 말(언어)에 관한 내용의 결론은 말에 실수가 없는 사람이 온전한 사람이라는 것이다(3:2). 야고보는 성도의 온전함이야말로 세상과 구분되는 본질적 특징이라고 본 것이다.

'텔레이오스'에 해당하는 히브리어는 '타밈'이다. '타밈'은 사람에게 사용되기도 하고(예를 들어 노아를 들 수 있다. "노아는 의인이요 당세에 완전한 자라", 창 6:9), 하나님께 바쳐지는 제물에 사용되기도 한다. 이 경우 보통 '흠 없는'으로 번역된다(출 12:5; 레 1:10; 3:6). 즉 야고보 저자는 정결법 용어를 윤리적으로 사용한 것이다. 정결법적으로 흠 없음을 윤리적 온전함으로 변용한 것이다. 이런 것을 보여 주는 또 다른 예를 들면 저자는 경건을 "하나님 아버지 앞에서 정결하고 더러움이 없는 경건"(1:27)이라고 정의하는데, 여기서 사용된 '정결한'과 '더러움이 없는'은 정결법의 전문 용어다. 또 "죄인들아 손을 깨끗이 하라 두 마음을 품은 자들아 마음을 성결케 하라"(4:8)는 말씀도 구약의 정결법 용어를 사용한 윤리적 권면이라고 볼 수 있다. 야고보는 제의적 정결함이 윤리적 삶을 통해 일상적 삶의 영역에서도 이루어져야 한다는 생각을 가지고 있었던 것 같다.

이제 아래에서는 온전함과 관련된 야고보서의 본문 하나하나를 구체적으로 살펴보면서 온전함의 주제가 다른 야고보서의 주제와 어떻게 관계를 맺고 있는지를 정리하도록 하겠다.

온전함과 시험(약 1:2~4)

1. 시험의 두 가지 의미

야고보서 본론의 제일성은 '시험'(페이라스모스)이다. 개역한글은 '페이라스모스'를 '시험'으로 번역하고 있는데, 이 단어는 '시련'(trial)과 '유혹'(temptation) 두 가지를 뜻한다. 시련으로써의 '페이라스모스'는 하나님이 주실 수 있다. 창세기 22:1의 "하나님이 아브라함을 시험하시려고"에서 '시험하다'는 70인역에서 '페이라조'로 번역되었다. '페이라조'는 야고보서 1:2에 나오는 '시험'의 헬라어 '페이라스모스'의 동사형이다. 하나님께서 사사 시대에 이방 민족을 남겨 두고 그들을 통해 이스라엘에게 시련을 주신 것은 "여호와의 도를 지켜 행하나 아니하나 그들로 시험하려 함"(삿 2:22)이었다. 또 하나님은 히스기야를 시험하기도 하셨다(대하 32:31). 이런 시련은 궁극적으로 성도의 신앙 성숙을 위한 것이다. 야고보서 1:2~4, 12에 나오는 시험이 바로 여기에 해당한다. 베드로전서 4:12 역시 마찬가지다. "사랑하는 자들아 너희를 '시련' (페이라스몬)하려고 오는 불 시험을 이상한 일 당하는 것 같이 이상히 여기지 말고." 그 밖에 베드로전서 1:6; 요한계시록 3:10 등이 여기에 해당된다.

반면에 '페이라스모스'가 '유혹'의 의미로 사용된 사례로 다음을 들 수 있다. "부하려 하는 자들은 시험과 올무와 여러 가지 어리석고 해로운 정욕에 떨어지나니 곧 사람으로 침륜과 멸망에 빠지게 하는 것이라"(딤전 6:9). 그러나 주기도문에 나오는 '시험'의 경우 두 가지 의미 모두 가능하다.

2. 시련으로써의 시험

1:2에서 '페이라스모스'는 '시련'인 것이 확실하다. 저자는 여러 시련을 만날 때 온전히 기쁘게 여기라고 말한다. 개역한글에서는 '온전히'로 번역되었으나, 헬라어 원문은 '텔레이오스'가 아니라 '파산 카란', 즉 '모든 기쁨으로'이다. 저자는 시험에 대한 성도의 자세를 말해 주고 있는데, 시련이 찾아오는 것을 우리는 통제할 수 없지만 시련을 어떻게 대할지는 우리에게 달려있다는 것이다. 저자는 '모든 기쁨'으로 받아들이라고 한다. 베드로 역시 "시험을 인하여 잠깐 근심하게 되지 않을 수 없었으나 오히려 크게 기뻐하도다"(벧전 1:6)라고 말한다. 그렇다면 시련을 기쁘게 받아들일 수 있는 이유는 무엇인가?

첫째, 시험이 주는 유익이 있기 때문이다. 저자는 이 시험을 '믿음의 시련'이라는 말로 대체한다(3절). '시련'으로 번역된 헬라어에는 '테스트', 즉 '검사, 검증'이란 뜻이 있다. 바울이 "너희가 믿음에 있는가 너희 자신을 시험하고 너희 자신을 확증하라 예수 그리스도께서 너희 안에 계신 줄을 너희가 스스로 알지 못하느냐 그렇지 않으면 너희가 버리운 자니라"(고후 13:5)고 말한 것도 고린도 교인들이 예수 그리스도께서 그들 안에 계신 것을 믿고 있는지를 검사하여 확인하라는 뜻이다. "범사에 헤아려 좋은 것을 취하고"(살전 5:21)라는 말도 모든 것을 잘 가려서 좋은 것만 취하라는 뜻이다. 또 "사랑하는 자들아 영을 다 믿지 말고 오직 영들이 하나님께 속하였나 시험하라 많은 거짓 선지자가 세상에 나왔음이니라"(요일 4:1)는 말씀도 하나님께 속한 영과 그렇지 않은 영을 가려내라는 뜻이다. 이런 용례에서 알 수 있듯이 시련으로써의 시험은 우리의 믿음이 진짜 믿음인지를 입증하는 일종의 검사대라는 뜻이다.

'믿음의 시련'이라는 용어는 베드로전서 1:7에도 나오는데, 금을 제련하여 불순물을 제거하고 순수한 것을 만들어 내는 공정을 가리킨다. 믿음의 시련이 믿음 때문에 오는 시련인지, 믿음을 위한 시련인지, 그 정확한 의미를 가늠하기 어렵지만 어떻게 해석하든 별 차이는 없는 듯하다. 믿음 때문에 오는 시련이라면 성도가 예수님을 믿는다는 이유 때문에 오는 시련일 것이며, 그것 역시 결국 성도의 믿음에 유익하기 때문이다.

믿음의 시련은 인내를 '생산해 낸다'. 사람은 모름지기 크든 작든, 시련이 없이는 인내를 배울 수 없다. 그런데 야고보서의 독자들은 여러 가지 시련을 겪었거나, 겪고 있는 것 같다(2절). 한두 번이 아니라 여러 차례의 다양한 시련을 통해 그들은 인내를 배우게 되었던 것 같다. 그 인내가 소중한 이유는 인내를 통해서 '온전해지기' 때문이다. 그러나 누구나 믿음의 시련을 겪으면서 인내를 배우게 되는 것은 아니다. 믿음의 시련을 참지 못하는 자도 있는 법이다. 시험이, 믿음의 시련이 자동적으로 인내를 만들어 내는 것은 아니다. 그래서 저자는 시험을 참는 자, 즉 인내하는 자가 복이 있다고 말한다. 마치 산상수훈의 팔복을 듣는 느낌이다. 또 저자는 시련을 견디어 낸 자가 생명의 면류관을 얻게 될 것이라고(1:12) 말한다. 왜냐하면 이들은 시험을 통해 온전하게 되었기 때문이다. 12절에서 말한 '생명의 면류관'은 2:5에서 '약속하신 나라'로 표현된다. 두 구절에서 모두 '자기(하나님)를 사랑하는 자들에게'라는 표현이 공통적으로 나온다. 이들은 예수 그리스도를 믿는 자, 하나님을 사랑하는 성도들을 말한다. 하나님은 이들에게 약속하셨다. 생명의 면류관과 그의 나라의 상속을 말이다.

생명의 면류관은 아무나 쓰는 것이 아니다. 견디어 낸 자, 시련을 통과한 자, 그래서 온전해진 자가 차지하게 된다. 그래서 바울도 이렇게 말하지 않았던가? "운동장에서 달음질하는 자들이 다 달아날지라도 오직 상을 얻는 자는 하나인 줄을 너희가 알지 못하느냐 너희도 얻도록 이와 같이 달음질하라"(고전 9:24). 또 요한계시록의 저자도 "네가 죽도록 충성하라 그리하면 내가 생명의 면류관을 네게 주리라"(계 2:10)고 한다. 그래서 저자는 독자에게 시험을 만날 때 온전히 기뻐하라고 말한 것이다.

인내는 '온전한 행실'을 만들어 낼 것이다. 개역개정은 '인내를 온전히 이루라'고 번역하고 있는데, 이는 '끝까지 인내하라'는 뜻이다. 그러나 헬라어 본문은 '인내로 하여금 온전한 행실을 만들어 내게 하라'로 번역할 수 있다. 야고보서의 핵심 주제 가운데 하나인 '행위'를 뜻하는 '에르곤'이 이 문장에 사용되고 있다는 사실에 주목하라. 인내는 온전한 행실을 낳는다! 우리의 행실이 온전해지는 길은 믿음의 시련을 잘 참아 내는 것이다. 온전한 사람은 결국 온전한 행실로 나타난다. 믿음은 그 시련을 통해 온전해진다. 2장에서 저자는 아브라함이 그 아들 이삭을 제단에 바치는 일을 행했고 이 행함으로 인해 그의 믿음이 온전하게 되었다고 주장한다(2:21~22). 아브라함에게 있어서 100세 때 얻은 아들을 제물로 바치는 일이야말로 믿음의 시련이었다. 아브라함은 믿음의 시련을 겪었고, 이것을 인내하여 온전하게 된 것이다. 믿음과 행실의 통합적 이해가 온전함으로 표출되면서 야고보서 본론의 시작부터 나오고 있는 것이다.

믿음의 시련을 통해 우리는 '온전하고', '구비하여', '조금도 부족함이 없게' 될 것이다. 비슷한 의미의 단어를 두 번은 긍정의 형태로, 한 번은 부정의 형태로, 그것도 세 개가 연이어서 사용되고 있는 데서 저자의 완벽주의를 느낄 수 있다. 또 여기서 '구비하다', '조금도 부족함이 없다'는 것은 마지막 심판 때에 하나님 앞에서 우리가 보여야 할 모습으로 볼 수 있다.

둘째, 시험을 온전히 기쁘게 받아들일 수 있는 이유는 그 시험을 이길 수 있는 지혜를 하나님께서 주겠다고 약속하셨기 때문이다. 1:5에서 말하는 '지혜'란 바로 이런 맥락에서 이해되어야 한다. 즉 일반적인 지혜가 아니라 시련의 상황에서 어떻게 이길 수 있는지를 알 수 있는 지혜를 말한다.

하나님이 주시는 선물은 온전하다(약 1:17)

1. 야고보서에 나타난 하나님

1:17은 하나님에 관한 야고보서의 진술 가운데 하나다. 야고보서는 예수 그리스도에 관해 두 차례(1:1; 2:1) 언급하고 있는 반면에 하나님에 관해서는 훨씬 많이 언급한다. '하나님'이라는 단어가 16회, '아버지'로는 3회 나온다. '주님'으로는 8회 나오는데, 일부는 하나님을 가리키지만 일부는 예수님을 가리킨다(5:7, 8, 14, 15). 야고보서에 나타난 하나님에 대한 묘사를 자세히 살펴보면, 먼저 하나님은 믿음의 시련을 당하는 자가 믿음으로 지혜를 구하면 후히 주는 분이시며(1:5~6), 시련을 견디어 낸 자에게는 생명의 면류관을 주신다(1:12). 또 하나님은 가난한 자에 대한 관심이 많으시다. 하나님은 가난한 자를 택하셔서 믿음에 부요하게 하셨다(2:5). 하나님 아버지께서 원하시는 경건은 고아와 과부를 환란 중에 돌아보는 것이다(1:27). 반대로 가난한 자를 업신여기고 억압하는 부자들은 심판을 받게 될 것이다(2:6~9). 사람의 성내는 것은 하나님의 의를 이루지 못하고(1:20), 자신의 욕심을 채우려고 싸우고 시기하는 자들은 세상과 벗된 것이며, 그것은 곧 하나님과 원수가 된 것이다(4:1~4). 하나님은 교만한 자를 물리치고 겸손한 자에게 은혜를 주며 높이실 것이다(4:6, 10).

2. 하나님은 시험하지 않으신다

하나님에 관한 진술 가운데 하나인 17절은 성도에게 찾아오는 시험이 하나님께로부터 오는 것이 아니라 사람의 욕심으로부터 나오는 것임을 논증하면서 한 말이다.

1:13~15에서 말하는 시험은 1:2이나 1:12에 언급된 시험과 헬라어상으로는 동일한 단어이지만, 전자가 성도를 온전케 하기 위해 찾아오는 '시련'이라면 후자는 '유혹'이란 뜻이다. 저자는 우선 유혹으로써의 시험은 결코 하나님께로부터 오는 것이 아니라고 말한다. 사람이 유혹을 받는 것은 자기

욕심 때문이다. 여기서 '욕심'으로 번역된 헬라어 '에피쒸미아'는 반드시 '악한 욕망'만을 뜻하지 않는다. 단순히 '바람', '소원'이란 뜻으로 사용될 때도 있다(빌 1:23). 그러나 여기서는 '죄악된 욕망'을 뜻한다. 야고보서 4:1, 3에 언급된 '정욕'과 같은 의미로 볼 수 있다.

저자는 사람이 유혹을 받는 이유는 자신의 이 악한 욕망에 끌려 미혹되기 때문이라고 지적한다. 여기서 '끌려'와 '미혹되다'는 모두 낚시와 관련된 용어다(Moo: 2000, 75). 낚시꾼이 고기를 잡기 위해 낚싯대 갈고리에 달아 놓은 미끼를, 고기가 바라보면서 미혹된다. 그 미끼를 먹으면 결국 낚이게 되고, 질질 끌려가게 된다. 이런 회화적 묘사는 독자들에게 인간의 범죄에 대한 매우 생생한 그림으로 다가왔을 것이다. 1:15 역시 그림과 같다. 저자는 '욕심-죄-사망'을 인간의 잉태와 출산과 성장과 사망이라는 인생 역정으로 그리고 있다. '욕심'을 뜻하는 헬라어 '에피쒸미아'가 여성 명사이기 때문에 이런 묘사는 더욱 실감난다. 욕심은 죄를 잉태하고 죄라는 자식을 출산하게 된다. 그 죄는 태어난 것으로 그치지 않는다. 죄는 자란다. 그리고 완전히 자라면 결국 사망을 낳는다.

이러한 욕심과 죄에 대해 야고보는 4:1 이하에서 다시 한 번 언급한다. 정욕은 모든 싸움과 다툼의 이유다. 정욕 때문에 시기하고 살인까지 한다. 하나님께 구하여도 받지 못하는 이유는 정욕으로 쓰려고 잘못 구하기 때문이다. 야고보는 정욕 가운데 있는 성도들을 '간음한 여인들'이라고 부르고, 이들은 '세상의 벗'이지만 '하나님과는 원수'라고 말한다. 야고보서 저자가 말하는 '욕심'은 바울이 갈라디아서 5:16~21에서 말하는 '육체의 욕심'(에피쒸미아 사르코스)과도 유사하다. 또 구약성경 잠언에서 미련한 여인이 어리석은 자들을 유혹하여 스올의 깊은 곳으로 이끄는 모습과도 비슷하다(잠 9:13~18).

그러나 앞서 시련으로써의 시험과는 정반대된다. 시련으로써의 시험은 인내를 만들어 낸다. 그 인내는 온전한 행실을 이룬다. 성도를 온전하고 부족함이 없게 한다. 시련을 견딘 성도는 생명의 면류관을 받게 된다. '욕심-죄-사망'과 '시련-인내-생명'이라는 명확한 대조를 볼 수 있다. 또 저자는 인간의 욕심은 사망을 낳지만, 하나님 아버지는 진리의 말씀으로 우리를 낳으셨다고 말한다. 이것이 1:17~18의 논증이다.

3. 하나님이 주시는 선물은 온전하다

1:17에 따르면 하나님이 성도에게 주시는 것은 "각양 좋은 은사와 온전한 선물"이다. 여기서 '은사'로 번역된 '도시스'의 문자적 의미는 '준 것'(giving)이란 뜻으로써 문맥상 '선물'로 번역된 '도레마'와 같은 뜻이다. 이 모든 것은 위로부터 하나님 아버지에게서 나온 것이다. 아버지께서는 변함이 없는 완전한 분이시기에 그분으로부터 나온 것은 모두 선하고 완벽하다. 3:15~17에서도 저자는 위로부터 내려온 지혜는 땅 위의 지혜와 달리 성결하고 화평하고, 관용하고 양순하다고 묘사한다. 따라서 하나님의 이러한 속성상 사람을 죄와 사망으로 이끌 수 있는 시험을 하나님은 결코 주지 않으신다는 것이 저자의 주장이다.

자유하게 하는 온전한 율법(약 1:25)

1. 온전한 율법의 의미

"자유하게 하는 온전한 율법"(1:25)이란 단순히 구약의 율법이 아니라, 산상수훈의 여섯 가지 반제(反題. 마 5:21~48)에서 볼 수 있듯이 예수님이 새롭게 해석해 주신 율법을 뜻한다. 예수님은 율법을 폐하러 오신 것이 아니라 율법을 완전하게 하기 위해 오셨다(마 5:17). 그렇다면 예수님은 율법을 어떻게 온전하게 하셨나? 마태복음 5:21~48은 '여섯 가지 반제(反題)'를 보여 주고 있는데, 여기서 예수님은 십계명과 구약 율법 등 여섯 가지 항목에 대해 심화, 폐지, 혹은 대체하신다. 즉 새로운 가르침을 제시하신 것이다. 이것이 바로 율법을 온전케 하신다는 말의 의미다.

예수님은 당신에 의해 온전해진 율법은 바리새적 율법처럼 우리를 힘들게 만드는 무거운 짐이 아니라 쉽고 가벼운 멍에라고 말씀하신다(마 11:30). 그래서 시편 기자도 "여호와의 율법은 완전하여 영혼을 소성케 하고"(시 19:7)라고 고백한 것이다. 야고보서 저자에게 있어서 율법은 예수님에 의해 온전하게 되었으며, 이 율법은 그리스도인에게 여전히 권위가 있었던 것이다. 또 예수님의 멍에는 우리를 자유케 하는 진리다(요 8:32 참조). 원래 십계명을 비롯한 율법이 이스라엘 백성을 애굽에서 구원해 내신 하나님의 은혜에 대한 자유로운 응답이었다. 이 말씀을, 이 자유롭게 하는 온전한 율법을 듣고서도 행하지 않는다면 그에게 있어서 율법은 무거운 멍에일 뿐이다. 즉 제대로 복음을 안 것이 아니다. 그러나 그는 '의식법'(the ritual law)에 대해서는 관심을 보이지 않는다. 그의 관심은 윤리였다.

2. 온전한 율법과 자기의 생긴 얼굴

저자는 말씀을 듣고도 행하지 않는 자를 '마치 거울을 통해 자신의 모습을 보고도 그 모습을 잊어버린 자와 같다'고 말한다(1:23). 당시에 '거울'은 일반인이 가질 수 있는 물건이 아니었다. 또한 품질도 좋지 않았다. 당시 거울은 금속을 잘 닦아 반질반질하게 만든 것으로써, 그 투영되는 이미지가 흐릿했다. 고린도전서 13:12에서 바울이 "우리가 이제는 거울로 보는 것같이 희미하나"라고 말한 것도 이런 이유 때문이다. 그래서 거울을 통해 자기 모습을 보더라도 어떤 모습인지 곧 잊게 되고, 자주 볼 수 없기 때문에 잘 기억이 나지 않는 것이다.

그러나 1:22~25에서 보다 중요한 대조점은 거울 그 자체가 아니라, 거울을 통해 바라보는 것, 거울에 비친 모습이다. 야고보는 말씀을 듣고 행하지 않는 자는 거울을 통해 '자기의 생긴 얼굴'을 보는 자다. 헬라어를 직역하면 '자기 기원의 모습'(토 프로소폰 테스 게네세오스 아우투)이 된다. 여기서 '게네시스'는 '본성'(nature)이라는 뜻으로 해석된다. 즉 말씀을 듣기만 하고 실천하지 않으면, 말씀을 들어도 옛 본성의 모습, 복음으로 변화되지 않은 모습을 보게 될 뿐이라는 뜻이다.

반면에 '자유롭게 하는 온전한 율법'을 들여다보는 자는 말씀을 듣고 실천하는 자다. 22~23절에서는 '말씀'이었지만 25절에서는 '율법'으로 언급되는데, 야고보서 저자에게 있어서 이 두 단어는 동의어다. 말씀을 듣고 실천하는 사람은 말씀을 듣고도 실천하지 않는 자와 바라보는 것이 다르다. 실천하는 자는 자기 모습을 보는 것이 아니라, '자유롭게 하는 온전한 율법'을 바라본다. 그것도 자세히 들여다본다. 여기서 '들여다보다'를 뜻하는 헬라어 '파라퀴프토'는 '몸을 굽혀서 ~을 자세히 들여다본다'는 뜻이다. 개역한글에는 그 의미가 정확히 드러나 있지 않지만 헬라어 본문에는 '계속해서…을 하다'라는 뜻의 '파라메노'가 사용되었다.

3. 온전한 율법은 우리가 닮아야 할 모범 사례를 보여 준다

이처럼 말씀을 듣고 실천하는 자와 그렇지 않은 자는 무엇을 바라보는지, 그리고 그것을 바라보는 태도가 어떤지에 있어서 차이가 난다. 말씀, 곧 '자유롭게 하는 온전한 율법'을 유심히 보는 자는 그 말씀대로 살아가게 된다. 아니 살아갈 수밖에 없다. 말씀은 듣는 자에게 있어서 삶의 본보기를 보여 준다. 거울은 자신의 외모를 바라보는 도구이지만, 본보기나 모범이라는 뜻도 있다. '~를 거울로 삼다'는 말은 자신이 지향해야 할 모범 혹은 타산지석의 본보기로 삼는다는 뜻이다. 존슨은 야고보 저작 당시 헬라 문헌들에서도 거울이 이러한 의미로 사용되고 있는 구체적인 사례들을 제시하고 있다(Johnson, 168~181). 우리는 거울 안에서 우리가 취해야 할 행동의 모델을 볼 수 있다. 그래서 저자는 아브라함을 행함으로 그 믿음이 온전하게 된 사람의 모델로 제시하면서 이렇게 표현하고 있는 것이다.

> " '네가 보거니와' 믿음이 그의 행함과 함께 일하고 행함으로 믿음이 온전케 되었느니라… '이로 보건대' 사람이 행함으로 의롭다 하심을 받고 믿음으로만 아니니라"(약 2:22, 24).

이 두 구절에서 저자는 '본다'는 말을 사용한다. 말씀을 듣는 자들이 말씀 안에서 믿음의 모델들을 '본다'는 것이다. 또 저자는 욥의 인내에 대해서도 "너희가 욥의 인내를 들었고 주께서 주신 결말을 '보았거니와'"(5:11)라고 말한다. 비록 '본다'라는 단어가 사용되지 않았지만, 라합(2:25)과 엘리야(5:17)도 마찬가지 사례로 볼 수 있다(Johnson, 178~181).

4. 온전함과 산상수훈

앞에서 살펴본 대로 야고보서의 온전함은 온전한 율법을 실천하는 것이다. 예수님에 의해 온전해진 율법, 그것은 산상수훈이 말하는 바다. 실제로 야고보서의 많은 구절들이 산상수훈과 닮았다. 두 본문 간의 병행구를 살펴보면 다음과 같다(McCartney, 50; Painter, 261~262 참조).

고난 가운데 기뻐하라	야고보서 1:2	마태복음 5:11~12
온전하라	야고보서 1:4; 2:22	마태복음 5:48
믿음으로 구하라	야고보서 1:6	마태복음 7:7
재물은 풀과 같다	야고보서 1:10	마태복음 6:30
아버지는 좋은 것을 주신다	야고보서 1:17	마태복음 7:11
화내지 말라	야고보서 1:19~20	마태복음 5:22
들음과 행함	야고보서 1:22~23	마태복음 7:24~26
하나님은 가난한 자를 택하신다	야고보서 2:5	마태복음 5:3, 5
율법 전체를 행하라	야고보서 2:10	마태복음 5:18~19
살인과 간음	야고보서 2:11	마태복음 5:21~22, 27~28
긍휼을 행하라	야고보서 2:13	마태복음 5:7
열매를 보고 나무를 안다	야고보서 3:12	마태복음 7:16~18
화평케 하는 자	야고보서 3:18	마태복음 5:9
두 주인을 섬길 수 없다	야고보서 4:4	마태복음 6:24
마음이 청결함	야고보서 4:8	마태복음 5:8

하나님은 온유한 자를 높이심	야고보서 4:10	마태복음 5:5
판단하지 말라	야고보서 4:11; 5:9	마태복음 7:1~2
미래를 염려하지 말라	야고보서 4:13~14	마태복음 6:34
좀 먹은 재물	야고보서 5:2~3	마태복음 6:19~21
모범이 되는 선지자	야고보서 5:10	마태복음 5:11~12
맹세하지 말라	야고보서 5:12	마3태복음 534~37

이러한 상응하는 모습이 있게 된 이유로써, 저자가 마태복음을 알았거나 그 반대의 경우이거나 양자가 공통된 자료를 사용했거나 하는 여러 가능성이 제기될 수 있을 것이나 여기서는 이 문제에 대한 자세한 설명을 생략한다. 다만, 야고보서 저자와 마태복음 저자의 공통된 관심사, 비슷한 분위기 등이 초기 기독교의 한 흐름을 형성하고 있었다는 사실을 지적할 필요가 있다.

특히 필자는 야고보서와 산상수훈에 나타난 '온전함'에 대한 관심에 주목하고자 한다. 앞에서 살펴본 바 야고보서에 나타난 '온전함'은 산상수훈에서 예수님이 말씀하신 '온전함'을 떠오르게 한다. "그러므로 하늘에 계신 너희 아버지의 온전하심과 같이 너희도 온전하라"(마 5:48). 이 말씀은 마태복음 5:43~48에 속해 있는 구절로써 1:21부터 시작되는 소위 여섯 가지 반제(反題, antitheses) 중에서 마지막 여섯 번째 반제에 해당한다. 여섯 개의 반제는 율법의 완성자로 오신(마 5:17) 예수께서 율법의 대표적인 계명들을 새롭게 해석하여 그 본질적인 뜻을 밝힌 것이다. 그러나 마태는 예수께서 결코 율법을 폐하러 온 것이 아니라 '완전케'(마 5:17) 하기 위해 왔다고 말한다. 여섯 가지 반제를 통해 제시된 예수님의 새로운 율법 해석은 율법에 담긴 하나님의 본래적인 뜻이기에 율법의 폐지가 아니라 율법의 완성인 것이다.

또 예수님은 이 여섯 가지 반제, 나아가 산상수훈을 그의 제자들이 행하도록 요구하셨다. 그것도 매우 엄중하게 말이다. "너희 의가 서기관과 바리새인보다 더 낫지 못하면 결단코 천국에 들어가지 못하리라"(마 5:20). 너희, 즉 예수님의 제자들의 의는 무엇이고, 서기관과 바리새인의 의는 무엇인가?

마태복음에는 '의'가 7회 나온다(3:15; 5:6, 10, 20; 6:1, 33; 21:32). 이 가운데서 산상수훈에서만 5회 사용되고 있다. 특히 마태복음 5:20과 6:21에는 '너희'라는 수식어가 함께하고 있는데, '너희 의'는 적극적인 행함을 통해 실현된다. 즉 마태에게 있어서 '의'는 메시아적 토라 선생님 되시는 예수님의 가르침을 적극적으로 실천하는 것이다.

바로 마태복음 5:20의 '너희 의'는 마태복음 5:21~48에서 언급되고 있는 여섯 가지 반제의 행함을 통해 이루어진다. 여섯 가지 반제의 행함이야말로 율법의 완성이요, 마태복음 5:48에서 말하고 있는 '온전함'에 이르는 길이다. 그중에서도 원수 사랑이야말로 여섯 가지 반제를 통해 제시된 하나님의 뜻의 절정이요 '너희 의'와 '온전함'의 핵심이다. 이러한 '너희 의'는 서기관과 바리새인의 '의'보다 나은 '의'다. 예수님의 눈에 비친 그들은 외식하는 자들이요 회칠한 무덤으로써, 율법의 더 중한 바 '의와 인과 신'을 버리고 겉으로 드러나는 것에 집착하는 자들이었다(마 23:23). 그들은 "겉은 깨끗이 하되 그 안에는 탐욕과 방탕으로 가득"(23:25)차 있는 자들이었다.

그러나 '너희 의'는 철저히 계명의 본래적인 뜻을 내면화하여, 전인격적으로 행함으로써 이루어지는 '의'다. 이 같은 '너희 의'를 이루느냐 그렇지 못하느냐는 선택 사항이 아니다. 그것은 목숨을 걸고 반드시 성취해 내야 하는 것이다. 왜냐하면 "너희 의가 서기관과 바리새인보다 더 낫지 못하면 결단코 천국에 들어가지 못할 것"이기 때문이다.

마태복음 5:43~48이 말하는 바 원수 사랑은 예수님의 제자로서 '하늘 아버지처럼 온전하게 되어'(Imitatio Dei) 더 나은 '의'를 이루고, 또 천국에 들어가는 데 있어서 가장 중요한 관건이 되는 예수님의 윤리적 요청이요, 천국 윤리의 핵심이다.

그런데도 여전히 예수님을 믿는 자들이 자신을 사랑하는 자만을 사랑하고 자기에게 문안하는 자에게만 문안한다면 그것은 세리와 이방인과 다를 바 없다. 예수님이 그 제자들에게 온전할 것을 요구하신 것은 세상 사람들과 차별되는 삶을 살아야 한다는 뜻이다. 야고보서 역시 마찬가지다. 야고보서 저자가 여러 다양한 윤리적 주제들의 실천을 엄격히 주장하는 것은 성도들이 이 세상과는 구분된 삶의 모습을 보여야 한다는 취지에서다. 세상과는 다른 새로운 삶의 목적을 야고보와 마태는 '온전함'으로 표현하고 있는 것이다 (Hartin, 57).

행함으로 온전하게 되는 믿음(약 2:22)

1. 행함이 없는 믿음의 무익함

1:22~25에서 말씀을 행하는 자가 될 것을 권면한 야고보는 2:14~26에서 통해 행함을 통해 온전하게 되는 믿음을 다시 한 번 강조한다. 야고보는 믿음이 있다고 말하면서도 행함이 없다면 그 믿음은 능히 그 사람을 구원하지 못할 것이라고 말하면서 그 실제 사례를 제시한다. 교회 성도 가운데 어떤 사람이 가난한 성도에게 말로만 평안히 가라, 덥게 하라, 배부르게 하라 하고 실제로 몸에 쓸 것을 주지 않는다면 그 가난한 성도에게 아무 유익이 없는 것처럼 행함이 없는 믿음 역시 쓸모가 없다. 저자는 "무슨 이익이 있으리요"를 2:14과 2:16에서 반복하여, 행함 없는 믿음의 무익함을 강조한다.

또 야고보는 믿음만을 주장하는 어떤 사람을 대상으로 일종의 시합을 요구한다. "행함이 없는 네 믿음을 내게 보이라 나는 행함으로 내 믿음을 네게 보이리라"(2:18)에서 야고보의 자신감을 느낄 수 있다. 또 야고보는 믿는 일에 관해서만 말한다면 귀신도 믿고 떠든다고 말하면서 행함이 없는 믿음을 가진 자들을 조롱하듯, 경멸하듯 말한다. "허탄한 사람아 행함이 없는 믿음이 헛것"(2:20)이라는 표현을 통해 저자는 행함이 없는 믿음을 주장하는 자들에 대한 답답함을 나타내고 있다. 또 저자는 아브라함과 라합의 사례를 제시하면서 의롭게 됨이란 행함을 통해 이루어지는 것이며, 믿음은 행함으로 인해 온전해진다고 주장한다.

2. 믿음을 온전케 하는 행함과 구제

존슨(Johnson, 178)은 여기서 아브라함의 행함은 그 아들 이삭을 제단에 바친 행위뿐만 아니라 손님을 대접한 일(예를 들어 창 18:1~8에 기록된 바 아브라함이 하나님이 보내신 자들을 대접한 일)까지도 포함한다고 본다. 22절에서 두 번 언급된 '행함'은 헬라어상으로 복수형이기 때문에, 아브라함의 '행함'은 이삭을 번제물로 바친 행위뿐만 아니라 그 밖의 행위들도 포함되며, 이 가운데 그가 대접한 일은 현재 야고보서의 문맥상 부자가 가난한 자들을 물질로 돕는 일과 잘 부합한다. 라합 역시 자기를 찾아온 이스라엘 정탐꾼들을 대접하는 일을 했다.

흥미롭게도 예수님도 "무슨 선한 일을 하여야 영생을 얻으리이까"(마 19:16)라고 물은 사람에게 계명을 언급하신 후 그가 계명을 다 지켰다고 말하자, "네가 온전하고자(텔레이오스) 할진대 가서 네 소유를 팔아 가난한 자들을 주라"(마 19:21)고 말씀하셨다. 여기서도 가난한 자를 물질로 구제하는 일이 온전함의 요소로 등장하고 있는 것이다.

이런 행함이 결여된 믿음에 대해 야고보 저자는 온전하지 못한 정도가 아니라, 아예 "영혼(헬라어로 '프뉴마'이며, '숨' breath이란 뜻도 있다) 없는 몸이 죽은 것 같이 행함이 없는 믿음은 죽은 것이니라"(2:26)고 결론을 맺는다. 믿음은 행함으로 온전하게 된다. 이러한 사상은 바울이 말한 "사랑으로써 역사하는 믿음"(갈 5:6)과 일치한다. 믿음은 사랑을 통해 일하고, 실천되는 것이기 때문이다.

말과 온전함(약 3:2)

1. 과연 사람은 혀를 제어할 수 있을까?

인간은 실수하는 법이다. 특히 말 실수가 많다. 그래서 말 조심, 과묵, 침묵은 절제된 행동의 대표적인 모습으로 여겨진다. 야고보서 저자도 경건과 침묵을 연결한다. "누구든지 스스로 경건하다 생각하며 자기 혀를 재갈 먹이지 아니하고 자기 마음을 속이면 이 사람의 경건은 헛것이라"(1:26). 헬라어 '칼린아고게오'는 '혀에 재갈을 물린다', '고삐를 바싹 잡아 당기다' 등의 의미를 가진 단어이다. 이 단어는 3:2에서도 다시 사용되고 있다. "우리가 다 실수가 많으니 만일 말에 실수가 없는 자면 곧 온전한 사람이라 능히 온몸도 '굴레 씌우리라'(칼린아고게사이)." 사람이 말을 완벽히 통제할 수 있다면 온몸도 제어할 수 있다는 뜻이다. 그만큼 혀의 권세가 크다는 것이고, 그만큼 말실수하지 않는 것이 어렵다는 뜻이다.

이 어려운 혀 다스리기에 대해 야고보는 매우 부정적이다. "혀는 능히 '길들일' 사람이 없나니…"(3:8). 존슨에 따르면, 당시 헬라 세계에서는 간결한 말과 침묵이 칭송을 받았다는 점에서 야고보서와 일맥상통하지만 그러나 야고보는 아예 인간이 말을 통제하기가 매우 어렵다고 비관적으로 본다는 점에서 다르다고 주장한다(Johnson, 164). 좀 과장되게 이야기하면 지금 야고보의 말은 아예 입 다물고 살라는 뜻이다. 그렇기 때문에 야고보는 말조심을 경건함 또는 온전함의 대표적인 증거로 보고 있는 것이다.

2. 혀의 놀라운 파괴력과 악마적 성격

저자가 혀로 짓는 죄에 대해 자세히 언급하는 이유가 여기에 있다. 야고보는 혀의 놀라운 파괴력, 그 악마적 특징에 대해 매우 강력한 은유들을 사용하며 말한다. 저자는 먼저 혀의 힘에 대해 말한다. 혀는 키와 같다. 사공이 큰 배를 운행하는 것은 작은 키 하나를 조작하면 된다(3:4). 여기서 배의 '큰 규모'와 키의 '작음'이 대조되고 있음에 주목하라. 이런 대조는 혀의 힘을 강조하는 대조법이다. 또 저자는 작은 불이 많은 나무를 태우는 것에 혀의 위력을 비유한다(3:5).

저자는 계속해서 혀를 불로 비유한다. 3:6을 '그렇다, 정말로 혀는 불이다'로 번역하는 것이 원문의 느낌을 잘 전해 준다. 이 혀는 '불의의 세계'이며 그 불사르는 힘은 지옥 불에서 나왔다. 이것은 혀의 악한 근원을 말해 준다.

하나님이 주시는 은사가 온전한 것과 대조가 된다. 이 혀는 인간의 몸을 구성하는 여러 지체들 가운데서(3:6a의 번역은 매우 까다롭다. Moo, 157~158 참조) '불의의 세계'로써, 온몸을 더럽히고 나아가 인생 전체를 태워 버려 한순간에 재로 만들어 버린다. 인생을 망쳐 놓는다.

또 "혀는… 악이요 죽이는 독이 가득한 것"이다(3:8). 이러한 혀의 무서운 죄악의 힘에 비해 인간은 무능력하다. 사람은 만물을 길들였다. 하지만(3:7) 혀를 길들인 사람은 없다(3:8). 이런 혀의 권세에 비추어 볼 때 말 실수가 없는 자는 '온전한 사람'이라고 할 수 있다는 것이다(3:2). 3:9~12은 그같은 혀로 하나님을 찬송하기도 하고 사람을 저주하기도 하는 모순된 모습을 지적하면서 윤리적 결단을 촉구하고 있다.

2. 지혜와 언어(3:13~18)

앞에서 언급했듯이 온전한 지혜는 위로부터 난 지혜이며, 이 지혜를 가진 자는 편견과 거짓이 없다. 반대로 땅의 지혜, 정욕과 귀신으로부터 나온 지혜는 진리를 거슬러 거짓말을 한다(3:14). 이것은 우리의 언어가 위로부터 오는 지혜가 없이는 성결하게 될 수 없음을 보여 준다.

3. 비방에 대한 경고(4:11~12)

이 역시 혀로 짓는 죄의 주제에 속한다고 볼 수 있다. 믿는 공동체 내에서 서로 비방하지 말며, 판단하지 말라는 명령은 마태복음 7:1~5과 비슷하다. 야고보 저자는 형제를 비방하는 자나 판단하는 자와, 율법을 비방하고 판단하는 자를 동일시하고 있다.

형제 비방을 율법 비방과 동일시할 수 있는 것은 율법의 입법자와 재판자는 오직 하나님뿐이시며, 사람은 그 율법을 지키는 자이기 때문이다. 율법을 지켜야 할 자가 형제를 비방하고 판단하는 일은 하나님의 권한을 찬탈하는 행위가 되기 때문에 율법을 범하는 자가 된다.

4. 맹세에 대한 경고(5:12)

이 본문도 혀로 짓는 죄와 관련이 있다. 5:12은 가난한 의인들을 착취하는 부자들에 대한 심판 선포와 가난한 형제들에 대한 권면을 언급하는 5:1~11과 연결된 본문이라기보다는 별개의 주제를 다루는 본문이다. 12절의 '무엇보다도'는 5:1~11의 결론도 아니고, 야고보서에서 가장 중요한 주제를 말하려는 것도 아니라, 단순히 주제의 전환을 알리는 도구일 뿐이다.

12절은 맹세를 금지하신 예수님의 말씀(마 5:34~37)과 병행하는 본문이다. 이 두 말씀은 맹세 그 자체를 무조건 거부하는 것이 아니다. 재세례파 등 일부 기독교인들은 이 말씀을 액면 그대로 받아들여 법원이나 국회 등에서 증인으로 설 때 맹세하는 일을 거부하는데, 이것은 옳지 않은 적용이다. 성경은 맹세를 금하고 있지 않다. 하나님 자신도 당신의 약속이 이루어질 것을 보증하기 위해 맹세하셨다(히 3:11, 18; 4:3; 6:13, 16; 7:21). 바울 역시 자신의 말의 진실성을 강화하기 위해 하나님을 증인으로 내세웠다(롬 1:9; 고후 1:23; 11:11; 빌 1:8; 살전 2:5, 10). 다만 성경은 자신이 한 맹세에 신실할 것을 요구한다. 하나님을 운운하며 맹세했지만 결국 지키지 못하는 것은 하나님의 이름을 욕되게 할 뿐이다(레 19:12).

12절이든 마태복음 5:34~37이든 맹세를 금지하는 이유는 성도가 자신이 하는 말에 맹세가 필요치 않을 만큼 정직하고 진실되어야 한다는 것을 강조하기 위해서다. 즉 언어의 진실성 문제를 다루고 있는 것이다. 언어에 진실성이 없다면 그것은 심판받게 될 것이다. 3장에서 혀로 짓는 죄에 대한 문제를 심판과 관련시켰듯이, 여기서 맹세의 문제를 정죄와 연결시키고 있음에 주목하라. 야고보는 모름지기 성도라면 맹세를 하지 않고도 자신이 하는 말이 진실되어야 함을 주장하고 있는 것이다. 여기서도 우리는 언어에 있어서 온전함, 순전함을 저자가 얼마나 강조하는지를 알 수 있다.

5. 말과 기도

야고보서 저자가 지금까지 말에 대해서 말한 것은 말의 부정적 위력을 경계하는 것이었다. 그러나 그가 부정적인 측면만 말한 것은 아니다. 그는 기도와 찬송을 말한다. 기도와 찬송이야말로 인간의 혀와 입으로 할 수 있는 가장 고귀한 행위다. 그래서 저자는 성도는 마땅히 한 입에서 찬송과 저주가 나와서는 안 된다고 엄중히 말한다(3:10). 그것은 샘이 한 개의 구멍으로 단 물과 쓴 물을 낼 수 없는 것과 마찬가지다(3:11~12).

성도는 고난 속에서도 불평이나 원망을 하지 않고 기도해야 한다. 즐거운 일이 있다면 찬송해야 한다. 교회 장로들은 병든 자를 찾아가 기도해야 한다. 우리는 자신의 죄를 서로 고백하고, 병 낫기를 위해 기도해야 한다. 그것이 바로 의인의 간구이며, 의인의 간구는 역사하는 힘이 강력하다(5:13~18).

온전함과 지혜

1. 지혜의 책 야고보서

비록 야고보서에서 '지혜'라는 단어가 단 세 차례(1:5; 3:15, 17), '지혜로운'이 단 한 차례(3:13) 밖에 사용되고 있지 않지만 그럼에도 불구하고 야고보서는 지혜의 책이다.

첫째, 야고보서에는 그 형식이 잠언과 같은 말씀이 많다. 둘째, 야고보서는 구약의 지혜 문학이나 제2성전 시기의 유대교 지혜 문헌과 긴밀한 관계를 맺고 있기 때문이다. 네슬레 알란트(Nestle-Aland) 27판에 따르면 30개가 넘는 유사 구절들(cross-references)이 발견된다. 모세 오경과는 10개, 예언서와는 18개, 시편과는 17개 구절이 유사한 것과 비교할 때 상당히 많은 숫자다(McCartney, 280). 셋째, 믿음과 같은 야고보서의 핵심 주제와 긴밀한 관계를 맺고 있기 때문이다.

아래에서는 먼저 신약에 나타난 지혜를 개략적으로 정리하고, 그 후에 야고보서에 나타난 지혜의 성격에 대해 살펴보겠다.

2. 신약의 '지혜'에 관한 간략한 고찰

신약에는 지혜와 관련된 본문들이 많다. 어휘적 측면에서 '지혜'는 신약에서 51회, '지혜로운'은 20회 사용되고 있다. 먼저 주목해야 할 것은 예수님을 지혜 교사 혹은 지혜 그 자체로 묘사하는 본문들이다. 예수님은 그 지혜로 말미암아 칭송을 받으셨다(막 6:2; 눅 2:40, 52 등). 예수님은 권위 있는 지혜 교사로 묘사된다. 마태복음에서 예수님은 모세보다 뛰어난 지혜 교사로서 가르치신다. 또 모세를 통해 주어진 옛 계명을 심화 혹은 폐지함으로써 율법을 완성한다(마 5~7장, 특히 5:21~48의 여섯 가지 반제).

Q의 대표적인 기독론이 지혜 기독론이다. Q는 예수의 말씀 전승 수집에 많은 관심을 기울였던 대표적인 문서다. Q 자체가 그 문학적 형식이나 내용에 있어서 지혜 문서적 성격을 띠고 있으며, 말씀 전승을 통해 예수님을 지혜 교사 혹은 지혜가 보낸 사자(마 11:16~19 및 눅 7:31~35 / 마 23:34~36 및 눅 11:49~51 / 마 23:37~39 및 눅 13:34)로 나타난다. 예수님은 의인화된 지혜가 보낸 메신저로서 회개와 심판의 메시지를 전하지만 그들은 앞선 선지자들과 마찬가지로 이 세대로부터, 특히 예루살렘으로 대표되는 이스라엘에게 배척을 받는다. 더 나아가 예수님은 지혜 자신으로(마 11:25~27 및 눅 10:21~22) 묘사된다. 이 본문들에 따르면 예수님은 하나님 아버지를 아는 유일한 분이요 계시의 유일한 중계자이시다. 예수님은 더 이상 단순히 지혜가 보낸 사자들 혹은 지혜 전승 속에 나오는 현인(賢人)이 아니라, 지혜의 자리를 차지하고 있는 것이다.

요한복음 서문에 나오는 로고스 기독론의 배경으로 구약과 유대 문헌의 지혜 전승이 있다는 것은 잘 알려진 사실이다. 로고스의 선재성, 창조의 동역자와 같은 속성들은 잠언 8장, 욥기 28장, 집회서 1:1 및 24장 등에서 언급되고 있는 지혜와 유사하다.

바울 역시 그리스도를 하나님의 지혜로 고백한다(고전 1:30). 하나님의 지혜는 그리스도 안에서, 곧 십자가에서 계시되었다. 십자가에 계시된 하나님의 지혜는 세상이 추구하는 지혜와 극명한 대조를 이룬다. 고린도전서 1~2

장에서 말하는 지혜는 기본적으로 '하나님을 아는 것'(하나님 인식론)과 관련된 지혜이다. 세상은, 예수 그리스도 안에 있지 않은 자들은 하나님을 알 수 없다. 그렇지만 인간은 오히려 지혜가 있다고 착각한다. 그러나 사실은 우준(愚蠢)하다(롬 1:22).

바울은 십자가 달린 예수 그리스도에게서 참 지혜를 보았다. 하나님을 알수 있는 유일한 길을 보았다. 그래서 그는 선포한다. 십자가는 하나님의 지혜라고. 왜냐하면 십자가를 통해서만이 하나님을 알 수 있기 때문이다. 십자가는 하나님의 마음을 보여 준다. 죄인을 향한 하나님의 사랑을 드러낸다. 하나님의 마음을 아는 자, 하나님의 마음을 가진 자가 하나님을 아는 자이다(고전 2:16). 하나님을 사랑하는 자가 주님의 마음을 가진다(고전 2:9). 성경은 말씀한다. 믿을 때 하나님을 알게 될 것이라고(고전 1:21). 예수 그리스도를 사랑해야 하나님을 이해하게 될 것이라고.

이 십자가를 통해 인간으로 하여금 하나님을 알게 하는 분이 바로 성령이시다. 성령을 받은 자만이 하나님을 알 수 있다. 왜냐하면 성령은 "모든 것 곧 하나님의 깊은 것이라도 통달"(고전 2:10) 하시기 때문이다. 하나님을 아는 것은 영적인 일이기 때문이다. 성령을 받은 자, 곧 '신령한 자'(고전 2:15)는 하나님의 지혜와 능력을 구하는 자이며, '육에 속한 사람'(고전 2:14)은 세상의 지혜와 능력을 추구하는 자이다.

그 밖에 바울서신에서 그리스도는 창조의 중계자이며(골 1:15 이하), "그 안에는 지혜와 지식의 모든 보화가 감취어" 있다고 고백된다(골 2:3). 믿는 이들은 성령으로부터 지혜를 선물로 받는다(엡 1:8; 골 1:9). 믿는 이들은 지혜를 추구해야 한다(엡 5:15; 골 4:5). 초대 교회 일곱 집사들은 '성령과 지혜'가 충만한 사람이었고, 그중에서도 스데반이 출중하였다(행 6:3, 10). 또 지혜는 마땅히 교회에서 가르쳐야 한다(엡 3:10; 골 1:28; 약 3:13).

또 비록 지혜라는 용어가 나타나지 않더라도 구약 및 유대 지혜 문학의 문학 형식 및 내용도 많이 보이고 있다. 잠언이나 집회서에서 많이 나타나는 금언(aphorism 혹은 proverb) 형식의 윤리적 교훈이 신약에서는 산상수훈(마 5~7

장), 로마서 12장, 야고보서 등에서 발견되고 있다.

3. 야고보서에 나타난 지혜의 특징 1: 지혜는 하나님이 주시는 선물이다

야고보서에서 말하는 지혜는 먼저 하나님이 주시는 선물이다. 학습을 통해 얻게 되는 지적인 지혜라기보다는 성도가 구하기만 하면 하나님께서 후히 주시는 선물이다. "너희 중에 누구든지 지혜가 부족하거든 모든 사람에게 후히 주시고 꾸짖지 아니하시는 하나님께 구하라 그리하면 주시리라"(1:5). 여기서 지혜는 1:2~4에 언급된 믿음의 시련을 만났을 때 어떻게 이겨 낼지에 관한 지혜다. 하나님은 성도가 이런 상황에서 지혜를 구하기만 하면 주실 것이다. 예수님께서도 기도를 가르쳐 주실 때 '구하라 그리하면 주시리라'(눅 11:9)고 말씀하지 않으셨던가? 야고보는 이런 예수님의 말씀에 따라 지혜를 구하라고 말하고 있는 것이다.

하나님은 이런 지혜를 '모든 사람에게' 주신다. 구하기만 하면 말이다. 세상의 지혜나 지식은 돈과 노력을 통해 습득되지만, 그래서 얻는 사람이 제한적이지만, 하나님이 주시는 지혜는 차별이 없다. 구하기만 하면 된다. 또 하나님은 지혜를 '후히'(하플로스) 주신다. 그러나 무(Moo, 58~59)는 '하플로스'가 '후히'라는 뜻이 있지만(고후 8:2 등), 여기서는 '순전하게'(sincerely, undivided)로 해석하는 것이 더 타당하다고 주장한다. 그는 에베소서 6:5; 누가복음 11:34; 솔로몬의 지혜서 1:1 등을 그 사례로 제시하면서 하나님은 우리가 구하기만 하면 오직 '주시겠다는 뜻'만을 가지고 있다는 의미로 해석한다. 이런 점에서 1:8에서 언급된 '두 마음을 품은' 사람과 하나님은 대조가 된다. 하나님은 두 마음을 품지 않으신다. 오직 우리에게 주시겠다는 마음뿐이다.

하나님이 '꾸짖지 아니하고' 주시는 것 역시 우리가 지혜를 구할 때 우리에게 어떤 결격 사유가 있는지를 보지 않으신다는 뜻으로써, 하나님은 그저 우리에게 주시고자 하는 의지만 갖고 있을 뿐이라고 해석한다. 더글라스 무의 주장은 흥미롭게 설득력이 있다. 그러나 하나님이 우리에게 주시겠다는 일념만을 가지고 있다는 뜻은 결국 후히 주시겠다는 뜻이다. 구하기만 하면 주겠다는 마음을 가진 하나님이 정작 구하니까 인색하게 주시지는 않을 것이다. 어떻게 해석하든 크게 다르지 않다고 본다.

4. 야고보서에 나타난 지혜의 특징 2: 위로부터 난 지혜는 윤리적이다

3:13~18은 지혜에 관해 집중적으로 말하고 있다. 여기서는 '위로부터 난 지혜'와 '땅 위의 지혜' 두 가지가 서로 대립하고 있다. 지혜가 위로부터 왔다는 것은 참된 지혜의 근원은 하나님이시라는 것, 즉 하나님이 지혜를 주시는 분이라는 것을 뜻한다. 위로부터 난 지혜는 몇 가지 특징이 있다.

첫째, 이 지혜는 '온유'하다. "지혜의 온유함"(3:13)이란 위로부터 난 지혜를 가진 사람은 온유하다는 것이다. 예수님께서도 당신 자신이 온유하다고 하셨고(마 11:29), 온유한 자가 복이 있다고 말씀하셨다(마 5:5). '온유함'에 해당하는 헬라어에는 '동물을 훈련시켜 명령에 순종하도록 하다'라는 뜻이 있다. 하나님은 마치 조련사처럼 우리의 모난 성품들, 옛 사람의 성품들을 길들이신다는 뜻이다. 갈라디아서 5:23에 따르면 온유는 성령의 열매 가운데 하나이다. 이것은 온유란 인간의 노력으로 이루어지는 것이라기보다는 성령의 선물로써 성령에 의해 결실을 맺는 열매임을 알 수 있다. 마찬가지로 위로부터 난 지혜를 받은 사람이 온유함을 결실하게 되는 것은 하나님의 은혜요 지혜의 본질적 특성이다.

야고보 저자는 앞서 1:21에서 마음에 심어진 말씀을 받을 때 온유함으로 해야 한다고 말한 바 있다. 이 온유함은 앞의 1:19과 1:20의 '성냄'과 대조를 이루는데, 보쿰(Bauckham, 84)에 따르면 온유함은 주님 경외와 긴밀한 단어(집회서 1:27; 잠 15:33; 22:4)이다. 그렇다면 우리는 말씀을 받을 때 두려움과 경외로 해야 한다는 뜻이다. 야고보서에서 로고스와 지혜는 유사어이다. 앞서 언급한 대로 요한복음 1장 서문의 로고스는 지혜 사상을 그 배경으로 한다. 마음에 심어진 말씀이나 위로부터 난 지혜 모두 온유함과 긴밀히 관련되어 있다.

둘째, 위로부터 난 지혜는 윤리적이다. 13절에서 저자는 지혜와 총명이 있는 사람은 '선행'을 통해 증명해 보이라고 말한다. 이 '선행'의 헬라어를 직역하면 '선한 삶의 양식'이다. 이에 대한 구체적인 사례가 17절에 언급된 여러 덕목들(성결, 화평, 관용, 양순, 긍휼, 선함, 편견과 거짓이 없음)인 것이다. 따라서 지혜가 있다고 하면서 마음속에 독한 시기, 다툼(14, 16절)을 보인다면 그 지혜는 위로부터 내려온 것이 아니라 땅 위의 것이요 정욕의 것이며 귀신의 것이다(15절). 위로부터 난 지혜만이 우리를 온전하게 만든다.

특히 우리는 17절에 언급된 여러 덕목들이 '성령의 열매'(갈 5:22~23)와 유사하다는 점, 이 두 구절에서 '열매'라는 단어가 사용된 점에서 위로부터 난 지혜와 성령의 긴밀한 관계를 확인할 수 있다. 이 점은 앞서 고린도전서에 나타난 지혜와 성령의 관계에서도 살펴보았다. 바울이 말한 것처럼 성령은 '지혜와 계시의 영'(엡 1:17)이시다(McCartney, 289~290).

온전함과 의인

1. '의인 야고보': 야고보에 관한 신약과 초기 기독교 문헌들의 증언

야고보서에 단 두 번(5:6, 16) 밖에 나오지 않지만 매우 중요한 단어가 있는데, 그것은 '의인'이다. '의인'은 야고보서 저자가 꿈꾸는 이상적인 기독교인의 모습이요, 그래서 독자들에게 모델로 제시하는 인물이다. 이 '의인'은 하나의 문학적 장치에 그치지 않는다. 야고보서에서 말하는 '의인'은 실존했던 인물, 곧 예수님의 친동생 야고보에 대한 전승을 근거로 하고 있다. 필자는 야고보서의 저자가 예수님의 친동생 야고보라기보다는 야고보를 성도가 마땅히 따라야 할 이상적인 인물로 생각했던 사람, 야고보에 관한 기억과 전승을 보존했던 사람이라고 본다. 야고보서의 '의인'이 무엇을 의미하는지, 그리고 '의인'과 온전함은 어떤 관계에 있는지 살펴보기에 앞서 야고보에 대해 간략히 정리해 보도록 하자.

야고보는 예수님의 친동생이었다. 가톨릭에서는 마리아의 동정을 영구화하기 위해서 성경에 언급된 예수님의 동생들(야고보, 요셉, 유다, 시몬, 막 6:3)

을 요셉이 마리아와 결혼하기 전에 다른 여자와 결혼하여 낳은 자식들이라고 본다. 또 제롬(Jerome)은 예수님의 동생들로 알려진 인물들이 사실은 예수님의 사촌이라고 주장하기도 했다(김병국, 36~48). 그러나 이런 주장들은 근거가 없다. 야고보는 예수님의 친동생이 분명하며, 다른 식으로 해석할 이유가 없다.

야고보가 예수님을 언제 하나님의 아들이요 메시아로 인정하고 받아들였는지 성경은 말해 주고 있지 않지만, 바울은 부활하신 예수님이 야고보에게 나타나셨다고 증언한다(고전 15:7). 야고보는 마가의 다락방에서 기도하던 자들에 속해 있었던 것 같다(행 1:14). 그는 예수님의 친동생이라는 막강한 후광 속에서 초대 예루살렘 교회의 지도자가 된다. 당시 예루살렘 교회에는 기둥과 같은 역할을 담당한 3인의 지도자, 즉 야고보와 게바와 세베대의 아들 요한이 있었다(갈 2:9). 예루살렘 교회는 3인 집단 지도 체제였으며, 야고보를 제일 먼저 언급한 이유는 그가 3인 가운데서도 대표적인 지도자였음을 암시한다. 후에 신약 정경화 과정에서 야고보서-베드로전후서-요한일이삼서의 순서로 배치된 것도 이들 3인 상호 간의 관계를 반영한다.

사도행전과 바울서신에 언급된 야고보를 보면 그는 예루살렘 교회의 명실공히 최고 지도자였다. 예를 들어 베드로는 감옥에서 탈출하여 마리아의 집에 가서 기도하고 있던 성도들에게 자초지종을 이야기한 후, 자기가 탈출한 사실을 "야고보와 형제들에게"(행 12:17) 알리라고 말한다. 예루살렘 교회에서 열린 회의에서 야고보가 마지막으로 등장하여 회의를 마무리하는데 마치 의장과 같은 역할을 한다(행 15장). 바울은 소위 3차 선교 여행을 마치고 예루살렘에 와서 야고보를 방문하여 문안한다(행 21:17~18). 또 게바와 바나바가 시리아 안디옥 교회에서 이방인들과 함께 식탁 교제를 나누고 있을 때, '야고보에게서 온 어떤 이들'이 도착하자 '할례자들을 두려워하여' 그 자리를 떠난다. 이것은 야고보의 영향력과 야고보의 신학적 입장을 암시한다. "우리가 다른 사도들과 주의 형제들과 게바와 같이 자매 된 아내를 데리고 다닐 권이 없겠느냐"(고전 9:5)라는 바울의 말에는 예수님의 동생들이 사도와 동급의 위치에 있었다는 것, 또 야고보가 예루살렘에만 있었던 것이 아니라 아내를 데리고 디아스포라 유대인들을 대상으로 순회 전도 여행을 다녔을 가능성을 암시한다(Painter, 78).

그 밖에 성경은 야고보에 대해 특별한 정보를 주고 있지 않다. 그러나 유세비우스(Eusebius)의 「교회사」(History of the Church), 나그 함마디 문헌(The Nag Hammadi Library), 그리고 「히브리인들의 복음서」(The Gospel of the Hebrews) 등과 같은 신약 외경 등에도 야고보에 관한 기록이 남아 있다. 이 문헌들을 근거로 야고보의 생애를 간략히 정리하자면 다음과 같다. 필자는 이 부분에 관하여 페인터(John Painter)의 저서 「의인 야고보」(Just James)를 많이 참조하였다.

유세비우스(주후 약 260~339)는 야고보를 '하나님의 형제'로, 또 예루살렘의 초대 주교(bishop)라고 말한다. 유세비우스는 클레멘트(Clement of Alexandria)의 말을 인용하여 예수님이 승천하신 후 베드로와 세베대의 아들 야고보와 요한이 야고보를 예루살렘의 주교로 뽑았다고 보도한다. 또 그는 헤게시푸스(Hegesippus)의 말에 근거하여, 야고보를 '의인'으로 불렸다. 그는 유대의 율법을 엄격히 지키고, 동족 유대인이 회개하고 주님께 돌아오기를 매일 성전에서 기도했다고 한다. 얼마나 많이 기도했던지 그의 무릎이 마치 낙타처럼 되어서 '낙타 무릎'으로 불리기도 했다.

또 그는 클레멘트의 말을 인용하여 야고보의 순교를 전해 주고 있는데, 여기에 따르면 유대인들은 베스도가 사도 바울을 로마로 보낸 것에 실망하여 그 적대감을 야고보에게로 돌리게 되었다. 유대인들은 야고보를 잡아다가 예수님을 부인하도록 요구했으나 야고보는 두려움 없이 당당하게 예수님이 구세주요 주님이시며 하나님의 아들 되심을 선포하였다. 이에 그들은 야고보를 난간에서 내던져 떨어뜨린 후 곤봉으로 때려 죽였다.

영지주의 문헌에서 야고보는 단순히 권위 있는 인물에 불과한 것이 아니라 계시자로 등장한다. 야고보가 계시자로까지 높여진 이유는 무엇보다 예수님의 친동생으로서 같은 어머니 밑에서 젖을 먹으며 자란 사실 때문이다. 또 예수님은 부활 후 야고보를 만나 키스하며 인사하셨다.

야고보에 대한 이런 기록들은 초대 기독교의 일정 영역에서 그가 차지하는 위치와 영향력을 보여 준다. 야고보의 신학적 입장을 '기독교적 유대교'(christian judaism)라고 부를 수 있는데, 야고보는 유대인들을 대상으로 한 선교, 즉 율법과 유대 전통에 충실한 복음을 '할례자에게 전하는 선교'(the circumcision mission)에 힘썼다. 여전히 유대교 안에 있으면서 율법을 충실히 지키는 그리스도인을 '기독교 유대인'(Christian Jews)이라고 부른다. 야고보는 예루살렘 교회의 초대 주교로 불릴 만큼 예루살렘 교회와 깊은 관계에 있다. 그는 예루살렘을 중심으로, 또 팔레스타인 밖에서는 디아스포라 유대인들을 대상으로 선교했을 것이다. 그러나 유대 전쟁이 발발하여 교회 성도들이 흩어지면서 야고보에 대한 기억도 점차 희미해져 갔다. '기독교 유대인들의 공동체'는 예수님을 부인하는 유대교와 거리가 있을 수밖에 없었고, 이방 기독교인들의 공동체는 세력을 확장해 가는 가운데 왜소화될 수밖에 없었다. 이런 상황에서 야고보서는 야고보를 추종하는 어떤 '기독교 유대인'이 흩어져 있는 '기독교 유대인들'을 대상으로 쓴 편지로 보인다. 즉 야고보서 1:1에 언급된 "흩어져 있는 열두 지파"란 바로 이들을 가리키는 것이다.

2. 의인과 온전함

야고보서는 어떤 사람을 '의인'이라고 말하는가?

첫째, 의인은 행함으로 그 믿음이 온전하게 된 자를 말한다. 저자는 아브라함이 '의롭다 하심을 받은 것'은 그가 아들 이삭을 제단에 바치는 행함을 통해서였으며, 기생 라합도 이스라엘의 정탐꾼들을 접대하여 다른 길로 나가게 하는 실천을 통해 의롭다 하심을 받았다고 말한다(2:21, 25). 또 아브라함이 하나님을 믿으니 이것이 '의로움으로 인정되었다'는 말씀이 '성취된 것'도 아브라함이 말씀에 순종했기 때문이다(2:23). 따라서 믿음은 행함으로써 온전하게 되는 것이며, 의인, 즉 의롭다 하심을 받은 자란 바로 이런 사람을 가리킨다. 구약에서도 의인은 율법에 따라 사는 사람을 가리킨다. 노아가 "의인이요 완전한 자"(창 6:9)로 불린 이유도 그가 당대의 사람들과 달리 하나님과 동행하는 사람이었기 때문이다. 이는 그가 말씀대로 살아 악을 행치 않는 사람이라는 뜻이다. 하나님이 아브라함을 택하셔서 그에게 놀라운 복을 약속하신 이유도 "내가 그로 그 자식과 권속에게 명하여 여호와의 도를 지켜 의와 공도를 행하게 하려고 그를 택하였나니 이는 나 여호와가 아브라함에게 대하여 말한 일을 이루려 함"(창 18:19)이었다. 세례 요한의 부모 사가랴와 엘리사벳도 '하나님 앞에 의인'(눅 1:6)으로 불렸는데, 그 이유는 주님이 명하신 모든 계명과 규례대로 흠이 없이 행했기 때문이다(눅 1:6).

둘째, 의인은 고난을 받지만 하나님의 심판을 믿고 기다리며 맞대응하거나 원망하지 않는다. 저자는 부자들이 추수하는 품꾼들을 억압하고 착취하는 일에 대해 종말론적 심판을 선포하면서 그들이 의인을 죽였다고 말한다(5:6). 그러나 의인은 대항하지 않았다. 그는 하나님이 약속하신 생명의 면류관을 얻을 것을 굳게 믿고 시련을 참는다. 견디어 낸다(1:12). 주의 강림이 가까운 것을 알고 오래 참는다. 그는 선지자와 욥의 인내를 배우는 자다.

의인의 특징은 불의한 자들로부터 고난을 받는 것이다. 이사야 53장에서 묘사되고 있는 '고난 받는 하나님의 종'이 그 대표적인 사례다. 시편 역시 의로운 자가 무죄함에도 불구하고 악한 자들로부터 고난당하는 것을 말한다(시 15, 24, 35편 참조). 그러나 의인들은 하나님 앞에서 탄식하고 그분의 구원하심을 기다리지만 불의에 맞서 싸우지는 않는다. 마카비일서는 헬라화를 추구하면서 율법을 금하고 성전을 더럽힌 안티오쿠스 에피파네스에 대항하여 무장 폭동을 일으킨 유다 마카비를 의로운 자로 말하기는 하지만, 그러나 마카비하에서는 폭력적 저항을 거부한 제사장 오니아스를 고난 받는 의인으로 말한다(3:1; 4:30~38). 쿰란 공동체의 문서인 「다마스커스 문헌」(The Damascus Document), 「찬송 두루마리」(The Hymn Scroll, 1QH) 등도 자신의 정체성을 고난 받는 의인에서 찾는다. 특히 고난받는 의인은 '의의 교사'(the teacher of righteousness)의 대표적인 한 모습이기도 하다. 예수님이 돌아가셨을 때 그 곳에 있던 로마 백부장도 "이 사람은 정녕 의인이었도다"(눅 23:47)라고 고백하는데, 이것은 예수님이 무죄하다는 것, 의로운 자로 고난 받았다는 것을 뜻한다. 의인이 고난 받고 죽자, 이 문제는 신정론이라는 신학적 문제가 되었고, 이것은 이 땅에서 해결되지 않고 종말로 미뤄진다. 하나님은 의인을 부활시키실 것이고, 악인들을 엄중히 심판하실 것이다. 부활의 신학적 기원은 의인의 고난과 관련한 신정론에 있는 것이다. 야고보서에 나타난 고난 받는 의인 사상은 이러한 구약과 유대교에서 내려오는 사상의 연속선에서 이해될 필요가 있다.

셋째, 의인은 사회적, 경제적 약자이다. 5:1~6에 등장하는 착취당하는 추수꾼들은 결국 야고보서의 독자들이다. 구약(특히 시편과 예언서)과 유대 문헌에서 '가난한 자들'은 물질적으로 가난하다는 의미를 포함하여 하나님 앞에서 겸손하고 온유한 자를 말한다(시 69:32; 사 29:19; 61:1; 암 2:7 등). 따라서 가난한 자들은 의인과 동의어로 사용될 수 있었다.

넷째, 저자는 독자에게 병든 자가 있을 경우 교회의 장로들이 가서 병자를 위해 기도하도록 권면한다. 그러면서 의인의 간구가 역사하는 힘이 크다고 말한다. 여기서 의인은 누구인가? 왜 의인의 간구는 역사하는 힘이 큰가? 의인은 '믿음의 기도'를 드리는 자다(5:15). 하나님은 구하는 자에게 후히 주는 분이심을 의심하지 않고, 두 마음을 품지 않고 기도하는 자다(1:5~8). 자기 정욕을 위해서 구하는 것이 아니라 병자의 치유를 위해 순수한 마음으로 구한다(4:3). 또 다른 이유는 의인이 죄 용서를 받은 자이기 때문이다. 우리는 5:15~16에서 기도와 죄 고백, 그리고 치유가 밀접한 관계에 있음을 주목해야 한다. 죄로 인하여 병이 생긴다는 것은 성경이 말하는 바다. 그렇다고 해서 모든 병이 죄 때문에 오는 것은 아니다. 그러나 병 치유를 위해 기도할 때 '혹시라도'(15절) 죄를 지은 것이 생각날 경우 회개하면 사함을 받게 될 것이다. 이것이 공동체 차원으로 확대되어 서로 죄를 고백하게 되면 하나님은 이들의 죄를 사하여 주실 것이다. 육체적인 병 치유를 위한 기도 이전에 영적인 치유와 회복이 선행되는 것이다. 그 후, 즉 이들이 하나님 앞에 죄 사함을 받은 의인으로서 기도할 때 역사하는 힘이 클 것이다.

유세비우스에 따르면(『교회사』 3.7.7~9) 예수님이 죽으신 이후 하나님께서 예루살렘을 곧장 심판하지 않고 그나마 40년이 지난 다음에 멸망시키신 이유는 그 기간 중에 사도들과 제자들, 그리고 야고보가 살아 있었기 때문이다. 그러나 야고보가 순교당한 직후 예루살렘은 멸망한다(Painter, 143~144). 의인 덕분에 하나님의 심판이 유예된다는 사상은 창세기 18장에서도 확인된다. 소돔과 고모라에 대한 하나님의 심판 계획을 알게 된 아브라함은 그 성에 거주하는 의인의 숫자를 거론하며 하나님의 심판을 철회 혹은 유예하려고 노력한다. 아마도 이런 사상이 5장에 나타난 '의인의 간구'에도 영향을 미쳤을 것이다.

맺는 말

이상에서 우리는 야고보서에 나타난 윤리의 특징과 대표적인 주제인 '온전함' 그리고 그 '온전함'의 주제가 다른 주제와 어떻게 관계되는지를 살펴보았다. 야고보서의 윤리는 믿음이 전제된 윤리요 종말론적 보상과 심판을 말하는 윤리이며 세상과 하나님이 화합할 수 없는 이분법적 윤리다. 야고보서의 대표 주제인 '온전함'은 하나님의 속성과 그분이 주시는 선물, 시련, 언어, 믿음과 행함의 관계, 율법, 지혜, 의인 등과 긴밀히 관계된다는 것을 보았다. 야고보서 저자는 성도가 온전해질 수 있으며, 온전하라고 말한다. 이 같은 야고보서의 '온전함'은 성숙, 성화가 그 어느 때보다 필요한 한국 교회가 귀 기울여 들어야 할 외침이다.

Ⅱ. 본문 연구

온전한사역을
이루는인내

야고보서 1:1~11의 주해와 적용

우리가 살펴보고자 하는 부분은 도입부를 제외하면 야고보서의 첫째 단락(약 1:2~18) 중의 전반부다. 이 부분에는 야고보서 전체를 위한 전개방식과 내용요지가 들어 있다. 야고보서의 전개방식은 마치 구약의 지혜서처럼 고리식 전개방식을 가지고 있는데 머리 부분에서 이미 이 방식이 사용된다. 또한 앞으로 야고보서가 말하려 하는 내용의 중요한 요점들이 머리 부분에 들어 있다. 그것은 시험과 지혜와 빈부에 관한 주제들이다. 이 부분은 간단하게 다음과 같이 분해할 수 있다.

도입부(1:1)

도입부는 세 마디의 인사문으로 되어 있다. 발신자, 수신자, 문안인사.

1. 발신자

발신자는 야고보다. 아마도 이 사람은 예수님의 형제 야고보일 것이다. 야고보는 발신자인 자신에 관해서 간단하게 소개한다. 하나님과 주 예수 그리스도의 종이라는 것이다. 이것은 신앙고백적인 표현이다. 첫째, 야고보는 자신을 하나님과 예수님에게 연결하여 설명한다. 그는 자신을 사회적인 차원에서 설명하지 않는다. 그는 사회적인 지위는 물론이고 심지어 교회적인 위치까지도 중요하게 생각하지 않는다. 단지 그는 자신을 하나님과 예수 그리스도에 대한 관계에서 소개한다. 이것은 그가 절대적으로 하나님과 예수님에게 자신이 부착되어 있다는 것을 의미한다. 그는 하나님과 예수 그리스도로 자신을 이해하고 있는 것이다. 말하자면 하나님과 예수님과의 관계가 없이는 야고보도 의미가 없다는 것이다. 하나님에 의하여만 자신을 설명하는 것이 가능하다.

둘째, 야고보는 예수 그리스도에 대한 입장을 분명히 한다. 그는 예수 그리스도가 하나님과 동급이라고 믿는다. 예수 그리스도는 주가 되신다. 야고보는 자신이 믿는 예수님에 대한 분명한 생각을 가지고 있다. 이것은 신앙의 대상에 대한 확실한 고백이 필요하다는 교훈을 준다.

셋째, 야고보는 단지 종의 자세로 편지를 쓴다. 그는 하나님과 예수 그리스도의 종일 뿐이다. 그가 글을 쓰는 것은 자신의 사상을 드러내기 위함이 아니다. 그는 단지 하나님과 예수님의 생각을 드러내려고 한다.

자신의 생각을 드러내는 것이 무슨 의미가 있는가? 오늘날 설교자들의 오류가 여기에 있다. 많은 설교자들이 자신의 지식과 사상을 전달하려고 하는데 이것은 무가치한 것이다. 하나님의 생각을 보여 주기보다는 자신의 유식함이나 지식의 풍성함을 자랑하는 것은 의미가 없다.

2. 수신자

수신자는 흩어져 있는 열두 지파다. 야고보가 편지를 보내는 수신자는 첫째, 디아스포라다. 그들은 디아스포라에 포함되어 있다. 이것은 상징적인 용어다. 유대인의 디아스포라에 해당하는 기독교인의 디아스포라다. 마치 유대인이 사방에 흩어져 있기 때문에 디아스포라라고 불리듯이 기독교인도 사방에 흩어져 있기 때문에 디아스포라라고 불린다. 야고보는 디아스포라의 의미를 기독교인에게 적용시킨다. 이것은 수신자가 넓은 대상이며 무명의 대상인 것을 알려 준다. 그러나 주의해야 할 점은 디아스포라가 상징적인 용어라고 해서 구체성을 벗어난 것은 아니라는 사실이다. 야고보의 편지를 받아야 할 사람들은 땅에 있는 사람들이다. 그들은 현실의 삶과 구체적인 삶에 있는 사람들이다. 그들은 허상이 아니다. 현실의 문제에서 벗어난 사람들이 아니다. 그들은 흩어짐이라는 아픔을 체험했고, 체험하는 사람들이다. 따라서 구체적인 삶을 떠난 이야기는 그들에게 아무런 소용이 없다. 그들에게는 문제의 해결이 필요하다.

둘째, 그들은 열두 지파라고 불린다. 열두 지파라는 용어도 상징적이다. 이것은 이스라엘의 열두 지파를 연상시킨다. 이것을 기독교인에게 적용시키는 것이다. 이것은 모든 기독교인을 지시하는 용어다. 마치 이 열두 지파가 이스라엘 백성 전체를 가리키듯이 기독교인 전체를 가리킨다.

따라서 야고보서는 모든 기독교인에게 해당되는 메시지를 담고 있다. 이것은 어느 한 지역이나 한 계층의 사람들에게만 해당되는 메시지가 아니다. 진정한 설교는 항상 모든 사람들에게 해당되는 진리를 말해야 한다.

3. 문안인사
야고보는 수신자들에게 문안하는 것을 잊지 않는다.

시험(1:2~4)

이 부분은 호칭으로 시작한다. "내 형제들아"(2절). 다른 부분에서도 이러한 형제를 부르는 방식들이 있다. "형제들아"(약 5:10), "내 형제들아"(약 1:2; 2:1), "내 사랑하는 형제들아"(약 1:16). 이것은 다정한 부름이다. 발신자 쪽에서는 같은 신앙을 고백한다는 것을 인정하는 말이다. 수신자 쪽에서는 친근감 있게 들을 수 있는 말이다. 이 호칭은 상호신뢰를 전제로 한다. 야고보는 이 부분에서 하나의 논리적인 고리를 사용하고 있다. 시험은 연단으로 연결되고, 연단은 인내로 나아가며, 인내는 사역으로 이어지고, 사역은 온전함을 이룬다.

1. 시험

가장 먼저 야고보는 "너희가 여러 가지 시험을 만나거든 온전히 기쁘게 여기라"(2절)고 말한다. 이것을 직역하면 다음과 같다. "너희가 여러 가지 시험에 빠지거든 모든 기쁨으로 여기라." 야고보는 여기에서 고난으로서의 시험에 대해 말하고 있다(이것은 후에 13절 이하에 나오는 욕심으로서의 시험과 구별된다). 성도에게 여러 가지 고난이 찾아오며, 성도는 여러 가지 시험에 빠질 수 있다. 야고보가 욥기를 잘 알고 있다는 것을 전제할 때, 이것은 마치 욥에게 닥친 여러 가지 고난과도 유사하다고 생각할 수 있다. 고난으로서의 시험은 여러 가지 방식으로 온다. 때때로 시험은 예상할 수 없는 방식으로 온다(벧전 1:6 참조).

그러면 성도는 이렇게 여러 가지 시험을 당할 때 어떤 자세를 가져야 하는가? 그것을 모든 기쁨으로 여겨야 한다. 성도의 위대함은 고난의 시험을 기쁨으로 받아들인다는 데 있다. 그는 고난과 시험을 승화시킨다. 게다가 성도는 고난의 시험을 전적인 희락으로 변화시킨다. 성도에게는 심지어 고난까지도, 시험까지도 기쁨과 즐거움이 된다. 이것이 나그네로 이 세상을 살아가는 그리스도인의 놀라운 모습이다. 세상사람들과 전적으로 다른 점이다. 야고보는 성도들에게 완전히 질이 다른 삶을 요구하고 있다. 그것은 현실 속에서 초현실의 삶이며, 세상 속에서 비세상(非世上)의 삶이며, 인간 속에서 신자의 삶이다.

2. 연단

그러면 신자가 고난의 시험을 기쁨으로 승화시킬 수 있는 까닭은 무엇인가? 야고보는 이렇게 말한다. "이는 너희의 믿음의 연단(개역: 시련)이 인내를 만들어내는 줄 너희가 앎이라"(3절). 여기에 하나의 논리적인 비약이 있다. 그것은 고난의 시험이 믿음의 연단을 이룬다는 것이다. 야고보는 이에 대하여는 설명하지 않는다. 이것은 너무나도 자명한 일이기 때문이다(롬 5:3 이하와는 역순으로 설명됨). 시험은 연단으로 연결되기 때문에 시험을 기쁨으로 승화시키는 것이 가능하다. 이렇게 볼 때 고난의 시험은 그 시간에는 무척 힘든 것이지만 결국은 대단히 유익한 것이다. 고난이 없다는 것은 연단이 없다는 것을 의미한다. 이 때문에 고난이 없다는 것은 어떤 면에서 축복이라기보다는 불행이다. 고난이 없는 것은 고난을 받을 만한 성숙함이 없다는 것을 의미한다. 고난이 있다는 것은 고난을 받을 만한 성숙함이 있다는 것을 증명하는 것이기 때문이다.

3. 인내

야고보는 고난의 시험이 믿음의 연단을 만들어낸다는 것을 전제로 하여 논리를 전개한다. 그것은 믿음의 연단이 인내를 만들어낸다는 것이다. 믿음의 연단에서 인내가 나온다. 인내는 성도가 지녀야 할 중요한 성격 가운데 하나다. 이 때문에 야고보는 그의 편지 마지막 부분에서 인내에 관해서 다시 한번 강하게 설명한다. 이때 야고보는 농부의 오래 참음과 선지자들의 오래 참음을 말하면서 특히 욥의 인내를 말한다(약 5:11). 야고보는 인내와 관련하여 다음과 같이 결론을 내린다. "보라 인내하는 자를 우리가 복되다 하나니"(약 5:11). 인내는 연단받은 성도의 고귀한 성품이다.

4. 사역

인내에서 온전한 사역(또는 행위)이 나온다. 그래서 야고보는 "인내가 온전한 사역을 얻게 하라"(개역성경의 "인내를 온전히 이루라"는 오역이다)고 말한다(4절). 인내가 없이는 온전한 사역이 이루어질 수 없다. 온전한 사역은 인내를 전제로 하는 것이다. 이후에 야고보가 행위의 중요성을 말하는데(약 2:14~26), 이것은 행위의 중요성을 위한 서론적인 진술이 되는 셈이다. 온전한 사역은 인내의 열매다. 따라서 야고보는 온전한 사역이 그냥 주어지는 것이 아님을 밝히고 있다.

5. 온전함

야고보는 인내가 온전한 사역을 이룰 때 주어지는 결과가 무엇인지 잘 알고 있다. 그것은 "너희로 온전하고 구비하여 조금도 부족함이 없게 하려 함이라"(4절). 한 마디로 말해서 인내로 인한 온전한 사역의 결과는 성도의 완벽이다. 야고보는 성도의 완벽을 세 가지 말로 설명한다. "온전하다", "구비하다(= 완전하다)", "아무 것에도 부족함이 없다." 아마 야고보는 이 말들을 가지고 성도의 궁극적 완벽, 전체적인 완벽, 본질적 완벽을 설명하려는 것 같다. 결국 시험에서 시작한 신앙논리의 고리는 성도의 완벽에 도달하였다. 성도에게 닥치는 고난의 시험은 성도의 인격에 완벽함을 가져온다는 놀라운 메시지다. 야고보는 이렇게 하여 그의 편지 첫 단락을 완벽하게 마무리한다.

지혜(1:5~8)

이제 야고보서의 둘째 단락은 지혜를 다루는 것으로 나아간다. 그래서 이 단락은 다음과 같이 시작한다. "너희 중에 누구든지 지혜가 부족하거든"(5절). 여기에서 말하는 지혜는 일반적인 지혜가 아니다. 이후에 야고보는 지혜에 관하여 자세히 언급하면서(약 3:13~18), 지혜에는 두 가지 종류가 있다는 것을 명시한다. 야고보에 따르면 첫째, 진리를 거스르는 거짓된 지혜가 있다. 이러한 지혜는 세상적이며 정욕적이며 마귀적인 지혜인데, 여기에서 시기와 다툼이 일어나 요란함과 모든 악한 일이 발생한다(약 3:14~16). 둘째, 지혜는 위로부터 난 것인데 성결과 화평과 관용과 양순과 긍휼과 선한 열매를 가득히 담고 있다(약 3:17). 성도에게는 위로부터 난 지혜가 있어야 한다.

1. 지혜를 간구

그런데 위로부터 난 지혜가 부족할 때 하나님께 간구하여 얻어야 한다는 것이다. 야고보는 "구하라 그리하면 주시리라"(5절)고 말한다. 이것은 복음서에 나오는 예수 그리스도의 어조다(마 7:7). 여기에서 야고보서와 복음서의 어떤 공통점을 발견하게 된다. 어쨌든 야고보는 지혜에 관하여 간구할 것을 요청한다. 위로부터 오는 지혜는 사람이 스스로 만들어낼 수 있는 것이 아니라는 말이다. 이런 의미에서 이것은 인간 내적인 지혜가 아니다. 사람의 내부에서는 이런 지혜가 나올 수 없다. 따라서 이 지혜는 오직 하나님께 간구하여 얻을 수 있다. 그런데 야고보는 지혜를 간구하는 대상이 되시는 하나님의 성품을 자세히 소개한다. 하나님은 "모든 사람에게 후히 주시고 꾸짖지 아니하시는 하나님"(5절)이시다.

야고보는 간구를 격려하면서 하나님의 두 가지 성품을 말한다. 첫째, 하나님은 후히 주시는 분이다. "후히"라는 말 속에는 "순수히", "기꺼이", "지체하지 않고"라는 뜻이 들어 있다. 둘째, 하나님은 꾸짖지 아니하시는 분이다. 하나님은 간구하는 자들을 멸시하거나 책망하지 아니하신다. 성도들이 간구하는 것을 가능하게 하는 근거가 바로 하나님의 성품이라는 사실이다. 만일에 하나님께서 이런 성품을 가지고 있지 않다면 성도의 간구는 무의미해지고 말 것이다. 그러므로 야고보는 후에 간구하지 않는 성도들에게 권면을 주었다. "너희가 얻지 못함은 구하지 아니함이요"(약 4:2). 물론 이때 정욕을 위한 간구는 응답을 받지 못한다는 것을 기억해야 한다(약 4:3).

2. 간구의 자세

여기에서 야고보는 간구의 자세를 일러 준다. 그것은 믿음으로 구하라는 것이다(6절). 야고보는 그의 편지의 처음부터 믿음을 강조하고 있다. 이미 앞에서 믿음의 연단에 관해서 언급했는데(3절), 또 한 번 믿음에 관하여 말하고 있다. 이것은 어떤 사람들이 행위와 믿음의 관계를 말하는 단락에 근거하여(약 2:14~26) 야고보는 행위를 강조하고 믿음을 경시한다고 주장하는 것이 잘못되었다는 것을 보여 준다. 야고보에게는 처음부터 믿음이 중요한 것이었다. 특히 간구에서 믿음은 절대적인 위치를 차지한다. 야고보의 표현방식을 빌자면 믿음 없는 간구는 그 자체가 죽은 것이다. 하나님께 간구하는 사람은 하나님께서 주신다는 것을 확신해야 한다. 그래서 야고보는 믿음으로 구한다는 것을 다시 한 번 설명하기를 "조금도 의심하지 말라"(6절)고 했던 것이다. 의심하는 간구는 이미 간구가 아니다. 최소의 의심도 간구에 아무런 응답을 가져다 주지 않게 만든다. 이것은 마치 전화번호 한 자리만 잘못되어도 통화하기 원하는 상대방과 아무런 이야기를 나눌 수 없는 것과 같다. 그러므로 야고보는 "이런 사람은 무엇이든지 주께 얻기를 생각하지 말라"(7절)고 경고하였던 것이다.

이 때문에 야고보는 의심하는 자의 모습을 두 가지로 묘사한다. 의심하는 자의 모습이 한 번은 비유적으로, 한 번은 명제적으로 설명된다. 야고보에 따르면 첫째, 의심하는 자는 "마치 바람에 밀려 요동하는 바다 물결 같다"(6절). 야고보는 의심을 바다 물결에 비유한다. 이 말이 드러내고자 하는 것은 무엇보다 의심이 액체적인 성격을 지니고 있다는 것이다. 즉 의심은 불안정이다. 여기에 의심의 파괴적인 성격이 있다. 마치 바다가 잔잔하다가도 갑자기 성난 모습으로 바뀌어 선박을 깨뜨리고 해안을 망가뜨리듯이 의심은 결국 모든 것을 파괴하고 만다.

그런데 야고보가 구태여 의심을 바다의 물결에 비유하는 것은 의심의 규모를 설명하기 위함이다. 의심이란 것은 끝없는 것이다. 의심은 아무리 부어도 물이 차지 않는 밑 빠진 항아리와 같다. 의심은 아무리 내려가도 바닥에 닿을 수 없는 무저갱과도 같다. 의심에는 한이 없다. 야고보는 바다 물결의 불안정을 설명하면서 한 가지 요인을 제시한다. 그것은 바람이다. 바다는 스스로 요동하지 않는다는 것이다. 바다는 외부의 세력에 의하여 영향을 받는다. 그런데 이 영향은 대단히 민감한 것이다. 바다는 엄청난 바람에 영향을 받을 뿐만 아니라 약간의 바람에도 영향을 받는다.

의심이란 것은 대체적으로 외부적인 요인에 의하여 일어난다는 말이다.

야고보는 이런 설명으로 하나님께 간구하는 사람은 외부적인 영향을 경계하고 오직 하나님을 지향하며 확신해야 할 것을 알려 주는 것이다. 만일에 간구하는 사람이 하나님을 바라보면서 동시에 외부적인 세력에 흔들린다면 그는 마음이 갈라진 사람이다. 그래서 야고보는 의심하는 사람의 성격을 다시 한 번 명제적으로 묘사한다. 야고보에 따르면 의심하는 자는 "두 마음을 품어 모든 일(직역: 길)에 정함이 없는 자"(8절)다. 외부적인 영향은 반드시 내적인 충격을 일으킨다. 의심하는 자는 여러 가지 외부적인 요인에 충격을 받으면서 심정적인 분열을 겪게 된다. 마음의 분열 가운데 의심하는 자는 모든 길에서 어디로 가야 할지 제대로 결정을 내리지 못한다. 이렇게 야고보는 의심을 버리고 믿음을 가지고 하나님께 지혜를 간구할 것을 권면한다.

빈부(1:9~11)

야고보는 셋째 단락에서 또 다른 주제를 도입한다. 그것은 빈부의 문제다. 이것은 앞으로 야고보가 몇 번 더 다루려고 하는 문제다(약 2:1 이하, 5:1 이하). 야고보는 이 단락에서 선명하게 두 부류의 사람을 제시한다. 한 사람은 "낮은 형제"며, 다른 사람은 "부한 형제"다. 이것은 야고보와 관련된 교회의 사회·경제적인 형편을 알려 준다. 물론 중요한 것은 이들이 어떤 상황에 있든지 간에 다같이 형제라는 사실이다. 사회적으로 낮은 사람도 경제적으로 부한 사람도 모두 형제다. 야고보의 교회는 모든 사람이 형제라는 사실에 기반을 두고 있다. 형제기 때문에 모든 사람은 동등하다. 그렇지 않다면 야고보의 교회는 더 이상 존립할 수 없을 것이다. 형제 공동체는 진정한 교회의 표식들 가운데 중요한 표식이다. 그런데 야고보는 낮은 형제에게도 부한 형제에게도 동일한 형식으로 권면을 한다.

1. 낮은 형제

야고보는 먼저 낮은 형제에게 권면한다. "낮은 형제는 자기의 높음을 자랑하고"(9절). 낮은 형제에게 자랑할 것이 없는 것이 아니다. 낮은 형제라고 해서 언제나 수치의 자리에 있는 것은 아니다. 그러면 낮은 형제가 자랑할 것이 무엇인가? 야고보는 낮은 형제에게 자랑할 것은 높음이라고 말한다. 무엇이 낮은 형제의 높음인가? 사실상 사회 · 경제적으로 볼 때 낮은 사람은 아무런 높음도 가지고 있지 않다. 그러나 그가 하나님의 은혜로 예수 그리스도를 믿음으로써 형제라는 신분을 가지게 되었다(약 2:1). 이렇게 하여 낮은 사람도 하나님의 나라를 유업으로 받는 영광에 참여하게 된 것이다(약 2:5). 낮은 사람의 신분이 일약 귀한 사람의 신분으로 변한 것이다. 그렇다면 이제 낮은 형제는 이러한 신분의 변화를 자랑해야 한다.

2. 부한 형제

둘째로 야고보는 부한 형제에게 권면한다. "부한 형제는 자기의 낮아짐을 자랑할찌니"(10절). 부한 형제에게도 자랑할 것이 있다. 야고보는 부한 형제는 낮아짐을 자랑해야 한다고 권면한다. 부한 형제의 낮아짐은 무엇인가? 그는 본래 사회 · 경제적으로 고귀한 신분에 있어서 낮아짐이란 것을 알지 못하는 사람이다. 그러나 이제 하나님의 은혜로 예수 그리스도를 믿음으로써 하나님의 종이 되었다. 부한 사람이 철저하게 낮아짐을 체험하게 되었다. 이렇게 낮아짐으로써 그는 낮은 자를 향하여 오는 하나님의 깊은 은혜를 알게 되었다. 이뿐 아니라 낮아짐으로써 그에게는 인생의 진정한 모습을 깨달을 수 있는 길이 열리게 되었다. 부한 사람도 풀의 꽃과 같이 지나간다는 것이다. 부귀에 파묻혀 천년만년 살 것처럼 생각하던 사람이 인생의 의미를 알게 되었으니 얼마나 감사한 일인가. 따라서 야고보는 부한 형제에게 다시 한 번 인생의 의미에 관하여 비유적으로 설명해 준다. 인생은 풀의 꽃과 같이 지나가는 것이다(10절).

야고보는 풀의 꽃과 같이 지나간다는 것을 조금 더 자세히 풀어서 말한다. 첫째, 풀 자체가 마른다. 풀을 마르게 하는 것은 돋는 해와 뜨거운 바람이다. 외부의 세력이 풀을 마르게 하는 것이다. 인생이 아무리 강하고 힘있다 하더라도 외부의 영향에 의하여 서서히 쇠하고 만다. 시간의 흐름과 시대의 변환을 막을 수 있는 인생은 없다. 하나님의 작정과 통치를 거스를 수 있는 인생은 없다. 인생은 이렇게 연약한 존재다. 둘째, 꽃이 떨어진다. 풀에 맺힌 꽃이 아무리 아름다운 것이라도 풀이 마르면 떨어지고 말듯이, 인생의 영광이 아무리 훌륭한 것이라도 인생이 쇠하면 사라지고 마는 것이다. 따라서 인간이 자신의 영광을 과시하거나 자랑하는 것은 허무한 짓이다. 그러므로 야고보는 부한 형제에게 이렇게 권면하였다. "부한 자도 그 행하는 일에 이와 같이 쇠잔하리라"(11절). 만일에 부한 사람이 하나님의 은혜로 예수 그리스도를 믿고 인생의 의미를 깨닫게 된다면 그는 참으로 행복한 사람이다. 이때 그는 자신의 낮아짐을 자랑할 것이다.

02

시험을 참는 자와
듣고 행하는 자

야고보서 1:12~27의 주해와 적용

1:12부터 야고보서의 두 번째 단락(1:12~27)이 시작된다. 본 단락에서는 첫 번째 단락(1:2~11)에서 다루어졌던 주제들이 거의 동일한 순서로 다루어진다. 하지만 두 번째 단락은 첫 번째 단락의 단순한 반복이 아니다. 그것은 각 주제를 보다 발전시킬 뿐 아니라, 새로운 측면들을 도입하기도 한다. 두 단락 사이의 주제상의 연관성에 대해 프란시스(F. Francis)는 다음과 같이 제시한다.

시험/인내   (1:2~4, 12~18)
지혜 – 말씀/책망   (1:5~8, 19~21)
부 – 가난/행하는 자   (1:9~11, 22~25)[1]

이러한 주제상의 연관성에 비추어 볼 때, 본 단락은 크게 세 개의 소단락으로 나눌 수 있다.

1:12~18   시험을 참는 자가 받을 복에 대한 약속,
            시험의 근원 및 결과에 대한 경고
1:19~21   말하는 것과 화내는 것의 위험
1:22~27   행함의 중요성, 참된 경건에 대한 권면

시험을 참는 자(1:12~18)

1. 시험의 근원과 결과(12~15절)

앞에서 말한 것처럼, '시험'(페이라스모스)에 대한 주제는 이미 1:2~4에서 다루었다. 1:2~4에서는 '시험'이 핍박에 직면하여 당하는 '시련'을 의미하는 것이 분명하며, 그곳에서는 '시험'이 긍정적으로 다루어졌다.[2] 하지만 본 단락에서는 그 동일한 단어가 상당히 다른 의미로 사용되고 있음을 주목하게 된다.[3]

12절은 2~4절의 사상을 거의 그대로 반복하고 있는 느낌이다. 이러한 사실은 2~4절에서 사용된 핵심 단어들이 12절에서도 유사한 형태들로 다시 사용된다는 점에서 보다 확고해진다. 페이라스모스('시험'), 도키미온/도키모스('증명'/'인정'), 휘포모네/휘포메노('인내'/'인내하다'). 하지만 13~15절의 내용으로 미루어 볼 때, 12절은 2~4절에 대한 단순한 반복이라기보다 오히려 뒤이어 나오는 내용에 대한 도입의 기능을 하는 것이 분명하다. 그렇다면 12절에서 '시험'(페이라스모스)이라는 단어는 2~4절에서처럼 '시련'이라는 의미를 배제하지 않는다 할지라도 보다 직접적으로는 13절 이하에서 문제가 되는 '유혹'(페이라조/아페이라스토스)이라는 의미로 이해되어야 할 것이다(아래 논의를 보라).[4]

우리가 '시험'을 '유혹'에 가까운 의미로 이해할 경우, '참는다'(휘포메네이)는 동사의 의미도 '견뎌 낸다'는 의미보다는 '저항한다'는 의미로 이해해야 할 것이다.[5] 그렇다면 12절은 다음과 같이 번역된다. '유혹을 저항하는 자는 복되다. 왜냐하면 그가 인정을 받으면, 그를[=하나님을] 사랑하는 자에게 약속된 생명의 면류관을 받을 것이기 때문이다.' 이러한 유혹에 저항하여 이긴 자들이 '하나님을 사랑하는 자'와 일치되는 것은 흥미롭다. 이는 아마도 하나님께 대한 진정한 사랑은 유혹에 저항하여 이기는 것으로 증명되어야 한다는 저자의 신념을 보여 주는 것 같다. 그러한 자에게 약속된 '생명의 면류관'은 승리자에게 주는 화관에 그 배경을 두는 것으로 보이는

데(고전 9:25; 참조. 딤후 4:8; 벧전 5:4; 계 2:10), 그 면류관의 내용은 '생명'(테스 조에스 - 내용의 속격)이다.

저자는 이제 시험과 하나님의 관계를 설명한다. 인간이 악에 빠지게 된 책임을 신들/하나님께 돌리고, 인간 자신의 책임을 회피해 보려는 경향은 많은 종교적 문학에서 발견된다(Homer, *Odyssey*, 1.32~34; 참조. 창 3:12~13; 잠 19:3). 하지만 이러한 경향은 이미 유대교 안에서도 심각한 문제가 되어 왔는데(집회서 15:11~20; Philo, Fug. 79 등), 저자도 이제 그 문제를 확실하게 선언하고 있다.[6] 하나님은 사람이 받는 유혹에 책임이 없으시다(13a절). 오히려 각 사람이 받는 유혹은 그 자신의 '욕심'(에피튀미아)에서 기인된 것이다(14절).

여기서 저자는 하나님과 인간이 받는 시험 사이의 관계를 보다 명백히 하고자 한다. '하나님은 악에게 시험을 받지도 아니하시고, 친히 아무도 시험하지 아니하신다'(13b, c절). 하지만 구약에서는 하나님께서 인간을 직접 시험하신다고 하는 언급들이 자주 발견된다(창 22:1; 출 15:25; 신 8:2, 13:3, 33:8; 삼하 24:1; 시 26:2).[7] 이러한 사실을 시사하는 언급들은 신약에서도 발견된다(마 6:13//눅 11:4; 고전 10:13). 이렇게 볼 때, 구약과 신약의 저자들에게 하나님께서 그의 백성을 시험하신다는 것은 기정 사실로 받아들여지고 있었던 것이 분명하다. 그렇다면 저자가 여기서 말하는 바는 무엇인가?

우리는 여기서 '시험'(페이라스모스)이라는 단어의 이중적 의미를 구분해야 한다. 하나님은 그의 백성의 연단을 위한 '시련'에는 적극적으로 개입하시지만(참조. 1:2~4), 인간의 욕심에서 기인된 '유혹'에는 전혀 책임이 없으시다는 것이다. 물론 이러한 의미상의 구분이 언제나 분명한 것은 아니며 따라서 하나님의 개입에 대한 이해에도 차이가 있을 수 있다(참조. 삼하 24:1 vs. 대상 21:1). 하지만 적어도 저자가 13c절에서 언급하는 '시험'의 부정적인 요소는 문제의 '페이라스모스'가 '유혹'이라는 의미로 이해되어야 할 것을 요청한다. 13b절의 의미에 대해서는 형용사 '아페이라스토스'를 어떻게 해석할 것인가와 관련하여 수많은 제안들이 있어 왔다. 하지만 13c절에 대한 우리의 이해와 14절로 미루어 볼 때, 13b절의 의미는 분명하다. 사람이 유혹을 받는 것이 자신의 욕심으로 말미암는 것이라면, 그러한 인간적인 욕심에서 자유로우신 하나님께서 그로 말미암은 '유혹을 받지 않으신다' 는 것은 너무나 당연하다.[8]

여기서 우리는 14절에서 유혹의 원인으로 제시되는 '욕심'(에피튀미아)의 의미에 대해 간략히 생각해 볼 필요가 있다. 유대교에서 '예쩨르' 는 그 자체가 나쁘지는 않은 중립적인 열망을 의미한다. 신약에서도 '에피튀미아' 는 그 의미가 모호하여, 때로는 좋은 의미로도 사용되지만(눅 22:15; 롬 15:23) 보다 자주 '악한 열망, 정욕' 등의 부정적인 의미로도 사용된다(갈 5:16~21; 엡 2:3; 살전 4:5). 본 절에서는 그 문맥상 부정적인 의미로 사용된 것이 분명하다. 낚시와 사냥에서 미끼가 물고기나 사냥감으로 하여금 낚시 바늘이나 덫에 걸리게 하듯이, '욕심' 은 사람으로 하여금 유혹에 빠지도록 하는 것이다.

15절은 사람 안에서 일어나는 악의 진전에 대해 생물학적 그림을 그려준다. '에피튀미아'(욕심)가 여성 명사라는 사실은 그것이 잉태한다는 그림을 그리는 데 좋은 시발점이 되었을 것이다. 특히 악한 욕망은 성적 충동과 긴밀한 관계를 갖는다는 점을 고려해 볼 때, 악한 욕망이 사람을 낚아채어(14절) 그를 자신의 침상으로 이끌어 들인다. 그러면 그 결과 그녀(즉, 욕심)는 잉태하여 '죄'(하마르티아)라는 아이를 낳게 된다는 그림은 매우 실제적이면서도 인상적인 교훈을 준다(참조. 잠 7:15~23). 이렇게 태어난 죄는 그 자체가 끝이 아니다. 죄는 그 완성의 목표를 향해 성장하는데(아포텔레스테이사), 그 목표는 다름 아닌 '죽음' 이라는 아이를 낳는 것이다. 이러한 결과는 신약의 다른 곳에서도 잘 드러나 있다(롬 5:12; 6:20~21; 7:11; 참조. 창 2:17; 잠 7:24~27). 이렇게 함으로써 '욕심 – 죄 – 사망' 의 사슬이 완결되는데, 이는 1:12에서 '시험 – 인내(인정) – 생명' 의 사슬과 인상적인 대조를 이룬다(또한 참조 1:18).

2. 하나님의 은혜의 결과(16~18절)

앞 단락에서 하나님께서 시험을 보내시는 것이 아니라는 사실을 명확히

한 저자는 아마도 이 기회에 하나님께서 실제로 보내시는 것에 대해 설명할 필요를 느낀 것 같다. 그래서 그는 본 단락에서 그 문제를 간략하게나마 설명한다.

16절을 앞 단락의 결론으로 볼 것인가, 아니면 본 단락의 도입으로 볼 것인가에 대해 학자들 사이에 많은 논란이 있어 왔다. 하지만 본 절은 두 단락 중 어느 하나에 속한다기보다는 오히려 두 단락을 연결해 주는 다리 혹은 지렛대의 역할을 하는 것으로 보아야 할 것이다.[9] '속지 말라'(메 플라나스테)는 경고는 우선적으로 1:13의 그릇된 추론을 경계하도록 해 주지만, 이는 동시에 1:17의 올바른 교훈에 귀를 기울이도록 인도해 준다.

17절의 "각양 좋은 은사와 온전한 선물"(파사 도시스 아가테 카이 판 도레마 텔레이온)은 두 쌍의 짝(도시스/도레마- '은사'/'선물'; 아가토스/텔레이오스- '좋은'/'완전한')을 형성한다. 이러한 시(詩)적 중복은 수사학적 강조의 효과를 기대했던 것으로 보이며,[10] 그럴 경우 도시스와 도레마는 서로 다른 의미를 갖는다기보다는 오히려 유사어로 이해되어야 할 것이다.[11] 그런데 이 선물은 '위로부터'(아노텐) 온다고 규정되고 있다(참조. 3:17~18). 저자는 '위로부터'의 의미를 설명하기 위해 분사구를 덧붙인다. "빛들의 아버지께로서 내려오는." 여기서 빛들의 아버지는 해와 달과 별들을 창조하신 하나님을 지칭하는 완곡어법이 분명하며(욥 38:7; 참조. 창 1:14~18; 시 136:7; 렘 4:23), 그럴 경우 17a절은 '좋은 것들은 하나님께로부터 내려온다'라는 의미로 이해될 수 있다.

하나님에 대한 '빛들의 아버지'라는 완곡어법은 17b절의 비유로의 길을 열어 준다. "그는 변함도 없으시고 회전하는 그림자도 없으시니라"(한글개역, 파르 호 우크 에니 파랄라게 에 트로페스 아포스키아스마). 하지만 본 구절은 핵심 단어들(파랄라게, 트로페스, 아포스키아스마)의 다양한 의미 가능성들 때문에 해석상 큰 어려움이 있다. 먼저 파랄라게는 '변화, 사건이나 계절의 연속, 물체의 움직임' 등을 의미하는데, 이 문맥에서는 아마도 1:6의 '바람에 밀려 요동하는 바다 물결'에 대조적인 의미로서, 별들의 정연한 움직임조차도 없으신[12] 하나님의 속성을 표현하는 것으로 보인다. '트로페스'와 '아포스키아스마'는 아마도 어떤 천체상의 변화에도 불구하고 그림자에 의해 어두워짐이 없으시는 하나님의 속성을 표현하는 것으로 보인다. 그렇다면 17b절 전체의 의미는 다음과 같이 정리된다. '하나님은 빛들의 아버지로서, 그 자신 스스로 변화하지 않으실 뿐 아니라, 외부의 어떤 현상들에 의해서도 변화를 받지 않으시는 분이시다.'

17절은 전체적으로 1:13~15의 부정적인 언급에 대한 적극적인 측면을 기술하는 것으로 보인다. 하나님께서 유혹을 보내시는가? 결코 그러실 수 없다. 그는 실제로 선한 것들을 보내시는 분이시며, 그는 또한 변함이 없으시기 때문에, 그가 악을 불러일으키는 유혹을 보내실 수는 없는 것이다.

하나님의 속성에 대해 기술한 저자는 이제 하나님께서 그의 백성을 위해 행하신 일을 기술한다. "그가 그 조물 중에서 우리로 한 첫 열매가 되게 하시려고 자기의 뜻을 좇아 진리의 말씀으로 우리를 낳으셨느니라"(18절). 이 구절의 의미를 분명히 하기 위해 몇 가지 살펴볼 점들이 있다. 먼저 '낳으셨느니라'(아페퀴에셴)는 동사는 하나님의 천지창조 사건을 지칭할 수도 있겠지만(특히 1:17에 비추어 볼 때),[13] 대부분의 학자들은 이 동사가 새 창조 혹은 구속 사건을 지칭한다는 데 의견을 모은다.[14]

한편 '진리의 말씀'은 천지를 창조하신 하나님의 말씀(창 1:3) 혹은 구약에서 주어진 하나님의 말씀(신 22:20; 시 119:43; 잠 22:21; 렘 23:28 등)을 지칭할 수도 있다. 하지만 출생의 사건을 새 창조 혹은 구속 사건으로 본다면, 이 구절은 복음을 지칭한다고 보아야 할 것이다(고후 6:7; 엡 1:18; 골 1:5; 딤후 2:15). 이러한 제안들이 옳다면, '그의 피조물'은 새롭게 창조된 세계(인류를 포함한 전피조물)를 지칭하고, '첫 열매'는 그리스도인들을 지칭한다고 보아야 할 것이다(참조. 롬 16:5; 고전 15:20; 계 14:4; 또한 참조. 출 4:22).[15]

결론적으로, 하나님은 성도들을 유혹하여 악에 빠지게 하시는 분이 아니라, 그들을 그 모든 악의 세력에서 구속해 내기를 기뻐하시는 분이시다.

말하는 것과 화내는 것의 위험(1:19~21)

19절은 아마도 유대인들에게 잘 알려져 있던 한 격언을 소개함으로써 시작한다. "사람마다 듣기는 속히 하고 말하기는 더디 하며 성내기도 더디 하라." 이 격언의 배경은 구약과 유대교 문학에서 너무도 풍부하게 발견된다(잠 15:1; 29:20; 전 7:8; Sir. 4:29; 1QS 5,25; m. Ab. 2,10 등). 본 문맥에서 이 격언을 인용한 의도는 18절과의 관계에서 미루어 볼 때 상당히 분명하다. 즉 저자는, 인간을 구속하는 하나님의 진실한 말씀과 대조적으로, 인간의 말이 얼마나 위험한가를 지적하고자 했던 것으로 보인다. 사실 저자는 3장에서 사람의 말이 하나님의 지혜의 선물과 얼마나 깊이 연관되어 있는가를 보다 자세하게 다룰 것이다. 하지만 그는 이 시점에서 이 둘을 간략하게 연결하여 다룸으로써, 3장에서의 자세한 논의를 준비하고 있다.

격언을 인용한 저자는 이제 20절에서 그 격언의 내용을 자신의 논점과 관련하여 좀 더 확장한다. 사람이 화내기를 더디 해야 하는 이유는 그가 '화를 내는 것이 하나님의 의를 이루지 못하기 때문이다.' 여기서 말하는 '인간의 분냄'은 일상적인 인간 감정의 표출을 의미하는 것으로 보이는데,[16] 보다 구체적으로는 사회적 불의에 대한 인간의 의분을 지칭할 수도 있을 것이다.[17] 인간의 분냄이 바람직하지 못하고 파괴적이라는 사상은 고대 유대교에 널리 퍼져 있었지만(m. Ab. 5:11; Test. Dan 4:3), 저자는 아마도 그 직접적인 배경을 예수의 가르침에서 따온 듯하다(마 5:22). 이 문맥에서 '하나님의 의'는 아마도 하나님께서 요구하시는 의(즉, 하나님께서 기대하시는 기준)를 의미하는 것으로 보인다. 그렇다면 이 구절의 의미는 다음과 같다. '인간의 분냄은 (비록 의분이라 할지라도) 하나님의 기준을 반영하는 의를 이루어 내지 못한다.'[18]

21절을 시작하는 접속사 '그러므로'(디오)는 본 절이 앞 단락과 깊이 연관되어 있음을 보여 준다.[19] 지금까지 유대인들의 격언을 활용하여 논점을 전개한 저자는 이제 기독교적 권면으로 결론을 내린다. 성도들은 먼저 '모든 더러운 것과 넘치는 악을 내어 버려야' 한다. 여기서 사용된 동사 아포티데미는 원래 '옷을 벗어버리는 것'을 의미하는데, 여기서는, 신약의 다른 곳에서와 마찬가지로(엡 4:22; 벧전 2:1 등), '삶의 양식을 완전히 변화시키는 것'을 의미한다. 성도들이 이처럼 완전히 버려야 할 대상인 '모든 더러운 것과 넘치는 악'은 앞에서 언급된 말과 분노를 포함하여 그들이 회개해야 할 모든 종류의 죄악된 것들을 총칭한다(참조. 3~4장).

저자는 부정적인 권면을 긍정적인 권면으로 완결한다. "능히 너희 영혼을 구원할 바 마음에 심긴 말씀을 온유함으로 받으라"(21절). 이 권면은 헬라어 문장에서 '온유함으로 받으라'는 명령으로 시작된다. 여기서 '온유함'은 그 문장상의 위치로 볼 때 그리고 앞에서 성도들이 경계해야 할 '분냄'과 정반대적인 특징이라는 점에 비추어 볼 때, 그 중요성이 매우 분명하다. 그 자신이 온유하신 분이신(마 11:20) 예수님은 온유함이 하나님 나라를 기업으로 받는 조건임을 밝히신다(마 5:5). 성도들은 혈기 왕성하여 자신의 목적을 이루기 위해 바쁘게 움직이는 것보다는, 오히려 온유함 가운데 하나님에게서 받는 것이 필요하다.

성도들이 하나님에게서 받아야 할 것은 '마음에 심긴 말씀'(톤 엠퓌톤 로곤)이다. 여기서 '말씀'은 그리스도의 복음을 의미하는 것이 분명하다. 이미 성도된 자들이 또 복음을 받도록 권면받고 있는 것이 어색하기는 하지만(참조. 19절의 '내 사랑하는 형제들아'), 그러나 복음의 내용을 종말론적 구원의 원리뿐 아니라 그 원리에 따라 사는 윤리적 교훈들까지도 포함한다고 간주한다면, 그러한 권면은 지극히 자연스럽다.[20] 특히 22절 이하에서 듣고 행하는 문제에 대한 논의가 도입되고 있다는 점으로 미루어 볼 때, 우리의 이러한 이해는 지극히 적절한 것이다. 그런데 이 복음은 그것을 겸손함으로 받아들이는 자의 영혼(프쉬케)[21]을 구원하는 능력이 있다.

듣고 행하는 자(1:22~27)

1. 행하는 자와 행하지 않는 자(22~25절)

22절에서 저자는 이제 '행함'의 주제를 도입하는데, 그의 이러한 관심의 발전은 21절에서 구원하는 능력이 있는 말씀을 받으라는 권면과 깊이 연관되어 있다. 즉 말씀을 겸손함으로 받는다는 것은 자칫 듣는 행위만을 의미하는 것으로 오해될 수 있는데, 그러나 듣는 것만으로는 부족하며 반드시 행함이 뒤따라야 한다는 것이다.

'말씀을 행하는 자가 되고 듣기만 하는 자가 되지 말라'는 교훈은 유대교에서 매우 자주 강조되어 왔다(m. Ab. 1.17; 1QS 2.25~3.12). 그러나 저자는 아마도 여기서 예수의 가르침을 염두에 두고 있는 것 같다(마 7:15~27//; 참조. 롬 2:13). 저자는 듣기만 하고 행하지 않는 자는 '그 자신을 속이는 것'이라고 규정한다. 여기서 속이는 내용은 21절에 비추어 볼 때 당사자의 구원과 연관되어 있는 것이 분명하다(참조. 26절).[22] 저자는 이 문제를 2:14~26에서 행함이 없는 믿음이라는 주제 아래 구원의 문제와 연관하여 좀 더 자세하고 심각하게 다룰 것이다.

23~24절은 먼저 22절의 권면의 뒷부분인 '듣기만 하는 자'의 문제점을 거울 비유를 사용하여 좀 더 실제적으로 설명한다. 비유의 내용과 교훈은 곧 듣기만 하고 행하지 않는 자는 마치 거울로 자기 얼굴을 보고 난 후 일단 떠나면 그 보았던 바를 잊어버리는 자와 같다는 것이다. 여기서 문제가 되는 것은 깨달음이 순간적일 뿐이며, 그것이 아무런 효과도 발생시키지 못한다는 데 있다. 그러한 경우에 깨달음은 아무런 소용이 없다. 따라서 듣기만 하는 것은 그 듣는 자에게 아무런 도움도 주지 못한다는 결론이다.

이제 25절은 22절의 권면 앞부분인 '말씀을 행하는 자'의 모습을 부연 설명한다.[23] '자유의 완전한 율법'(노몬 텔레이온 톤 테스 엘류테리아스)은 스토아 철학에서 두드러진 개념이었고(Seneca, Vit. 15.7; Cicero, Parad. 34 등), 필로는 그러한 개념을 발전시켜 모세의 율법에 접목시켰다(Op. Mund. 3; Vit. Mos.

2.48). 하지만 구약에서도 이미 율법의 완전성에 대해서는 확고하게 증거되고 있으며(시 19:7, 119편; 참조. 롬 7:12), 유대교에서는 율법이 자유를 가져다 주는 것으로 인식되고 있다(m. Ab. 3,5; 6.2). 그렇다면 저자는 이 표현을 굳이 스토아 철학에서 빌려 왔을 것으로 보이지는 않으며, 아마도 구약과 유대교적 배경에서 유추해 내었던 것으로 보인다.

하지만 그는 유대교적 개념을 있는 그대로 차용하고 있지 않다. 저자에게 율법은 더 이상 모세의 율법 그 자체가 아니며, 문맥상 21절의 '마음에 심긴 말씀'을 지칭하는 것으로 보인다(참조. 22절).[24] 어쩌면 이는 보다 구체적으로 산상설교에서 제시되고 있는 바 예수께서 성취하신 형태의 율법(5:17, 21~48)을 의미하는지도 모른다.[25] 저자는 27절에 이어 2:1~13에서 그 구체적인 내용 중 한 주제인 이웃 사랑의 주제를 상당히 자세하게 다룰 것이다.

2. 참된 경건(26~27절)

이 짧막한 단락은 1장에서의 논의를 다음 장으로 연결해 주는 다리와 같은 역할을 한다. 실제로 본 단락에서 논의되는 내용들은 1장과 2~4장에서 다루어지는 주제들과 긴밀하게 연결된다. ① 혀에 관한 문제(26절): 1:5~8, 19~21; 3장, ② 구제에 관한 문제(27a절): 1:9~11, 22~25; 2장, ③ 세상의 유혹에 관한 문제(27하절): 1:2~4, 12~15; 4장.

26절은 자기 기만의 위험성을 지적한다. 저자가 말하는 '경건'(트레스코스, 트레스케이아)은 1세기 당시 종교적 제반 행위들(예. 기도, 금식, 예배 등)로 표현된 종교성을 의미하는 것으로 보인다. 문제의 사람은 자신의 그러한 종교적 행위를 통해 스스로 경건하다고 확신하고 있다. 하지만 만일 그가 '자신의 혀를 제어하지(칼리나고게오) 못한다면', 그의 경건은 헛것이며, 그는 그 자신을 속이는 것이 된다. 저자는 3장에서 말을 절제하지 못하는 문제의 심각성에 대해 자세히 다룰 것이다(참조. 1:19~21). 윤리적인 행동(특히, 말의 절제)이 뒤따르지 않는 종교적 행위들은 하나님 앞에 아무 소용이 없다(참조. 호

6:6; 마 9:13; 12:7). 그러한 믿음은 죽은 것이고 따라서 구원을 가져다 주지도 못한다(2:14).

저자는 이러한 가짜 경건과 대조적으로 27절에서 구제 및 세속적 유혹과 관련하여 '정결하고 흠이 없는'(카타라 카이 아미안토스) 경건을 설명한다. 저자가 이 구제 문제를 참된 경건의 대표적 행위로 제시하고 있는 것은 의미심장하다. 이는 야고보서의 종교, 사회적 배경을 어느 정도 짐작하도록 해 주기 때문이다.[26] 사실 '고아와 과부를 돌보는' 행위는 이미 구약에서 자주 언급되고 있을 뿐 아니라(출 22:21; 신 5:28; 사 1:10~17; 렘 5:28; 겔 22:7; 슥 7:10), 예수님도 직접 강조하고 있다(마 25:36, 43). 뿐만 아니라 야고보서와 그 배경을 어느 정도 공유하고 있는 것으로 보이는 사도행전 6:1~6은 과부를 돌보는 문제가 초기 예루살렘 교회에서 매우 중요한 문제였음을 증거해 준다. 따라서 저자가 이 문제를 2장에서 그처럼 중요하고 상세하게 다루는 것은 그리 놀라운 일이 아니다.

저자는 끝으로 '세상에서 자기 자신을 더럽힘 없이 지키라'는 교훈을 제시한다. 여기서 '더럽힘 없이'(아스필로스)는 의식적 정결보다는 도덕적 정결을 의미하는 것이 분명하다(참조, 4:1~10). '세상'(코스모스)은 창조 세계를 의미한다기보다는 하나님께 대응하려는 세력을 의미한다. 결국 성도들의 도덕적 행위는 하나님께 대한 흠 없는 충성심의 문제로 귀결된다. 하나님께 충성하는 자는 주변 세계의 가치관에 영향을 받지 않지만, 만일 세상의 영향을 받는 자는 하나님과 원수된 상태에 빠지게 되는 것이다(참조, 4:4; 마 6:24). 저자는 이 문제를 4장에 가서 구체적인 문제들과 더불어 보다 상세하게 다룰 것이다.

맺는말

지금까지 우리의 주해를 통해 드러난 본 단락의 메시지를 정리해 보도록 하자. 첫째, 본 단락은 시험의 본질을 적절히 이해하는 것이 중요함을 보여 준다. 시험은 그 성격이 매우 복잡해서, 때로는 시련의 모습으로 때로는 유혹의 모습으로 나타난다. 시련은 모든 성도들이 기쁨으로 인내하며 견뎌 나가야 하지만(1:2~4), 유혹은 자신의 욕심에서 기인한 것이기 때문에 늘 경계해야 할 대상이다(1:12~15). 따라서 누구든지 유혹으로 말미암아 악에 빠지게 되었을 때, 그 책임을 하나님께 돌리려고 하는 것은 지극히 위험한 태도다. 하나님은 선하시며, 그 누구도 악에 빠뜨리려는 악한 의도를 갖고 계시지 않기 때문이다(1:13). 실패의 책임을 하나님께 돌리려 하는 우리의 태도가 얼마나 무책임하고 불경스러운 것인지 명심해야 할 것이다.

둘째, 하나님의 목적은 인간을 악에 빠뜨리는 것이라기보다는 오히려 그들을 악에서 구출해 내어 구원하는 것이다. 하나님은 그 구원을 위한 도구로서 진리의 말씀을 주셨다(1:18, 21~25). 그런데 이 말씀은 귀만 즐겁게 하기 위해 주어진 것이 아니며, 듣고 행하라고 주신 것이다(1:22~25). 혹시 오늘날 우리가 속해 있는 교회 가운데 귀만 즐겁게 하는 말씀이 넘쳐 나고 있지 않는가? 그래서 교회에서는 좋은 설교가 넘쳐 나는데도 우리 주변에는 굶주리고 헐벗은 노숙자들, 실직자들, 무의탁 노인들, 외국인 근로자들, 북한의 형제들, 아프리카의 형제들이 진정한 도움을 얻지 못한 채 신음하고 있는 것은 아닌가? 자신은 그러한 교회에 속하여 열심히 종교적 활동을 하고 있다는 사실만으로 나의 믿음에 아무런 문제가 없다고 확신하고 있지는 않는가? '믿음으로 구원을 얻는다'는 진리가 오히려 나를 속이는 허망한 구호로서 사탄의 도구가 되어 있지는 않는가?(참조. 2:14, 24)

야고보는 말을 많이 하는 것은 위험하고(1:19, 26), 듣기를 먼저하고, 들은 다음에 행해야 할 것을 강조한다. 이것은 해도 되고 안 해도 되는 명령이 아니다. 그렇게 하지 않는다면, 그것은 헛된 경건이고(1:26) 죽은 믿음이기 때문에(2:17, 26), 우리의 구원에 아무런 도움도 주지 못한다. 우리가 이 교훈을 얼마나 심각하게 받아들여야 하겠는가? 야고보의 이와 같은 명백한 교훈 앞에서 진정한 성도는 말로 하는 교리 논쟁에 빠질 것이 아니라, 겸손함으로 받아서(1:21) 순종하는 법을 배워야 할 것이다. 이것이야말로 구원에 이르게 하는 정결한 경건이요 산 믿음이기 때문이다(1:21; 2:14~26).

03

행함으로 나타나는
올바른 믿음

야고보서 2장의 주해와 적용

　야고보서는 교리보다는 성도들의 실생활에 관한 교훈을 많이 보여 주고 있다. 특히 야고보서 2장은 행함을 강조하는 장(章)으로 잘 알려져 있다. 그래서 믿음을 강조하는 로마서나 다른 바울 서신들과 어떤 관계에 있는가 하는 것이 자주 거론되기도 한다. 실제로 마틴 루터는 야고보서가 '이신칭의'(以信稱義)를 가르치지 않는다는 이유로 못마땅하게 여겼으며 '지푸라기 서신'(ein rechte strohern Epistel)이라고 부르기도 했다. 물론 이것은 야고보서를 제대로 이해하지 못한 데서 온 오해기는 하지만 야고보서가 성도의 행함을 강조하고 있다는 것은 사실이다.

　그러나 야고보서 2장을 단지 '행함'을 강조하는 장으로 보는 것보다는 오히려 '참된 믿음'을 강조하는 장으로 보는 것이 더 낫다. 왜냐하면 야고보서 2장에서 행함 그 자체보다 참된 믿음은 어떤 것인가, 참된 믿음은 구체적인 생활에서 어떤 모습으로 나타나야 하는가를 말하고 있기 때문이다. 우리는 이것을 1절에서 볼 수 있다. "내 형제들아 영광의 주 곧 우리 주 예수 그리스도를 믿는 믿음을 너희가 받았으니 사람을 외모로 취하지 말라." 곧 예수 그리스도를 믿는 '믿음'을 가진 성도들이 어떻게 행해야 할 것인가를 말하고 있다. 그 구체적인 내용으로 우선 사람을 외모(外貌)로 취하면 안된다는 것이다. 그리고 14절에서는 "내 형제들아 만일 사람이 믿음이 있노라 하고 행함이 없으면 무슨 이익이 있으리요 그 믿음이 능히 자기를 구원하겠느냐"라고 말한다. 여기서도 야고보가 말하고자 하는 바는 올바른 믿음은 행함으로 나타나야 한다는 것이다. 그는 믿음이 있다고 말만 하고서 실제로는 행함이 없는 '잘못된 믿음'을 책망하고 있으며, '믿음 그 자체'를 책망하는 것은 아니다. 따라서 '믿음'은 행함과 함께 일하며 행함으로 '믿음'이 온전케 된다고 말하는 것이다(22절).

그러므로 야고보서 2장의 전체 주제를 "참 믿음"이라고 보고, 그 믿음이 어떻게 구체적으로 나타나야 할 것인가를 다룬 것으로 보는 것이 타당해 보인다. 이런 맥락에서 남아공화국의 플로어 교수가 야고보서 2장에 대해 전반부(1~13절)는 "… 이 없는 믿음(geloof zonder …)"에 대해, 후반부(14~26절)는 "… 이 있는 믿음(geloof met …)"에 대해 말하는 것으로 본 것은 참으로 타당하다고 생각한다(L. Floor, *Jakobus*, J. H. Kok, Kampen, 1992, p. 102). 참 믿음은 곧 첫째로 '외모로 취함이 없는 믿음'이어야 하며(1~13절), '행함이 있는 믿음'(14~26절)이어야 한다는 것이다. 이렇게 봄으로써 우리는 야고보가 말하고자 하는 진정한 의도를 바로 이해할 수 있으며, 또한 믿음과 행함에 대한 바울의 입장과 야고보의 입장을 불필요하게 대립적으로 보는 잘못을 많이 교정할 수 있을 것이다.

나중에 자세히 살펴보겠지만, 야고보와 바울은 믿음과 행함에 대해 근본적으로 서로 다른 이해를 하고 있는 것이 아니다. 그들은 단지 다른 각도에서 접근하고 각각 다른 측면들을 말하고 있을 따름이며, 그것들을 표현하는 방식이 다를 뿐이다. 어쨌든 우리는 야고보 2장의 전체 주제를 "참 믿음"으로 보고, 그것이 어떻게 나타나야 하는가에 대해 차례대로 살펴보기로 하자.

외모로 취함이 없는 믿음(2:1~13)

먼저, 1~13절에서 야고보는 성도들 상호간에 "외모로 취하지 말 것"을 강조한다. '외모로 취한다는 것'(프로소폴렘프시아)은 히브리적 표현으로서 (나사 파님, 레 19:15; 시 82:2), 사람의 얼굴을 보고 판단하는 것, 곧 사람의 외적인 지위나 상태에 따라 판단하는 것을 뜻한다(F. W. Grosheide, *De Brief aan de Hebreen en de Brief van Jakobus*, p. 452). 이는 사람을 그 본질을 따라 공의롭게 판단하지 아니하고 겉으로 보이는 신분이나 지위에 따라 차별하는 것을 말한다.

1. 빈부에 따른 차별(2~7절)

야고보는 구체적으로 회당 안에서 빈부에 따라 사람을 차별하는 것을 강하게 책망하고 있다. 그는 먼저 한 예를 들어 설명한다. 두 사람이 회당에 들어오는데, 한 사람은 '금가락지를 끼고 아름다운 옷을 입은 사람'이며 다른 한 사람은 '더러운 옷을 입은 가난한 사람'이다(2절). '금가락지를 끼고 아름다운 옷을 입은 사람'이라고 하면 우리 나라 사람들은 대개 귀부인을 생각할 것이다. 그러나 원문에 의하면 이 사람은 여자가 아니라 남자다(또는 대표 성(性)으로서의 남자다). 그리고 '아름다운 옷을 입은 사람'도 정확하게는 '찬란한(람프라) 옷을 입은 사람'이라고 해야 옳다. 로마 제국에서 가락지를 끼는 것은 공화정(共和政) 시대에는 '기사 계급'에 속한 부유한 사람들에게만 한정되었으나, 제정(帝政) 이후로는 일반 부자들에게로 일반화되었다(Grosheide, p. 453). 따라서 '손에 금가락지를 끼고 찬란한 옷을 입은 사람'은 당시의 권세 있는 공무원이거나 유력한 부자를 가리킨다. 이에 비해 가난한 사람은 '더러운 옷'을 입고 회당에 들어온다. 여기서 '더러운'(루흐파라)이란 말의 뜻은 '먼지가 묻은', '정결치 못한'이란 뜻이라기보다 '누덕누덕한', '누추한'의 의미다. 이는 곧 가난한 사람의 초라하고 보잘것없는 모습을 가리킨다. 그런데 만일 교회에서 서로 구별하여 부자는 환영하여 좋은 자리에 앉게 하고 가난한 자는 멸시하여 아무 데나 앉게 하거나 그냥 구석에 서 있으라고 한다면, 이것은 성도들끼리 서로 구별하며 판단하는 것이 되고 만다(4절).

이러한 차별은 악한 것으로 하나님의 구원의 원리와는 정반대가 되는 것이다. 왜냐하면 하나님께서는 세상에서 '가난한 자들'을 택하여 믿음에 부요하게 하시며 하나님의 나라를 유업으로 주셨기 때문이다(5절; cf. 고전 1:26~29). 하나님께서 택하시고 복 주신 자들을 교회가 멸시하고 천대한다는 것은 하나님의 뜻을 거스르는 악한 것이며 교회의 본질에 위배되는 모순된 행동이다. 이러한 죄악에 대해 야고보는 강한 목소리로 책망한다. "너희는 도리어 가난한 자를 괄시하였도다 부자는 너희를 압제하며 법정으로 끌고 가지 아니하느냐 저희는 너희에게 대하여 일컫는 바 그 아름다운 이름을 훼방하지 아니하느냐"(6~7절).

부자에 대한 날카로운 비판은 5장에도 나타난다. "들으라 부한 자들아 너희에게 임할 고생을 인하여 울고 통곡하라 너희 재물은 썩었고 너희 옷은 좀먹었으며 너희 금과 은은 녹이 슬었으니 이 녹이 너희에게 증거가 되며 불같이 너희 살을 먹으리라 너희가 말세에 재물을 쌓았도다"(1~3절). 여기서 야고보가 비판하는 부자(富者)는 교회 안의 부자 성도들을 가리키는 것이 아니라 일반 사회의 부자들을 가리킨다. 곧 그 당시에 일반적으로 행해지고 있던 부자들의 사회 경제적 압제를 상기시키면서, 교회 안에서조차 부자들을 우대하고 가난한 자들을 멸시해서는 안 된다는 것을 말하는 것이다.

그러면 오늘날 우리 한국 교회는 어떠한가? 교회 안에서도 여전히 부자들을 우대하고 힘 있는 자를 존중하고 있지 않은가? 대개는 재력 있는 자가 교회에서 인정받고 장로로 선출되는 것이 아닌가? 돈 없고 가난한 자는 교회 다니기가 어렵다고 하는 말이 공공연하게 나돌고 있지 아니한가? 전에는 가난한 자와 힘 없는 자들이 교회의 주된 구성원이었건만 이제는 교회에서 밀려나는 신세가 되고 말았다. 이러한 현상은 한국 교회가 지난 수십 년 동안 너무 물질을 중시하고 재정 중심으로 움직여 온 결과다. 그 결과 교회는 영적인 힘을 잃어버렸고 참된 사랑을 잃어버렸다. 이러한 한국 교회는 야고보가 책망하고 있는 1세기 교회의 모습과 흡사하다고 할 수 있다.

아니, 어쩌면 더 심하다고 보아야 하지 않을까? 그런데 진짜 문제는 오늘날 한국 교회에는 야고보와 같은 선지자적 설교가 희소하다는 데 있다. 따라서 오늘날의 한국 교회를 위해 야고보의 설교와 가르침은 더욱 의미 있다고 하겠다.

2. 최고한 법으로서의 이웃 사랑(8~13절)

야고보는 이처럼 사람을 외모로 취하는 행동이 율법을 어기는 죄임을 말한다. 여기서 야고보는 "네 이웃 사랑하기를 네 몸과 같이 하라"고 하신 계명을 인용한다(8절; 레 19:18). 야고보는 이 계명을 '최고한 법'(노모스 바실리코스)이라고 부른다. 우리는 여기서 먼저 '이웃 사랑'의 계명을 또한 '법'이라고 부른다는 사실에 주목할 필요가 있다. 오늘날 어떤 사람들이 생각하는 바와 같은, 율법과 사랑 사이의 대립을 여기서는 찾아볼 수 없다. "사랑하라"는 것도 계명이며 율법이다(요 13:34; 15:12; 요일 2:7; 3:23; 요이 1:5). 야고보는 이 사랑의 계명을 단지 '최고한 법'이라고 부르고 있을 따름이다. 여기서 '최고한'이라고 번역된 말의 원어(바실리코스)는 '왕적인, 왕같은, 고상한, 숭고한'이란 뜻이다. 이는 이 계명(법)이 다른 모든 계명들을 포함하는 계명이기 때문에 그 지고한 성격 때문에 이렇게 불린 것이다(cf. Grosheide, p. 456). 이는 또한 하나님 사랑과 이웃 사랑이 율법과 선지자의 강령이라고 하신 예수님의 말씀(마 22:40)과 상통한다.

이에 반해 플로어 교수는 여기의 '노모스 바실리코스'를 '왕 예수의 법' (de wet van Koning Jezus)으로 이해한다. 곧 야고보는 하나님 나라와 관련하여 예수께서 율법을 해석하신 것의 배경에서 율법을 보고 있다고 한다 (Floor, *Jakobus*, p. 96). 그러나 우리는, 비록 이 말 자체는 맞다고 할지라도, 플로어의 이러한 해석을 받아들일 수 없다. 왜냐하면 8절의 "네 이웃 사랑하기를 네 몸과 같이 하라"는 계명은 바로 그 앞에 있는 "경에 기록한 대로"라는 말로 보아 구약의 레위기 19:18의 인용임이 분명하기 때문이다. 야고보 당시에 '경'(經)이라 함은 구약을 가리킴이 자명하다. 따라서 야고보는 구약의 레위기에 나오는 "이웃 사랑하기를 네 몸과 같이 하라"는 계명을 '왕같은 법'이라고 불렀다. 이것을 '왕 예수의 법'이라고 보는 것은 무리다.

물론 교의학적으로는 구약의 모든 법이 다 삼위일체 하나님이 주신 것이고 따라서 예수의 법이라 해도 무방하지만 여기서는 그런 의미에서 말하는 것은 아니다. 야고보는 지금 구약의 율법에 대해, 그것이 신약 시대에 연속성을 가진다는 점에 대해 별다른 유보나 이의 없이 자연스럽게 말한다. "… 최고한 법을 지키면 잘 하는 것이거니와 만일 너희가 외모로 사람을 취하면 죄를 짓는 것이니 율법이 너희를 범죄자로 정하리라"(8~9절). 곧 우리가 구약의 율법을 지켜야 할 것과 그것을 어기면 범죄자가 된다는 것이다. 따라서 8절의 '최고한 법'이란 구약의 모든 계명들을 포괄하는 '왕과 같은 권위를 가진 고상한, 최고의'의 의미로 받아들여야 하는 것이다(cf. J. Keulers, *De Boeken van het Nieuwe Testament*, VII, Roermond en Maaseik, 1956, p. 32).

이어서 야고보는 율법의 모든 계명을 우리가 다 지켜야 할 것을 말한다 (10~11절). 율법 중에서 하나만 어겨도 전체 율법을 어긴 것이 되기 때문에, 율법 가운데 어느 한 계명도 소홀히 할 수 없다. 이것은 마치 엄격한 율법 주의처럼 보이지만, 야고보는 그리스도 없는 율법주의를 말하는 것이 아니다. 야고보가 말하고자 하는 것은 예수 그리스도를 믿는 믿음을 가진 성도들은 하나님이 주신 율법을 '삶의 표준'으로 지켜야 한다는 것이다. 그리고 그리스도인들이 지키는 율법은 유대주의자들이 주장하는 할례나 절기와 같은 의식법들이 아니라, "네 이웃을 네 몸과 같이 사랑하라"고 하신 사랑의 계명을 중심으로 한 구약의 율법(이른바 도덕법)을 말한다.

십계명을 중심으로 한 구약의 율법들은 예수님께서도 더욱 강조하신 바며(마 5:17~20), 사도 바울도 굳게 세우려 한 바다(롬 3:31). 야고보도 이러한 맥락에서 율법의 참 정신이 되며 근본 의도가 되는 '사랑'의 관점에서 율법을 이해하고 있으며, 이것은 또한 예수 그리스도께서 강조하시고 몸소 보여 주신 것이라는 차원에서 율법을 대하고 있다. 따라서 야고보가 말하고

자 하는 바는 율법의 세세한 것들을 다 지켜야 한다는 것에 있다기보다 교회 안에서 가난한 자를 멸시하고 천대하는 것이 율법을 어기는 큰 죄임을 상기시키려는 것이다. 곧 율법들을 다 잘 지키고 있다고 자부하는 유대인 그리스도인들을 향하여, 비록 다른 계명들은 다 지켰다 할지라도 가난한 자들을 괄시하면 이는 곧 율법 전체를 어긴 범법자가 됨을 강조하는 것이다. 따라서 야고보의 강조점은 어디까지나 '이웃 사랑'의 구체적 표현으로서의 가난한 자에 대한 관심과 돌봄이다.

이어서 나오는 12, 13절은 앞에서 말한 것들의 결론 역할을 한다. "너희는 자유의 율법대로 심판받을 자처럼 말도 하고 행하기도 하라 긍휼을 행하지 아니하는 자에게는 긍휼 없는 심판이 있으리라 긍휼은 심판을 이기고 자랑하느니라." 이 구절들에서 핵심 단어는 '긍휼'(矜恤)이다. 이는 곧 가난한 자, 힘없는 자를 불쌍히 여기는 것을 말한다. 긍휼은 율법의 근본 정신이며 내용이다. 이것은 하나님께서 우리 인간들에게 원하시는 것이며, 예수님께서 우리에게 원하시는 바다(마 9:13). 이 긍휼은 구체적으로 가난한 자들을 불쌍히 여기는 것으로 나타나야 한다. 교회 안에서 가난한 자들을 돌봐 주고 구체적인 관심을 기울여야 한다.

그리고 여기서 '자유의 율법'(노모스 엘류테리아스)이라 한 것은 1:25의 '자유케 하는 온전한 율법'과 같은 의미다. 이는 그리스도인이 지켜야 할 법인데 강제나 두려움에서가 아니라 자유와 사랑으로 지키는 법이다(cf. Keulers, p. 34). 이는 우리가 구원 얻기 위한 수단으로 지키는 율법이 아니라, 구원받은 성도가 감사함으로 지키는 '감사의 규칙'으로서의 율법이다(「하이델베르크 요리문답」 참조). 따라서 이 율법은 그리스도인들에게 이제 더 이상 '정죄'의 기능을 하는 율법(율법의 제2 효용)이 아니라 '삶의 표준'이 되는 율법이다(율법의 제3 효용).

그럼에도 불구하고 모든 사람에게는 마지막 심판이 기다리고 있다. "긍휼을 행하지 아니하는 자에게는 긍휼 없는 심판이 있으리라 긍휼은 심판을 이기고 자랑하느니라"(13절). 예수님께서 다시 오실 때에 각 사람의 행한 대로 갚으신다(마 16:27; 25:31~46; 롬 2:6; 고후 5:10 등). 하나님은 우리의 모든 행위와 삶을 보시고 평가하시는 분이시다. 그러므로 하나님께서 우리를 긍휼히 여기시고 우리의 모든 죄를 용서해 주셨으므로 우리도 다른 사람을 긍휼히 여기는 것이 마땅하다.

행함이 있는 믿음(2:14~26)

이어서 야고보는 후반부(14~26절)에서 참된 믿음은 구체적인 행함으로 나타나야 함을 말한다. 이 후반부는 전반부와 밀접히 연결되는데, 둘 다 가난한 자에 대한 관심과 돌봄을 주요 배경으로 하며, 참 믿음은 어떤 것이어야 하는가 하는 점에서 말하고 있다. 이 후반부에서는 믿음과 행함의 관계를 좀 더 직접적으로 설명하는데 이것이 전반부와 약간 다른 점이라고 할 수 있다.

1. 행함이 없는 믿음(14~20절)

야고보는 먼저 행함이 없는 믿음의 헛됨에 대해 말한다. "내 형제들아 만일 사람이 믿음이 있노라 하고 행함이 없으면 무슨 이익이 있으리요"(14절). 여기서 "무슨 이익이 있으리요"라는 것은 아무 유익이 없다는 것을 강조하기 위한 수사적 표현이다(cf. 전 1:3; 2:22; 5:11, 16 등). 곧 어떤 사람이 믿음이 있다고 말만 하고서 행함이 없다면 아무런 유익이 없다는 것이다. 여기서 주의할 것은 여기 이 사람의 경우 믿음은 있는데 행함이 없는 것이 아니라, 스스로 믿음이 있다고 '말할 뿐' 행함이 없다는 것이다. 따라서 이런 사람의 소위 믿음은 "아무 유익이 없으며"(14, 16절), "그 자체가 죽은 것이다"(17절).

야고보는 이것을 가상적 예를 들어 설명한다. "만일 형제나 자매가 헐벗고 일용할 양식이 없는데 너희 중에 누구든지 그에게 이르되 평안히 가라

더웁게 하라 배부르게 하라 하며 그 몸에 쓸 것을 주지 아니하면 무슨 이익이 있으리요"(15~16절). 여기서도 앞에서와 마찬가지로 '믿음'과 '행함'의 대비가 아니라 '말뿐인 것'과 '행함' 사이의 대비다. 이 사실을 바로 아는 것이 중요하다. 말뿐인 것은 '믿음'이 아니라 '빈 말'이며 그 자체로서 '죽은 것'이다. 따라서 야고보는 여기서 '믿음은 있지만 아직 행함이 없는 믿음'과 '행함이 있는 믿음'을 비교하는 것이 아니라, '완전히 잘못된 믿음 곧 처음부터 없는 믿음'과 '올바른 믿음 곧 참된 믿음'을 비교하고 있다. 야고보에 따르면, 믿음은 만일 그것이 참된 것이라면 반드시 행함으로 나타나게 되어 있다는 것이다. 그렇지 못하다면 그것은 처음부터 잘못된 것이고 아예 믿음이 없었다고 결론지을 수밖에 없다. 이것을 그는 17절에서 이렇게 말하고 있다. "이와 같이 행함이 없는 믿음은 그 자체가 죽은 것이라."

2. 믿음과 행함의 불가분리성(18~19절)

그러면서 야고보는 믿음과 행함의 불가분리성(不可分離性)을 예를 들어 설명한다. 이 가상적인 두 사람의 대화는 대단히 평이하게 들리지만 따져 보면 복잡한 문제들이 자리잡고 있다. 우선 사본상의 문제만 살펴보더라도 대단히 복잡하다. 신약 헬라어 성경(UBS판)과 우리말 성경(개역한글판)은 아예 아무런 사본상의 문제가 없는 것처럼 18절에서 그냥 "행함이 없는(코리스) 네 믿음을 내게 보이라"고 되어 있지만, 네슬레-알란트 판에 보면 사본상의 차이가 있음을 알 수 있다. 곧 여기서 대다수의 사본들은 "너의 행함으로(에크) 네 믿음을 내게 보이라"고 되어 있다. 바바라 알란트(Barbara Aland)는 이것을 대다수 본문(Majority text)의 열등성을 나타내는 하나의 전형적인 예로 본다(「목회와신학」 2000년 10월호 227~230쪽에 실린 인터뷰 기사 참조). 왜냐하면 대다수 본문을 따를 경우 여기 나오는 두 사람은 결국 같은 말을 하기 때문이라는 것이다. 여기 나오는 두 사람이 동일한 주장을 하고 있다는 것은 도무지 말이 안 되기 때문에 이러한 독본(reading)을 가지고 있는 대다수 본문은 열등하다는 것이다.

그러나 문제는 그렇게 간단하지 않다. 알란트가 옳다고 여긴 본문(개역한 글판도 이를 따름)도 자세히 살펴보면 여전히 이상하고 이해할 수 없다. 우선 "행함이 없는 네 믿음을 내게 보이라"는 것과 "나는 행함으로 내 믿음을 네게 보이리라"는 것은 서로 대비가 되지 않는다. 특히 "행함이 없는 네 믿음을 내게 보이라"는 것이 이상하다. 그런 믿음은 처음부터 잘못된 것이 뻔하지 않은가? 만일 이 본문이 옳다면 앞의 '행함이 없는 믿음'을 주장하는 사람의 말은 처음부터 잘못된 것임이 분명하기 때문에 처음부터 논쟁 거리가 되지 않는다. 이것은 마치 '잘못'과 '옳음'을 서로 비교하는 것과 같아서 처음부터 서로 비교 거리가 되지도 않는다. 더 쉽게 말하자면 '엑스 표(×)'와 '공표(○)' 중에서 어느 것이 '공표'인가라고 묻는 것과 같은 어리석은 질문이 되고 만다. 따라서 알란트가 옳다고 본 본문은 그야말로 말이 통하지 않는 이상한 것이라고 할 수 있다.

이에 반해 알란트가 말이 되지 않는다고 본 본문을 깊이 생각해 보면 오히려 말이 됨을 알 수 있다. 우선 대다수 본문을 정확히 번역해 보면 다음과 같다. "혹이 가로되 너는 믿음이 있고 나는 행함이 있으니, 너는 너의 행함으로 네 믿음을 내게 보이라 그리하면 나도 나의 행함으로 내 믿음을 네게 보이리라." 여기서 '나'라는 사람이 요구하는 바는 '네'가 믿음을 가지고 있다고 주장하는데, 그렇다면 '네'가 가지고 있는 보이지 않는 믿음을 보이는 행함을 통해 내게 보여(증명해) 달라는 것이다. 그러면 행함이 있다고 주장하는 '나'도 나의 행함을 통해 나의 믿음을 증명해 보이겠다는 것이다. 따라서 우리는 두 사람의 주장하는 바가 사실상 같다는 것을 알 수 있다.

이것은 문제가 아니라 오히려 당연한 것이다. 이것을 문제라고 본 것은 이 구절의 진의를 제대로 파악하지 못했기 때문이다. 여기에 나오는 두 사람의 주장하는 바는 내용에 차이가 있는 것이 아니라 상대방에게 먼저 "네 믿음을 증명해 보이라"는 것이다. "그러면 나도 내 믿음을 증명해 보이겠다"는 것이다. 따라서 문제의 핵심은 상대방에게 '먼저' 무엇을 요구하고,

상대방이 그렇게 할 경우에 '그러면 나도' 그렇게 하겠다는 것이다. 즉 서로 다른 두 주장의 '병렬적 대비'가 아니라 '시간적 선후'가 문제의 핵심이다. 본문이 이것을 분명히 말하고 있다. 곧 "그러면 나도"(카고)라는 것이 이것을 말해 준다. 그러나 불행하게도 바바라 알란트를 비롯한 많은 사본학자들이 이 단어의 의미를 제대로 파악하지 못하고 말았다. 참고로 우리말 성경에는 이것이 제대로 번역되지 않고 그냥 "나는"이라고 되어 있어서 아예 문제의 핵심을 보지 못하게 만들고 있다.

우리는 야고보서의 이것과 비슷한 한 예를 요한의 세례에 대한 질문에서 찾을 수 있다. 대제사장들과 장로들이 예수님께 나아와 "네가 무슨 권세로 이런 일을 하느뇨"라고 물었을 때, 예수님은 이에 대해 바로 대답하지 않으시고 다음과 같이 되물으셨다. "나도 한 말을 너희에게 물으리니 너희가 대답하면 나도 무슨 권세로 이런 일을 하는지 이르리라 요한의 세례가 어디로서 왔느냐 하늘로서냐 사람에게로서냐"(마 21:24~25). 요약하면 "너희가 먼저 대답하라. 그러면 나도(카고) 대답하리라"는 것이다. 따라서 여기 이 구절에서는 서로 다른 두 주장의 대비가 문제의 핵심이 아니라 시간의 선후가 문제의 핵심이다. 곧 '먼저 대답하라. 그러면 나도 대답하겠다'는 것이다.

야고보서 2:18의 말도 바로 이와 같은 맥락에서 이해해야만 한다. 이것이 바로 대다수의 사본들과 파피루스 54가 가지고 있는 독본(讀本)이다. 필자가 복잡한 이 문제를 제법 길게 논한 이유는 오늘날 세계를 지배하고 있는 네슬레-알란트 원어 성경이 몇몇 현대 사본학자들의 주관적인 판단(그것도 종종 잘못된 판단)에 의해 수많은 사본상의 외적 증거들을 무시해 버리고 있기 때문이다. 그리고 그 결과 하나님의 말씀을 왜곡하고 있는 현실의 한 단면을 보여 주기 위함이다(이러한 사본상의 문제에 대해 좀 더 알고 싶으면 고려신학대학원 교수논문집 「개혁 신학과 교회」 제6호(1996), pp. 67~94에 발표된 필자의 논문 "현대 사본학의 현재와 미래"를 참조하라).

하여튼 이 구절에서 야고보가 말하고자 하는 바는 믿음과 행함은 나눌 수 없다는 것이다. 야고보는 이것을 당연시하면서 도리어 책망조의 질문을 던진다. "네가 하나님은 한 분이신 줄을 믿느냐 잘 하는도다 귀신들도 믿고 떠느니라"(19절). 하나님을 둘로 나눌 수 없듯이 믿음과 행함을 이원론적으로 나누어 생각할 수 없다는 것이 이 구절이 말하고자 하는 것이다. 여기서 야고보는 귀신들의 믿음을 예로 드는데, 그 이유는 단순히 지적으로 아는 것(notitia)은 우리가 말하는 '믿음'이라고 할 수 없다는 것이다. 그것은 아무 소용도 없고 효력도 없고 의미도 없기 때문이다.

3. 구약에서의 논증(20~25절)

그리고 나서 야고보는 다시금 행함이 없는 믿음이 헛되다는 것을 논증하기 위해 구약의 사건을 예로 든다. 여기 20절의 '헛되다'(아르게)는 단어의 사전적 의미는 '할 일 없는, 고용되지 않은, 게으른, 조심성 없는, 효력 없는, 소용없는' 등이다. 여기서는 앞에서 나온 바와 같이 '효력 없는, 소용없는'의 의미로 사용되고 있다.

1) 아브라함의 예(21~24절)

행함이 없는 믿음이 헛되다는 것을 말하기 위해 야고보는 먼저 아브라함을 예로 들어 설명한다. 사도 바울도 그의 '이신칭의' 교리를 뒷받침하기 위해 아브라함을 예로 들었는데(롬 4장; 갈 3장), 야고보도 그의 주장을 뒷받침하기 위해 아브라함을 예로 든다는 사실이 우리의 흥미를 끈다. 그러나 그는 창세기 15장이 아니라 22장에서 자신의 주장을 뒷받침하는 사건을 발견하였다. 곧 "우리 조상 아브라함이 그 아들 이삭을 제단에 드릴 때에 행함으로 의롭다 하심을 받은 것이 아니냐"(21절)라고 한다. 여기서 야고보는 대담하게도 아브라함이 '행함으로'(엑스 에르곤) 의롭다 함을 받았다고 선언한다. 이것은 바울의 주장, 곧 사람이 의롭다 함을 받는 것은 율법의 행위에 있지 않고 '믿음으로'(피스테이, 에크 피스테오스) 된다는 것(롬 3:28; 5:1)과 정면으로 충돌하는 것이 아닌가? 야고보는 어떻게 이처럼 바울과 정반대되는 주장을 할 수 있단 말인가?

이 문제와 관련하여 교회 안에서 많은 논의들이 있어 왔고 지금도 진행되고 있다(이에 대해서는 Floor, pp. 111~115, Keulers, pp. 39~41을 참조하라). 그러나 우리는 여기서 복잡한 논쟁에 빠지기에 앞서 먼저 두 사람이 사용하고 있는 용어의 개념이 서로 다르다는 사실에 주목해야 한다. 첫째로 '의롭다 함을 받는다' (디카이우마이)는 단어의 개념이 서로 다르다. 바울과 야고보가 동일한 이 단어를 사용하지만 각자가 이 단어로써 의미하는 바는 서로 다르다. 이 사실을 바로 파악하는 것이 야고보서와 로마서 사이의 관계를 이해하는 핵심 가운데 하나다.

그러면 그 개념의 차이란 무엇인가? 먼저 바울에게 '의롭다 함을 받는다' 는 것은 하나님을 믿지 않던 사람이 예수 그리스도를 믿음으로 말미암아 그의 모든 죄를 사함 받고 하나님 앞에 받아들여진다는 의미다. 곧 전에는 죄로 말미암아 하나님과 원수되었던 자가 이제 하나님과 화목되고 사랑받는 자가 된다는 의미다. 그러나 야고보는, 이 용어를 어떤 사람이 참된 믿음을 가지고 있다는 것이 하나님에 의해 인정된다는 의미로, 곧 참 믿음을 가지고 있다는 것이 분명하게 드러난다는 의미로 사용하고 있다. 그래서 아브라함이 그의 아들 이삭을 제단에 드릴 때에 '의롭다 함을 받았다' 는 것은 그가 그때 비로소 처음으로 의롭다 함을 받았다는 의미(바울적 의미)가 아니라, 그가 하나님을 믿고 있는 믿음이 그의 이 행동을 통해 분명히 드러나고 하나님에 의해 인정되었다는 의미다. 이처럼 두 사람에게 '의롭다 함을 받는다' 는 말의 개념이 서로 다르다는 사실을 파악하는 것이 문제 해결의 핵심이다.

뿐만 아니라 '행함' (에르가)의 개념도 서로 다르다. 바울이 "율법의 행위로는 의롭다 함을 얻지 못한다"고 할 때의 '행위' 또는 '행함' 은 하나님 앞에서 처음에 의롭다 함을 받으려고 하는 노력으로서 행위를 가리킨다. 곧 인간 스스로의 노력으로 구원받으려고 하는 노력들을 가리키는데, 이런 것들은 하나님에게 의롭다 함을 받는 데 아무런 공로가 될 수 없다는 것이다.

그러나 이에 비해 야고보가 말하는 '행함'은 어떤 사람이 그리스도를 믿고 난 후에 행하는, 믿음에서 나오는 모든 행위들을 가리킨다. 이것은 믿음의 열매로서의 행함이며, 이것이 있어야만 참 믿음이 있다고 할 수 있다. 이로 보건대, 바울과 야고보가 동일한 '행함'이라는 단어를 사용했지만, 그 담고 있는 '내용'이 서로 다름을 알 수 있다. 뿐만 아니라 행함의 '시점'(時點)도 서로 다르다. 바울이 '율법의 행위'라고 말할 때의 '행위'는 사람이 하나님 앞에 의롭다 함을 받기 전(前) 또는 그 순간의 모든 인간의 노력들을 가리키지만, 야고보가 말하는 '행함'은 그리스도를 믿고 난 후(後)의 모든 행위들을 가리키는 것이다.

야고보는 창세기 22장에 나오는 아브라함의 이 사건에서 다음과 같이 결론짓는다. "네가 보거니와 믿음이 그의 행함과 함께 일하고 행함으로 믿음이 온전케 되었느니라"(22절). 이 결론 문장은 다시 두 부분으로 구성되어 있다. 첫째, "믿음이 그의 행함과 함께 일하였다"는 것이다. 여기서 '함께 일하였다'는 말은 마치 '신행합력설'(synergism)처럼 들린다. 그러나 그렇지 않다. 만일 처음 믿을 때 칭의의 근거로서 믿음과 행함이 함께 역사했다면, 그것은 신행합력설이 될 것이다. 그러나 이 구절은 그런 것이 아니라 참 믿음은 행함으로 나타나야 한다는 것을 말한다.

우리는 여기서 '함께 일하였다'(쉬네르게이)는 동사의 시상(時相)에 주목할 필요가 있다. 그 시상은 '미완료'로서 지속적인 동작을 나타낸다. 곧 믿은 순간부터 그 후로 계속 역사한다는 것을 이 시상은 말하고 있다. 따라서 '시간의 경과'가 요구된다. 이에 비해 바울이 '율법의 행위'가 아니라 믿음이라고 할 때의 '행위'는 인간의 공로로서의 행위를 말하며, 하나님 앞에 설 때 그 순간에 사람이 가지고 있는 행위들을 가리킨다. 따라서 이 경우에는 시간의 경과가 없으며 '시간'(time)이라는 변수가 없다.

그리고 두 번째로 살펴볼 것은 "행함으로 믿음이 온전케 되었다"는 부분이다. 여기서 '온전케 되었다'(에텔레이오테)는 단어의 의미가 무엇인가 하는 것이 문제다. 이에 대해 플로어 교수는 '충만한 발전에 이르렀다'(kwam tot volle ontplooiing)고 해설하였다(Floor, p. 110). 곧 전에도 아브라함에게 믿음은 있었지만 아직 초보적인, 유아적인 믿음에 불과했는데 이제 이러한 순종을 통하여 그의 믿음이 성숙한 단계, 견고한 상태에 이르렀다는 의미로 이해할 수 있다. 이처럼 야고보는 하나님을 처음 믿는 그 순간의 관점에서 말하는 것이 아니라 어떤 사람이 하나님을 믿고 나서 그 믿음이 성장하는 전(全) 과정을 염두에 두고 말한다.

이것을 23절에서 다시 말한다. "이에 경에 이른 바 아브라함이 하나님을 믿으니 이것을 의로 여기셨다는 말씀이 응하였고 그는 하나님의 벗이라 칭함을 받았나니"(23절). 여기서 우리는 먼저 야고보가 창세기 15:6의 말씀 곧 "아브라함이 여호와를 믿으니 여호와께서 이를 그의 의로 여기셨다"는 말씀을 알고 있었다는 것을 알 수 있다. 이 구절은 바울이 그의 이신칭의 교리를 위해 즐겨 사용하던 것인데, 야고보도 이 사실을 잘 알고 있었음을 말해 준다. 따라서 야고보가 바울의 '이신칭의' 교리를 몰라서 '행함으로 의롭다 함을 받는다'고 주장한 것이 아니라, 자기 나름대로 이유와 근거를 가지고 그렇게 주장하고 있음을 우리는 생각해야 한다. 이것을 우리는 23절에서 또한 엿볼 수 있는데, 야고보는 여기서 창세기 15:6의 말씀이 창세기 22장의 사건에서 '응하였다'고 말한다. 여기서 '응하였다'(에플레로테)는 말은 원래 '충만해졌다'는 의미로 앞의 '온전케 되었다'(에텔레이오테)는 말과 같은 의미로 이해될 수 있다. 곧 창세기 15:6의 '의롭다 함 받은 것'이 창세기 22장의 순종으로 충분히 드러나고 하나님에 의해 인정되었다는 것이다.

이런 맥락에서 볼 때 야고보에게 중요하게 부각된 구절은 창세기 22:12 이라고 생각한다. 곧 "네가 네 아들 네 독자라도 내게 아끼지 아니하였으니 내가 이제야 네가 하나님을 경외하는 줄을 아노라"는 말씀이다. 이 가운데서도 특히 "내가 아노라"(야다티)는 단어를 가지고 야고보가 오랫동안 묵상하지 않았을까 생각해 본다. 곧 야고보는 어떤 사람에게 믿음이 있다는 것을 무엇으로 알 수 있는가, 어떻게 알 수 있는가를 심사숙고하는 가운데, 아브라함이 자기 아들을 아끼지 않고 드리는 이 사건을 통해 하나님께 인정받았다는 이 구절에 근거하여 자신의 주장을 펼치고 있다고 생각한다. 어쨌든 창세기 15:6에 근거하여 '믿음으로 의롭다 함을 받는다'는 교리를 전개한 바울의 주장이나, 창세기 22:12에 근거하여 '행함으로 의롭다 함을 받는다'고 한 야고보의 주장이나 둘 다 근거가 있고 옳은 것이며, 각각 나름대로 진리의 측면을 우리에게 제공해 준다. 이런 점에서 우리는 바울과 야고보 모두에게 감사해야 하며, 두 사람을 통하여 하나님의 진리가 더욱 풍부하게 드러났다고 말할 수 있다.

우리는 23절 하반절을 통해 야고보의 이해를 좀 더 분명히 알 수 있다. "그는 하나님의 벗이라 칭함을 받았나니." 여기서 '하나님의 벗'이란 칭호(대하 20:7; 사 41:8)는 구약 시대의 모든 성도들에게 다 적용되는 일반적인 칭호가 아니라, 하나님과 친밀한 관계를 나타내는 특별한 칭호다. 따라서 이것은 바울적 의미에서의 단순한 '칭의' 이상의 것이며, 온전히 순종한 아브라함에 대한 칭찬과 특별한 사랑이 담긴 칭호다. 이로 보건대 야고보는 창세기 22:12에 와서 아브라함이 비로소 구원에 이르는 칭의(바울적 의미의 칭의)에 이르렀다고 보는 것이 아님을 알 수 있다. 그것은 창세기 15장에서 이미 일어났음을 야고보도 알고 있었을 것이다. 따라서 창세기 22장에서의 '인정'은 창세기 15장의 '믿음'이 행함을 통해 분명히 드러나며 하나님에 의해 특별히 인정받은 것이라는 의미다. 그러나 야고보가 말하고자 하는 핵심은 이러한 미묘한 구별보다 참 믿음은 행함으로 나타나야 한다는 것이다. 아브라함이 자기 아들까지도 아끼지 아니하고 순종하는 행위를 통해 그가 참 믿음을 가지고 있다는 것을 분명히 나타냈다는 사실이 야고보가 말하고자 하는 의도다.

야고보는 24절에서 앞서 논한 것의 결론을 내린다. "이로 보건대 사람이 행함으로 의롭다 하심을 받고 믿음으로만 아니니라." 이 당돌한 야고보의 선언에 대해 많은 사람들이 당혹감을 느껴 왔다. 왜냐하면 앞에서도 말했듯이 이것은 사도 바울의 이신칭의 교리에 정면으로 충돌되는 것처럼 보이기 때문이다. 특히 마틴 루터가 로마서 3:28을 번역하면서 사람이 의롭다 하심을 받는 것은 율법의 행위에 있지 않고 '오직 믿음으로만' (allein durch den Glauben) 된다고 하였기 때문에, 야고보의 "믿음으로만 아니니라"와 표면상 정면 충돌하고 있다. 그래서 루터와 그 이후의 독일 신학자들은 바울 편에 서서 야고보를 좋지 않게 여기는 경향이 늘 있어 왔다.

그러나 우리는 전혀 그렇게 생각할 필요가 없으며, 그렇게 생각해서도 안 된다. 왜냐하면 우리가 앞서 말한 바와 같이 사도 바울과 야고보가 사용하는 용어의 '개념'에 차이가 있을 따름이지 주장하는 '내용'에 차이가 있는 것은 아니기 때문이다. 곧 바울과 야고보는 '의롭다 함을 받는다' (디카이-우마이)는 용어와 '행함' (에르가)이라는 용어를 각각 다른 의미로 사용하고 있다. 따라서 야고보가 여기서 "믿음으로만 아니니라"고 할 때의 '믿음'이란 바울이 "믿음으로 의롭다 함을 받는다"고 할 때의 믿음이 아니라, 행함이 없는 순전히 형식적인 믿음이며, 이는 곧 그 자체로서 죽은 믿음이며, 사실상 믿음이라고 할 수 없는 헛된 믿음이다.

2) 라합의 예(25절)

그리고 나서 야고보는 기생 라합을 예로 든다. 앞에서 예로 든 아브라함이 너무나 훌륭하고 모범적인 믿음의 조상이었다면, 라합은 이방인 여자요 신분도 천한 기생이었다. 그래서 사람이 하나님에 의해 '의롭다 함을 받는 것' (야고보적 의미)에는 믿음뿐만 아니라 행함이 있어야 한다는 사실은 고상한 아브라함만 증거하는 것이 아니라 천한 라합도 증거한다는 것을 보여 준다. 곧 야고보는 이를 통해 "행함으로 의롭다 함을 받는다"는 원리는 특별한 경우에만 해당되는 진리가 아니라 보편적인 진리임을 말하고자 하는 것이다.

기생 라합은 이스라엘의 사자(使者)를 접대하여 다른 길로 가게 할 때 행함으로 의롭다 함을 받았다(수 2장). 라합은 물론 이스라엘의 사자들이 오기 전에 이스라엘의 소식을 듣고서 여호와 하나님이 가나안 땅을 이스라엘 백성에게 주신 줄을 알았다고 고백하였다(수 2:9). 그래서 라합은 그 사자들에게 "너희 하나님 여호와는 상천하지(上天下地)에 하나님이시니라"고 고백하였다(11절). 이 고백만 보아도 우리는 라합에게 구원받을 만한 믿음이 있었다고 생각할 수 있다. 그러나 만일 라합이 입으로는 이렇게 고백하고서 실제 행동으로는 이스라엘의 사자들을 숨겨 주지 아니하고 도리어 당국에 신고해서 죽게 만들었다면, 그에게 어찌 믿음이 있다고 말할 수 있겠는가? 그가 고백한 모든 고백은 결국 거짓 고백이요 그의 믿음은 거짓 믿음이었다고 볼 수밖에 없지 않겠는가? 따라서 라합의 경우에서도 우리는 참 믿음에는 그에 상응하는 행함이 따라야 한다는 것을 알 수 있다.

결론(2:26)

26절은 여태까지 논의한 믿음과 행함의 관계에 대한 총결론이다. 야고보는 여기서 믿음과 행함의 관계를 사람의 영혼과 몸의 관계로 비유하여 설명한다. "영혼 없는 몸이 죽은 것같이 행함이 없는 믿음은 죽은 것이니라." 이 비유는 너무나 분명하여 더 이상의 설명을 필요로 하지 않는다. 여기서 '죽은 것'(네크론)이란 말은 소멸이나 활동 중지보다는 아무 소용없음, 의미 없음, 유기적 관계 상실을 뜻한다(17절 참조). 물론 이러한 것은 조만간 몸의 기능 정지와 부패와 소멸로 이어진다. 영혼 없는 몸이 아무런 소용이 없고 의미가 없으며 그래서 곧 죽고 말듯이, 행함이 없는 믿음은 그 자체로서 죽은 것이고 효력이 없는 것이며 의미 없는 것이다.

한국 교회와 야고보서

이상에서 살펴본 바와 같이 야고보는 당시 팔레스틴 주위의 유대인 그리스도인들을 향하여 형식적인 믿음을 강하게 비판하고 행함이 있는 참 믿음을 강조하였다. 물론 야고보는 여기서 어떤 사람이 구원받는가 하는 문제에 대해 책상 앞에서 구원론을 전개한 것은 아니다. 그의 관심은 어디까지나 그의 편지를 받을 교회 성도들을 향하여, 영광의 주 곧 예수 그리스도를 믿는 믿음을 받은 자들로서 거기에 합당한 행함을 나타내야 한다는 것이었다. 따라서 우리는 이런 관점에서 야고보서 2장을 읽어야 하며, 지나치게 교리적인 관점에서 접근할 때는 야고보가 의도치 않았던 엉뚱한 결론에 이를 위험성이 있다는 것을 알아야 한다. 야고보서는 전체적으로 성도들의 실생활에 대한 권면과 지침을 주는 실제적인 서신이라는 점을 우리는 잊지 말아야 한다.

이런 점에서 그는 일관성 있고 논리적인 용어 사용에 항상 얽매여 있지는 않으며 때로는 동일한 용어를 서로 다른 의미로 사용하기도 한다. 이러한 것의 대표적인 예는 1장에 나오는 '시험' (페이라스모스)이라는 단어다(13절에서 의미 전환이 일어남). 그 외에도 1:9~10절에서 '낮은' (타페이노스)과 '낮아짐' (타페이노시스)이란 단어의 의미가 문자적 의미에서 비유적 의미로 이동하고 있다. 이러한 것들은 야고보가 여기서 논리적인 논문을 쓰는 것이 아니라 성도들의 실생활에 대한 교훈을 주는 편지를 쓰고 있다는 것을 보여 준다.

어쨌든 야고보서는 우리의 실생활에 귀중한 교훈을 준다. 특히 오늘날 한국 교회에 대해 중요한 메시지를 준다. 한국 교회는 과거 20~30년 동안 양적으로 크게 성장했으며 유달리 '믿음' 을 강조해 왔다. 그래서 교회마다 예배와 기도회, 성경공부와 제자훈련에 치중하며 개개인의 '믿음' 을 증진시키기 위해 노력해 왔다. 물론 이것은 대단히 중요하며 필요한 일이다. 그러나 이에 비해 상대적으로 성도들의 '행함' 은 소홀히 하고 등한시하는 경향이 있었던 것도 사실이다. 특히 경제적인 빈부에 따른 차별 문제라든가 가난한 자들에 대한 관심과 배려 등에서 많이 부족했다고 생각한다. 따라서 우리는 교회 안과 밖의 가난한 자와 소외된 자들에 대한 관심과 배려에 좀 더 신경을 쓸 필요가 있다.

교회의 본질적 사명인 '이웃 사랑'에 대해 우리는 좀 더 구체적인 노력을 기울여야 한다. 곧 가난한 자와 노약자와 소외된 자들에 대한 관심과 도움이 필요하다. 나아가서 교회는 교회 주위의 지역 사회에 대해 다양한 '봉사 활동'을 통해 지역 사회를 섬겨야 한다. 예를 들어 독서실 개방, 어린이 한자 교실, 주부 컴퓨터 교실, 경로 잔치, 장학금 제공, 무료 진료 등 교회의 역량이 닿는 범위 내에서 최대한의 봉사 활동을 펼쳐야 한다. 이렇게 함으로써 교회는 지역 사회에서 빛과 소금의 역할을 할 수 있으며, 이를 통해 효과적인 전도를 할 수 있을 것이다.

이제 우리는 믿음이냐 행함이냐는 이원론적 도식에서 벗어나 성도의 신앙 생활 속에 '믿음에서 나오는 행함'이 있도록 노력해야 할 것이다. 믿음에서 나오는 행함이라야 '참 행함'이 되며, 행함이 있을 때 그 믿음은 '참 믿음'이 된다. 이는 곧 사도 바울이 말한 바 "사랑으로써 역사하는 믿음"이다(갈 5:6). 참 믿음은 뜨거운 체험이나 자기 만족으로 역사하는 것이 아니라 '사랑'으로 역사한다. 곧 형제와 이웃을 돌보는 사랑으로 역사하는 믿음이 성경이 가르치는 참 믿음이다. 이런 참 믿음이 있을 때 한국 교회는 새로운 모습으로 발전할 것이다.

04

선생의 자격에 대한
야고보의 충고

야고보서 3장의 주해와 적용

　야고보서 3장은 언뜻 보면 일관성 있는 주제가 없이 두 개의 단락으로 구성되어 있는 것처럼 보인다. 이렇게 3장을 구분해 보면 1~12절(말에 관한 충고)과 13~18절(참된 지혜에 관한 충고)로 나뉜다.

　먼저 야고보는 악한 말을 경고하며 말의 긍정적인 면보다 부정적인 면을 지적하고 비판, 경고한다. 하지만 근본적으로 믿는 사람들 특히 선생이 한 입으로 한 종류의 말, 즉 선한 말, 좋은 말, 또는 하나님을 찬송하는 말을 해야 한다는 긍정적인 면을 전제로 삼고 있다(9~10절 참고). 두 번째 부분에서 야고보는 하늘에서 오는 지혜가 무엇인지를 밝히며 사람들이 서로 자랑하며, 거짓을 말하고, 서로 분쟁을 일으키는 세상적 지혜를 비판한다. 이 지혜는 대부분 말로 표현된다. 이런 관점에서 보면 두 번째 부분은 악한 말, 선한 말을 생산해 내는 근거로서 지혜를 다룬다. 물론 이 부분의 주안점도 위로부터 오는 지혜에 놓여 있다(17~18절 참고).

　따라서 야고보서 3장을 전체적으로 '말과 그 지혜에 관한 충고'로 요약할 수 있다. 야고보는 말의 중요성을 알리고 그 위험성을 지적함으로써 교회 안에서 선생의 자격을 규정한 것이다. 선생이란 근본적으로 말을 많이 하는 직분이기 때문이다. 3장의 야고보의 논리는 2장의 주장 즉 '믿음은 행함으로 나타나야 한다'에 연결된다. 말은 참된 지혜에서 나와야 하며 교회에 긍정적인 결과들로 나타나야 한다. 야고보는 이 결과들을 교회 안의 평화 혹은 의의 열매란 단어로 요약했다. 4장은 이 주제에 이어 교회에 일고 있는 싸움, 분쟁을 꾸중하는 것으로 시작한다.

이런 긍정적 결과를 만들어내지 못하는 사람들은 교회에서 선생이 되려고 해서는 안 된다는 것이 3장의 전체 내용이다. 이런 이유로 이 글의 제목을 '선생의 자격에 관한 야고보의 충고'로 잡아보았다.

말에 대한 충고(3:1~12)

3장의 대부분은 말의 부정적 기능에 대한 충고와 경고다. 야고보는 이 충고와 경고들을 선생들이 가진 위험으로 서술해 놓았다. 선생들에게 이런 경고가 필요하다면 선생이 되고 싶어하는 사람들을 포함한 교회 안의 모든 사람들에게도 이 경고는 적용된다. 따라서 본문은 일반적으로는 교인들에게 말의 부정적인 면을 알리고 특별히 말을 함부로 하면서 선생이 되려는 사람들에게 가르치는 선생의 자격을 규정하는 역할을 한다.

야고보가 이런 충고를 적어 보냈던 이유는 아마도 이 편지를 받는 교회(들) 안에 적지 않은 사람들이 교회에서 가르치는 직분을 희망하거나, 말을 잘 한다는 것만을 가지고 실제로 가르치는 사람 행세를 하며, 교회를 어지럽히고 소란케 하는 경우가 있기 때문이다. 그래서 어떤 사람이 가르치는 직분에 적합한 지를 명확하게 규정할 필요가 있었던 것으로 보인다.

1. 선생이 되지 말라(1~2절)

야고보가 이 편지의 수신자들을 "나의 형제들아"라고 부르는 것을 통해 우리는 그의 모든 충고가 예수님을 믿는 신자들, 즉 교회 안의 사람들에게 주어진 것임을 알 수 있다.

교회의 구조는 그때나 지금이나 별로 다르지 않아 교회에서는 가르치는 사람들이 아무래도 지도적인 위치를 차지하는데, 그것은 말을 통해 그 지도력을 행사하기 때문이다. 따라서 야고보가 그의 편지를 "흩어져 있는 열두 지파에게"(1:1) 보내는 것이라고 명시하기는 하지만 – 이것이 어떤 지역의 어떤 교회를 지시하는 것인지는 분명하지 않다 – 설교자는 일반적인 의미에서 이 부분을 모든 현대 교회, 모든 교인들에게 꼭 필요한 내용으로 설교할 수 있을 것이다.

그런데 가르치는 사람들이 교회의 지도자가 되어 권한을 행사하며 사람들의 존경을 받을 수 있다는 신분상승의 세속적 이유가 교회의 필요와 신자들의 욕구에 첨가되면, 언제 어느 곳의 교회에라도 가르치는 직분을 희망하는 사람들이 넘쳐날 수밖에 없다. 교회 안에 조금만 전도가 유망해 보이는 젊은 사람이 있으면 '신학교에 가라'고 선생이 되도록 자극하지 않았던가! 한국의 교회와 신학교는 선생이 되려는 희망자들로 여전히 붐비고 있다. 이러한 현상은 야고보가 이 편지를 썼던 그 시대에도 별로 다르지 않았다. 따라서 야고보의 충고는 현대 교회에도 선생이 되고 싶어하는 사람들에게 실제적인 충고로 받아들여져야 할 것이다.

야고보는 교회 안의 사람들에게 "많은 사람들이 선생이 되지 말라"고 충고한다. 교회에는 언제나 선생이 필요하다. 복음전파와 함께 우선 요구되는 것은 가르치는 사람이다. 예수님을 믿는 사람들이 모두 복음전도자로 나서야 한다고 생각하는 교회의 입장에서 보면 이 명령은 마치 교회의 움직임에 역행하는 것처럼 보인다.

그러나 우리는 이 충고를 통해서 다음과 같은 몇 가지를 얘기할 수 있다. 첫째, 선생이 된다는 것은 신중에 신중을 기하는 일이어야 한다. 물론 복음전도자도 마찬가지다. 전 신자를 평신도 사역자로 내모는 현대 교회의 움직임이 전도자, 선생의 질적 저하로 이어져서는 안 될 것이다. 더 많은 사람이 필요하면, 이 필요에 따른 많은 사람들을 질적으로 선생다운 선생, 전도자다운 전도자로 양성해 낼 수 있어야 할 것이다.

둘째, 교회에서 모두가 다 선생이 될 수 없음은 자명하다. 또 아무나 가르치는 사람이 되게 해서도 안 된다. 바울 사도는 이 문제와 관련하여 하나님께서 특별히 "지혜의 말씀", "지식의 말씀"을 은사로 주신 사람들이 있다고 진술했다(고전 12:8).

셋째, 지금 교회는 가르칠 수 있는 사람의 자질을 심사하고, 준비해야 할 자격을 규정해 놓았다. 이러한 현대 교회의 제도는 정당하고, 본문의 야고보의 충고를 귀담아 들은 결과일 것이다. 교회는 그 제도를 통해 선생이 될 수 있는 적임자들을 뽑고 교육함으로써 가르치는 사람이 소수를, 배우는 사람들이 다수를 유지하도록 한다. 이렇게 함으로 교회의 가르치는 기능이 방해받지 않고 바르게 실행될 수 있도록 조절하는 것이다.

야고보 시대에는 이런 제도가 정착되어 있지 않았다. 반면에 서로 선생이 되려는 자의적 경쟁 현상이 곳곳의 교회에 나타난 것으로 판단된다. 야고보는 이러한 상황을 우선 선생의 직분에는 큰 책임이 따른다는 것을 지적하면서 선생이 되려는 사람들이 스스로 물러설 것을 명령하였다. 교회에서 선생의 책임이란 곧 하나님의 말씀을 맡는 것이다. 따라서 이 직분에 충실하지 못했을 때, 하나님의 더 큰 심판을 받게 된다. 따라서 선생이 되려는 사람은 누구나 우선 막중한 책임을 지고 최선을 다해 이 직무를 감당할 수 있는 사람이어야 한다. 이러한 사실을 명백히 '알고' 하나님의 더 큰 심판을 각오할 수 있는 사람이어야 선생이 될 수 있다는 것이 전제되어 있다.

야고보는 보다 설득력 있게 이 말을 하기 위하여 "심판을 받을" 주체에 자신과 모든 선생들을 포함하여 "우리가 더 큰 심판을 받을 것임을" 알아야 한다고 썼다. 야고보는 가르치는 사람으로서 자신에게 부과된 막중한 책임을 알고 있었다. 뿐만 아니라 이 책임에 따르는 엄중한 심판을 알고 있었다. 이것을 아는 사람으로서 아무나 선생이 되려고 나서는 그런 상황을 주시할 수 없었던 것이다.

언제나 더 많은 복음전도자, 더 많은 선생이 필요한 교회에서 야고보가 '하나님의 심판'을 경고하며 사람들이 선생이 되지 못하도록 말리는 이유는 자신이 가르치는 사람으로서 말의 실수란 피할 수 없는 것임을 경험했기 때문이다. 그의 말을 직접 인용해 보자. "왜냐하면 우리 모두가 많은 실수를 하기 때문이다." 말의 실수로 야고보는 자기도 더 큰 심판을 피할 수 없음을 고백한 것이다. 이런 경험에서 그는 교회 안의 많은 사람들이 선생이 되고 싶어하거나 선생으로 행세하는 현실을 그냥 보고 있을 수 없었던 것이다.

선생의 활동은 주로 말로 이루어진다. 그의 말에 하나님의 비밀과 하나님의 뜻을 담아 나르는 것이 선생이다. 그러나 말에는 항상 실수가 따른다. 그리고 이 실수란 인간이 쉽게 만들어내는 것이지만 그 결과는 엄청난 파괴력을 가지고 있다. 따라서 남을 가르친다는 것은 정말 신중해야 할 일이다. 나중에 야고보는 말보다는 행실을, 가르침보다는 구체적인 사역의 열매를 강조하는 것으로 말을 이어간다(후반부 참조).

2절에서 야고보는 1절보다 훨씬 일반적인 분위기로 말한다. 이것은 그가 단순히 자신과 같은 선생들, 선생이 되고 싶어하는 사람들만이 아니라 교회 안의 모든 사람들을 염두에 두고 있음을 느낄 수 있다. 즉 말의 실수란 기독교인들에게도 흔한 것이다. 따라서 "말에 실수가 없다면, 그는 자신의 몸 전체도 충분히 통제하고 조절할 수 있는 완벽한 사람일 수 있다." 이 말도 야고보의 산 경험에서 나온 말임에 틀림없다. 물론 그런 완전한 사람이 있다는 진술은 아니다. 말에 실수하지 않는 것이 불가능하고 따라서 자신을 완전히 조절할 수 있는 사람이 없기 때문에 선뜻 선생이 되려고 나서지 말라는 충고. 따라서 교회는 목회자뿐만 아니라 아이들을 교육하는 교(육)사에 이르기까지 모든 가르치는 직분을 맡는 사람들을 보다 충실히 교육하고 보다 엄격히 심사해야 할 것이다.

야고보가 사용한 용어 '굴레 씌운다'는 비유적 표현이다. 사람의 몸을 은유적으로 소, 말의 몸에 비유한 것이다. 소나 말에게 재갈을 물리고 고삐를 꿰어 끈을 잡고 원하는 곳으로 끌어가는 것처럼 말에 실수를 하지 않는 사람은 자신의 몸 전체도 그렇게 완벽하게 조절할 수 있음을 그린 것이다. 하지만 그런 사람은 없다. 이 은유는 3절 이하에 다시 한 번 나온다.

서두에서 야고보는 교회에서 많은 사람이 선생이 되는 것을 금지하고 경고하며, 가르치는 직분을 극도로 신중해야 할 일로 규정하였다. 이러한 야고보의 충고는 목회 지망생, 교회 임직자들, 교사들 등 모든 가르치는 직분에 적용하여 설교해야 할 내용이다. 교회의 필요에 집착한 나머지 아무나 가르치는 위치에 앉게 하는 지금의 한국 교회에 다른 어떤 충고보다 더 시급한 말씀이라고 생각한다. 마구 말을 함으로 신자들을 혼란에 빠뜨리고 교회를 소란케 하는 일은 절대로 있어서는 안 될 일이다.

2. 혀는 조절하거나 길들이기 어렵다(3~8절)

말에 실수가 많다는 야고보의 자책 어린 진술은 말을 만들어내는 사람들이 자신의 혀를 마음대로 조절하지 못한다는 은유적 진술로 이어진다. 이 은유는 1:26에 이미 한 번 사용된 적이 있다. "누구든지 스스로 경건하다 생각하며 자기 혀를 재갈 먹이지 아니하고 자기 마음을 속이면 이 사람의 경건은 헛것이라." 그곳에서 일반적으로 신자들 전체와 관련하여 사용되던 은유가 이곳에는 가르치는 직분과 관련하여 사용되었다. 그리고 여러 가지 사례들과 비유를 들어서 비교하며 확대 설명되고 있다. 즉 혀는 말을 의미한다. 혀를 놀려 소리를 내고 이 소리를 언어로 사용하기 때문이다.

이 내용을 야고보는 '작은 것으로 큰 것을 조절할 수 있는 사례' 둘을 말하며 혀의 조절불가능성을 독자들에게 강하게 심어 주려 했다. 긍정과 부정을 대조하는 표현법이다. 말(馬)은 사람보다 더 크고 강하고 빠르지만 코에 구멍을 뚫어 고삐를 꿰고 "입에 재갈을 물림으로써" 사람이 말을 원하는 대로 "끌고 갈 수 있다." 손으로 고삐를 잡고 조절함에 따라 말은 "순종할 수밖에 없다." 아무리 "큰 배라도 작은 키로 사공의 뜻대로 운전한다." 배는 바람에 마구 불려 다닐 수밖에 없지만 키로 방향을 조절하여 사람이 원하는 곳으로 몰고 가는 것이다. 배는 키로 조절이 가능하다.

그러나 혀는 어떤가? 혀는 말의 고삐나 재갈보다 더 작다. 배의 키보다 훨씬 더 작다. 논리적으로 한다면 더 작은 혀를 조절하는 것은 더 쉬운 일처럼 보인다. 그러나 결론은 정반대다. 지극히 작은 '혀, 몸의 한 부분'은 조절할 수가 없다. 따라서 혀를 놀려 다른 사람과 의사소통을 함으로 만들어내는 사회적 삶, 교회 공동체적 삶은 많은 말 때문에 소란해지고 다툼이 발생하며 혼란이 나타난다. 조절 불가능한 것이 혀다.

말에 실수가 없는 사람은 배를 조절하듯, 말을 끌어가듯, 자신의 몸, 그 몸으로 만들어내는 모든 삶을 조절할 수 있는 완벽한 사람일 수 있지만 - 결론은 - 그런 사람은 없다. 말에 실수가 많다는 것이 혀를 조절할 수 없다는 의미로 설명되고 '완전한 사람일 것이라'는 2절의 표현은 이 4절에서 부정문으로 마감된다. 따라서 말을 많이 해야 하는 선생은 더 많은 실수를 할 수 있고, 따라서 더 큰 심판을 받을 것이므로 선생이 되려고 하는 것은 신중을 기해야 하는 일이다. '많은 사람이 선생이 되려고 하지 말라'는 경고가 이 절에서도 확인된다.

야고보가 살던 시절에 이 두 비유는 작은 것으로 큰 것을 조절하여 원하는 뜻대로 할 수 있다는 아주 좋은 비유였다. 우리 시대에 설교자들은 더 많은 비유를 같은 형태로 사용하여 야고보의 의도를 최대한 살릴 수 있을 것이다. 예를 들면, 누구나 조그만 핸들로 자동차를 원하는 곳으로 몰고 간다. 큰 항공모함이나 비행기, 기차, 우주선 등 현대에는 더 많은 비유거리가 주변에 널려 있다.

야고보가 혀, 말을 이렇게 부정적으로 묘사한 것은 다름 아닌 혀를 사용한 자기 자랑 때문이었다. '아주 작은 혀가 아주 큰 것을 자랑한다.' 없는 것을 있는 것처럼 꾸며내는 것, 그것은 혀의 기능이다. 그 혀를 사용하는 인간의 마음이 그렇게 한다. 사람이 하나님처럼 과장하거나 교만해지는 것, 마치 하나님의 사람인 것처럼 과시하고 사람들 위에 군림하려고 하는 것, 이 모든 것이 혀의 기능, 혀를 움직이는 머리의 기능이다. 손으로는 한 사람도 죽이기 어렵지만 혀로는, 말로는 수많은 사람들을 쉽게 죽일 수 있다. 모독할 수도 있다.

인간의 몸이 가진 모든 기관이나 기능 중에 이렇게 자기 능력 범위 밖의 일들을 자기의 것인 양 과장하고 착각할 수 있는 것은 혀뿐이다. 달리기 선수는 금메달 하나를 따기 위하여 온 몸을 훈련하고 온갖 수련과 단련을 받아야 한다. 그러나 주어지는 자랑은 금메달 하나 뿐이다. 그러나 사람은 말, 혀로 자신을 하나님처럼 높일 수도 있다. 전 우주를 혀끝에 올려놓을 수도 있다. 야고보는 인간이 미칠 수 없는 범위의 것을 끌어대는 혀의 교만성, 기만성, 착각성을 지적한 것이다.

그러나 혀를 움직여 자랑을 늘어놓는 것은 사람의 마음이다. 따라서 야고보는 혀가 아니라 혀로 만들어내는 말, 이 말을 생산해 내는 인간의 마음이 조절불능임을 지적했다고 이해해야 한다. 그런 말로 아무 것이나 떠벌리고 싶어하는 인간의 욕구를 통제할 수 있다면 그 사람은 선생의 자격이 있다. 그러나 자신을 과시하고 자신에게 있지도 않는 것을 자랑하는 데 혀를 놀려 말을 만들어낸다면 이런 사람은 차라리 선생이 되지 않는 것이 더 좋다.

그러므로 교회에서 가르치는 사람이 갖추어야 할 첫 번째 자격요건은 말, 혀를 자신을 자랑하는 데 사용하지 않는 것이다. 그렇게 하지 않고 혀를 자신의 지식이나 자신의 지혜 혹은 자기 자신을 자랑하는 데 사용하는 사람은 선생이 되어서는 안 된다. 그는 다른 사람들에게 해를 가하고 심판을 자초할 뿐 아니라, 자기 자신에게도 심각한 해를 가하는 사람이다.

야고보는 혀, 말의 심각한 폐해를 효과적으로 설명하기 위하여 또 하나의 비유를 사용했다. '작은 불씨가 나무를 태운다'(5절). 숲을 태우고 산을 태운다. 얼마 전 인도네시아에서 불이 몇 달씩 수많은 산의 나무들을 통 채로 태우기도 했다. 한국에도 그런 일은 있었다. 담배꽁초의 꺼지지 않은 불씨가 귀중한 재산과 집, 건물을 온통 집어삼키는 화마로 변하고 수많은 사람들이 희생당했다. 작은 불씨 하나가 모두를 태운 것이다.

혀는 바로 그런 '불이다'(6절). 없는 것을 떠들어댐으로써 우리에게 '불의의 세계'를 만들어낸다. 야고보는 말의 파괴성을 '혀는 우리의 지체에 붙어 있으면서도 온 몸을 더럽히고, 삶의 바퀴를 불태운다'고 표현했다. 그것은 다름 아닌 '지옥에서 나오는 불꽃인 것이다.' 말에 실수가 없으면 완전한 사람일 것이다' 는 첫 진술이 효과적으로 반복 설명되고 있다.

이보다 더 강하게 말의 위험성을 경고할 수 있는 언어가 달리 있을까? 하지만 우리는 말에 얼마나 부주의하고 무관심한가! 되는 대로, 생각나는 대로 마구 뱉어내는 것이 우리가 사용하는 말이다. 행동으로 옮기지 못하는 불의와 악도 말(혀)에 얼마든지 담을 수 있다. 입을 통한 부정과 불륜, 간음은 오늘도 음담패설이란 우스개의 그릇에 담겨 다른 사람에게 전달된다. 덕담보다는 욕설이 더 많은 사회, 칭찬보다는 핀잔과 폄하와 모독이 더 넘치는 사회, 그것이 한국이다. 교회는 어떤가? 말만 줄인다면 교회 안의 여러 가지 잡음도 훨씬 줄어들지 않을까?

야고보는 삶에 끼치는 말의 부정적인 피해를 지옥에서 나오는 즉, 사탄에게서 나오는 것이라고 규정한다. 그렇다면 혀를 통제함으로 말을 다스리지 못하는 사람이 거룩한 교회에서 선생의 직분을 맡을 수 없음은 자명하다. 그런 것은 신자들 사이에서 가르치는 사람이 아니더라도 마땅히 금해야 할 일이다.

혀를 길들여 악을 말하지 못하게, 불의를 뱉어 내지 못하게 할 수는 없을까? 혀를 길들인다는 것은 곧 말을 조절하는 것을 의미한다. 그리고 말을 만들어내는 인간의 마음을 통제하는 것을 뜻한다. 야고보는 이것이 아주 어렵다는 것을 이렇게 말했다. '여러 종류의 짐승과 새들, 벌레, 해물은 길들일 수 있다.' 그러나 '혀는 길들여지지 않는다'(7절). 혀에서 '쉬지 않고 악이 나오며 죽이는 독이 나온다.' 앞에서 야고보는 조절할 수 있도록 만들어진 기구(굴레와 키)의 비유를 사용했는데 여기서는 더 적극적으로 길들임, 다스림에 대한 비유를 사용한 것이다. 말을 만들어내는 혀, 마음의 문제는 단순히 조절하지 못함에 있지 않고 길들이지 못함에 있다. 적극적으로 의에 길들여지고 선한 말, 선한 것에 길들여지지 않는 한 혀는 쉬지 않고 악을 토해내고 죽이는 독을 뿜어낼 수밖에 없다.

말의 문제는 혀의 문제요 또 마음의 문제임을 안다면 우리는 이곳에서 야고보가 말하는 근본 의도를 다시 한 번 강조할 필요가 있다. 즉 그는 이 편지를 읽는 사람들이 그의 형제들이요 함께 예수님을 믿는 사람들임을 전제로 하고 있다. 예수님을 믿고 하나님을 의지하는 사람들이라면 이렇게 해서는 안 된다는 것이다. 지옥불에서 나오는 삶을 태우는 불꽃으로 신자들의 혀, 말, 신자들의 삶을 색칠할 수는 없다. 신자들을 이끌어간다는 선생들에게 이 문제는 정말 심각한 자격요건이 된다.

그렇다면 혀를 조절하고 길들여 더러운 말, 불의, 악한 말들, 즉 사탄에게서 나오는 말들을 피하고 다른 사람에게 유익을 끼치는 말을 할 수 있는 것은 가르치는 사람이 갖추어야 할 또 하나의 자격요건이라고 해도 좋을 것이다. 물론 가르치는 위치에 서지만 않는다면 마음대로 그냥 말하고 그냥 혀를 놀려도 좋다는 의미는 아니다. 선생은 특히 말을 많이 하는 사람들이기 때문에 더욱 말을 통제하고 선한 말을 하는 사람들이 되어야 한다는 것이다. 욕을 하고, 상스런 표현을 사용하는 것은 그 가르침이 어떤 효과를 자아낸다 하더라도 교인들, 선생들, 더욱 목회자들에게는 어울리지 않으며 야고보가 본문에서 경고하는 바로 그것이다. 선한 말을 하고 믿을 수 있는 말을 하는 사회, 그것이 야고보가 원하는 교회의 바른 모습이며, 선생의 바른 모습이다.

3. 입의 이중성(9~12절)

9절에서 야고보는 말과 이 말을 만들어내는 마음의 다른 한 면을 경고한다. '같은 혀로 주 아버지를 찬송하고 같은 입으로 그 하나님의 형상대로 지음을 받은 사람들을 저주한다'는 것이다. 이 말을 강조하기 위하여 10절에 그는 '입'이란 용어를 사용한다. '같은 입에서 찬송과 저주가 나온다.'

사람이 악한 말을 할 수도 있고 선한 말을 할 수도 있다는 것은 누구나 안다. 그러나 야고보가 지금 이야기하는 사람은 자신의 악을 인정하고 하나님께 용서를 빌며 예수님을 믿는 신자들이다. 따라서 하나님과 관계된 다른 종류의 말이 신자들의 입, 그 혀끝에서 나오는 것은 '옳지 않다.' 선생은 지도자므로 더욱 그렇다. 야고보는 이 점을 간절하게 호소하고 있다.

'나의 형제들아, 이래서는 안 된다.'

앞부분에서 그는 혀가 불의의 도구, 지옥의 불을 나르는 기구가 되고 있음을 경고했다. 여기서 그는 신자들이 사람들을 저주하는 말을 경고한다. 하나님을 찬송하는 그 입, 그 혀로 하나님의 형상인 사람들을 저주하는 것은 하나님을 믿는 사람들에게는 있을 수 없는 일이다. 신자들의 입에서는 '하나님을 찬송하는 말'이 나와야지 결코 '저주'가 나와서는 안 된다. 심지어 믿지 않는 사람들에게 하는 말도 '저주'여서는 안 된다. 모든 사람들이 선하기 때문이 아니라, 죄를 용서받은 신자들이 선하기 때문에 선한 열매로서 선한 말을 해야 한다는 논리다. 예수님을 믿는 사람들이 하나님을 찬송하는 선한 마음을 가졌다면 그 선한 마음에서는 언제나 선한 말이 나와야 한다. 누구도 저주를 해서는 안 된다. 욕을 해서도 안 된다. 시기와 교만을 표현하는 말이 나오는 것은 '옳지 않다.'

야고보는 이 점을 효과적으로 설명하기 위하여 샘물의 예를 들었다. 샘은 한 가지 물을 뿜어낸다. '한 샘에서 단 물과 쓴 물'(11절), '짠 물과 단 물'(12절)이 나온다는 것은 도저히 이치에 맞지 않다. 수돗물이 오염되었다면 어느 집이나 오염된 물이 나올 수밖에 없다. 좋은 물을 얻기 위해서 상수원의 물을 보호하고 정화하는 것은 모든 집에 좋은 물을 공급하기 위한 것이다. 현대 문화에서도 한 샘에서 같은 물이 나와야 한다는 것은 훌륭하게 예증할 수 있다. 말을 만들어내는 입은 바로 이런 샘과 같다. 신자의 입에서는 하나님을 찬송하는 말이 나와야 하고 사람들을 향한 선한 말이 나와야 한다.

두 번째로 드는 비유는 나무의 비유다. 사람들이 늘 보는 무화과나무와 감람나무, 포도나무를 지적하면서 야고보는 '무화과나무가 감람나무 열매를, 포도나무가 무화과를 맺을 수 있느냐?'고 질문한다. 이 비유는 복음서에서 이렇게 사용되었다. 좋은 나무는 좋은 열매를 맺고 나쁜 나무는 나쁜 열매를 맺는다. 같은 논리다. 그러나 야고보는 이것을 말과 마음의 관계로 적용하였다. 나무 종류에 따라 다른 열매를 맺듯이 예수님을 믿는 사람들의 입에서는 하나님을 찬송하는 말과 하나님의 형상대로 지음받은 사람들을 축복하는 말이 나와야 한다. 나무와 그 열매의 비유에서 나온 야고보의 질문에 독자라면 누구나 '아니다'라고 대답할 수밖에 없다. 아이라도 아는 그런 비유가 아닌가!

사람을 저주하는 것은 신약 성경에서는 금지된 일이다. 예수님은 저주하는 사람에게까지도 축복을 명령하셨다(눅 6:28; 롬 12:14 참고). 하나님을 찬송하는 사람들의 입에서는 악한 말, 저주, 남을 해하는 말, 교만, 자랑 등 이런 말들이 나와서는 안 된다. 반대로 선한 말, 축복, 칭찬, 덕담, 겸손, 위로 등의 말들이 나와야 한다는 것이다. 적어도 선생들에게서는 이런 말이 나와야 하고 말로 인한 교회 내 분쟁은 없어야 할 것이다.

전체 단락의 서두(1~2절)와 비교하면 가르치는 직분을 맡을 사람, 혹은 가르치는 직분을 맡길 사람은 한 종류의 말을 하는 사람이어야 한다고 야고보는 권한다. 사람들에게 도움이 되는 선한 말을 할 수 있는 사람이 선생이 되어야 한다는 것이다. 어떤 이유에서건 교인들을 저주하는 선생은 이미 이 자격요건에 맞지 않는다. 뿐만 아니라 교회 밖의 사람들을 저주하는 사람도 선생이 될 자격이 없는 사람들이다. 더욱 하나님께서 자신에게 맡기신 신자들을 향해 욕설과 저주와 협박을 늘어놓는 것은 목회자에게도 결코 있어서는 안 되는 일이다.

하늘에서 오는 참된 지혜(3:13~18)

야고보는 말, 혀, 입 등 밖으로 드러나는 것을 충고 및 경고하던 이전의 글에서, 이제는 그 근원, 즉 말이 나오는 출처인 지혜, 지식에 대한 경고로 글의 방향을 바꾼다. 그리고 더욱 깊이 지혜와 지식의 기원에 대하여 토론한다.

그의 토론은 이론적인 토론이 아니다. 그가 염두에 두고 편지를 써 보내

흩어져 있는 여러 교회를 향한 현실적 충고였다. 따라서 앞에서 다루던 것과 같은 주제가 이곳에 계속되고 있다고 보아야 한다. 즉 선생의 직분의 자격에 관한 내용이다. 그는 우선 부정적인 것을 지적하고 그 다음에 긍정적인 것을 제시하는 방식으로 서술해 놓았다.

1. 세상적인 지혜(13~16절)

야고보는 단도직입적으로 '너희 중에 누가 지혜로운 사람이고 지식 있는 사람인가?' 라고 질문했다. 이 질문은 - 앞에 인용한 바울 사도의 '은사'에 대한 진술을 따르면 - 교회에서 가르치는 은사를 받은 사람들, 즉 선생들의 자질과 관련이 있다. 그런데 왜 야고보는 갑자기 이런 질문을 던졌을까?

첫째, 지혜와 지식을 내세우는 사람들이 교회에서 스스로 지혜 있는 사람 혹은 지식 있는 사람으로 자처하고 있었을 것이라고 추측할 수 있다. 앞부분과 연결해 본다면 아마 이런 사람들이 그들의 지혜와 지식을 뽐내며 스스로 선생인 것처럼 사람들을 가르치고 말을 늘어놓고 있었을 것이다.

둘째, 야고보에 따르면 지혜가 있다고 해서 무조건 가르치는 선생이 될 수 있는 것은 아니다. 지식이 남다르고 총명하다고 해서 마구 교회의 지도자로 세울 수는 없다. 교회에서 인정할 수 있는 은사로서의 지혜, 은사로서의 지식은 특별한 종류의 지혜와 지식이다. 교회란 예수님을 믿는 성도들의 모임인 까닭에 지혜와 지식이 뛰어난 사람이라 하더라도 다시 질문을 던질 필요가 있다. 야고보의 질문은 사람들이 상식적으로 알고 있는 지혜 있는 사람, 지식 있는 사람에 의문을 제시함으로써 그 질을 제한하는 역할을 한다.

셋째, 13절 이하의 구절들을 보면 야고보는 지혜와 지식을 두 종류로 구별하고 있다. 세상적인 지혜와 지식 그리고 위로부터 난, 즉 하나님께서 주신 지혜와 지식이다. 그의 논점은 지혜를 가졌고 총명한 것에 있는 것이 아니라 이 지혜와 지식이 위로부터 즉 하나님에게서 난 것이어야 한다는 데 있다. 그런 사람만이 교회에서 선생이 될 수 있고, 말과 혀, 입의 모순, 파괴력에서 벗어나 신자들을 돕고 지도하는 바른 말, 유용한 말을 할 수 있는 것이다.

세상살이에서 지혜는 보물에 속한다. 지식은 곧 재산이다. 지혜와 지식이 있는 곳에는 사람들이 몰려들어 서로 배우려고 한다. 그래서 세상이 아무리 어려워지고, 간혹 긴 암흑기로 접어들어도 지혜와 지식을 가진 사람들은 조금도 위축되지 않는다. 어려울 때일수록 지혜자, 지식인의 역할은 더 증대된다. 지혜와 지식은 어디에서나 사람의 가치를 재는 척도가 되고 사람들 위에 지도자로 군림하는 자격요건이 된다. 이런 모습은 사람들의 모임인 교회 안으로 자연스럽게 연결되는 경향이 있다. 교회가 은연 중에 세상의 가치척도를 받아들여 사용하는 것이다. 이런 현상은 오늘날의 교회만이 아니라 야고보의 교회에도 팽배해 있었다.

그러나 교회는 세상에서 통용되는 보편 가치를 추구하는 모임이 아니다. 예수님을 믿는 사람들의 모임이다. 교회는 전혀 다른 질서와 전혀 다른 가치관을 가지고 조직되었다. 따라서 특수한 지혜와 특수한 지식이 선생의 위치에 요구되는 자격이다. 야고보는 그리스도의 종으로서 교회가 당면한 이 어려운 문제에 대한 해결책을 제시하고 있다. 그는 누가 지혜자인가 누가 지식인인가를 질문함으로써 사실은 '누가 너희 중에 바른 선생인가?' 질문한 것이다. 말만 잘 한다고 해서 선생이 될 수 있는 것은 아니다. 말만 무성한 것은 – 앞에서 그가 쓴 것처럼 – 오히려 부정적인 결과를 더 많이 낳는다.

이러한 기준에서 보면 지혜와 지식에 근거한 세상의 기준은 교회에는 별로 쓸모가 없다. 그리고 세상적 지혜와 지식에 근거한 사회적 지위와 명예는 교회 안에 들어올 때 더 이상 빛을 발하지 못한다. 더 똑똑한 사람이 믿음을 가지고 교인이 된다면 그의 역할은 교회 안에서도 분명 남달리 클 수 있다. 하지만 지혜와 지식, 사회적 지위 때문에 그렇게 되는 것은 결코 아니다. 야고보가 남긴 질문을 따라 '누가 과연 지혜 있는 사람인지, 누가 과연 지식 있는 사람인지'를 묻고 교회 안의 기준을 엄격하게 적용하지 않는다면 교회는 사회적 명성과 지위를 가진 사람들 때문에 더 큰 혼란에 빠져들 것이다.

지혜롭지 못한 사람은 그런 혼란을 초래하지는 않는다. 지식에 관해서도 마찬가지다. 그는 애당초 이런 지혜도 저런 지식도 없기 때문에 복음을 단순히 수용하고 복종하기만 하면 된다. 지도자가 이끄는 대로 따르기만 하면 되는 것이다. 하지만 지혜는 세상에서 지도적인 위치를 약속하기 때문에 지혜 있는 사람과 지식이 넘치는 사람이 교회에 들어올 때 세심한 주의와 경계를 하지 않으면 교회 지도력에 혼동을 일으킬 수 있다. 야고보가 관심을 가지고 있는 교회들은 이런 문제에 시달리고 있었던 것으로 생각한다.

야고보는 지혜, 지식을 근거로 선생 노릇을 하려는 사람들을 독자들이 스스로 구별할 수 있도록 하기 위하여 지침을 제시한다. 지혜와 지식은 말로 표현되는 것이 아니라 그 '행실'로 나타나야 한다는 것. 수다스럽게 말을 많이 하고, 사람들을 설득하고 다른 사람이 감히 반박할 수 없도록 강하게 말한다고 해서 교회에서도 정말 지혜로운 사람으로 인정할 수는 없다. 야고보에 따르면 교회가 인정하는 참된 지혜는 오히려 '조용한' 힘이며, '선한 일'을 만들어 낼 수 있는 원동력이다. 그래서 야고보는 지혜 있다고 하는 사람들은 '온유한 가운데 지혜의 일들을 그들의 착한 행실로 보이라'고 제안했다. 믿음은 행함으로 나타나야 한다는 2장 마지막 부분의 주장이 이곳에 계속 흐르고 있다.

'시기, 다툼, 경쟁, 거짓'이 일단 부정적 열매로 언급되었다. 지혜를 겨루고 지식을 겨루는 것은 세상에서의 일이다. 하나님 앞에서 용서를 빌고 그리스도를 의지하는 사람들은 자신보다 남이 더 잘 되기를 바라며, 남의 좋은 것들을 볼 때 칭찬과 감사를 아끼지 말아야 한다. 그것은 원수까지라도 사랑하는 것으로 나타나며, 자신을 저주하는 사람이라도 축복하는 것으로 나타난다. 시기나 다툼, 경쟁은 설 자리가 없다. 손해를 보는 한이 있더라도 거짓을 말하지 않는다. 자신의 생각과 달라 보여도 자신의 것을 고집하며 진리를 거스리지는 못한다.

'독한 시기와 다툼이' 마음에 주리를 틀고 있다면, 그곳에서는 결코 '자랑할 수 있는' 지혜와 지식이 나오지 않는다. 신자들은 서로 경쟁하기 위해 교회에 들어와 있는 것이 아니다. 교회는 시기심을 부풀려 선한 열매를 만들어 내려고 모인 곳이 아니다.

이런 관점에서 보면 교회 안에 소위 '선의의 경쟁'을 불러일으키려는 목회방침은 그 자체가 인간의 마음의 악을 이용하는 것이어서 결코 좋은 방법이라고 할 수 없다. 시기심과 경쟁심은 교회의 발전이 아니라 교회의 혼란을 초래하며, 교회의 타락을 가져온다. 좋은 열매를 얻는다는 구실로 정당화할 수 있는 거짓은 어디에도 없다. 그런 것은 항상 진리를 역행할 뿐이다. 진리는 진리, 진실은 진실로서의 고유한 힘을 가지고 있다. 진리를 위장하거나 진실을 가릴 수 있는 거짓은 어디에도 없다. 그런 것은 잘못된 열매요 교회가 가질 지혜는 아니다. 16절의 말씀을 따르면 '시기와 다툼이 있는 곳에는' 설령 교회라 하더라도 '요란과 모든 악한 일들'이 일어날 뿐이다.

야고보의 평가에 따르면 이런 것은 하나님께서 주신 지혜에서 나오는 것이 아니라, '세상적이요, 정욕적이요 마귀적인 지혜'일 뿐이다. 장소만 옮긴 채 세상의 기준 적용, 본능적 정욕에 호소, 마귀의 유혹을 그대로 사용하는 것이다. 선과 악, 거룩과 정욕을 섞을 수 없다는 야고보의 목회적 충고다.

얼마나 많은 교회 지도자들이 바로 이 야고보의 경고를 외면하고 있는가! 우리는 신앙도 경쟁으로 생각한다. 신앙생활에도 자본주의식 경제원리를 도입한다. 신자들의 열심과 헌신을 부추기기 위해 상을 마련하고 천국의 상급을 약속한다. 교회에 필요한 것을 조달하기 위해 세상의 기준, 재물과 사회적 지위와 세상적 지혜 지식을 직분자의 자격으로 은연중에 사용한다. 더 크고 더 높은 비전을 가지도록 하는 것을 목회원리로 제시한다. 최고의 목회자, 최고의 지도자가 되는 것을 지도자를 양성하는 지침으로 신학교 교과서에 기록하여 신학생들에게 주입한다. 뿐만 아니라 교회와 교회는 서로 경쟁 상태에 돌입하고 더 많은 교인들을 불러모으기 위해 좋은 프로그램을 준비하고, 신자들을 봉고차로 버스로 경쟁적으로 실어 나른다. 노회, 총회, 교단, 심지어 이 나라의 교회와 저 나라의 교회가 경쟁 상대인 것처럼 보인다. 이 모든 일들은 아무리 좋은 단어로 개인의 헌신과 목회자의 소명, 교회의 사명을 치장한다 하더라도 야고보의 충고를 잘 따르지 않는 것이다.

"너희 속에 독한 시기와 다툼이 있으면 자랑하지 말라 진리를 거스려 거짓하지 말라." 교회에 주는 야고보의 충고다. 이런 지혜는 위로부터 내려온 것이 아닐 뿐만 아니라 세상에서 온 것, 인간의 정욕에서 온 것 그리고 교회를 노리는 마귀에게서 온 것이다. 현대 교회의 우리는 야고보의 기록을 겸손히 귀담아 들어야 한다.

2. 위로부터 난 지혜(17~18절)

결론부에서 야고보는 세상적이고 정욕적이며 마귀적인 그런 지혜에 대립되는 교회의 순수한 판단 기준, 즉 하늘에서 난 지혜가 어떤 것인지를 설명한다. 위로부터 났다는 것은 곧 하나님에게서 난 지혜를 말한다. 성령님이 준 은사로서의 지혜, 은사로서의 지식을 말하며, 교회를 위하여 하나님께서 주신 축복의 열매들을 의미한다.

야고보는 '성결, 화평, 관용, 양순, 넘치는 자비와 선한 열매들, 편벽이 없음, 거짓이 없음'을 그런 지혜의 열매들로 제시했다. '성결'로 번역된 단어는 죄가 없음 내지 순수함, 두 마음을 품지 않음을 의미한다. '화평'은 평화로움, 평온함을 뜻한다. '관용'으로 번역된 단어는 친절함, 열린 마음을 뜻하며, '양순'이란 순종함, 순순히 따름을 의미한다. 하늘에서 온 지혜는 '자비, 동정심이 넘치는' 것, '선한 열매들이 넘치는' 것, '편견과 편파성이 없음' 그리고 '꾸밈, 위장이 없음'으로 나타난다.

야고보가 제시한 이런 열매들은 앞에서 말한 세상적이고 정욕적이며, 마귀적인 열매들과 본질상 다른 부류에 속한다. 물론 이것은 하나님께서 믿는 사람들에게 주신 새 마음에서 나오는 것이며, 믿음에서 나오는 삶의 열매들이다. 말의 결과, 혀와 입을 움직인 결과가 이런 것으로 나타난다면 −야고보를 따르면−그 배후에는 하나님께서 주신 은사로서의 지혜, 은사로서의 지식이 있는 사람이다. 그것은 세상이 추구하는 것과는 전혀 다르다. 사람의 본성에서 나오는 것, 즉 정욕적인 것과는 거리가 멀다. 사탄에게서 이런 것이 나올 수는 없다. 이런 지혜는 하나님에게서 주어지는 것이기 때문에 야고보는 1:5에서 '지혜를 하나님께 구하라'고 권했다.

3장 처음부터 야고보가 서술해 왔던 논지를 이곳에 옮겨 본다면, 이런 열매를 맺는 사람들이야 말로 정말 지혜로운 사람들이요 지식이 넘치는 사람들이다. 따라서 교회에서 선생으로 세울 만한 사람들이요, 신자들을 가르칠 자격이 있는 사람들이다. 선생이 될 수 있는 자격은 말, 혀, 입에 있지 않고 삶에 있다. 삶을 만들어 내는 새 마음, 하늘로부터 얻은 지혜와 그 열매에 놓여 있다.

우리는 이런 열매들을 얼마나 신중하게 고려하여 직분자들을 임명하는가? 깊이 반성해야 할 일이다. 야고보가 제시한 참된 지혜, 위로부터 부여된 지혜를 재력, 외모, 열심, 경쟁심, 사회에서의 지위와 역할, 명예와 권력만큼, 아니 그 이상으로 교회가 고려하고 있다고 자신 있게 말할 수 있을까? 야고보의 충고는 오늘날 교회의 신자들에게도 필요하지만 최우선적으로 목회자와 교회 지도자들에게 더 필요한 것임이 분명하다.

야고보는 그 중에서도 특히 '평화'란 주제를 발췌하여 3장을 마무리했다. '의의 열매는 평화롭게 평화를 일구는 사람들에게 뿌려진다.' 이 구절을 단락에서 별도로 떼어내지 않는다면, 의의 열매란 야고보가 앞에서 말한 '위로부터 오는 지혜'에 속하는 것 모두를 지칭하는 것이다. 이런 열매들이 하나님의 요구에 딱 들어맞는 그런 열매들임을 말하기 위하여 '의의 열매'란 표현을 사용한 것으로 보인다.

154 Ⅱ. 본문연구

이런 열매들이 만들어지는 과정은 '평화롭게' 혹은 '평화로운 가운데' 란 특성을 가지고 있다. 13절의 '지혜의 온유함으로 그 행함을 보이라' 와 연결된다. 다른 한편으로는 4장의 첫 주제인 싸움, 다툼의 반대어로 사용되었다. 그리고 3:14과 16절에 언급된 시기, 다툼, 경쟁, 거짓, 소란, 악한 일들이 가지고 있는 상태와도 반대되는 것이다. 야고보는 의의 열매들, 하늘에서 온 참 지혜의 열매들은 평화롭게, 조용히 나타나는 것임을 강조하며 교회에 일고 있는 모든 소란한 일들을 옳지 않은 것으로 배제하였다. 교회가 하나님을 믿는 거룩한 사람들의 모임이라는 그의 믿음이 이 용어에도 엿보인다.

예수님이 '평화를 일구는 사람은 복이 있다. 그들이 하나님의 아들이라 불릴 것이기 때문이다'(마 5:9)라고 말씀하신 것과 같은 단어를 채용하여 야고보는 이러한 열매들은 "평화를 위해 일하는 사람들", 즉 '평화를 일구는 사람들'에게 '뿌려진다'고 결론지었다. 지혜의 출처, 지혜의 결과, 이루어지는 방법에 이어 그 주체의 성격을 규정한 것이다. 교회에서 선생이 될 수 있는 사람들은 '평화를 일구는 사람들'이며 하늘의 지혜를 가졌고 선한 열매들을 맺는 사람들이다.

맺는 말

교회에서 선생이 될 수 있는 사람은 자랑, 분쟁, 요란, 소동을 일으키는 말쟁이, 세상의 지혜를 내어 보이는 교만한 사람들이 아니라 평화를 원하고, 평화를 위해 일하며, 평화롭게 모든 선한 일들을 추구하는 사람이어야 한다. 야고보는 말이 가져오는 시끄럽고 파괴적인 결과들을 비판함으로 시작하여 믿는 사람들이 하나님의 은혜로 만들어가야 할 삶의 실체를 이렇게 서술해 놓은 것이다.

교회는 야고보의 제안에 따라 교회에서 가르칠 수 있는 사람들을 신중하게 선발하고, 교육하고, 임직할 수 있어야 한다. 야고보가 제안한 이런 기준을 외면한다면, 야고보가 만난 교회의 어려움들이 우리 시대의 교회에 그대로 재현될 수밖에 없을 것이다. 이런 혼란을 피하기 위하여 '많은 사람이 선생이 되려고 하지 말라'고 경고하고 권하고 제안할 수 있는 용기가 오늘날 한국 교회에 꼭 있어야 한다.

05

성도간의
갈등과 해결원리

야고보서 4장의 주해와 적용

야고보는 3:13~18에서 두 종류의 지혜를 다루었다. 그것은 세상적, 정욕적, 마귀적인 지혜와 "위로부터 난 지혜"다. 전자는 시기와 다툼, 그 결과로 나타나는 요란과 모든 악한 일과 직결된 것이다. 후자는 성결, 화평, 관용, 양순, 긍휼, 선한 열매, 편벽도 없고 거짓도 없는 것과 직결되어 있다. 야고보는 지혜를 주로 대인관계 측면에서 다루되 세상적인 지혜는 대인관계를 깨뜨리는 것인 반면 천상적인 지혜는 대인관계를 진작시키는 것으로 다루었다. 야고보는 3장 마지막 절(18절)에서 평화를 언급한 다음 4장 첫 절(1절)에서는 전쟁을 언급했다. 야고보가 이렇게 평화와 전쟁을 대조시킨 것은 평화는 천상적 지혜의 열매지만 전쟁은 세상적 지혜의 열매기 때문이다.

야고보는 4:1~10에서 세상적 지혜 면에서 싸움과 다툼의 원인을 정욕과 세상과 마귀에서 찾았다. 3:13에서 잘못된 지혜를 세상적, 정욕적, 마귀적이라고 했는데, 싸움과 다툼의 원인은 정욕이고 정욕은 세상과 짝하는 데서 생기며, 그것은 또한 마귀를 대적하지 않기 때문이라고 밝혔다. 야고보는 이렇게 싸움과 다툼의 원인을 규명하면서 동시에 그 대책으로 정욕을 버리라는 것, 세상과 짝하지 말라는 것, 마귀를 대적하고 하나님을 가까이 하라는 것을 제시했다. 그 대책은 다른 각도에서 보면 손을 깨끗이 하고 마음을 성결케 하여 회개하면서 겸손하게 하나님께 순복하는 것이다.

야고보의 지혜론은 욥의 지혜론과 통한다. 욥은 "지혜는 어디서 얻으며 명철의 곳은 어디인고"(욥 28:12) 하고 질문을 던진 다음 "주를 경외함이 곧 지혜요 악을 떠남이 곧 명철이라"고 답변했다(28:28).

분쟁 진단(4:1~5)

야고보는 신자들 간에 싸움과 다툼의 원인에 대한 질문을 던진 다음 이런 외부적인 분쟁은 인격 내면의 분쟁, 즉 정욕에서 나오는 것이 아니냐는 수사의문문으로 답변했다. 신자들이 싸우고 다투는 것은 결국 무엇을 얻고자 하기 때문이다. 그러나 얻는 방법은 욕심을 가지고 시기하고 죽이는 것이 아니라 바르게 기도하는 것이다. 또한 이것은 정욕을 충족시키기 위해 구하는 것이 아니라 하나님의 뜻을 이루기 위해 구하는 것이다.

야고보는 신자들 간의 분쟁의 원인이 정욕에 있다는 것을 지적한 다음 그런 정욕은 또한 세상과 직결된 것임도 지적했다. 신자들이 욕심을 가지고 서로 싸우는 것은 세상과 짝하기 때문이다. 신자들이 정욕으로 쓰려고 잘못 구하는 것도 세상과 짝하기 때문이다. 세상과 짝하는 것은 바로 하나님과 원수가 되는 것이며, 내주하시는 성령이 시기하기까지 사모하신다는 진리를 공허하게 만드는 것이다.

이렇게 분석해 볼 때 신자들 대인관계의 분쟁은 대신관계의 분쟁과 직결되어 있다. 신자들이 서로 싸우는 것은 하나님과 원수가 되어 있기 때문에 나타나는 현상이다. 신자들이 하나님과 교제하고 하나님에게서 필요한 것을 공급받는 통로가 기도다. 그런데 정욕과 세속주의 때문에 하나님과 막히고 하나님과의 교제와 하나님에게서의 공급의 통로가 막힌 것이다.

1절 야고보는 신자들간의 싸움과 다툼이 있음을 암시하면서 그 원인이 어디에 있는가 하는 질문을 던졌다. "싸움"은 직역하면 '전쟁들'(폴레모이,

wars)이고 "다툼"은 '싸움들'(마카이, fightings)이다. 요한은 주님 및 천사들과 사탄의 싸움을 전쟁의 이미지로 표현했고(계 12:7), 교회를 부패하게 하는 사람들에 대한 주님의 싸움도 전쟁 이미지로 표현했다(계 2:16). 야고보는 본문에서 신자들간의 싸움을 전쟁 이미지로 표현한 것이다. 신자들간의 반목과 적대와 불화와 다툼과 분쟁은 '전쟁'과 같고 전쟁터에서 '싸우는 것'과 같다는 것이다. '전쟁'은 계속적인 적대관계를 말하고 '싸우는 것'은 이따금 터지는 다툼을 말한다(Mitton). 야고보는 '전쟁'도 복수, '싸우는 것'도 복수로 써서 신자들간에 한 번만이 아니라 여러 차례의 전쟁과 싸우는 것이 있다는 것을 암시했다.

야고보가 신자들간의 불화와 분쟁을 왜 전쟁터에서 싸우는 것으로 표현했을까? 야고보가 볼 때 신자들간의 불화와 분쟁이 처참하고 무시무시한 전쟁과 같다는 것이다. 이는 신자들간의 분쟁이 그만큼 심각하다는 것과 그것은 결코 있어서는 안 되며 속히 중지되어야 한다는 것을 암시한 것이다.

야고보는 신자들간의 반목과 분쟁의 원인이 무엇인가 하는 질문을 던진 후에 그것은 "너희 지체 중에서 싸우는 정욕으로 좇아 난 것이 아니냐"(1절)고 했다. 이 문장을 헬라어 그대로 직역하면 '그것은 이것으로부터(from this, 엔튜텐), 즉 너희 지체들 안에서 싸우는 너희들의 정욕으로부터가 아닌가?'가 된다. '그것은 이것으로부터'라는 것을 앞에 붙인 것은 뒤에 나오는 내용을 강조하기 위한 표현 방식이다.

'너희 지체들'은 신자들이 각기 그리스도의 한 몸인 교회의 지체들이라는 것이다. 한 몸의 지체들이 서로 싸우는 것을 상상해 보라. 얼마나 어처구니없는 일인가. 그럼에도 불구하고 신자들간에 서로 싸우기 때문에 야고보는 너무도 기가 막힌 현실을 개탄하면서 지적한 것이다. 여기서 야고보는 신자들간의 외면적인 '전쟁들'과 '싸우는 것들'의 원인이 바로 내면적인 '정욕들'의 충돌이라는 것을 밝힌 것이다.

"우리의 모든 욕망들과 격정들은 우리들 속의 무장한 군대(armed camp)

와 같아서 우리가 마음에 두고 추구하는 개인적인 만족을 방해하는 어떤 사람도 발견되는 즉시 전쟁을 선포할 태세를 갖추고 있는 것이다"(Motyer). 인류는 쾌락과 권력과 인기를 미친 듯 추구하고 있다. "인간들의 이러한 부패한 욕망들이 세상을 하나의 거대한 전쟁터로 만들었다"(Barnes). "모든 사람들이 동일한 것을 추구하는 상황에서 각자가 그것을 독차지하려고 할 때 인생이 경쟁의 무대가 되는 것은 불가피하다"(Barclay). 개인의 욕망은 반드시 충족되어야 할 절대적인 것이라, 그것을 방해하는 사람이 있으면 언제 어디서나 싸울 태세를 갖추고 있다는 것이다. 이런 정욕 때문에 신자들간에 분쟁이 일어난다는 것이다.

그러나 신자들에게 이런 분쟁이 일어나는 것은 신앙이 미숙하기 때문이다. 미숙한 신앙인들이 각기 처리되지 않은 욕망으로 불을 품고 있을 때 분쟁의 연기가 일어난다. "초록색이 짙은 나무일수록 불이 붙으면 연기가 더 많이 난다"(Kelly).

2절 이 구절은 직역하면 '너희가 욕심부려도 소유하지 못하고 죽이고 시기하여도 획득할 수 없다. 너희가 싸우고 전쟁한다. 너희가 구하지 않기 때문에 소유하지 못한다' 가 된다. 신자들이 서로 싸우는 것은 자신이 욕망하는 것을 소유하기 위해서다. 정욕이 요구하는 것을 얻기 위해서 욕심도 부리고 죽이고 시기하고 다투고 전쟁한다는 것이다. 여기서 '죽인다' 는 말은 우리말 번역처럼 실제로 '살인하는' 것을 의미하지는 않는다. 야고보는 신자들간의 분쟁을 계속해서 전쟁의 이미지로 표현하고 있기 때문에 전쟁터에서 죽이고 싸우는 것과 같다고 한 것이다.

욕망은 충족을 갈구한다. 욕망이 충족되지 않을 때 무슨 짓이든 할 수 있고, 심지어 사람을 죽이기까지 한다. "욕망을 추구하는 데 방해되는 장애물들을 제거하기 위해서 사람들은 독약을 많이 주었고, 칼로 많이 찔렸고, 총을 많이 쏘았다"(Kelly). 나봇의 포도밭에 대한 탐욕이 아합과 이세벨로 하여금 나봇을 죽이고 그 포도밭을 빼앗게 한 것을 생각해 보라(왕상 21장).

야고보는 신자들이 욕심을 내고 시기하고 죽이고 싸우고 전쟁하는 것은 자신들이 원하는 것을 얻기 위한 것이지만 그래도 얻지 못하는 아이러니컬한 현실을 지적했다. 사실 욕심을 부리면서 욕심대로 소유하기 위해서 시기하고 죽이고 싸우는 것은 이 세상 사람들의 모습이다. 그러나 그것이 참된 것을 얻는 방식이 아니다. 더군다나 신자들은 그렇지 않고, 그래서도 안 된다. 야고보는 싸우는 것이 원하는 것을 얻는 방식이 아니라는 것을 분명하게 지적했다.

야고보는 신자들이 욕심내고 시기하고 죽이고 싸우고 전쟁한다는 등 사실상 같은 내용을 반복함으로써, 보통 싸우는 것이 아니라 자신들의 욕망을 충족시키기 위해서 집요하게 물고늘어지듯 싸운다는 것을 지적했다. 속된 표현으로 '지지고 볶고 물고 뜯고' 한다는 것이다. 그리고 그렇게 집요하게 추구하면 얻어야 하는 것이 당연한데, 실제로는 얻지 못한다는 것을 지적함으로써 신자들의 싸움을 어리석은 싸움이라고 풍자한다. 과장된 표현(욕심내고 시기하고 죽이고 싸우고 전쟁한다)을 사용해서 욕심을 채우기 위해서 싸우는 것이 어리석은 것임을 뇌리에 깊이 새겨 주고자 한 것이다.

이러한 야고보의 표현은 과장된 것처럼 보이지만 실상은 과장된 것이 아니다. 예수님은 형제에게 분노하는 것은 살인이라고 하셨고, 형제를 보고 바보라고 하면 지옥에 간다고 하셨다. 그리고 제단에 예물을 바치기 전에 먼저 형제와 화해해야 하나님이 그 예물을 받으신다고 하셨다(마 5:21~24). 예수님이 과장하셨는가? 사도 요한은 형제를 사랑하지 않는 것은 가인 같이 하는 것이라고 했다(요일 3:11~12). 가인은 아벨을 죽였는데, 우리가 형제를 사랑하지 않는 것이 어찌 살인과 같은가 하는 반문이 나올 만한 말씀이다. 요한이 과장하였는가? 예수님과 요한은 과장한 것이 아니라 천국의 진리를 본질적인 측면에서 말씀하신 것이다. 분노와 사랑하지 않는 것이 극단적으로 표현된 것이 살인이므로 분노와 사랑하지 않는 것은 살인이라는 죄악의 부류에 속하는 것이다. 우리는 죄에 둔감해서 죄의 심각성을 제대로 깨닫지 못하지만 성경은 죄의 심각성을 그대로 지적한다. 따라서 야고보가 욕심내고 시기하고 죽이고 싸우고 전쟁한다고 말한 것은 절대로 과장한 것이 아니라 영적인 사실을 그대로 표현한 것이다.

야고보는 원하는 것을 얻는 올바른 방법은 기도라는 것도 지적했다. 원하는 것을 얻지 못한 것은 그것을 위해서 욕심부리고 쟁취하지 않아서가 아니라 기도하지 않아서라는 것이다. 야고보는 사람들 사이에서 얻어내는 것을 하나님에게서 얻어야 한다고 지적했다. 대인관계에서 대신관계로 관계를 변환해야 한다는 것이다.

욕망에 지배되는 삶은 한 사람을 다른 사람들과 단절시킬 뿐 아니라 하나님께 올리는 기도생활을 파괴한다. "기도의 본질은 우리가 원하는 것을 하나님에게서 얻어내는 것이 아니라 하나님에 의해 우리가 변화되어 하나님께서 우리에게 원하시는 것을 우리도 원하게 되는 것이다"(Mitton). 하나님은 하나님을 섬기지 않고 쾌락을 섬기는 사람의 기도를 그 사람이 원하는 대로 응답해 주시지는 않는다(Kelly). 그렇게 되면 하나님에게서 점점 멀어지고 쾌락을 통한 멸망의 길로 점점 더 나아가기 때문이다.

우리는 사실 원하는 것을 얻고자 매일 동분서주하고 있다. 성경은 원하는 것을 얻기 위해서 기도만 하라고 교훈하지 않는다. 엿새 동안에 힘써 일을 하라는 것이 하나님의 계명이다(출 20:9). 성경은 "누구든지 일하기 싫어하거든 먹지도 말게 하라"고 교훈한다(살후 3:10). 본문에서 얻지 못한 것은 구하지 않았기 때문이라는 것은 일하지 말라는 교훈이 아니다. 일하는 것을 전제한 상태에서, 원하는 것을 얻는 방법은 싸우는 것이 아니라 기도하는 것이라는 말씀이다. 야고보의 이 말씀은 예수님의 기도응답에 대한 말씀과 일맥상통한다. "구하라 그러면 너희에게 주실 것이요 찾으라 그러면 찾을 것이요 문을 두드리라 그러면 너희에게 열릴 것이니 …"(마 7:7~11).

3절 야고보는 기도가 얻는 방식이라는 것을 제시한 다음, 기도해도 얻지 못하는 경우를 지적했다. 기도해도 얻지 못하는 것은 정욕으로 쓰려고 하기 때문이다. 여기서 말하는 기도는 구태여 지혜를 위한 기도(1:5)라고 제한

할 필요는 없다. 본문의 기도는 물론 천상적 지혜를 위한 기도를 포함하지만 성도들이 필요한 것을 구하는 일반적인 기도다. 야고보는 그릇된 기도 중에 의심의 기도를 이미 지적한 바 있는데(1:6~7) 여기서는 정욕의 기도를 지적했다.

강도들이 성자들(saints)에게 살인해서 얻은 수입의 일부를 나누어 주겠다고 약속하였다고 한다. 창녀들이 성모 마리아에게 몸 파는 사업이 번창하도록 기도한 것도 악명이 높다. 발람은 제단을 만들고 하나님의 백성을 저주함으로 이득을 보도록 해 달라고 기도했다. 시몬 마구스도 자신이 원하는 자들에게 성령을 줄 수 있도록 해 달라고 요청했다. 더러운 욕심을 충족시키겠다는 그릇된 동기를 가지고 기도하는 경우들이 바로 이런 것들이다.

우리가 자신의 정욕대로 쾌락을 추구하고 살면 반드시 그 대가를 지불해야 한다. 우리가 자기의 욕심대로 살면 우리와 관계를 맺고 있는 다른 사람들이 우리를 멀리하게 되고, 하나님과의 관계도 깨어지기 때문에 우리가 기도해도 얻지 못하는 것이다.

야고보가 "구하여도 얻지 못한다"고 한 것은 하나님께서 응답하시지 않는다는 것과는 다르다. 하나님께서 듣지 않으시는 기도와 응답하시지 않는 기도는 없다. 하나님은 모든 기도를 들으시고 모든 기도에 응답하신다. 하나님은 모든 기도를 들으시되 어떤 경우에는 "안 돼!"(no)라고 응답하시고 어떤 경우에는 "아직은 안 된다"(not yet)고 응답하시는 것이다(Motyer). 하나님이 응답하시지 않는 것이 아니라 우리가 "얻지 못하는" 것이다.

4절 야고보는 3:15에서 잘못된 지혜는 세상적이고 정욕적이고 마귀적이라고 지적했다. 야고보는 4:1~3에서 독자들 상호간의 분쟁이 정욕적인 지혜 때문에 일어난다는 것을 지적했다. 그리고 이어서 신자들간의 분쟁은 세상적인 지혜 때문이라는 것을 4절부터 지적했다. 신자들이 세상과 벗이 됨으로써 하나님과 원수가 되었기 때문에 그 결과 서로 다투고 싸운다는 것이다.

"간음하는 여자들"(모이칼리데스)이라는 표현은 결혼생활에서 남편에 대한 정조를 지키지 않는 '간부들'(姦婦, adulteresses)을 의미한다. 성경은 여러 곳에서 하나님과 자기 백성의 관계를 남편(신랑)과 아내(신부)의 사랑의 관계로 묘사한다(사 54:5; 렘 2:1~3; 겔 16:8 이하; 호 2:14~20; 롬 7:1~6; 고후 11:2; 엡 5:22~33; 계 19:7 이하). 하나님께서 자기 백성에게 남편이라는 것은 하나님이 자기 백성을 사랑과 열정으로 선택하시고 가장 친근하게 돌보신다는 것이다. 하나님과 자기 백성의 깊은 관계가 신자들이 '그리스도 안에' 있다는 것으로 표현되는데, 이것은 하나님과 그 백성간의 최고의 친근성과 깊은 교제가 있다는 것을 말한다. 그런데 신자들이 하나님을 적대하는 세상과 짝이 되는 것은 하나님과 결혼관계를 깨뜨리는 것이다. 세상과 우정관계는 하나님과 적대관계를 의미한다.

그러나 이미 신자가 된 자가 세상을 사랑한다고 해서 하나님과 근본적인 결혼관계가 깨어진다는 것은 아니다. 우리는 그리스도의 피로 하나님과 화목된 자들로서(롬 5:1, 10; 골 1:20), 그리스도 안에서 새롭게 형성된 하나님과의 관계가 우리가 세상과 짝이 된다고 해서 근본적으로 깨어지고 마귀의 신부로 바뀌는 것은 아니다. 그러나 신자가 세상과 짝이 되면 실존적으로 하나님과 적대관계에 들어간다. 야고보는 이 점을 "세상과 벗 된 것이 하나님의 원수임을 알지 못하느뇨"라는 수사의문으로 표현했다. 세속성과 영성은 양립할 수 없다. 세속주의는 영적인 간음의 원인이다.

세속성이 영성과 상극이라는 말을 오해하면 안 된다. 세속성과 영성이 적대적이므로 세상을 떠나 수도원에서 살면 가장 영적인 사람들이 된다는 것이 아니다. 예수님은 우리가 '세상을 떠나서' 빛과 소금이 되라고 하시지 않고 '세상 속'의 빛과 소금이 되라고 말씀하셨다(마 5:13~16). 예수님은 우리가 세상 속에서 악에서 보호되기를 기도하셨다(요 17:15). 우리는 세상에 살면서 세상 속으로 침투해 들어가서 하나님의 뜻을 이루어 드리는 삶을 살아야 한다.

야고보는 이 점을 다시 한 번 더 지적했다. "누구든지 세상과 벗이 되고자 하는 자는 스스로 하나님과 원수 되게 하는 것이니라." 이것은 어떤 신자에게도 예외가 없다. "누구든지" 하나님을 대적하는 세상을 사랑하여 세상과 짝이 되면 하나님과 원수가 된다. 여기서 "세상"은 하나님을 대적하고 사탄에게 통제되며, 악하고 음란하여 우리를 더럽히는 시스템을 말한다. 신자들은 세상에서 보호되고 세상을 부인하고 세상에 영합하지 말며 세상과 원수되는 삶을 살아야 한다. 이렇게 살지 않고 세상의 쾌락을 사랑하여 세상의 쾌락에 취해 살기를 원하는 것은 실존적으로 하나님과 원수가 되는 것이다. 야고보는 이 점을 강하게 표현하기 위하여 정욕을 충족시키기 위해 서로 다투고 싸우는 신자들을 "간음하는 여자들"이라고 규정하고 그들을 부를 때 "간음하는 여자들이여"라고 부른 것이다. 야고보는 세상과 짝하는 신자들에게 경성과 회개를 촉구하기 위하여 직격탄을 쏘는 방법을 택한 것이다.

5절 야고보는 여기서 성경 구절을 인용하면서 우리가 세상과 짝하지 말고 하나님(성령)과 가까워져야 할 자들임을 지적한 것 같다. 본문의 '성경이 말하기를'(헤 그라페 레게이)이란 표현은 성경 구절을 직접 인용하거나(요 19:37; 롬 4:3; 9:17; 10:11) 혹은 암시적으로 인용하는 경우(요 7:38, 42; 엡 5:14)를 가리킨다. 그런데 문제는 '하나님이 우리 속에 거하게 하신 성령이 시기하기까지 사모한다'는 말씀이 성경 어디에 나오는가 하는 것이다.

하나님이 질투하시는 분이시라는 진리는 성경 여러 곳에 나오지만(출 20:5; 34:14; 신 4:24; 5:9; 6:15; 겔 39:25; 슥 1:14; 8:2 등), '하나님이 우리 속에 거하게 하신 성령이 시기하기까지 사모한다'는 구절은 성경 다른 곳 어디에도 나오지 않는다. 야고보는 여기서 질투하시는 하나님이란 진리와 내주하시는 성령(롬 8:9; 고전 3:16; 6:19~20)이란 진리를 결합해서 '성경이 말하기를'이란 표현을 사용한 것 같다. 야고보는 성경의 단어를 인용하기보다 성경의 의미를 인용한 것이다(Kelly).

"하나님이 우리 속에 거하게 하신 성령이 시기하기까지 사모한다"는 구절에서 "하나님이 우리 속에 거하게 하신 성령"은 우리 안에 사시는 성령을 의미한다. 우리 안에서 일하시는 성령은 우리 안에 계속 거주하시면서 우리를 인도하신다(요 14:16; 롬 8:9).

"성령이 시기하기까지 사모한다"는 말씀은 성령께서 죄악된 시기를 하신다는 것이 아니다. "시기는 교만의 딸"(Aristoteles)이라고 할 때의 시기가 본문의 시기는 아니다. 만일 그런 의미라면 성령께서 시기라는 죄를 짓는 것이 되기 때문이다. 성령이 시기하기까지 사모한다는 것은 질투하시는 하나님이라는 진리를 달리 표현한 것이다. 하나님은 자기 백성이 마음과 뜻과 성품과 힘을 다하여 일편단심으로 사랑하며 섬기기를 원하시기 때문에 그러한 일편단심이 그의 백성들에게서 사라질 때 거룩한 질투를 하신다. 사랑의 본질은 사랑하는 자에게 다 주고 다 차지하는 것이다. 다 차지하지 못할 때 다 차지하기를 원하는 마음에서 질투가 발생한다.

하나님은 우리를 사랑으로 선택하셔서 하나님과 결혼관계를 맺게 하시고(4a절) 그리스도의 십자가로 우리와 화해하시며(4b절) 우리 속에 성령께서 내주하게 하셨다(5a절). 하나님은 우리에게 선택의 은혜와 화해의 은혜와 내주의 은혜를 주신 것이다(Motyer). 우리는 이렇게 하나님의 은혜를 받은 자들이고, 우리 안에 거하시는 성령은 거룩한 질투심으로 우리를 사모하시는 분이시다.

하나님은 이렇게 질투하시고 사모하실 정도로 우리와 가까이 하시기를 원하는데 우리가 이런 하나님을 저버리고 세상과 짝하면 되겠는가 – 이것은 야고보가 전하고자 하는 포인트다. 우리가 세상과 짝하고 하나님과 원수가 되는 것은 성령께서 질투하시고 사모하신다는 성경의 말씀을 헛된 줄로 생각하는 것이다. 그런데 우리가 실제로 세상과 짝함으로서 하나님께 적대하면 그것이 곧 성경을 헛되게 만드는 것이다. 하나님의 원수는 하나님의 말씀을 무시한다. 하나님의 말씀은 하나님의 생각을 반영하기 때문에 세상을 사랑하여 하나님과 원수 된 사람은 하나님의 말씀에 신경을 쓰지 않는다.

분쟁 처방(4:6~10)

야고보는 위에서 신자들간의 불화와 분쟁의 원인이 정욕을 따르는 생활과 세상과 짝하는 생활임을 지적했다. 그리고 6~10절에서 야고보는 불화와 분쟁을 해결하는 방법이 마귀를 대적하고 하나님을 가까이 하는 데 있음을 지적한다. 정욕 및 세상과 같은 선에서 이 둘을 자극하는 존재는 마귀다. 마귀는 정욕과 세상을 통해서 신자들을 하나님에게서 멀어지게 한다. 야고보는 신자들이 소극적으로는 이런 마귀를 대적함으로 정욕과 세상을 극복하고, 적극적으로는 회개와 겸손을 통해서 하나님을 가까이 하여 하나님께 순복함으로 정욕과 세상을 극복하고 신자들간의 분쟁을 해결하도록 권면했다.

이 점을 지혜의 각도에서 보면 정욕적이고 세상적이고 마귀적인 지혜를 버리고 하나님 중심적인 '위로부터의' 지혜를 따라 살아가라는 것이다(3:15 ~17).

이 점을 또한 은혜의 각도에서 보면 하나님은 신자들에게 선택의 은혜, 화목의 은혜(4절에 암시), 내주의 은혜(5절)에 이어 "더욱 큰 은혜"(6절)를 베푸신다. 하나님께서 선택과 화목과 내주의 은혜를 주셨음에도 불구하고 인간의 죄성이 정욕과 세상을 통해서 불이 붙을 가능성이 있기 때문에 더욱 큰 은혜가 필요하다. 더욱 큰 은혜를 받는 방법은 회개와 겸손을 통해서 하나님을 가까이 하는 것이다.

또한 이 점을 성화의 각도에서 보면 신자들은 내주하시는 성령(5절) 때문에 노력하지 않고 수동적이어도 성화가 되는 것이 아니다. 우리 안에 성령께서 내주하셔서 성화작업을 하시지만 우리는 능동적으로(7~10절) 회개와 겸손과 순복을 통해서 하나님을 가까이 해야 한다.

6절 "더욱 큰 은혜"는 선택의 은혜와 화해의 은혜와 내주의 은혜 위에 덧붙여 주시는 은혜다. 하나님은 우리의 필요를 잘 아시기 때문에 자신의 무한한 자원에서 계속 더 큰 은혜를 주신다. "하나님은 피곤하지 않고 우리의 편에 계신다. 그는 우리의 필요를 공급하실 때 결코 흔들리시지 않는다. 그는 항상 우리를 위해서 더 많은 은혜를 준비하시고 계신다. 그는 항상 더욱더 많이 주신다. 우리가 자아를 앞세워 무엇을 상실하든 우리는 우리 구원을 상실할 수 없다. 항상 더 큰 은혜가 있기 때문이다. 우리가 그에게 무엇을 행하든 그는 결코 실패하시지 않는다. 우리는 선택의 은혜에 어긋난 삶을 살고, 화해의 은혜를 저버리고, 내주의 은혜를 무시해도 그는 더 많은 은혜를 주신다"(Motyer).

하나님은 우리에게 이런 충분한 은혜를 더욱더 베푸시지만, 우리편에도 책임이 있다. 하나님의 은혜로 우리는 편히 쉬어도 쉽게 승리하는 것이 아니다. 우리는 더 많은 은혜의 길을 더 많은 순종을 통해서 걸어가야 한다.

하나님께서 "더욱 큰 은혜"를 주시지만 아무에게나 주시지 않고, 교만하지 않고 겸손한 자에게 주신다. 하나님은 교만한 자를 적극적으로 물리치시고 겸손한 자에게 은혜를 베푸신다. 교만은 만악의 뿌리고 패망의 선봉이다. 교만은 악마가 퍼뜨린 지옥의 독약이다. 매시간 사람들 속에 이 뿌리가 추악한 모습으로 나타나고 인간들은 이 독을 마시고 비틀거린다. 고대 헬라에 "신들이 파멸시키기를 원하는 자는 먼저 미치게(거만과 방자) 만든다"는 속담이 있다. 앗수르(습 2:15)와 바벨론(사 47:8~9)이 교만하여 망한 대표적인 나라다. 그리고 느부갓네살(단 4:29~30, 31~37)과 헤롯 아그립바 1세(A.D. 41~44년)는 교만으로 망한 왕의 대표적인 경우다.

모든 독재는 지속되는 동안 가공스럽지만 지속되지 않는다. 악한 제국은 한동안 번창하다가 바로 시든다. 히틀러는 제3제국이 천년 동안 계속될 것이라고 자랑했지만 12년 3개월 2일밖에 지속되지 않았다. 이디 아민도 7년, 남미의 군부독재도 한동안, 소련 공산당과 KGB나 사담 후세인도 일시 동안 권력을 휘둘렀을 뿐이다. "내 말이 법이야. 내 말을 거역하면 죽음밖에 없어" – 〈용의 눈물〉에 나오는 이방원 식의 독재는 교만의 극치로 생시에 심판이 없으면 사후 최후심판을 받는다(사 2:17; 계 6:15~16).

반면에 겸손은 존귀의 전주곡이다. 겸손은 은혜가 들어오는 문이다(Kelly). 한나(삼상 2:7~8)와 마리아(눅 1:46~52)의 고백에 이 진리가 잘 나타나 있다. 겸손은 하나의 도덕적 덕목만이 아니라, 구속진리의 핵심이다. 하나님은 하나님이 사람으로, 사람 중에 종으로, 종보다 더 낮은 죄수로, 죄수 중에 가장 낮은 십자가형 죄수로 자신을 낮추신 예수님을 더 이상 높일 수 없는 자리까지 높이셨다(빌 2:6~11).

우리가 세속적인 시스템에 영합하면 일시적으로 서 있는 것 같아도 곧 넘어진다. 재물과 권력과 인기를 얻어 성공한 것 같아도 그것은 근본적으로 성공한 것이 아니다. 그것은 시체를 세워 놓은 것 같아서 폭풍이 불면 여지없이 넘어진다. 속에 생명이 있어야 폭풍 속에서도 계속 서 있을 수 있다. 하나님의 은혜가 서 있을 수 있는 생명을 준다. 하나님은 겸손한 자에게 은혜를 주시고, 하나님의 은혜를 받은 자는 생명을 얻어 계속 서 있는 것이다(Kelly).

7절 '순복하다'는 단어는 버틸 만큼 버티다가 어쩔 수 없이 백기를 드는 것을 의미하지 않는다. 오히려 더 큰 세력에게 자신을 위임하여 그의 깃발 아래 싸우기 위해서 복종하는 것을 의미한다. 본문의 순복은 능동적인 수동성, 즉 하나님의 뜻에 자신의 뜻을 굴복시키되(수동성) 적극적으로 순종하는 것을 의미한다(Motyer).

야고보는 지금 기독교 갈등관리(conflict management)의 원리를 제시한다. 신자들이 서로 다투고 싸우는 갈등을 빚을 때 지도자가 그저 "서로 용서하고 툭툭 털고 일어나서 다시 잘 지내봅시다. 기도합시다!" 하고 해결하는 것은 성경적이 아니다. 야고보가 지적한 대로 형제자매들간의 갈등은 하나님과 갈등이 있다는 증세므로 하나님과의 갈등을 해결해 주어야 한다. 따라서 신자들간의 갈등은 하나님께 순복함으로 해결해야 한다(Richardson).

우리가 겸손하게 순복하면 하나님은 은혜를 주심으로 우리들의 갈등을 해결해 주신다.

하나님은 텅빈 그릇을 은혜로 채우신다. 텅빈 그릇이 은혜로 채워지려면 그릇이 그것을 채우는 자보다 더 낮은 곳에 있어야 한다. 우리가 하나님의 말씀에 절대적으로 순종함으로 하나님보다 더 낮은 위치에 있으면 하나님은 우리에게 은혜를 채우신다. 우리가 다음과 같은 기도를 드린다면 하나님은 항상 은혜로 채우신다. "사랑하는 주님, 주님이 바늘이 되시면 저는 실이 되겠습니다. 주님이 먼저 가십시오. 주님이 인도하시는 곳이면 어디나 저는 따라가겠습니다"(Spiros Zodhiates, *The Labor of Love*, Grand Rapids: Eerdmans, 1960, p. 262).

신자의 겸손은 하나님께 적극적으로 순복하는 것으로 나타남과 동시에 마귀를 대적하는 것으로 나타난다. '대적하다'는 단어는 매우 능동적인 의미를 지니고 있다. 그것은 부단한 적의 공격 앞에서 적을 물리치는 것을 의미한다. 하나님께 순복하는 것은 아무런 문제가 없는 상황이 아니라 영적인 전투에서 하나님 편에 들어가서 무장을 하고 마귀의 포화를 막아내는 것을 의미한다.

마귀는 예수님을 시험하고 유혹했으며(마 4:1~11), 가룟 유다 속으로 들어갔고(눅 22:3), 베드로를 소유하기를 원했으며(눅 22:31), 바울을 막았다(살전 2:18). 마귀는 이런 식으로 행동을 하되 강력한 힘을 가지고 행동한다. 마귀는 이 세상의 왕(요 16:11)과 공중의 권세 잡은 자(엡 2:2)로 세력을 가지고 있다. 마귀는 뱀(창 3장), 우는 사자(벧전 5:8), 붉은 용(계 12:3)으로 상징화되었다. 마귀는 실재적인 존재다. 마틴 루터는 왈부르크(Wartburg)에서 마귀의 실재를 감지하고 그에게 잉크병을 던졌다. 왈부르크 수도원 벽에는 아직도 루터가 던진 잉크 자국이 남아 있다.

마귀는 하나님을 대적하는 세상에서 제공할 수 있는 온갖 쾌락을 통해서 우리의 정욕을 자극함으로써 우리로 마귀 편에 서게 한다. 하나님의 말씀에 어긋나는 죄악된 쾌락을 즐기면서도 하나님 편에 서 있는 줄로 생각하는 것은 착각이다. 쾌락주의적인 삶은 하나님과 적대관계를 구축하는 삶이다. 세상의 영광과 정욕의 쾌락을 우리 앞에 들고 나와 우리를 유혹하는 마귀를 대적해야 한다.

8절 하나님께 순복하는 것은 하나님의 종의 위치에 들어가는 것이다. 신자는 하나님의 종이지만 특별한 종이다. 종은 주인의 명령에 복종만 할 뿐, 주인과 깊은 교제를 나눌 수 없다. 그러나 신자는 주님과 깊고 친밀한 교제를 나눌 수 있다. 하나님께서는 은혜로 구원해 내신 자기 백성과 늘 함께 하시지만(시 23편), 하나님의 백성이 실존적으로 하나님을 가까이 할 때 가까이 계시는 하나님을 체험하는 것이다. 하나님은 안 계시는 곳이 없도록 편재하시고 그리스도를 통해서 하나님의 백성과 함께 하시지만 하나님의 백성이 가까이 계시는 하나님을 체험하지 못하는 것은 그들이 하나님보다 정욕과 세상과 마귀를 더 가까이 하면서 살기 때문이다.

야고보는 마귀를 대적하고 하나님을 가까이 하라고 한 다음 바로 이어서 "죄인들아 손을 깨끗이 하라 두 마음을 품은 자들아 마음을 성결케 하라"고 했다. 야고보는 다윗이 말한 대로 하나님을 가까이 하는 원리를 잘 알고 있었다. "여호와의 산에 오를 자 누구며 그 거룩한 곳에 설 자가 누군고 곧 손이 깨끗하며 마음이 청결하며 뜻을 허탄한 데 두지 아니하며 거짓 맹세치 아니하는 자로다"(시 24:3~4).

"죄인들"은 지옥 가기로 작정된 죄인들을 말하는 것이 아니라, 하나님의 백성들이지만 실제적으로 죄를 짓는 자들을 가리킨다. "죄인들"은 하나님의 말씀에 불순종하고 부패한 삶을 사는 자들이다. "두 마음을 품은 자들"은 세상과 짝하는 삶과 하나님을 가까이 하는 삶 사이에서 흔들리는 자들이다.

회개는 하나님과 동행의 전제조건이다. 회개가 동행의 선행조건인가, 후행조건인가 하는 것은 부차적인 문제다. 거룩하신 하나님을 가까이 하면 우리의 추악한 모습을 보게 되어 회개하게 된다(사 6:3~5). 또한 우리가 회개한 다음에 거룩하신 하나님을 가까이 할 수 있다.

야고보는 철저한 회개를 권면했다. "손을 깨끗이 하라"는 권면은 "마음을 성결케 하라"는 권면과 병행이다. '손'은 죄악된 외면을 의미하고 '마음'은 죄악된 내면을 의미한다. 우리는 죄악을 회개하되 마음과 행동의 죄악을 철저하게 회개해야 한다. 정원사가 정원에서 잡초를 뽑아내듯 우리는 우리 삶에서 잡초를 뽑아내야 한다.

9절 야고보는 회개를 설명할 때 슬픔과 근심과 애통으로 설명했다. 회개는 사소한 일이 아니라 매우 심각한 일이다. 내부적인 생각과 외부적인 행동이 깨끗하지 못할 때는 마음이 무거워야 마땅하다. 무거운 죄의 짐을 지고서도 무겁다는 것을 느끼지 못한다면 영혼이 무감각해진 것이다. 죄인이 회개할 때는 세리와 같이 무거운 짐을 진 사람의 아픔이 있어야 한다(눅 18:13). 죄인이 회개할 때 웃음과 즐거움을 애통과 근심으로 바꾸어야 할 것은 죄는 하나님에게서 소외와 사망을 유발하는 것이기 때문이다.

야고보가 "슬퍼하며 애통하며 울지어다 … 애통으로 … 근심으로 …" 하면서 슬픔과 근심과 애통을 강조한 것은 죄를 지으면서도 죄와 더불어 즐겁게 웃으면서 사는 분위기를 개탄하면서 신자들의 영적인 잠을 깨우기 위함이다. 야고보는 죄와 더불어 즐기는 신자들에게 경성의 나팔을 선명하게 분 것이다. 쾌락의 깊은 잠을 자는 자들에게 경성의 알람(alarm)을 요란하게 틀어 놓은 것이다.

10절 야고보는 이렇게 겸손과 순종과 회개를 강조한 다음 다시 하나님께서 겸손한 자에게 은혜를 주신다는 것을 반복해서 제시했다. 6절에서는 하나님께서 겸손한 자에게 은혜를 주신다고 했는데 10절에서는 주님은 스스로 낮추는 자를 높이신다고 했다. 자신이 낮아질 수밖에 없는 환경에 들어갔을 때 어쩔 수 없이 낮아지는 것이 아니라, 스스로 자신을 낮추는 겸손이 귀하다. 하나님은 적극적으로 겸손한 자에게 은혜를 주셔서 그런 자를 높이신다.

비방하지 말라(4:11~12)

야고보는 4:1~10에서 그리스도를 믿는 형제자매들간의 불화와 분쟁 문제를 다루었는데 11~12절에서는 비방 문제를 거론했다. 야고보는 비방 문제를 율법 문제로 보고 신자들은 율법의 입법자와 재판자가 아니라 준행자라는 점을 지적했다.

야고보가 교만하지 말고 겸손하라고 하다가 갑자기 형제자매를 비방하지 말라고 한 것은 어떤 이유에서인가? 비방은 자신이 높은 자리에서 다른 사람들을 낮게 평가할 때 나타나는 것이다. 다시 말해 비방은 교만의 표현이다. 야고보는 형제자매를 비방하는 교만에 빠지지 말고 겸손하라는 것이다.

11절 "형제를 피차 비방하지 말라"는 야고보의 권면은 독자들 중 어느 누구에게 제한된 것이 아니고 "피차"에 해당되는 것이다. '비방하다'(카타랄레오)는 '~에 대항해서 말하다'(speak against)라는 의미가 있다. 형제를 비방하는 것은 형제를 적수로 놓고 깎아내리는 말을 하는 것이다.

형제를 깎아내리는 말은 말하는 자가 형제보다 더 높은 자리를 점유하고 있다는 것을 암시한다. 다시 말해서 비방은 교만의 발현이다. 비방은 사실을 말하느냐 거짓을 말하느냐의 문제가 아니다. 사실을 말하더라도 상대방을 깎아내리는 말을 할 때는 그것이 비방이 된다.

"형제들"이라는 것은 영적인 형제들, 즉 그리스도 안에 들어와서 하나님의 자녀가 된 자들을 가리킨다. 야고보는 11절에서 '형제'를 3회나 사용하여 강조했다. '형제들'은 그리스도를 통해 하나님의 자녀가 된 자들이므로 단순한 혈육의 사랑이 아니라 그리스도의 보혈의 사랑을 전제로 한다. 우리는 그리스도의 사랑을 나누는 형제들로서 서로 비방하면 안 된다는 것이다.

 '형제들' 이라는 것은 형제들간의 사랑을 전제함과 동시에 동등한 위상을 전제한다. 예수 그리스도는 우리와 비교할 수 없이 위상이 높은 하나님의 독생자시지만, 비방하는 자나 비방 받는 자가 다 동등한 형제들이다(롬 8:29). 따라서 '형제' 를 비방하는 것은 동등한 위상을 가진 자가 동등한 위상을 가진 자를 낮게 보고 깎아내리는 말을 하는 것이므로 '형제' 라는 정체성을 망각한 발언을 하는 것이다.

 그렇다면 형제를 비방하고 판단하는 것이 어째서 율법을 비방하고 판단하는 것이 되는가? 율법의 핵심은 사랑이다(2:8). 사랑은 "최고한 법"이다. 형제 비방은 사랑을 저버리는 것이다. 따라서 비방은 사랑을 핵심으로 한 율법을 비판하는 것이다. 이런 의미에서 형제를 비방하고 판단하는 것은 율법을 비방하고 판단하는 것이다.

 형제를 비방하는 것은 결국 우리가 율법의 준행자가 아니라 판단자가 되는 것이다. 율법의 재판관이 되는 것은 율법을 주시고 율법에 따라 판단하시는 하나님의 위상을 찬탈하는 것이 된다.

 12절 율법은 하나님이 누구시며 하나님이 어떤 일을 하시는 분인지를 계시하는 것이다. 율법은 하나님의 속뜻을 표현하는 규범이다. 따라서 율법을 준행하면 하나님의 형상이 우리 속에 회복되는 것이다. 그러나 율법을 범하면 우리 자신을 율법 위에 올려놓는 것이고, 우리 자신을 율법을 주신 하나님 위에 올려놓는 것이다. 이렇게 될 때 천상적 지혜의 핵심인 겸손은 어디로 가는가? 우리가 하나님보다 높은 자리에 올라갈 때 겸손은 사라지고 교만만 극성을 부리는 것이다.

 형제를 비방하는 것은 율법을 비판하는 것이고 동시에 율법을 주시고 율법대로 판단하시는 하나님께 도전하는 것이다. 이것은 엄청난 죄악이다. 왜냐하면 하나님은 "능히 구원하기도 하시고 멸하기도 하시"는 분이시기 때문이다. 하나님은 최종 재판관으로서 사느냐 죽느냐를 판단하는 권한을 소유하신 분이다. 우리는 구원하지도 멸망시키지도 못하는 피조물로서 구원과 파멸의 절대권을 가지신 하나님의 위치에 도전한다는 것은 있을 수 없는 일이다. 야고보는 형제를 비방하는 것이 이렇게 무서운 죄인지도 모르고 형제를 비방하는 신자들에게 형제비방죄의 본질을 규명함으로써 그 죄를 회개하도록 촉구한다.

야고보는 이런 점을 지적한 다음 "너는 누구관대 이웃을 판단하느냐"고 수사의문문을 던졌다. 야고보는 '형제'를 비방하는 문제를 거론하면서 '이웃'을 판단하는 문제를 언급했다. 본문에서 '형제'는 '이웃'이다. '이웃'은 '내 몸처럼 사랑'해야 할 대상이다(눅 10:25~37). 형제의 불리한 점을 알게 되었을 때, 형제를 이웃사랑의 대상으로 본다면 그것을 공적으로 알려서 그를 깎아내리거나 사적으로 말해서 그를 꺾지는 않을 것이다.

야고보는 이웃사랑 대신 이웃판단을 하는 신자에게 "너는 누구관대"라는 질문을 던졌다. 이것은 이웃판단을 하는 '너'의 정체성을 바로 알라는 질문이다. 야고보는 비방문제에서 비방의 대상이 '형제'라는 점, 그것이 '율법'을 비판하는 것이고, 율법을 주신 '하나님'께 도전하는 것이며, 마지막으로 그것이 비방하는 '너'의 정체성에 어긋난다는 점을 지적했다. 형제를 바로 알고 나를 바로 알며 율법을 바로 알고 하나님을 바로 안다면 비방하는 죄를 범하지 않는다는 것이다.

주제넘지 말라(4:13~17)

야고보는 위에서 형제(이웃)를 비방하는 죄가 바로 형제를 잘못 알아서 깎아내리는 교만의 죄라는 것을 지적했는데, 13~17절에서는 자신을 잘못 알아서 자신의 생명과 시간과 사업에 대해서 주제넘는 교만의 죄를 지적했다. 이 죄는 자기의 생명이 잠깐 보이다가 없어지는 안개라는 것, '오늘이나 내일'이나 '일 년'이라는 시간이 하나님의 주권에 있다는 것, 사는 것과 무엇을 하는 것이 다 하나님의 뜻에 달려 있다는 것을 인정하지 않고 나약한 인간의 정체성을 넘어간 교만이다. "오늘이나 내일이나 우리가 아무 도시에 가서 거기서 일 년을 유하며 장사하여 이를 보리라"는 자랑은 이런 의미에서 허탄하고 악한 자랑이다. 생명과 시간과 사업에 대한 하나님의 주권을 범하는 자랑이기 때문이다.

하나님은 겸손한 자에게 은혜를 주시기(6절) 때문에 이런 식으로 교만하게 사는 자는 은혜를 받지 못한다. 남들에 대한 교만의 발현인 타인비방(11~12절)도 하나님의 은혜를 받지 못하게 하는 것이지만, 자기에 대한 교만의 발현인 자기자랑(13~17절)도 하나님의 은혜를 받지 못하게 하는 것이다.

13절 야고보는 주제넘은 죄악을 지적할 때 "들으라"고 하여 주목을 끄는 일을 먼저 했다. "~ 하는 자들아"라는 호격도 14절부터 말하는 내용에 극적인 효과를 더하기 위하여 사용한 것이다. 단단히 각오하고 다음 말을 들으라는 것이다.

"오늘이나 내일이나 우리가 아무 도시에 가서 거기서 일 년을 유하며 장사하여 이를 보리라"고 하는 것은 야고보 당시나 지금이나 사업을 하는 사람에게는 흔한 일이다. 신자라고 하여 이런 정도의 사업 구상이나 계획을 짜지 못한다면 이 세상에서 어떻게 살겠는가. 야고보가 이런 것을 문제삼는 것 자체가 야고보 편의 문제가 아닌가 하고 반문할 수 있는 것처럼 보인다. 그런데 왜 야고보가 이런 것을 문제로 들고 나왔겠는가?

만일 하나님의 뜻대로 사업을 해서 이득을 남겨 그것으로 하나님의 사역을 감당하겠다고 한다면 그것은 전혀 문제가 되지 않는다. 그러나 15절에 보면 그렇게 말하는 자의 자세가 "주의 뜻"과 무관한, 자기만의 뜻에 매여 있다는 것이 문제다. "사람이 계획을 짜고 사업 같은 것을 하고자 할 때 하나님을 그 속에 포함시키지 않으면 돌이킬 수 없는 치명적인 실수를 범하는 것이다"(Kelly).

주의 뜻을 고려하지 않고 자기의 뜻에만 근거해서 그런 말을 할 경우에 무슨 문제가 있는가? 언제 어디 가서 일 년을 유하면서 장사를 해서 이득을 보겠다고 말하는 것은 자신이 그 동안 계속 살아 있다는 것을 전제한다. 즉 자기의 생명을 자기 마음대로 할 수 있다는 주제넘음이 있다. 이것은 흔히 말하는 대로 천년이고 만년이고 살 것이라는 착각이다. '오늘'이나 '내일', '아무 도시', '일 년', '장사' 등은 시간과 장소와 일의 선택권이 자기에게 있다는 주제넘음이다. 내 인생 내가 선택해서 내 마음대로 산다는 것이다. '장사하여 이를 보겠다'는 것은 자신의 능력에 대한 과신이다. 이것은 내가 원하면 무엇이든지 할 수 있고, 얼마든지 성공할 수 있다는 자신감이다.

14절 야고보는 언제, 어디 가서 일 년 유하면서 장사를 하여 이득을 보겠다고 하는 자들에 대해서 그들은 당연히 알아야 할 것을 알지 못한다고 지적하고 그들이 얼마나 나약한 존재인가를 지적했다. 그들은 천년 만년 살 것 같이 자신감이 넘치고, 시간과 장소와 사업을 자기가 선택해서 할 수 있다는 자신감도 넘치며, 무엇이든지 원하면 항상 성공할 수 있다고 생각하는 자들이다.

그런데 야고보는 "너희가 알지 못하는도다"고 하면서 그들의 무지를 직설적으로 지적했다. 그들은 일 년 후의 일까지 다 알고 있는 것처럼 말하지만, 즉 일 년 후에 돈을 벌어 더 부자가 된다는 것까지 다 알고 있는 것처럼 말하지만, 사실은 "내일 일"도 모르는 무식쟁이들이다. 내일 일도 모르면서 일 년 후의 일을 어떻게 잘 안다고 자랑하느냐는 책망이다. 그들이 알아야 할 것을 안다면 겸손해질 텐데, 알아야 할 것을 알지 못하기 때문에 교만에 빠져 자랑한다는 것이다.

야고보는 또한 그들의 나약함을 지적했다. "너희 생명이 무엇이뇨"라는 수사의문문은 그들이 자기 생명을 몰라서 던지는 질문이 아니라, 그들의 깨달음을 촉구하기 위한 질문이다. 그들은 시간과 장소와 사업과 성공을 마음대로 할 수 있는 것처럼 생각하지만 이 모든 것은 생명이 계속될 때만 의미가 있는 것이다. 그렇다면 "너희 생명이 무엇인가?" "너희 생명은 잠깐 보이다가 없어지는 안개니라." 여기에 생명의 불확실성과 일시성("잠깐")과 무력성("안개")과 소멸성("없어지는")이 지적되어 있다(Motyer).

인생은 잠시 보이다가 사라지는 안개다. 인간이 사라지는 것이 죽음이다. 죽음은 무엇인가? "궁극적인 통계는 동일하다. 한 사람 중에 한 사람이 죽는다. 죽음은 모든 사람의 문제다"(Bernard Shaw). 열 사람 중에 한 사람이 죽는다면 죽음은 모든 인간 각자의 문제가 아니겠지만, 한 사람 중에 한 사람이 죽는다면 모든 인간은 각기 죽는다. 잠시 보이다가 죽는 것이다. 인간은 이처럼 스스로는 무능한 존재다. 그럼에도 불구하고 천년 만년 살면서 무엇이든지 원하는 대로 할 수 있는 것처럼 설치는 것은 하나님이 그냥 두실 수 없는 교만이다.

독자들이 살아 있을 때 이 글을 읽으면 실감이 나지 않았을 것이다. 그러나 그들이 죽음을 앞두고 있었을 때는 이 글이 실감이 났을 것이다. 인간은 당연히 알아야 할 일을 아는 듯하면서도 실제로는 알지 못하는 무지와 연약함이 있다.

동로마 제국의 황제가 콘스탄티노플(Constantinople)에서 즉위식을 할 때 이상한 관례를 지켰다고 한다. 새로 즉위하는 황제에게 아주 멋지게 깎은 대리석 슬라브들을 많이 보여 준다는 것이다. 그러면 황제는 그 중에 하나를 자신의 묘석(tombstone)으로 선택해야 하는 것이다. 황제에게 즉위하면서부터 자신의 죽음을 기억하도록 한 것이다. 우리는 각기 자신의 죽음을 생각하면서 잠시 보이다가 사라지는 안개와 같은 인생을 올바르게 살아가야 한다.

15절 야고보는 하나님을 고려하지 않고 사업을 해서 이익을 남기겠다는 자들의 무지와 연약을 지적한 다음 그들이 마땅히 지녀야 할 태도를 밝혔다. 인간이 잠시 보이다가 없어지는 안개와 같고 내일 일을 알지 못하는 존재라면, 두 가지 태도가 도출될 수 있을 것이다. '내일 죽을 것이니 오늘 먹고 마시고 즐기자'는 허무주의에 근거한 쾌락주의가 있을 수 있고, 혹은 '내일 죽을 것이니 아무 것도 손대기 싫다'는 허무주의에 근거한 무의욕이 있을 수 있다.

그러나 야고보는 낙관적인 허무주의나 비관적인 허무주의의 길을 제시하지 않고 무상한 삶의 현실을 보여 주면서도 "주의 뜻"과 연결시켜 생명과 사역에 의욕을 불어넣었다. "주의 뜻이면 우리가 살기도 하고 이것저것을 하리라"는 것이 그것이다. 이것은 삶에 대한 절대적인 주권을 소유하신 하나님 앞에서 겸손하게 그러나 의욕적으로 살아가야 한다는 것이다. 우리는 영원히 살 것처럼 일하고 내일 죽을 것처럼 살아야 한다.

야고보는 언제 어디에 가서 얼마 동안 무엇을 하겠다는 계획을 정죄한 것이 아니라, "주의 뜻"을 배제한 채 자기 마음대로 무엇이든지 할 수 있다는 방자한 교만을 정죄한 것이다. "주의 뜻" 안에서도 "이것저것을 하리라"는 계획을 세우고 의욕적으로 살아갈 수 있고 또 그렇게 살아가야 한다. 우리는 계획을 세우고 열정적으로 무엇을 추진하되, 우리의 무지와 연약을 알고 주님께 절대적으로 의존하면서 겸손하게 살아가야 한다.

야고보는 본문에서 특별히 기업인들의 사고방식을 다루었다. 크리스천 기업인들 중에 "주의 뜻"은 주일 대예배 1시간에만 제한하고 나머지 주일 23시간과 평일 6일은 완전히 "자기 뜻"대로 사는 자들이 있는 것 같다. 주님은 주일 교회에서만 '주인어른'이 아니고 평일 사업장에서도 '주인어른'이 되어야 한다. 주님과 겸손하게 동행하는 삶이 주일에만 제한되지 말고 사업장에까지도 연장되어야 한다. 주님을 모시고 사업장에 들어가서 "살기도 하고 이것저것을 하기도 하라"는 것이 야고보를 통한 하나님의 교훈이다.

16절 내일 일을 알지 못하고 잠시 보이다가 사라지는 안개와 같은 삶을 사는 우리들에게 삶이라는 것은 연속적인 권한(a continuing right)이 아니라 매일의 긍휼(a daily mercy)이다(Motyer). 이런 진리에 비추어 볼 때 언제 어디

가서 무엇이든지 해서 이득을 보겠다는 것은 허탄하고 악한 자랑이다. 무지와 연약에 싸여 있으면서 알지 못한 채 하는 자랑이니 교만하고 허탄한 것이고, 하나님의 주권을 무시하는 자랑이니 악한 것이다. 자랑을 하려면 하나님의 영광을 바라보는 자랑을 해야 하는데(롬 5:2), 본문의 신자들은 하나님 중심의 자랑을 하지 않고 육신의 정욕과 안목의 정욕에 근거한 세상적인 자랑을 한 것이다(요일 2:16).

17절 야고보는 지금까지의 내용을 "이러므로"라는 접속사로 요약해서 "선을 행할 줄 알고도 행치 아니하는 죄"라고 지적했다. 그러면 16절까지의 내용이 어째서 "선을 행할 줄 알고도 행치 아니하는 죄"인가?

이 문제를 풀 때 교만의 죄에서 생략의 죄로 넘어갔다는 주석이 있다. 야고보는 16절에서 교만한 자랑의 죄를 지적한 다음 17절에서는 생략의 죄(the sin of ommission)를 지적했다는 것이다(Motyer). 하지 말아야 할 것을 하는 것은 범법의 죄(the sin of commission)지만 해야 하는 것을 하지 않는 것은 생략의 죄라는 것이다. 그러나 교만의 죄에서 생략의 죄로 넘어가는 것은 한 주제에서 다른 주제로 넘어가는 것인데, 이렇게 다른 주제로 넘어가는 것을 같은 주제를 매듭짓는 "이러므로"로 연결한다고 보기는 힘들다(Davids).

야고보가 13~16절의 내용을 "이러므로"로 요약한 것은 이렇게 설명될 수 있다. 사업에서 하나님의 주권을 인정하는 것과 소득을 남기면 그것을 타인들과 나누어야 한다는 것은 기독교 진리로 잘 알려진 것이다. 무엇을 하든지 하나님을 의지하면서 해야 한다는 것은 기독교의 근본에 속하는 원리다(Richardson). 13~16절에서 지적한 신자들은 이런 진리를 잘 알면서도 그대로 실천하지 않았기 때문에 죄를 지은 것이다.

이렇게 볼 때 16절과 17절의 연결은 지식과 실천의 문제, 신앙과 행위의 문제다(Stulac). 야고보는 서신 전체에서 알면서 실천하지 않는 문제, 믿는다고 하면서 실천하지 않는 문제를 지적했다(1:22~27; 2:14~26). 야고보서의 독자들은 신자들이므로 하나님의 말씀을 들어서 무엇이 선(善)인지 잘 아는 자들이었지만, 그대로 행하지 않았다. 교만과 자랑의 죄도 몰라서 범하는 죄라기보다는 생명의 무상성과 하나님의 주권을 다 알면서도 이것을 실제 행동으로 나타내지 않는 데서 범하는 죄다.

우리는 잠시 보이다가 없어지는 안개라는 인생의 실체를 직시하고 주님의 뜻에 따라 겸손하면서도 의욕적인 삶을 살아가야 한다.

06

하나님의 백성을 향한 목회적 권고들

야고보서 5장의 주해와 적용

야고보서의 구조 문제에 대한 논란은 오래 전부터 있어 왔다. 이 논란 중에서 가장 핵심적인 것은 야고보서의 메시지가 연속성을 갖는지 아니면 불연속적인 권면들을 모은 것인지의 문제다. 다시 말하면 각각의 메시지를 독립적인 것으로 보아야 할 것인지 아니면 서로 관련지어 생각해야 하는지에 대한 논란이다. 전자의 경우를 주창한 학자로서 대표적인 사람이 디벨리우스다. 야고보서를 잠언과 같은 지혜서로 보고 잠언이 그러하듯이 야고보서도 여러 개의 독립된 지혜문구가 연결되어 구성되었다고 본 것이다. 최근에 리챠드 보캄은 그의 야고보서 주석에서 이를 어느 정도 수용하였다. 이것은 우리가 야고보서를 읽을 때 무리하게 각각의 메시지를 연결짓는 것을 경계해야 한다는 조언으로 받아들일 수 있다. 그러나 그렇다고 해서 너무나도 분명하게 드러나는 문학적 연결고리를 부정할 필요는 없다. 그러므로 야고보서를 읽거나 설교할 때 야고보서는 서로 연결되지 않는 내용들이 병행되어 존재할 수 있다는 것과 또한 서로 관련될 수 있는 가능성이 있다는 두 가지 입장을 모두 수용하는 것이 필요하다.

5장은 크게 두 부분으로 나눌 수 있다. 첫 번째는 1~12절의 내용으로 부자들에 대한 신랄한 경고와 가난한 자들에 대한 인내를 권면한다. 두 번째 부분은 13~20절의 내용으로 병든자들을 위한 기도와 의인의 기도가 효과 있음을 강조한다.

부한 자들과 가난한 자들에 대한 권고(5:1~12)

5:1~12의 내용은 다시 두 단락으로 나눌 수 있는데 그것은 바로 1~6절과 7~12절이다. 전자의 경우는 "부한 자들아"라는 호칭으로 시작하지만 후자의 경우는 "형제들아"라는 호칭으로 시작한다. 그렇다면 두 경우 각각 누구를 향한 메시지인가를 쉽게 알 수 있다. 이 문단에서 우리는 독자들로 하여금 전개되는 내용에 효과적으로 집중할 수 있도록 구성된 독특한 문학적 기교를 엿볼 수 있는데, "부한 자들아"(5:1) 혹은 "형제들아"(5:7, 9, 10)라는 호칭(엄밀하게 말하면 헬라어의 호격)이 규칙적으로 사용된다는 것과 그 호격들과 함께 "보라"는 말이 각각 쌍을 이루어 사용된다는 것이다(5:4, 7, 9, 11). 이를 다음과 같은 도식으로 나타낼 수 있다.

부한 자들아(1절) – 보라(4절)

형제들아(7절) – 보라(7절)

형제들아(9절) – 보라(9절)

형제들아(10절) – 보라(11절)

나의 형제들아(12절) – (보라 생략)

여기에서 호격으로 시작하는 부분은 명령형으로 문장이 시작하고 후반부의 "보라"로 시작하는 부분은 바로 앞의 명령형으로 시작하는 문장에 대한 설명으로 이루어진다. 그러면 여기에서는 5:1~12의 첫 부분인 5:1~6의 내용을 먼저 살펴보고자 한다.

1. 부한 자들을 향한 권고(1~6절)

이 본문은 앞에서 다섯 개의 형식 가운데 첫 번째에 해당한다. 이 첫 번째 형식에서는 "부한 자들아"와 "보라" 사이에 간격이 존재한다. 나머지 네 개의 형식은 같은 절이나 한 절의 차이로 이 두 개의 단어가 존재하지만 이 경우는 두 단어 사이에 세 개의 절이 존재한다. 야고보는 1절에서 부한 자들을 향하여 "임할 고생을 인하여 울고 통곡할 것"을 명령한다. 여기에서 "고생"이란 '비참함'(misery)을 의미한다. 이 단어는 구약에서 종말론적 의미를 내포하여 사용되고 있다. 이는 미가서 2:3~4의 내용에서 동일한 단어의 사용에 의해 확증되고 있다.

여기서 그들에게 임할 비참함이란 무엇인가? 야고보는 그것을 2~3절에서 시적인 구성으로 표현한다. 이러한 시적인 구성은 낭만적인 분위기로 읽히지 않는다. 오히려 읽는 자들의 폐부를 찌르며 뇌리에 깊이 뿌리 박히는 충격적 효과를 자아내면서 보다 강렬한 메시지를 전달한다.

2절   a) 너희 재물은 썩었고

　　　b) 너희 옷은 좀먹었으며

3절   a) 너희 금과 은은 녹이 슬었도다.

　　　b) 그것들의 쇠함은 너희들에게 증거가 될 것이며

　　　c) 그리고 그것은 너희들의 육체들을 불처럼 먹어 버릴 것이다.

　　　d) 너희들은 마지막 날들에 쌓아 놓았도다.[1]

2절의 a), b)와 3절의 a)에서 재물, 옷 그리고 금과 은은 고대 사회에서 부요한 자들이 축적한 부의 상징물들이다. 그런데 이제 그러한 것들이 모두 "썩었고", "좀먹었으며" 그리고 "녹이 슬어" 버렸다. 여기에서 사용된 세 개의 동사는 모두 완료시제로 쓰였는데 이것은 선지적 기대(prophetic anticipation)로서 이해될 수 있다. 다시 말하면 이때의 완료시제는 이미 일어난 사건을 말한다기보다는 선지자의 눈으로 보면 선지자가 말하는 내용이 이미 일어난 것과 동일하다는 것을 의미한다(참조 사 60:1). 그렇다면 실제로 2절의 a), b)와 3절의 a)는 아직 일어나지 않은 미래의 사건을 나타내는 것이라 할 수 있다. 이러한 사실은 3절의 b), c)에서 미래 시제가 사용되는 것으로 더욱 지지를 받는다.

여기에서 2절의 a), b)와 3절의 a)가 가지는 의미는 무엇인가? 그것은 부자들이 축적한 재물, 옷, 금, 은 등은 영원한 것이 아니며 일시적인 것에 불과하다는 것이다. 부자들은 이러한 이 땅의 재물들이 영원한 것으로 생각하여 가난한 자들과 나누기보다는 마지막 날까지 쌓아 놓게 되고 만다(3d). 그러나 마침내 그것들은 쇠하게 되고 말 것이다. 이와 같이 결국에는 그들이 소유했던 재물의 쇠함이 그들이 얼마나 탐욕스럽게 살았는가를 단적으로 입증해 주는 증거물이 되고 말 것이다(3b). 따라서 그들은 불같은 심판을 면할 수 없을 것이다. 그러므로 이와 같은 재물의 쇠함은 그들 죄, 바로 그들의 육체가 불에게 먹혀버리는 심판의 이유가 되고 만다.

여기에서 3절의 d)는 흥미로운 구절이다. 원문을 보면 이 문장에 목적어가 생략되어 있다. 그래서 쌓아 놓는 것이 무엇인지를 분명하게 말하지 않는다. 이것은 '모호성의 원리'를 사용하여 독자들로 하여금 융통성 있게 상상할 수 있도록 배려하는 것이다. 여기에서는 "쌓았다"라는 동사를 사용함으로써 두 가지의 목적어가 가능하게 된다. 하나는 "재물"이고 다른 하나는 "심판"이다. 재물을 쌓았다고 해도 가능하고 심판을 쌓았다고 해도 가능하다. 전자는 앞의 내용들 때문에 가능하고 후자는 3절의 d)의 "말세"라는 표현 때문에 가능하다.

전자의 경우를 취하면 부자들은 재물을 쌓는 일에 정신이 팔려 말세가 오는 것을 잊고 있었다는 것을 의미하는 것이요 후자의 경우는 그들의 재물이 결국 말세에 심판을 쌓는 것이 되고 말았다는 의미가 된다. 두 가지 의미가 모두 저자에 의해 의도되어 있다고 보아도 가능하다. 더 나아가서 두 가지 경우가 서로 무관하지 않다는 것이다. 결국 재물을 쌓아 놓음으로써 심판을 쌓아 놓는 것과 같은 결과를 가져오고 만 것이다.

4절은 "보라"는 단어로 시작한다. 이것은 독자들로 하여금 집중할 것을 요구한다. 여기에서 야고보는 부자들이 재물을 축적하는 방법의 죄악성을 지적한다. 그들의 재물은 한마디로 노동자들의 임금을 착취해서 축적한 재물들이다. 4절과 5~6절은 매우 극명한 대조를 보여 준다. 한편으로는 4절에서 부자들의 밭을 추수하는 일꾼들의 임금을 그 부자들이 착취하였는데 그들이 착취한 임금이 부르짖으며 추수꾼들의 우는 소리가 만군의 주님의 귀에 들리게 되었다. 다른 한편으로는 5~6절에서 부자들은 그렇게 해서 착취한 재물로 땅에서 사치하고 연락하여 도살의 날에 마음을 살찌게 하였고 심지어는 의로운 자를 정죄하여 살인하였으나 그 의로운 자는 그들에게 대항하지 않았다. 4절과 5~6절의 이러한 대조는 부자들이 심판 받아야 할 이유를 더욱 드러내 준다.

적용

오늘날 설교자들은 부자들을 향하여 야고보와 같은 경고의 메시지를 전하고 있는가? 오늘날 부자들의 착취는 야고보가 이 서신을 쓴 당시보다 더 심하면 심했지 덜하지는 않을 것이다. 그리고 더 큰 문제는 그러한 부자들이 교회 안에 많이 들어와 있다는 것이다. 그럼에도 불구하고 설교자들은 이러한 메시지를 선포하는 것을 두려워한다. 왜냐하면 그들이 교회의 확장을 위한 사역의 재정적인 공급에 매우 중요한 역할을 하고 있기 때문이다.

오늘날 나와 우리 공동체는 이러한 부자의 심리를 가지고 있지는 않은가? 본문에 나타난 부자의 심리란 무엇인가? 물질이 영원할 것이라는 생각이다. 그래서 그것을 모으기 위해 목숨을 거는 것이다. 물질은 일시적일 수밖에 없다는 생각만이 물질에 궁극적 가치를 부여하지 않을 수 있으며 본문에서 말하는 부자에게 주어질 심판을 피할 수 있는 유일한 방법이다.

2. 가난한 형제들을 향한 권고(7~12절)

7~12절의 내용은 세 개의 "형제들아 보라"의 구조로 되어 있다. 이것은 앞에서도 말한 것처럼 1~6절의 "부자들아 보라"의 구조와 대조적으로 병행되어 나타난다. 그러므로 우리는 7~12절을 묵상할 때 1~6절과 어떻게 대조되어 나타나는가를 세밀하게 관찰해야 한다. 7~12절은 "그러므로"라는 말로 시작한다. 이는 앞의 내용과 관련성이 있음을 암시한다.

어떻게 관련되어 나타나는가? 이는 먼저 7절이 "인내하라"는 말로 시작한다는 점에서 착안점을 발견할 수 있다. 왜 여기에서 "인내"의 문제가 갑자기 제기되는가? 이것은 앞부분과 관련성을 생각하지 않고는 알 수 없다. 1~6절에서는 부자에 의해 착취당하는 추수한 품꾼의 처절한 상황과 착취한 불의한 부자와 그 부자가 축적한 부의 일시성이 드러나고 그들의 악에 대한 하나님의 심판이 제시된다. 이러한 내용은 바로 가난하고 착취당하는 자들이 인내해야 하는 이유가 된다. 무엇을 인내해야 하는가? 부자들의 착취로 인한 고통과 아픔을 인내하라는 것이다. 언제까지 인내해야 하는가? 주님이 강림 하실 때까지다(7a절). 여기에서 인내를 독려하기 위해 농부의 예를 적용한다(7b절). 올바른 이해를 위해 7b절을 가능한 한 직역을 해보는 것이 필요하다.

보라 농부는, 귀한 열매가 이른비와 늦은비를 받을 때까지 그것(귀한 열매)에 대해 인내함으로써, 그것(귀한 열매)을 기다린다.

여기에서 "귀한 열매"가 "이른비"와 "늦은비"를 받기 위해 기다리는 것이고(개역성경에는 농부가 기다리는 것으로 번역되어 오해를 일으키고 있다) 농부가 기다리는 것은 이른비와 늦은비를 맞고 열매를 맺는 귀한 열매다. 식물이 이른비와 늦은비를 맞고 귀한 열매를 맺히도록 하는 것은 농부에게는 능력 밖의 일이다. 단지 기다리고 인내할 뿐이다. 물론 농부가 아무 것도 하지 않는 것을 말하는 것은 아니다. 그러나 그가 인내해야 할 영역에서는 철저하게 인내해야 한다는 점을 지적한다.

이러한 인내를 바로 부자들의 착취로 고통과 아픔을 겪는 가난한 자들에게 적용한다(8절). 8절에서 "인내하라"는 것에 대한 동의어로서 "마음을 굳게 하라"는 말을 제시한다. 인내는 곧 마음을 강하게 함으로 가능하기 때문이다. 8절의 마지막 부분은 인내해야 하는 이유를 설명한다. 그것은 주님의 강림이 가깝기 때문이다. 주님의 강림은 그야말로 가난한 자들이 부자들의 착취로 인한 고통과 슬픔을 견디기에 충분한 이유가 되는 사건이다. 왜냐하면 바로 그때 하나님의 심판이 있기 때문이고 부자들은 그들의 재물을 불의한 방법으로 축적한 것에 대해 심판 받을 것이기 때문이며 가난한 자들은 하나님의 위로를 받을 것이기 때문이다.

9절에서 또 다시 '형제들아 - 보라'의 형식이 등장한다. 여기에서 형제들은 가난한 자들로서 야고보서를 읽는 독자들 중에 속한 자들임에 틀림없다. "서로 원망하지 말라"는 1~6절 그리고 7~8절과 무관해 보이지만 그럼에도 불구하고 서로 연결해서 생각해 보아야 한다. 왜냐하면 앞에서도 언급한 바와 같이 '부자/형제들아 - 보라'의 형식으로 연결되기 때문이다. 이러한 관련성은 쉽게 추론할 수 있을 것이다.

여기에서 "서로"는 부자와 가난한 자들의 관계일 수 있고 가난한 자와 가난한 자들의 관계일 수도 있다. 후자의 경우에 가난하면 서로 원망할 수 있는 환경이 조성된다. 이러한 경우를 생각해 보면 서로 원망함으로 죄를 지을 수 있는 소지를 없앨 것을 말하고 있다. 왜냐하면 원망함으로 죄를 짓고 하나님의 심판을 받을 수 있기 때문이다.

전자의 경우에 부자들의 부정한 착취를 당한 가난한 자는 너무나도 당연하게 부자들을 원망할 수 있다. 그러나 그러한 원망은 어떠한 결과도 기대할 수 없다. 왜냐하면 부자들은 적어도 그러한 가난한 자들의 원망을 들을 준비가 되어 있지 않기 때문이다. 가난한 자가 원망함으로써 얻을 수 있는 것은 부자의 완악함으로 인한 실망과 낙망뿐이다. 이러한 실망과 낙망은 부자들에 대한 미움을 낳고 그러한 미움은 하나님이 심판하시는 대상이 되는 것이다(마 5:21~26을 기억하라). 그들이 할 수 있는 최선의 반응은 원망하지 않으면서 인내하는 것이며 그렇게 함으로써 하나님의 심판을 면하는 것이다. 왜냐하면 "심판자가 문밖에 서 계시기" 때문이다(9b절). "심판자가 문밖에 서 계신다"는 표현은 8절의 "주의 강림이 가깝다"라는 내용과 병행을 이룬다. 곧 주의 강림이 가까웠다는 것은 심판의 때가 가까왔다는 것을 의미한다. 그렇다면 9절은 7~8절에 대한 보충적인 설명이다.

다음으로 10~11절은 "형제들아 – 보라"의 네 번째 형식이다. 네 번째 또한 앞의 내용과 밀접하게 연결되고 있음을 쉽게 발견할 수 있다. 여기에서 주된 관심은 "인내"다. 먼저 선지자들을 고난과 인내의 본으로 제시한다. 선지자들을 수식해 주는 "주의 이름으로 말한"이라는 문구가 눈길을 끈다. 선지자들이 주의 이름으로 하나님의 말씀을 대언할 때 직면할 수밖에 없었던 상황들은 바로 무고히 당하는 고난 그 자체였다. 그러나 선지자들은 그러한 고난의 현장에서 인내하는 자세를 견지하였던 것이다. 이러한 인내의 자세가 바로 부자들에 의해 착취당하는 가난한 자들에게 적용되고 있다.

"보라"로 시작하는 11절은 욥의 경우를 다시 한 번 인내의 모델로 제시함으로 고난을 당할 수밖에 없었던 선지자들에 의한 인내의 모델을 보완한다. 왜냐하면 인내라는 것이 항상 약한 자의 덕(德)으로 여겨질 수 있기 때문이다. 그래서 인내에는 반드시 축복스런 대가가 따른다는 것을 확인시켜 줄 필요가 있었던 것이다. 그러한 축복은 결국 인내하는 자를 강한 자로 만든다. 이러한 점에서 욥의 경우는 야고보에게 축복이 따르는 인내의 가장 적절한 예로 여겨졌던 것이다. 욥은 인내함으로써 많은 복을 받은 자다. 우리는 그와 같은 욥의 결말을 듣고 목도한 바 있다. 이처럼 욥이 인내를 통해 얻은 복은 하나님의 자비와 긍휼로 말미암은 것이었다. 이러한 욥의 경우를 통해 우리는 인내하는 자들의 결론이 복되다고 확신할 수 있다. 이와 같이 선지자들과 욥의 경우는 가난한 자들이 고난 중에서도 인내할 수 있는 충분한 동기부여가 될 수 있다.

마지막으로 12절에서 "형제들아 – 보라"의 형식은 '맹세에 관한 문제'로 이어진다. 이것은 많은 주석가들이 주장하는 것처럼 앞의 내용과 무관해 보이는 것이 사실이다. 그러나 우리가 '부자/형제 – 보라'의 문학적 형식이 보여 주는 흐름에서 이것을 이해한다면 최소한 이러한 형식의 통일성 가운데 이것이 무엇을 의미하는가라는 고민이 요구된다.

물론 이 다섯 번째 형식에는 '보라'는 문구가 생략되었다. 대신에 맨 앞에 "무엇보다도"라는 말이 삽입되었다. 이러한 삽입은 이 형식 시리즈를 마무리하면서 야고보가 말하고자 하는 것을 강조하고 다짐하는 의도를 담고 있는 것으로 보인다.

저자는 이 본문에서 함부로 맹세하지 말 것을 강조한다. 그렇다면 앞의 내용과 "맹세하지 말 것"이라는 권면은 무슨 관계가 있는가? 함부로 맹세하지 말아야 할 이유로 제시된 것은 "죄 정함을 면하기" 위해서다. 여기에서 "죄 정함을 면한다"라는 문구는 '심판 아래 있지 않는다' 는 의미를 갖는다. 그렇다면 이는 9절의 "심판을 면한다"는 구절과 동일한 의미를 갖는다. 이러한 병행은 9절과 12절이 의미상 서로 관련성을 갖는다는 점을 시사해 준다. 그러한 관련성은 부자의 착취로 인한 고난과 슬픔을 가난한 자가 어떻게 대처해야 하는가의 문제를 다룬다는 점에서 찾아야 할 것이다.

9절이 '원망하지 말아야 하는 것' 을 교훈하고 있다면 12절은 '맹세하지 말아야 한다' 고 교훈한다. 이것은 마태복음 5:33~37에서 맹세에 대한 예수님의 가르침을 야고보가 사용하는 것이다. 마태복음 5:33~37에서 가르침의 핵심은 헛맹세를 경계하는 것이다. 결국 헛맹세는 악에서 좇아 나는 것이기 때문이다(마 5:37). 고통을 당하는 가난한 자는 이러한 헛맹세의 유혹에 노출되어 있다. 심리적으로나 신앙적으로 고통의 상황으로 약해진 감정을 극복하기 위해 하늘로나 땅으로 지킬 수 없는 헛맹세를 감행할 수 있기 때문이다. 야고보는 바로 이러한 점을 경계하는 것 같다.

적용

그리스도인으로서 이 세상에서 정직하게 산다면 어떤 면에서는 가난의 삶을 살게 될 것이다. 우리는 이와 같이 가난에 처할 수밖에 없는 상황을 상정해야만 한다. 그러한 가난은 우리에게 많은 고통과 불편을 가져다 줄 것이다. 특별히 부자의 착취에 의해 그러한 상황에 처하게 된다고 생각할 때는 분노할 것이다.

요즘 구조조정이 한창이다. 이러한 구조조정의 세파로 노동자들은 직업을 잃을 것이다. 그럴 때 그들은 바로 경영자들에게 착취당한 기분을 가질 수 있다. 이러할 때 서로 원망하거나 헛맹세를 한다면 그것은 문제를 극복하기보다는 죄악에 빠지게 된다는 것을 기억해야 한다. 만일 경영인들이 잘못한 것이 있다면 하나님께서는 반드시 심판하실 것이다. 원망하거나 헛맹세를 함으로 부자가 받아야 할 심판을 가난한 노동자들이 받아야 할 이유는 없다(그들이 적어도 그리스도인들이라면). 그리고 가난하게 된 노동자들의 신음소리를 하나님은 들으신다. 부자들은 심판을 면하기 위하여 각성해야 할 것이고 가난한 자들은 축복을 잃지 않기 위하여 인내해야 할 것이다.

고난 당하는 자들을 위한 기도(5:13~18)

13절에는 기도와 찬양이 마치 쌍둥이처럼 등장한다. 이 두 가지는 모두 고난 당할 때와 즐거워 할 때 우리가 하나님께 반응해야 하는 태도다. 그리스도인들이 당하는 상황은 고난과 즐거움의 두 가지로 크게 나눌 수 있는데 기도와 찬양은 모두 이 두 가지 상황에서 하나님이 우리에게 원하시는 자세다.

14절에는 특별히 두 번째 고난의 상황과 관련해서 질병으로 어려움을 당하는 사람에 대한 권면이 기록되어 있다. 야고보는 특별히 장로들을 청하여 기도할 것을 권면한다. 병자를 위한 기도에서 몇 가지 중요한 사실을 주목할 필요가 있다.

첫째로는, 장로들을 청하라고 한 것에 주목할 필요가 있다. 여기에서 장로가 단수가 아니라 복수임에 주목해야 한다. 이것은 기도를 통해 병자가 치료될 때 한 개인의 공로로 돌아가는 역기능을 예방하려는 것이라고 생각할 수 있다. 그리고 또한 장로들은 한 개인으로서 병자를 위한 기도를 수행하는 것이 아니라 교회의 직분을 가진 공식적인 위치에서 병자들을 위해 기도하는 것이다. 그러므로 교회의 장로들의 기도로 말미암아 병자가 낳았다면 그것은 공식적으로 주어진 그 직분이 능력을 가지는 것이지 장로 개인에게 능력이 있다고 말할 수 없다. 그러므로 만일 교회에서 병든 자를 위해 기도할 때 누군가가 치료를 받았다면 누구든지 자신의 능력인양 자긍하지 말아야 할 것이다.

두 번째, 주님의 이름을 부르고, 기름을 바르고, 기도하는 것은 초대 교회에서 병자들의 치료 사역에서 수행되는 세 가지 요소라고 할 수 있다. 이러한 행위들은 어떤 마술적 행위가 아니라 하나님께서 능력으로 개입하시도록 하는 기독교적 의식이다. 여기에서 "기름을 바른다"는 것은 문자적 의미보다는 상징적 의미로 간주하는 것이 옳다. 상징적 의미로서 기름을 바른다는 것은 곧 병자를 하나님의 특별한 호의를 위해 구별해 놓는 것을 의미한다(R. Martin, WBC 주석).

세 번째는, 질병은 범죄와 관련이 있다. 이는 15~16절에 잘 나타나 있다. 이 구절들을 이해하기 쉽도록 나열해 보면 다음과 같다.

A   믿음의 기도는 병든 자를 구원하리니
         주께서 저를 일으키시리라
B   혹시 죄를 범하였을지라도 사하심을 얻으리라
         이러므로 너희 죄를 서로 고하며
A′   병 낫기를 위하여 서로 기도하라
         의인의 간구는 역사하는 힘이 많으니라

A와 A′는 "믿음의 기도"와 "의인의 간구"로 서로 병행한다. 믿음의 기도와 의인의 간구는 각각 병든 자를 고치며 역사하는 힘이 크다. A와 A′ 사이에 존재하는 B는 병자에 대한 언급이 아니라 죄에 대한 언급이다. 이러한 관계에서 드러나는 죄와 질병의 관계는 매우 밀접하다고 말할 수 있다. 적어도 15~16절의 문맥에서 이러한 사실이 밝히 드러난다(물론 다른 신약 성경들―막 2:5; 요 5:14; 9:2~3; 고전 11:30―에서도 발견될 수 있다). 그러나 그렇다고 해서 이러한 관계를 보편적인 사실로 절대화해서는 안 된다. 왜냐하면 바

울도 질병 때문에 고생했지만 그것이 죄와 관련되었다고 말하지 않기 때문이다. 만일 죄가 질병과 관련된다는 것이 사실이라면 질병이 낫기 위해서는 죄를 고해야 할 것이다. 그러므로 16절의 말씀처럼 죄를 서로 고하는 행위가 병 낫기를 위한 기도에서 요구된다.

네 번째로, "믿음의 기도"는 병든 자를 일으키고 의인의 간구는 역사하는 힘이 많다는 것을 확증하기 위해 엘리야의 예를 제시한다(17~18절). 엘리야의 사역은 우상을 섬기며 하나님을 떠난 이스라엘 백성들을 향하여 언약적 저주와 그리고 언약적 저주에서 회복을 선포하는 것이다. 특별히 야고보는 엘리야의 이러한 사역에 기도가 있었다는 것을 부각시킨다. 그런데 엘리야는 특별한 사람이 아니다. 그는 우리와 동일한 사람이다. 그렇다면 우리에게도 역시 기도로 말미암아 엘리야에게 주어진 것과 같은 역사가 일어날 수 있다는 것을 시사해 준다.

적용

우리는 본문의 말씀대로 병자들을 위해 기도할 것을 요구받고 있다. 우리 주위에 병자들이 있다면 개인적으로 골방에서 기도할 것이지만 또한 공식적으로 교회가 정한 장로들이 교회의 이름으로 병자들을 위한 기도에 동참해야 한다. 이러한 것들이 교회 공동체 안에서 질서와 사랑 가운데 이루어져야 할 것이다. 그런데 병자들을 위한 기도를 할 때 우리는 죄의 문제를 간과해서는 안 될 것이다. 병고침을 위한 기도는 단순히 육신의 치료만이 아니라 죄의 문제까지도 해결할 수 있는 계기가 될 수 있다.

야고보의 요약적 권면(5:19~20)

야고보는 권면함으로 그의 글을 갑작스럽게 마치고 있다. 글을 마무리하는 야고보의 방법은 독특하다. 이 권면의 글은 야고보서의 기록 목적을 요약하는 형식으로 구성되어 있다.

19~20절에서 하나님의 백성들을 미혹된 길에서 보전하고 돌아오게 하는 것이 형제들의 사명이라고 강조한다. 19절에서 '미혹하여 진리를 떠난 자'는 하나님의 계시된 뜻을 거절하고 그것에 반하는 행위를 함으로써 배역하는 것을 의미한다. 20절에서 그렇게 배역한 자를 돌아서게 하는 것은 바로 그 구원의 길로 떨어져 나갈 뻔한 영혼을 구원하는 것이며 그들의 허다한 죄를 덮는 결과를 초래할 것이라고 선언한다. 여기에서 영혼을 구원한다는 의미는 하나님만이 하실 수 있는 사망에서 생명으로 옮기는 사역과 동일한 것이 아니라 이미 구원받은 영혼이 잠시 진리를 떠나 사망에 빠질 위험에 처했는데 이를 빠지지 않도록 도와 주는 것을 의미한다.

어떻게 그들을 미혹의 길에서 진리의 길로 돌아오게 할 수 있을 것인가? 야고보는 그 방법들을 다양하게 제시한다. 특별히 5장의 경우를 보면 부자들(적어도 그들이 그리스도인들이라면)에게 가난한 자들을 착취하지 말고 회개하여 심판을 면하라고 강력하게 권한다. 또한 가난한 자들은 원망하거나 쉽게 헛맹세를 함으로 심판에 빠지지 말고 욥과 같이 인내함으로 복된 자들이 되도록 하며 기도하고 찬양하여 하나님에게서 오는 기도의 응답을 경험할 것을 권면한다.

적용

우리 주위에 미혹을 받아 진리에서 떨어져 나간 사람들은 혹시 없는가? 그렇다면 그들을 권면함으로써 자칫 잃어버릴지도 모르는 영혼을 구하도록 도와야 한다. 그들을 돌이키는 일에 달콤한 말은 도움이 되지 않을 것이다. 때로는 그들의 폐부를 찌르는 정직한 말이 그들이 자신을 돌아보고 돌아 올 수 있도록 할 수 있을 것이다.

베드로전후서

어떻게 설교할 것인가

발간사

I. 베드로전후서 배경연구

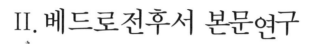

II. 베드로전후서 본문연구

I. 배경연구

01

거룩한 나그네들을
위한 서신

베드로전서의 저자, 집필 연대 및 장소, 수신자

1. 저자

베드로전서의 저자는 1장 1절에서 언급하고 있듯이 '예수 그리스도의 사도 베드로'다. 그러나 일부 학자들의 주장처럼, 베드로전서의 헬라어가 뛰어나다는 점(베드로는 어부였다), 베드로전서에 나타난 외부의 박해(4:12 등)가 로마 제국의 전반에 걸쳐 있었던 박해일 수 있다는 점 그리고 5장 1절에 언급된 장로라는 교회의 직제 등은 베드로 이후의 시기를 반영한다고 볼 때 베드로가 아니라 그의 제자일 가능성도 배제할 수 없다. 그러나 설사 베드로가 아닌 그의 제자가 실제 저자라고 해도, 그가 받거나 배운 전승은 베드로에게서 온 것이다.

2. 집필 연대 및 장소

만약 베드로가 썼거나 아니면 베드로가 구술한 것을 실루아노가 대필했다면(5:12), 그 연대는 주후 60~65년 사이였을 것이다.[1] 베드로의 제자가 썼다면 70~90년 사이에 씌어졌을 것이다. 저자는 수신자에게 '바벨론'에 있는 교회의 문안 인사를 전하고 있다. 여기서 바벨론은 로마를 의미하는 것으로 보인다. 베드로는 로마에서 순교한 것으로 전해지고 있다(1Clement 5).

이런 사실로 인해 베드로전서는 로마에서 집필되었던 것으로 보인다.

3. 수신자

1) 지리적 측면에서 본 수신자

저자는 수신자에 대해 '본도, 갈라디아, 갑바도기아, 아시아와 비두니아에 흩어진 나그네'(1:1)라고 말한다. 여기에 언급된 5개 지명은 모두 소아시아 지역에 속한다. 베드로가 이 지역을 방문했다는 증거는 없다. 그러나 이 중에 '갑바도기아, 본도, 아시아'는 베드로가 성령 충만함을 받은 후에 설교했을 때, 그의 설교를 듣고 세례를 받았던 사람들의 출신지 12개 가운데 3개다(행 2:9). 그렇다면 이 세 지역의 사람들이 자기 지역으로 돌아가 가정 교회를 시작하지 않았을까?

갈라디아서에 등장하는 소위 '다른 복음을 전하는 자들'(갈 1:6~9)은 앞서 언급한 대로 베드로의 설교를 듣고 세례를 받은 자들 그래서 유대 기독교의 영향을 매우 강하게 받은 자들로 추측할 수 있다.

2) 사회적 측면에서 본 수신자

베드로전서의 수신인은 어떤 특정 교회의 교인이 아니라 '나그네'로 나타난다. 한글개역성경이 '나그네' 혹은 '행인'으로 번역하는 헬라어는 '파레피데모이'(1:1; 2:11. 그 외에 히 11:13)와 '파로이코이'(2:11. 그 밖에 행 7:6, 29; 엡 2:19)가 있다.[2]

두 단어는 구약의 '게르'에 해당하며, 70인역에서도 '게르'는 '파레피데모이'와 '파로이코이'로 번역되었다. 이 단어들에 대한 기존 영어 성경(KJV, RSV 등)은 'exiles, pilgrims, sojourners'로 번역하고 있다. 그런데 엘리어트에 따르면, 이런 번역은 그 단어들의 사회적, 정치적 함축의 의미를 왜곡시킨다. 즉 위와 같은 번역은 '이 땅 위에 있는 영적 순례자'라는 종교적 의미만을 표출하고 있을 뿐이다.[3]

엘리어트는 '파레피데모이'와 '파로이코이'를 각각 'visiting strangers, resident aliens'로 번역한다. 이들은 70인역에서와 마찬가지로 베드로전서의 시대적 배경이 되는 그레코 - 로만 세계에서 낯선 땅에 영구적으로 혹은 일시적으로 거주하는 낯선 자들이다. '파로이코이'란 문자적으로 볼 때 다른 사람의 '집'에 '함께' 사는 이방인들이다. 이런 '파로이코이'는 바로 구약에 나타난 하나님의 선민들(이집트와 가나안에 거주했던 아브라함, 미디안 땅에 살았던 모세, 이집트에서 종살이했던 이스라엘 그리고 프톨레미 왕가 치하의 이집트에서 살았던 유대인들)의 전형적인 모습이다.

그런데 당시의 묘비명을 통해 나타난 증거로 볼 때, '파로이코이'는 지역 사회에서 하나의 특정한 사회적 계층을 형성하였다. 이들은 완전한 시민들보다 지위가 낮았지만, 완전한 이국인들(크세노이. 엡 2:19; 히 11:13)보다는 지위가 높았다. 이들은 결혼할 수 있는 사람, 땅의 소유, 재산 계승, 투표, 일정한 단체 참여에 제한을 받았고 높은 세금을 내야했으며 더 엄한 형벌을 받아야 했다. 원 지역 주민들과 달리 지역적 뿌리가 없고 민족도 다르며, 언어와 문화도 다르고 정치적으로나 종교적인 충성도 달랐기 때문에 이들은 흔히 기존 질서 및 안녕에 대한 위협적인 존재로 간주되었다. '파로이코이'는 언제나 지역 주민들의 두려움과 불신, 제대로 알지 못하고 하는 비방, 차별, 착취 등을 당했다.[4] 당시 소아시아에서 '파로이코이'는 도시와 시골 모두에서 발견되며 이들은 장인, 상인, 토지를 빼앗긴 농부들이었다.[5]

이스라엘의 역사가 보여주듯이, 사회적 소외와 박해는 하나님께서 택하신 소외된 백성의 체험이었다. 이런 역사에서 베드로전서의 저자는 흩어짐과 모임, 고난과 구원, 사회적 배척과 하나님의 수용에 대한 모형을 이끌어 냈을 것이다.

엘리어트의 이런 주장은 '파로이코이'의 사회적 지평을 밝혀주었다는 점에서 큰 의미가 있다. 그러나 전통적으로 주장되어 왔듯이, '파로이코이'는 '믿는 이들의 종말론적 나그네 실존'[6]을 가리키는 용어로서 참된 하늘의 집을 찾아가는 이 세상에서의 나그네라고 볼 수 있을 것이며, 이같은 종교적 의미와 사회학적 의미는 서로 배타적인 것이 아니다.

그러면 구체적으로 본문에서 확인할 수 있는 '파로이코이'의 당시 상황을 살펴보자. 먼저 이들은 당시 소아시아에 널리 퍼져 있었다(1:1). 이들은 무엇보다 박해를 당했다(1:6; 3:14, 17; 4:1, 12~16, 19; 5:9~10). 그러나 이 박해는 네로 황제 시대의 박해(64~65년)나 도미티안 황제의 박해(93~96년)와 같이 제국 전반에 걸쳐 있었던 것으로 보이지 않는다. 권력 기관이나 권세자에 대한 순종을 말하는 점, 권력 기관의 역할을 인정하는 점, 심지어 왕을 공경하라고까지 말하는 점(2:13~17)이 그 증거다.

이들에 대한 박해는 이들이 거주하고 있던 지역의 믿지 않는 사람들이 하는 비방(2:12; 3:16; 4:4, 14)이다. 그 사람들은 믿는 이들(베드로전서의 수신자들)을 악행자라고 모함하고 선행을 해도 욕하며 또 자신들의 생활 방식(4:3)에 따르지 않는다고 비방했다. 그 사람들의 비방은 다만 말에만 그치지 않고 믿는 이들을 차별하고 냉대하기까지 했을 것이다. 그렇다면 이런 상황에 처해 있는 수신자들을 향해 베드로전서의 저자는 어떤 권면을 하고 있는지 아래에서 살펴보자.

베드로전서의 주제

베드로전서의 목적은 무엇보다 고난 가운데 있는 독자들을 권면하는 일이다. 따라서 베드로전서는 관념적 신학이 아니라, 구체적인 삶의 윤리를 언급한다.

1. 예수를 본받으라

베드로전서는 윤리 서신이라고 할 수 있을 만큼 많은 윤리적 권면들이 나타난다. 그런데 저자는 권면의 근거로서 예수의 모범을 제시한다. 2장 18~25절은 사환들에 대한 권면인데, 이들은 선을 행하면서도 고난을 받고 있었다. 저자는 이들에게 그런 고난은 하나님 앞에서 아름다운 것이라고 말하면서 그 고난을 참으라고 권면한다. 이 권면에 이어 저자는 의인으로서 불의한 자를 대신한 예수의 고난을 모범으로 제시한다. 이런 권면과 예수의 모범을 제시하는 것은 3장 16~22절에서 다시 한 번 나타난다.

또 4장 13절에서는 수신자들이 고난을 받음은 "그리스도의 고난"에 참예하는 것으로 오히려 즐거워하라고 권한다. 실제로 저자는 자신을 "그리스도의 고난의 증인"이라고 스스로 밝히고 있다(5:1). 그밖에도 다음과 같이 보다 구체적인 윤리적 권면의 근거로서 예수 그리스도를 제시한다.

1) "… 혀를 금하여 악한 말을 그치며 그 입술로 궤휼을 말하지 말고"(3:10b)라는 권면은 "저는 죄를 범치 아니하시고 그 입에 궤사도 없으시며"(2:22)에 근거한다.

2) "악을 악으로, 욕을 욕으로 갚지 말고"(3:9)라는 권면도 "욕을 받으시되 대신 욕하지 아니하시고 고난을 받으시되 위협하지 아니하신"(2:23) 예수의 모범에 근거한다.

3) 그리스도께서 육체의 고난을 받으신 것처럼 믿는 이들 역시 고난을 받는데, 믿는 이들이 당하는 고난은 다시는 사람의 정욕을 좇지 않고 오직 하나님의 뜻을 좇아 육체의 남은 때를 살게 하려 함이다(4:1~2).

2. 종말론에 근거한 권면

저자의 권면은 기독론적 근거뿐 아니라 종말론적 보상에도 근거하고 있다. 베드로전서의 수신자들은 당시의 보편적 가치관이었던 '명예와 수치'(honor and shame)의 관점에서 볼 때 수치의 삶을 살았다. 이들은 신앙을 지키기 위해 당시 사람들의 일반적 관행과 행태를 따를 수 없었고, 이로 인해 비난과 수치를 면키 어려웠다. 그러나 저자는 결국에 "저를 믿는 자는 부끄러움을 당치 아니하리라"(2:6)고 권면한다. 또 저자는 지금은 성도들이 시험과 시련을 당하지만, "예수 그리스도의 나타나실 때에 칭찬과 영광과 존귀(honor)를 얻게"(1:7) 될 것이라고 권면한다(1:11 참조). 반대로 성도들을 비방했던 자들은 부끄러움을 당할 것이다(3:16). 따라서 믿는 이들은 그리스도인으로서 고난을 받을 때 부끄러워 말고 도리어 하나님께 영광을 돌려야 한다(4:16).

그밖에 저자의 여러 권면은 종말론에 근거한다. "무엇보다도 열심히 서로 사랑"(4:8)해야 할 이유는 "만물의 마지막이 가까웠기"(4:7) 때문이다. 또 "너희가 그리스도의 이름으로 욕을 받으면 복 있는 자로다"(4:14)라는 말씀에는 마태복음 5장 10~12절의 말씀처럼 종말 사상이 근저를 이루고 있다. 저자는 자신이 살아가는 시대를 '말세'(1:20)로 보고, "하나님 집에서 심판을 시작할 때가 되었다"(4:17)고 확신한다.[7]

또 저자가 자신을 "그리스도의 고난의 증인"(5:1)이라고 확신에 찬 말을 할 수 있는 것도 자신이 "나타날 영광에 참예할 자"(5:1)임을 믿고 있기 때문이다. 장로들에게 더러운 이를 위해서가 아니라 하나님의 뜻을 좇아 자원함으로 양 무리를 치며 양 무리의 본이 되라는 권면(5:2~3)은 "목자장이 나타나실 때 영광의 면류관을 얻을 것"(5:4)이라는 기대와 나란히 한다. 또 저자는 젊은 자들에게 겸손하라고 권면하면서 하나님께서 '때가 되면', 즉 '마지막 날에' 높이실 것이라고 격려한다(5:5~6).

3. 구원, 모든 권면의 근거

저자는 "이전 알지 못할 때에 좇던 사욕을 버리라"(1:14)는 권면의 근거로 첫째, 하나님 아버지께서 거룩하시기 때문에 믿는 이들 역시 모든 행실에 거룩한 자가 되어야 하기 때문이며(1:15~16) 둘째, 어린양 그리스도의 보배로운 피로써 망령된 행실에서 구속되었기 때문이요(1:18~19) 영원토록 변치 않는 하나님의 말씀 곧 복음으로 거듭났기 때문(1:23~25)이라고 말한다. 즉 구원론이 윤리의 근거가 되는 것이다.

모든 악독, 외식, 비방을 버리고 신령한 젖을 사모하라는 권면(2:1~2)은 구원에 이르도록 자라게 하기 위함이다(2:2). 여기서 구원은 예수님을 구주로 고백하는 순간 단번에 주어져 영원토록 소유하는 것이 아니라, 우리가 이뤄야 할 목표로 제시되고 있다. 베드로전서에서 믿음은 어떤 상황에서도 변치 않는 '신실함'(faithfulness)이다(1:7, 9 참조).

앞서 언급한 대로 독자들은 '파로이코이'로서 온갖 차별과 냉대 속에서 살아가기에 저자는 이들을 위로하고 격려할 필요가 있었다. 저자는 편지 서두에서부터 이들이 누구인지를 상기시킨다. 이들은 하나님 아버지의 미리 아심을 따라 선택받은 자들이고 성령께서 거룩하게 하신 자들이며, 예수 그리스도의 피뿌림을 통해 구원을 얻은 자들이다(1:2). 이들은 보배롭고 요긴한 산 돌이요 모퉁이돌인 예수와 함께 하나님의 신령한 집을 이루는 자들이며(2:4, 6), 하나님께 드릴 신령한 제사를 담당할 거룩한 제사장(2:5)이다. 또 믿는 이들은 "택하신 족속이요 왕같은 제사장들이요 거룩한 나라요 그의 소유된 백성"(2:9)이며, "하나님의 긍휼을 얻은 자"(2:10)다. 이렇게 여러 수식어로 믿는 이들의 정체를 정의하는 것은 저자의 윤리적 권면이 구원에 따른 새로운 자아 의식에 근거하고 있음을 보여 준다.

4. 선을 행하라

베드로전서의 핵심적 윤리는 '선을 행함'이다(2:12, 15, 20; 3:6, 13, 17; 4:19).[8] 베드로전서가 말하는 '선을 행함'은 가난한 자를 위한 구제와 같은 일반적 개념이나 금식과 기도와 같은 종교적 행위라기보다 관계적 개념의 성격이 짙다. 즉 '선을 행함'은 권세자와의 관계(2:15), 사환과 주인의 관계(2:20), 아내와 남편의 관계(3:6)에서 언급되고 있음에 주목해야 한다.

또 '선을 행함'은 선교적 효과를 지닐 수 있다. 저자는 믿는 이들이 선을 행할 때 "너희를 악행한다고 비방하는 자들로 하여금 선한 일을 보고 권고하시는 날에 하나님께 영광을 돌리게"(2:12) 될 것이라고 말한다.

또 베드로전서에서 '선을 행함'의 특징은 고난과의 관련성이다. '선을 행함'은 고난을 초래할 수 있으나 그것은 하나님의 뜻이요(3:17) 그 고난을 참는 것은 하나님 앞에 아름다운 일이다(2:20).

5. 형제 사랑의 윤리

요한복음과 요한 서신에 이웃이나 원수에 대한 사랑보다 '형제 사랑' (서로 사랑하라)이 주로 나타나는 것처럼(요 13:34; 15:12, 17; 요일 4:7, 11, 19, 21; 요이 5), 베드로전서에서도 '형제 사랑'을 강조한다(1:22; 2:17; 3:8).[9] 또 저자는 형제 사랑을 여러 덕목 가운데 하나로 취급하지 않고 가장 중요한 덕목으로 취급한다. "무엇보다도 열심으로 서로 사랑할지니 사랑은 허다한 죄를 덮느니라"(4:8).

"서로 대접하기를 원망 없이 하라"(4:9)는 말씀 역시 사랑의 구체적인 표현으로 이해할 수 있다. 여기서 '대접하다'로 번역된 헬라어 '필로크세노이'는 '나그네들에 대한 사랑', '나그네 대접' (hospitality)을 의미한다. 본문에서 나그네란 아마 교회를 섬기는 일을 하던 방랑하는 기독교 순례자를 의미하는 것 같다. 숙박 시설이 거의 없었던 당시로서 또 박해를 받던 베드로전서 독자들의 상황을 감안할 때, 나그네에게 문을 열어 대접하는 일은 결코 쉽지 않았을 것이다. 또 나그네를 대접하기 위해 돈과 시간을 요한다는 점에서 '원망(= 불평)없이 한다'는 말은 자발적이고 기쁜 마음으로 대접하는 것이요, 이는 형제 사랑의 마음 없이는 불가능 한 것이다.

저자가 형제 사랑을 강조하는 것은 그가 성도를 '하나님의 집/가족' (the household of God)으로 보기 때문이다. 이것은 저자가 '집'이란 뜻의 헬라어 '오이크-'를 그 어근으로 하는 여러 전문 용어를 신학적으로 사용하는 데서 확인할 수 있다. 먼저 저자는 수신인을 '신령한 집' (2:5) 혹은 '하나님의 집' (오이코스 투 테우, 4:17)으로 부른다. 또 2장 5절에서 "너희가 산 돌 같이 신령한 집으로 세워지고"라고 할 때 '세워지다'라는 동사도 '오이코도메이스테'다. 남편에 대한 권면인 "너희 아내와 동거하고"라는 말씀에서 '동거하다'는 동사 역시 '쉰오이쿤테스' (3:7)다. 나아가 4장 10절에서 저자는 "선한 청지기(오이코노모이)같이 서로 봉사하라"고 권면한다. 베드로전서에서 "하나님의 집/가정" 신학은 형제 사랑 윤리의 근거다. 또 저자는 '하나님의 집'의 식구됨(membership)을 통해 고난 속에 있는 믿는 이들에게 분명한 정체 의식과 연대 의식을 심어주려 했을 것이다. 예를 들면, 저자는 베드로전서의 독자만이 아니라 다른 형제들도 고난 속에 있음을 상기시키면서 이들로 하여금 고난 속에서도 믿음을 굳게 하라고 권면한다(5:9).

6. 가훈표에 나타난 윤리

베드로전서에는 에베소서 및 골로새서처럼 가훈표(Haustafel)가 있다(엡 5:22~6:9; 골 3:18~4:1). 에베소서와 골로새서의 가훈표가 아내 – 남편, 자녀 – 아비, 종 – 상전을 대상으로 한다면 베드로전서의 가훈표(2:18~3:7)는 사환들(2:18~25), 아내들(3:1~6), 남편들(3:7)을 대상으로 한다.[10] 이 점에 대해 각 본문의 주해와 적용에서 상세히 다뤄질 것이므로, 여기서 요점만 간략하게 언급하도록 한다.

1) 사환들에 대한 권면(2:18~25)

사환들에 대한 권면은 에베소서와 골로새서에 있는 종들에 대한 권면과 비교해 볼 때 그 특징이 분명하게 드러난다. 첫째, 에베소서와 골로새서에서는 종을 '둘로이'라고 부르는 반면에 베드로전서에서는 '오이케타이'로 부른다. 후자는 집안일에 종사하는 종(household servants)인 반면에 전자는 보다 일반적이고 넓은 영역을 포함한다. '둘로이' 대신에 '오이케타이'를 쓴 것은 베드로전서의 저자가 수신자를 하나님의 가족 공동체(household of God)로 보기 때문으로 추측된다. 또 '오이케타이'가 베드로전서의 수신자의 상황과 유사하기 때문일 것이다. 즉 '오이케타이'는 선하고 관용하는 주인 뿐만 아니라 까다로운 주인, 선을 행했지만 오히려 고난을 주는 주인을 만나게 된다.

이러한 '오이케타이'의 취약함은 수신자 '파로이코이'가 자신이 살고 있는 곳의 이방인 이웃들에게서 비방과 박해를 받는 상황과 유사하다. '오이케타이'에 대한 권면이 제일 앞에 위치한 것도 '오이케타이'가 믿음의 집 식구들 모두에게 일종의 범례(paradigm)가 되기 때문일 것이다.

또 '오이케타이'에게 주는 권면에 이어 그리스도의 고난을 언급한 것도 '오이케타이'가 당하는 부당한 고난이 '파로이코이'가 당하는 부당한 박해, 나아가 예수 그리스도의 고난과 유비관계에 있기 때문으로 보인다. 실제로 저자는 사환에 대한 권면(18~20절) 다음에 그 권면의 이유로서 기독론적 근거를 제시하는데(21~25절), 마찬가지로 3장 13~22절에서 저자는 수신자들에 대한 권면에 이어 기독론적 근거를 제시한다.

2) 아내에 대한 권면(3:1~6)

에베소서나 골로새서 그리고 베드로전서 모두 아내에게 자기 남편에게 순복(순종)할 것을 권한다. 에베소서의 경우에 남편이 아내의 머리가 됨을 그리스도께서 교회의 머리됨에 견주면서 남편의 우위를 강조하고, 골로새서에서는 남편에 대한 순종이 마땅함을 선언적으로 말한다. 반면에 베드로전서에서는 아내의 순종이 갖는 선교적 목적이 나타나 있다. "혹 도를 순종치 않는 자라도 말로 말미암지 않고 그 아내의 행위로 말미암아 구원을 얻게 하려 함이니"(3:1).

3) 남편에 대한 권면(3:7)

에베소서는 남편이 그리스도가 교회를 사랑하듯이 또 자기 몸을 사랑하듯이 아내를 사랑해야 한다고 말한다. 에베소서에서는 아내에 대한 권면과 남편에 대한 권면 모두 그리스도와 교회의 관계 속에서 말한다. 한편 베드로전서는 아내가 "자기보다 약한 그릇임을 이해하고 함께 살아가야" 한다고 말한다. 여기서 '약하다'는 말은 여성이 남성에 비해 육체적으로 약하다는 뜻으로 봐야 하며, 남성보다 열등한 존재로 해석해선 안 된다. 왜냐하면 7절 하반부에서 아내된 자는 남편과 함께 "생명의 은혜를 함께 상속받을 사람"(표준새번역)이기 때문이다.

이것은 갈라디아서 3장 28~29절("너희는 … 남자나 여자 없이 다 그리스도 예수 안에서 하나이니라 너희가 그리스도께 속한 자면 곧 아브라함의 자손이요 약속대로 유업을 이을 자니라")의 언급과 상통한다. 또 아내가 "생명의 은혜의 공동 상속자"로서 인식될 때 당시 사회의 절대적인 남성 우월적 부부 관계에 변화가 있을 것이다. 비록 베드로전서 저자가 당시의 차별적인 남녀 관계를 완전히 극복했다고 볼 수는 없지만, 적어도 아내를 "생명의 은혜의 공동 상속자"로 선언한 것은 가히 놀랄만한 일이라 할 수 있다.

7. 국가에 대한 권면(2:13~17)

베드로전서 2장 13~17절은 로마서 13장 1~7절, 디도서 3장 1절처럼 국가에 대해 믿는 이들이 어떤 태도를 취해야 할지를 보여 주는데, 공통점과 차이점이 있다. 세 본문 모두 권세자에게 순종할 것을 명한다는 점에서 공통되지만, 로마서 13장 1절에서 권세가 하나님께로 났다고 하는 반면에 베드로전서 2장 13절은 "인간이 세운 모든 제도"라고 말한다.

베드로전서에서는 국가 권력 기관의 신적 기원에 대해 적어도 명백히 말하고 있지 않다. 로마 제국에 대한 이같은 부정적 태도는 5장 13절에서 로마를 '바벨론'이라는 묵시 문학에서 자주 사용하고 있는 암호로 표시한 것에서도 보인다.

또 인간의 제도나 권세의 역할에 대해 로마서 13장과 베드로전서 2장은 유사한 견해, 곧 인간의 권력 기관은 악행하는 자를 징벌하고 선행하는 자를 포상하기 위한 것이라는 견해를 보여 준다(딤전 2:1~2도 참조). 그러나 로마서 13장에서는 이 일을 담당하는 관원에 대해 '하나님의 사자'(4절)나 '하나님의 일꾼'(6절)으로 말하는 반면에, 베드로전서 2장 14절에서 방백은 '왕이 보낸 사람'이다.

베드로전서 저자는 믿는 이의 자유를 사회적 책임 안에 제한한다. 즉 믿는 이가 분명 자유한 자지만, 그렇다고 해서 그 자유를 모든 사회적 의무에 대한 자유로 오해하여 악을 행하는 구실로 삼아선 안 된다고 말한다(2:16). 그럴 경우에 어리석은 사람들이 믿는 이의 참 자유를 알지 못하고 오해와 비방의 말을 할 것인즉(2:15), 오히려 믿는 이들은 선을 행해야 한다고 권면

한다. 곧 사회적 의무를 충실히 행하고 사회 질서를 존중하는 삶을 살아가
야 한다고 권고한다. 여기서도 베드로전서 저자는 믿는 이들의 국가에 대
한 태도로 '선을 행함'을 강조한다.

02

설교자를 위한
베드로후서 개관

신약의 정경화 작업이 4세기 말에 이뤄졌는데 그 과정에서 두 가지 현상이 나타났다. 그것을 신학 용어로 '호모레고메나'와 '안티레고메나'라고 한다. 전자의 용어는 어떤 책이 아무런 의심도 받아오지 않고 하나님의 말씀으로 채택된 경우를 말한다면, 후자의 용어는 어떤 시대나 어떤 지방에서 어떤 책을 하나님의 말씀으로 인정하기를 반대해 온 경우를 말한다. 하나님의 말씀에서 의심을 받아온 책들은 요한계시록, 유다서, 요한이서, 요한삼서, 야고보서, 베드로후서, 데살로니가후서였다. 그 후로 베드로후서도 논란의 대열에서 공격을 받아온 서신이었다.

공격을 견뎌온 베드로후서

베드로후서와 관련해 제기된 문제는 첫 번째로 베드로후서가 베드로의 저작이 아니라는 것이고 다음은 첫 번째와 관련해 기록 연대가 2세기 중엽이라는 비판이었다. 이와 같은 두 방향으로의 공격에 대한 보수적인 신학계에서 논리적인 대응은 초대 교부 제롬(Jerome)의 견해를 인용함에서 시작됐다.

제롬은 베드로전후서의 문체가 서로 다른 이유로 서신을 저술하는 과정에서 두 사람의 서로 다른 필경사가 있었을 가능성을 제기한다. 두 명의 서로 다른 필경사들은 예루살렘 그리스도인이긴 했지만 로마시민이었기 때문에(행 16:36~37) 어릴 때부터 헬라어에 익숙하고 학식이 있었을 것이다. 베드로가 아람어로 말하고 실라가 헬라어로 통역하며 써 내려 갔던 것 같고 그 과정에서 실라의 헬라어 표현이 반영되었을 가능성이다. 이런 맥락에서 베드로후서도 그의 선교 동역자인 마가가 그 역할을 감당하지 않았겠는가 하는 것이다.

문체와 관련된 또 다른 견해는 비록 베드로가 학문이 없는 범인이라는 전제를 갖고 비판하지만 베드로가 사도행전 4장 13절에서 성령으로 전개하는 그의 설교에 놀랐다는 것을 봐야 하며 또 베드로가 그의 사역 기간이 30년이 넘는 동안에 예루살렘에서 로마로 이주해 살았다는 것을 고려한다면 부단히 언어와 학문적으로 발전했을 가능성을 배제하는 주장은 무리라는 것이다.

두 번째 반박과 관련해선 주로 유다서와 공통되는 내용과 주로 베드로후서 3장의 몇 절을 근거로 한 반박이다. 그러나 베드로후서의 본문 안에서 베드로의 저작을 인식할 만한 동일한 내용이 복음서와 사도행전에서도 발견된다는 점이다. 2세기의 저작자들이 베드로후서의 베드로 저작에 대해 침묵하는 것은 베드로후서가 저자의 죽음 얼마 전에 씌어졌기에 자신이 서신을 얼마동안 입증해 주지 못했을 것이라는 주장이다. 게다가 2세기 저자들의 침묵이 베드로후서가 교회에서 받아들여지지 않은 증거라는 주장을 뒷받침할 수 없다. 역사적으로 3세기에 베드로후서의 저자가 베드로라는 진술이 메도디우스, 피르밀리아누스의 저작에서 나타난다.

발신자와 수신자의 정황

베드로는 베드로전서를 쓸 당시인 AD 63~64년 사이에 로마에 있었을 것으로 추정된다. 그는 거기서 본도, 갈라디아, 갑바도기아, 아시아, 비두니아에 흩어져 살고 있던 택하심을 입은 나그네(벧전 1:1)인 수신자들에게 편지를 보낸 것이다. 수신자들은 대체로 유대인 그리스도인보다 이방인 그리스도인이 더 많았던 것으로 추정되는데, 이들에게 극심한 박해가 예상되는 공동체였다는 것이다. 당시 로마에는 네로 황제의 박해로 많은 성도들이 수난을 당하게 될 시간이 다가오고 있었던 시기였다. 그것을 알고 있었던 베드로가 로마에서 그리스도인들을 위해 미리 목회적인 관점에서 성도들을 위로하기 위해 베드로전서를 썼다는 것이다.

그러나 어떤 학자는 당국자들의 의심을 피하기 않기 위해 수신자들을 실제와 다르게 이방 땅으로 변경했으나 사실은 로마 교회 안에 있는 성도들이었다는 주장이 있지만, 이 주장은 하나의 가설에 불과하다. 왜냐하면 수신자들을 달리 봐야 할 설득력이 약하기 때문이다. 발신자는 로마에서 박해는 곧 그곳에서도 나타날 것을 전제하면서 박해 중에서도 주님께 영광을 돌릴 수 있는 행위들을 조심스럽게 제시한다.

이것은 베드로전서의 저작 목적이 그리스도인들에게 박해를 잘 견디도록 격려함으로써 예수 그리스도의 은혜가 그들 가운데 증거되도록 하기 위함이었음을 말해 준다.

어떤 성경 학자는 마가가 마가복음서에서 "성령이 곧 예수를 광야로 몰아내신지라 광야에서 사십일을 계셔서 사단에게 시험을 받으시며 들짐승과 함께 계시니 천사들이 수종들더라"(막 1:12~13)는 기사가 여타의 복음서에선 발견되지 않는 점을 들어 로마의 원형경기장에서 맹수의 밥이 되어 죽어가는 그리스도인들에게 이미 예수께서도 광야에서 들짐승과 함께 계셨다는 사실을 상기시키면서 위로를 주기 위함이었다는 주장을 하기도 한다.

베드로후서도 오늘날 터키 북부 지역인 소아시아 반도의 로마령 5개 지역에 흩어져 살면서 극심한 박해를 견뎌야 하는 성도들에게 위로를 주기 위한 것이었다. 베드로후서는 전서를 보낸 지 약 2년 후인 AD 66년에 씌어진 것으로 본다. 이때는 베드로가 그의 죽음의 때가 가까웠다는 것을 암시하고 있다(벧후 1:13~15). 목회자인 베드로는 교회 안으로 침투해 들어온 거짓 교사들을 경계하고 지침을 줘야 했다. 그 당시의 거짓 교사들은 주로 영지주의자들로서 이들은 기독교적 윤리를 무시해도 된다는 도덕 폐기론을 내세우며 성도들을 유혹했다.

여기서 괄목할만한 사실은 이들은 예수의 재림을 부인하면서 오히려 육신의 정욕을 좇아 사는 삶으로 성도들을 유혹하고 있었다. 외적 핍박도 문제지만 더욱 문제가 되는 것은 잘못된 이단의 교리에 미혹되어 그리스도에게서 떨어져나가는 것이라고 할 수 있다. 베드로후서의 수신자들은 이런 위기를 교회 내부에서 겪고 있었다는 것이다.

베드로는 베드로후서의 수신자들에게 예수 재림의 확신과 그날의 심판을 엄중히 경고하면서 "거룩한 행실과 경건함으로 하나님의 날이 임하기를 바라보고 간절히 사모하라"(벧후 3:11~12)고 당부한다.

재림 신앙은 성도를 위한 승리의 자본금

목회자인 베드로는 이단과 그들의 꼬임을 받은 자들이 그리스도 재림에 대한 교훈을 버렸고 따라서 그들의 윤리적이고 도덕적인 삶도 타락하게 되었음을 알았다. 이것은 그리스도인의 삶의 기초부터 기둥을 빼버린 것과 같다고 믿었을 뿐 아니라 교회 내부의 심각한 위기를 초래할 문제라는 것을 알았다. 신속히 이 문제를 해결하지 않으면 안됐기에 거짓 선생들의 주장은 무엇이 문제인가를 주님의 재림에 대한 확실한 가르침으로 대처하도록 교회 공동체를 보호하기 위한 목적으로 베드로후서의 수신자들에게 편지를 보낸다. 종말에 대한 분명한 신앙을 가진 자만이 어두운 세상의 핍박과 시련 그리고 유혹을 견디게 한다.

그뿐만이 아니라 그날의 영광을 위해 깨어 있게 하고 등과 기름을 준비하는 그리스도인으로 살게 하는 것이다. 어떤 유혹도 어떤 시련도 그 소망을 끊을 수 없기 때문이다. 베드로후서의 수신자들이나 오늘의 교회 공동체에도 동일한 원리가 적용된다. 다시 오실 그리스도께 대한 분명한 소망을 가진 성도마다 "고아와 과부를 그 환난 중에 돌아보고 또 자기를 지켜 세속에 물들지 않게 산다"(약 1:27)는 것이다.

바로 베드로는 교회 내부의 문제 앞에서 성도의 확실한 승리의 자본금이 되는 예수 재림 신앙으로 문제를 풀고 있다는 것이다. 따라서 베드로는 성도들의 신앙과 삶에 대한 깊은 관심을 갖고 수신자들이 거짓 선생들의 위험에 직면해 있다는 사실(2:1~3)을 감지한다. 아울러 그리스도의 재림에 대한 임박함(1:13~15)에 비춰 그리스도인이 성숙해야 함과 거짓 선생들의 가르침에 대처해야 함을 가르치고 있다. 그것은 결국 그리스도인들이 예수님의 재림을 확신하면서 배교자들에 대해 싸워나갈 수 있도록 영적 성장을 확보해 나가라고 촉구하는 것이다. 베드로는 수신자들의 기억을 되살리면서(1:13) 그들의 사고를 자극 시켜준다(3:1~2). 그래서 그들이 자신의 가르침을 항상 기억하기를 갈망했다(1:15). 그는 성숙한 신자들의 특성을 주의 깊게 묘사했으며 그들에게 은혜와 지식에서 자라가도록 모든 노력을 경주하라고 권유했다(1:3~11).

참 선생의 자격은 독자들을 도와 그들로 하여금 하나님의 말씀을 잘 분별할 수 있도록 해주는 것이다(1:12~21). 따라서 그들에게 거짓 선생들을 주의하라고 경계하면서 그들의 계략이 무엇인지를 드러낸다(2장). 끝으로 임박한 그리스도의 재림을 환기시켜 줌으로써 수신자들에게 장래의 소망을 제공한다(3:1~6).

그래서 재림의 소망은 조직 신학의 끝부분에서 취급할 게 아니라 성도의 삶에서 맨 먼저 고려되야 할 강력한 소망이고 복스러운 소망이며 산 소망이라는 것이다.

베드로후서의 개요

끝으로 베드로후서의 전체 구조를 살펴봄으로써 본서의 전체적인 메시지 흐름을 짚어볼 수 있다.

1. 서론(1:1~2)
2. 그리스도인의 본질: 하나님의 작품(1:3~11)
3. 그리스도인의 양식: 하나님의 말씀(1:12~21)
4. 그리스도인의 전투: 거짓 선생들의 공격(2장)
5. 그리스도인의 소망: 주님의 강림(3:1~6)

03

베드로전후서
참고 문헌

주석 및 주해서

- 케이 아더, 프리셉트 옮김, 「베드로전서 귀납적 성경 연구」(서울: 프리셉트, 2005).
- 데이비드 윌스 · 맥스 앤더스 공저, 장미숙 옮김, 「Main Idea로 푸는 베드로전후서, 요한일서 · 이서 · 삼서, 유다서」(서울: 디모데, 2004).
- 페임 퍼킨스, 박종기 옮김, 「베드로전후서, 야고보서, 유다서(현대성서주석)」(서울: 한장사, 2004).
- 김종인, 「빌레몬서, 베드로전후서」(서울: 영문, 2004).
- 케이 아더, 김경섭 옮김, 「베드로후서」(서울: 프리셉트, 2003).
- 오광만, 「그러면 우리는 어떻게 살 것인가?」(서울: 그리심, 2001).
- 김희성, 「신약주석 방법론」(서울: 한들출판사, 2000).
- 마이클 벤트리, 목회자료사 편집부 옮김, 「베드로전후서」(서울: 목회자료사, 1999).
- 라저 레이머, 양용의 옮김, 「베드로전후서, 요한일서 · 이서 · 삼서, 유다서」(서울: 두란노, 2000).
- 박창환 · 김경희, 「베드로전서, 유다서(대한기독교서회 창립 100주년 성경 주석)」(서울: 대한기독교서회, 1996).

- 케이 아더, 프리셉트 옮김, 「베드로후서 귀납적 성경 연구」(서울: 프리셉트, 1996).
- 한국신학연구소 편집부, 「베드로전후서, 유다서」(서울: 한국신학연구소, 1996).
- B. C. CAFFIN, 편집부 옮김, 「베드로전서 풀핏 성경 주석」(서울: 보문출판사, 1993).
- GARY N. WEISIGER, 편집부 옮김, 「야고보서 – 베드로후서(귀납적 성경 강해 Ⅸ)」(서울: 그라페).
- E. C. S. GIBSON, 편집부 옮김, 「베드로후서 풀핏 성경 주석」(서울: 보문출판사, 1993).
- 마이클 그린, CLC편집부 옮김, 「틴델 신약 주석(베드로후서, 유다서)」(서울: 기독교문서선교회, 1992).

성경 및 신학서

- 박성민, 「(CCC리더십 성경 연구 시리즈) 베드로후서, 유다서, 요한일서 · 이서 · 삼서」(서울: 순출판사, 2005).
- 이연길, 「베드로전후서, 호세아(소그룹 성경 연구)」(서울: 쿰란출판사, 2005).
- P J. 악트마이어 외, 소기천 외 옮김, 「새로운 신약성서 개론」(서울:대한기독교서회, 2004).
- 윌리엄 맥도날드, 유지훈 옮김, 「히브리서, 야고보서, 베드로전후서」(서울: 전도출판사, 2000).
- 한스 콘첼만 외, 박두환 외 옮김, 「신약성서 어떻게 읽을 것인가」(서울:한국신학연구소, 2000).
- 김장근, 「베드로전후서」(서울: 엠마오, 1988).

- 조희완, 「베드로전후서를 달린다」(서울: 이레서원, 1997).
- 조이선교회 편집부, 「베드로전서의 연구」(서울: 조이선교회).
- 어빙 L. 젠센, 문영탁 옮김, 「베드로전후서(성경 연구)」(서울: 아가페출판사, 1991).
- F. W. 베아레, 한의신 옮김, 「베드로전서 연구」(서울: 대한기독교서회, 1986).

강해 설교집

- 김서택, 「고난보다 더 큰 기쁨(베드로전서 강해)」(서울: 기독교문사, 2005).
- 김서택, 「희망의 항해(베드로후서 강해)」(서울: 생명의말씀사, 2005).
- 이동원, 「이렇게 고난을 이기라(베드로전서 강해)」(서울: 나침반출판사, 2005).
- 김병국, 「설교자를 위한 공동 서신 강해」(서울: 이레서원, 2004).
- 조용기, 「베드로전후서 강해」(서울: 서울말씀사, 2004).
- 정경환, 「이것이 하나님의 참된 은혜」(서울: 잠언, 2001).
- 정경환, 「어떠한 사람이 되어야 마땅하뇨(베드로후서 본문 설교)」(서울: 잠언, 2001).
- 윤대영, 「보리밭엔 보리가」(서울: 대한기독교서회, 2001).
- 폴 가드너, 편집부 옮김, 「베드로전서 - 요한계시록」(서울: 성서유니온, 2000).
- 임옥, 「위대한 구원의 복음」(서울: 한국성서학연구소).
- 기독지혜사 편집부, 「히브리서 서론 - 베드로후서 서론」(서울: 기독지혜사).
- 에드문드 P. 클라우니, 편집부 옮김, 「베드로전서」(서울: 여수룬).

– 마틴 로이드존스, CLC 옮김, 「베드로후서 강해」(서울: 기독교문서선교회, 1998).

– 예인 편집부, 「베드로전후서 강해」(서울: 서울말씀사, 1988).

설교 연구 잡지에 수록된 글

– 한규삼, "불신 남편을 둔 아내들에게 대한 권면(벧전 3:1~6)", 「그말씀」 (2004, 5).

– 박경미, "베드로전서의 집 없는 나그네들과 하나님의 집", 「신학 사상」 (1995, 가을호).

II. 본문 연구

01

거룩한 백성이 되라

베드로전서 1~2:10의 주해와 적용

　베드로전서는 외부의 박해로 불안과 공포에 떨고 있는 그리스도인들을 격려하고 위로하기 위한 목적으로 기록되었다. 당시 소아시아에 있는 그리스도인들은 여러 가지 시험으로 큰 근심에 싸여 있었다(벧전 1:6). 이방인들에 의해 악을 행한다는 비방을 받기도 하고(벧전 2:12) 애매하게 욕을 먹기도 하며, 부끄러움을 당하기도 했다(벧전 3:16).

　때로 재산을 빼앗기기도 하고 옥에 갇히기도 하며 심지어 목숨을 잃는 경우도 있었다. 그 때문에 신앙이 약해지는 사람들도 있었고, 배교의 유혹에 넘어가는 사람들도 있었다. 그들을 향해 베드로는 지금 당하고 있는 시험은 잠깐이고, 그리스도의 재림이 가까웠고(벧전 4:7), 그때까지 참고 견디면 칭찬과 영광과 존귀를 얻게 될 것이니 믿음 안에서 굳게 서라고 권면하고 있다(벧전 1:7).

　또 그리스도인들이 당하는 시련은 그리스도의 고난에 참여하는 것이므로 오히려 즐거워하고, 지금은 나그네의 길에 지나지 않으니(벧전 1:1; 2:11) "너희가 말세에 나타내기로 예비하신 구원을 얻기 위하여 믿음으로 말미암아 하나님의 능력으로 보호하심을 입었나니"(벧전 1:5) 내세를 바라보며 인내할 것을 권고한다. 이런 점에서 베드로전서는 히브리서와 요한계시록과 함께 신약 성경의 박해 문서라 할 수 있다.

위로와 격려의 서신

곧 베드로전서는 고난의 현실에 직면해 흔들리고 약해지는 그리스도인들에게 신앙적으로 격려하며 당시에 널리 펴져 있던 박해와 고난을 이기고 종말론적 신앙을 굳게 지키자고 권고하는 문서다. "예수 그리스도의 사도 베드로"(벧전 1:1)라고 발신자를 밝히고 시작하며, "너희는 사랑의 입맞춤으로 서로 문안하라 그리스도 안에 있는 너희 모든 이에게 평강이 있을지어다"(벧전 5:14)는 인사말로 끝을 맺는 편지 형식을 제대로 갖춘 문서다. 그러나 바울의 서신처럼, 특정 교회에 보내는 게 아니라 광범위하게 여러 교회에 보내는 것이며, 어느 교회에서나 받아들일 수 있는 일반적인 내용을 담고 있어서 공동 서신으로 분류된다.

이 서신의 1차 수신자는 소아시아의 다섯 지방에 있는 그리스도인들이다. 베드로전서는 1장 1절에서 밝힌 대로 본도, 갈라디아, 갑바도기아, 아시아, 비두니아에 흩어져 있던 나그네들에게 보낸 편지다.[1] 그러나 2차 수신자는 그리스도의 이름 때문에 어려움을 겪고 있던 모든 그리스도인들이다.

베드로전서의 수신자들은 주로 이교적인 배경을 갖고 있었다. 본서에 나오는 "전에 알지 못할 때에 따르던 너희 사욕"(벧전 1:14), "너희가 알거니와 너희 조상이 물려준 헛된 행실에서 대속함을 받은 것"(벧전 1:18), "너희가 전에는 백성이 아니더니 이제는 하나님의 백성이요"(벧전 2:10) 등의 표현들을 고려해 볼 때 그러하다. 계층적으로 당시 정부의 고급 관리에서 하급 공무원들까지(벧전 2:13~17), 노예 계급의 사람들(벧전 2:18~21) 및 일반 가정의 주부와 남편들도 포함한다(벧전 3:1~7). 대부분의 그들은 직접 예수님을 만나보지 못했다(벧전 1:8).

본문의 구조와 내용

베드로전서는 서두의 인사(벧전 1:1~2)와 마지막의 문안과 복 선언 (5:12~14)을 제외하면 크게 세 부분으로 나눌 수 있다. 먼저 하나님의 구원 받은 자녀의 산 소망과 거룩한 생활(개인의 신앙 생활)에 대한 설명 및 권면이 다(벧전 1:3~2:10). 다음으로 세상에서 그리스도인으로서 의무, 곧 일상과 질 서 속에서 그리스도인들이 건전한 사회인으로서 처신해야 할 바에 대한 권 면(벧전 2:11~4:11)과 세상에서 시련을 이길 것에 대해 권고다(벧전 4:12~5:11). 본문은 본론의 첫 번째 부분에 속한다.

1. 하늘의 기업을 바라보는 믿음

본문의 내용을 살펴보자. 베드로는 편지를 하나님에 대한 교리로 시작 한다. 그리스도교의 신앙은, 하나님이 세상을 창조하셨고 인간에게 관심을 가지시며 인간을 구원하실 능력이 있는 분이라는 믿음에서 출발한다. 베드 로는 먼저 하나님을 찬송하고 이어서 예배와 감사의 표현을 연상시키는 특 별한 행위를 언급한다. 곧 하나님이 구체적으로 어떻게 하셨는지에 대해 묻고 있다. 하나님은 우리의 주님이신 예수 그리스도의 아버지가 되시며(벧 전 1:3), 그분을 죽은 자들 가운데서 부활케 하심으로써 그리스도인들로 하 여금 영원한 소망을 갖게 하셨다.

예수님의 부활은 그분이 메시아임을 입증하는 것으로써, 단지 그분만의 부활을 의미하는 게 아니라 믿음으로 그분과 연합한 모든 사람들의 부활을 내포하는 사건이기에 그것을 가능케 하신 하나님은 찬송 받으시기에 합당 하다고 그 이유를 밝힌다. 하나님은 그리스도의 부활을 통해 그리스도인들 에게 산 소망을 주셨다는 것이다(벧전 1:3). 베드로는 계속해 좀 더 구체적으 로 산 소망을 설명한다. 이 소망은 썩지 않고 더럽지 않으며 쇠하지 않는 유업이다(벧전 1:4).

베드로는 비록 그리스도인들이 세상에서 제대로 대우를 받지 못하고 박해를 받으면서 어려움 가운데 살고 있지만 세상적인 썩어질 기업을 가진 게 아니라 없어지지도 않고 더럽혀지지도 않으며 쇠하지도 않는 하늘에 있는 기업을 가진 사람들이라는 확신을 준다. 그러면서 산 소망을 가진 그리스도인들이 과연 어떤 존재인지를 좀 더 자세히 설명한다. 그리스도인들은 믿음을 가진 자고, 하나님께서 그분의 능력으로 지키시는 자들이다(벧전 1:5).

베드로는 두 가지 사실을 들어서 고난을 당하고 있는 그리스도인들에게 위로와 용기를 준다. 비록 그리스도인들은 이 땅에서 어려움과 슬픔을 당하더라도 기뻐해야 한다고 말한다. 그 이유는, 첫째로 시련은 영원한 것이 아니기 때문이다. 이 땅에서 그리스도인들이 잠깐 동안 겪는 고통은 영원한 행복과 영광에 비교가 되지 않는다(벧전 1:6). 둘째로 그리스도인들의 고난은 오히려 좋은 결과를 가져다준다(벧전 1:7).

이 세상에서 부당하게 경험하는 그리스도인들의 시련과 슬픔은, 마치 금을 연단해 정금을 만들 듯이 믿음의 연단을 거쳐 순수한 믿음을 갖게 만든다. 그 믿음으로 영혼이 구원을 얻게 된다(벧전 1:9). 이 구원은 우연히 생긴 것이 아니라 태고부터 하나님이 계획하신 것으로 예언자들을 통해 이미 구약 시대에 예언하신 것이다(벧전 1:10).

2. 하나님의 거룩하심을 본받는 인간의 거룩함

그리스도의 수난과 영광은 성령이 선지자들을 감동시켜 미리 증언하셨을 뿐 아니라 신약 시대에도 복음 전도자들에게 임하셔서 전하게 하셨으며, 천사들도 동경하는 사건이다. 곧 천사들과 예언자들에게는 주어지지 않았거나 감춰진 구원을 그리스도인들이 얻게 되었다.

이와 같이 소중한 구원을 그리스도를 통해 경험한 그리스도인들은 어떤 모습이어야 하는가? 베드로는 본문에서 윤리적인 권면으로 개인적이고 원칙적인 의견을 밝힌다. 이 권면은 '그러므로'(디오[2], 벧전 1:13)로 시작하는데 매우 중요한 의미를 갖고 있다. 이어서 나오는 권면들을 앞의 말씀의 결론으로 유입하기 때문이다. 하나님이 허락하신 소중한 구원의 소망을 가졌기 때문에, 그에 따른 윤리를 제시한다.

다시 말해, 예수 그리스도 안에서 행하시는 하나님의 현재와 미래의 구원 행위가 그리스도인들의 행위의 토대고 동기라는 것이다. 그리스도인들의 윤리는 독립된 것이 아니라 구원 행위의 결과다. 베드로는 그리스도인들에게 첫째, '마음의 허리를 동이라'고 명한다(벧전 1:13). 마지막 때에 주님의 종말론적 현현에 대비하라는 것이다. 곧 그리스도가 나타나실 때 임할 은혜를 소망하고 그에 대비하라는 것이다. 그 구체적인 내용은 베드로전서 4장 1~11절에 제시되어 있다.

둘째, '거룩한 자가 되라'고 명한다(벧전 1:15). 하나님의 은혜를 체험한 사람은 과거의 삶에 빠지지 말고 과거의 행실과 다른 삶을 살아야 한다는 것이다. 이는 그리스도인들이 거룩하신 하나님에게 완전히 속하는 것으로 세상에서 살지만 세상에 속하지 않고 구별되어 하나님과 연합한 생활을 한다는 의미다. 그리스도인의 거룩함은 하나님의 거룩하심을 본받는 것이다.

3. 그리스도인으로 산다는 것

베드로는 또 하나의 하나님의 모습을 보여준다. 하나님은 각자의 행한 대로 편벽됨 없이 공평하게 심판하시는 분이다(벧전 1:17). 그리스도인들이 거룩하게 생활하는 데 하나님의 절대적 공평 무사를 생각하며, 그 앞에서 우리도 공평한 심판을 받는다는 사실을 아는 것이 중요한 동기를 제공한다. 그러므로 두려운 마음으로 나그네 시기의 생활을 해야 한다.

그리고 이어 거룩하게 생활해야 하는 그리스도교의 특유의 동기를 덧붙인다(벧전 1:18~19). 그리스도의 죽음으로 구원이 주어졌다는 사실을 믿음을 통해 아는 것이다. 곧 조상 때부터 전해 내려오는 여러 가지 몹쓸 행동과 생각과 죄에서 속죄를 받았다는 사실과 그것은 썩어질 금이나 은 같이 하찮은 게 아니고 흠 없이 순전한 어린양 그리스도의 피로 얻은 구속이라는 사실을 아는 것에 근거한다.

베드로는 그리스도인들에게 그리스도의 속죄 사역으로 말미암아 거룩하다고 인정받아 새로운 생활을 시작하게 된 것을 근거로 신자들끼리 서로 사랑할 것을 권고한다(벧전 1:22~25). 하나님의 뜻에 순종함으로 영혼이 깨끗하게 된 것은 서로 사랑하게 하려는 데 한 가지 목적이 있다. 그래서 베드로는 마음으로 뜨겁게 서로 사랑하라고 권고한다(벧전 1:22). 이 사랑은 썩지 않을 씨에서 나서 구원의 기쁨으로 전해지는 영원한 것이다.

이어서 베드로는 악한 것을 벗어버리고 마치 어린아이가 어머니의 젖을 사모하듯이 순수한 진리의 말씀을 사모하여 완전한 구원에 이르도록 자라야 한다고 권고한다(벧전 2:1~2). 그러면서 그리스도인으로 산다는 것이 무엇인지에 대해 설명한다. 우선 예수님을 믿고 예수님과 연결되어야 한다. 곧 예수님께 나아가야 한다. 예수님은 산 돌이다. 건축자가 쓸모없다고 버린 돌이 하나님의 집의 가장 중요한 모퉁이 돌이 된 것처럼, 우리도 그 산 돌인 예수님과 연합해 하나님의 거대한 집을 이뤄야 한다.

이어서 베드로는 구약 본문을 선택해 그 사실을 보다 자세하게 설명한다(벧전 2:4~10). 여기서 인용된 구약 본문은 두 가지 태도에 초점을 맞추고 있다. 첫째는 하나님에 의해 선택되었으나 일부 사람들에 의해 거부된 돌로서 그리스도에 초점을 두고 있다(벧전 2:6~8; 사 28:16). 둘째는 예전에 아무런 백성도 아니었으나 이제 하나님의 백성인 신앙 공동체에 초점을 두고 있다(벧전 2:9~10).

이런 주장을 강조하기 위해 출애굽기 19장 6절을 인용한다. "너희가 내게 대하여 제사장 나라가 되며 거룩한 백성이 되리라." 이는 하나님의 백성이었던 이스라엘의 특권이 그리스도인들의 특권으로 되었다고 선언하는 것이다. 예전에 하나님의 백성이 아니어서 긍휼을 얻지 못하더니, 이제 하나님의 백성이 되어 긍휼을 얻었다(벧전 2:10)는 것이다. 이와 같이 베드로는 그리스도인들의 위상과 특권을 설명하고 개인적인 생활에 권면한 다음에, 본론의 다음 부분에서 이방인들 가운데 살아가는 그리스도인들의 사회 생활에 권고한다(벧전 2:11~4:11).

설교 구성을 위한 제언

1. 나그네와 행인의 삶

그리스도인들이 세상에 대해 나그네임을 인식하도록 가르쳐야 한다. 베드로는 애매하게 고난을 당하는 수신자들을 향해 '나그네'와 '행인'이라고 칭하고 있다. '나그네'(파레피데모스)는 본국이 아닌 타국에 거주하는 사람들을 가리킨다. 또 일시적으로 어떤 곳에 거주함으로 그의 집이 본국이 아닌 다른 지역에 있는 사람들을 뜻하기도 한다. 그리고 지금 거주하는 나라의 시민권을 갖지 못한 채 다른 나라의 시민권을 소지한 사람들을 의미한다.

또한 구약 성경에서 선택받은 백성들의 진정한 고향인 팔레스타인 지역 밖에 살던 유대인들을 지칭하는 데 사용되었다. 그렇다면 베드로가 수신자를 향해 나그네라고 지칭한 까닭은 무엇인가? 그것은 우리가 이 세상에 영원히 머물러 있을 존재가 아니기 때문이다. 인류 역사를 통해 볼 때, 수많은 사람들이 이 땅에 태어나 잠시 살다가 죽어갔다. 그들 중에 많은 사람들은 이 땅에 영원히 머물고자 소망했다.

그러나 아무도 그 소원을 이루지 못했다. 우리도 마찬가지로 이 땅에 잠시 살다가 어느 때인가 떠나야 한다. 그러므로 이 땅에 사는 그리스도인들은 나그네 정신, 종말론적인 신앙을 가져야 한다. 그렇다면 그리스도인들은 그 정체성을 위해 비기독교 사회에서 어느 정도 분리되어 있어야 하는가?

베드로는 그리스도인들에게 이 땅에 사는 동안 주변 사회와 분리되어 세상의 법과 질서를 어기는 생활이 아니라 자신들이 속한 사회의 질서와 법은 따르면서도(벧전 2:17~3:7) 근본적인 삶의 태도에서 하나님의 자녀로서 정체성을 분명히 하여 구별된 생활을 해야 한다고 권한다. 성실한 시민으로서 의무를 감당해야 한다는 것이다. 그리고 구체적인 방안으로 국가에 대한 의무(벧전 2:13~17), 종과 주인의 관계(벧전 2:18~20), 부부간의 윤리(벧전 3:1~7) 등을 제시한다.

2. 찬양의 제사를 드리는 삶

그리스도인들은 늘 하나님을 찬양하되, 분명한 이유를 알고 찬양하도록 가르쳐야 한다. 본문은 하나님이 찬양을 받으셔야 할 이유를 제시한다. 첫째는 우리의 주가 되시는 예수 그리스도의 아버지가 되시기 때문이다(벧전 1:3). 하나님의 부성은 구약 성경에서는 이스라엘 민족 전체를 향했다(출 4:22). 포로기에는 개인화되었고, 신약 성경에서는 근본적으로 예수 그리스도의 아버지다. 그리스도인들은 예수님을 믿음으로 구원을 받았기 때문에 하나님은 예수 그리스도의 아버지가 되시는 자체만으로도 찬양 받으실 조건이 충분하다.

둘째는 하나님이 예수님을 믿는 모든 사람들의 아버지가 되시기 때문이다. 요한 1서에서 하나님이 우리에게 베푸신 큰 사랑으로 그리스도인들이 하나님의 자녀라 일컬음을 받게 되었다는 사실을 제시한다(요일 3:1).

셋째는 하나님이 예수 그리스도를 죽은 자들 가운데 부활케 하시고 우리로 하여금 산 소망을 갖게 하셨기 때문이다(벧전 1:3). 곧 예수 그리스도의 부활은 그분만의 것이 아니라 믿음으로 그분과 연합한 그리스도인들의 부활을 내포하는 사건이기에 그것을 가능케 하신 하나님께 찬양을 드려야 한다.

3. 하늘의 기업을 소유한 삶

그리스도인들은 산 소망이신 예수 그리스도를 통해 하늘의 기업을 소유한 사람임을 인식해야 한다. 이스라엘 백성들은 먼저 땅의 기업인 가나안 땅을 선물로 받았다. 그런데 그들은 이 땅의 기업을 소중히 간직하지 못했다. 우상 숭배로 더러워지고 스스로 쇠하기도 했다. 그러나 그리스도인들에게 주어진 하늘의 기업은 이와 전혀 다르다. 하늘의 기업은 썩지 않는다. 여기서 사용된 '썩지 않는'(아프타르톤)이라는 단어는 '군대에 의해 파괴되지 않는다'는 의미다. 곧 이 기업은 파괴시키는 군대가 도달하지 못하는 곳에 있다.

또 종교적으로나 도덕적으로 더럽혀지지 않고(아미안토스) 시간이 손상시키지 못하며, 쇠하지 않는(아마란토스) 영원한 기업이다. 그리고 악에 물들지 않고 강도나 도적이 와서 빼앗아갈 수 없으며 하나님이 친히 지키시고 보호하시는 기업이다. 그리스도인들은 하늘의 기업을 소망하며 살아가야 한다. 땅의 것에 마음을 두고 자랑할 것이 아니라 하늘의 것에 소망을 두며 하늘의 기업을 사모하며 나아가도록 권고해야 한다.

4. 영적 민감성을 소유한 삶

시련과 어려움 중에 있는 그리스도인들에게 하나님이 어떻게 자신들을 대하시는지를 볼 수 있는 영적 시각을 갖도록 도움을 줘야 한다. 베드로는 고난 받은 그리스도인에게 그들이 하나님의 크신 능력 안에 보호받는 사람들임을 알려 준다(벧전 1:5). 베드로는 구체적으로 그리스도인들이 보호를 받는 원인과 방법과 결과를 기술하고 있다.

하나님의 능력 '으로'(엔), 우리의 믿음 '으로 말미암아'(디아) 구원을 얻기 '위해서'(에이스)다. 그리스도인들을 보호해 주시는 분은 하나님이시며, 이 보호는 성도들의 믿음을 통해 발효된다. 따라서 그 결과로 구원이 주어지는데, 사탄의 권세 아래서의 구원이다. 곧 그리스도인들이 시련과 고통을 당하지만 결코 홀로 있지 않고 하나님의 크신 능력 안에 있다.

그로 인해 결국 구원을 얻는다. 그리스도인들을 향해 종말에 나타나기로 예비된 구원을 약속 받은 자라고 말하는 것은 이런 연유 때문이다. 하나님이 베푸시는 도움의 손길을 볼 수 있는 마음의 눈, 영적 눈을 가져야 능히 어려움을 이겨 낼 수 있다(엡 1:16~19, 참조).

5. 고난 중에 기뻐하는 삶

이 땅에서 그리스도의 이름 때문에 어려움을 당할 때 도리어 기뻐해야 하는 이유가 무엇인지 깨닫도록 가르쳐야 한다. 그 이유는 첫째, 그 모든 것이 잠깐이기 때문이다. 베드로는 고난당하는 그리스도인들에게 여러 가지 시험으로 잠시 근심하지 않을 수 없으나 오히려 크게 기뻐하라고 권고

한다(벧전 1:6). 잠시 근심하고 그 시간이 지나가면 모든 어려움이 지나가기 때문에 그것을 생각하며 현재의 고난을 기쁨으로 이겨내라고 한다.

둘째, 어려움을 당할 때 기뻐할 수 있는 것은 오히려 좋은 결과를 가져다 주기 때문이다. 이 땅에서 아무런 잘못이 없는데도 그리스도인이 시련과 고통과 슬픔을 당하는 것은 마치 금을 연단하여 순금을 만들어 내듯이 순수한 믿음을 갖게 만든다. 그리고 이 믿음으로 인해 그리스도가 나타나실 때 칭찬과 영광과 존귀를 얻게 된다. 그러므로 이 선한 상급을 바라보면서 고통 중에 도리어 기뻐할 수 있도록 인도해야 한다.

6. 구원의 신비를 깨닫는 삶

구원의 소중함을 깨닫도록 가르쳐야 한다. 베드로는 그리스도인들에게 주어진 구원에 대해 연구하고 부지런히 살피라고 한다(벧전 1:10). '연구하고 부지런히 살피라' 는 열심에 대한 강조적인 표현으로 마카비 1서 9장 26절을 인용한 것이다. 이렇듯 구원의 비밀은 성령께서 예언자들을 감동시켜 그리스도의 수난과 영광을 미리 증언하실 뿐 아니라 신약 시대의 복음 전도자들에게 전하게 하신 것이며, 천사들에게 비밀로 하신 것이다.

천사들은 구원의 신비를 조금이나마 알기를 원했다. 베드로전서 1장 12절에서 사용된 '살피다' (파라퀴프사이)라는 단어는 '문이나 창문을 통해 힐끗 쳐다보다, 슬쩍 보다, 엿보다' 라는 의미를 갖고 있다. 천사들은 곁눈질이나 힐끔 보는 것으로 구원의 비밀을 알기 원했으나 전혀 허락되지 않았다.

그것을 천사들에게 비밀로 하신 이유는 히브리서 2장 16절에서 '이는 확실히 천사들을 붙들어 주려 하심이 아니요 오직 아브라함의 자손을 붙들어 주려 하심이라' 고 설명한다. 이와 같이 구원은 비밀스럽고 소중한 것이다. 따라서 성도들로 하여금 구원의 가치를 깨닫고 소중하게 간직하며, 이를 허락하신 하나님께 감사하도록 가르쳐야 한다.

7. 그리스도 안에서 성화된 삶

하나님의 거룩하심과 같이 자신을 거룩하게 지키도록 권면해야 한다. 거룩은 하나님의 속성이다. 이것은 우리가 본질적으로 거룩하다는 의미가 아니라, 거룩하신 하나님의 소유가 되었기에 우리가 거룩하게 되었다는 의미다. 하나님이 세속적인 것과 분리시켜 자신의 영역으로 끌어들여 자신의 소유로 선포한 것들은 모두 거룩하다고 인정하신다.

그리스도인들은 부르신 분에 의해 규정된다. 불안정한 욕망에 의해 더 이상 규정되지 않는다. 거룩하신 하나님이 선택하시고 자신의 소유로 삼으셨기 때문에 그리스도인들은 거룩한 것이다. 그리스도인들이 적극적으로 거룩한 삶을 살도록 부르심을 받았다면(살전 4:3, 7) 이미 거룩한 자고 거룩하게 된 자로서 행동하는 것이지, 거룩하게 되기 위해 행동하는 것은 아니다. 하나님의 거룩하심은 그리스도인들이 모든 행실에서 거룩하게 되어야 한다는 권면의 근거고 동기다.

그리스도의 성화는 인간의 모든 차원에 영향을 미치기 때문에 이제 그리스도인은 몸의 구석구석에 이르기까지 자신을 거룩하게 할 수 있다(롬 6:19). 요한 1서에 '우리가 지금은 하나님의 자녀며, 장래에 어떻게 될지는 아직 나타나지 않았지만, 그분이 나타나시면 우리가 그분과 같을 줄 아는데 주를 향하여 이 소망을 가진 자마다 그분의 깨끗하심과 같이 자기를 깨끗하게 한다'(하그니제이)라고 말씀한다(요일 3:2~3).

자녀는 부모를 닮는 것처럼, 우리가 하나님의 자녀기 때문에 하나님 앞에 섰을 때 하나님과 같이 깨끗한 존재가 될 것이라는 소망과 확신을 가진 사람들은 지금 이곳에서부터 자신을 세상과 구별하여 깨끗이 해야 한다고 권면한다. 곧 그리스도인들은 거룩하신 하나님의 소유가 되었기 때문에 이미 거룩하게 된 것이다. 또 장래에도 구별된 자가 된다는 확신을 갖고 있기 때문에 하나님의 거룩하심과 같이 우리들도 스스로를 거룩하게 해야 한다.

나가는 말

주후 1세기 말에 비두니아 본도 지역의 총독 플리니(Pliny)는 트라얀 (Trajan) 황제에게 보낸 서신에서 그리스도인들을 어떻게 처리해야 할 것인 지 질문했다. 그들에게 가할 벌의 종류 혹은 그 정도를, 그들에 대한 조사 를 시작해야 할 근거를, 그리스도인이 신앙을 버린다면 처벌해야 할 것인 지 말아야 할 것인지를, 단순히 그리스도인이라는 이름 때문에 벌을 받아 야 하는지 물었다.

이에 대해 트라얀 황제의 대답은 그리스도인들을 추적할 필요는 없으나 고소가 있으면 체포하고 죄가 입증되면 벌을 주라고 했다. 그러나 자신이 그리스도인임을 부인하는 경우에 로마의 신들에게 기도를 드리게 하고 그 것을 행할 경우에 과거의 행위가 의심스럽더라도 회개의 결과로서 용서해 주라고 했다. 다만 무명으로 유포되는 문건들은 고소에서 어떤 역할도 해 선 안 된다고 명령했다.[3] 트라얀 황제의 칙령이 당시 로마 사회에서 그리스 도인들을 대하는 원칙이 되었다.

이 편지를 통해 우리는 당시의 기독교에 대한 로마의 일반적인 태도를 엿볼 수 있다. 로마는 특정 시기를 제외하곤 적극적으로 그리스도인들을 체포해 형벌을 가하지 않았지만, 고소가 있을 경우에는 제재를 가했다. 이 때문에 평상시에 아무 문제없이 생활하다가 이웃과 좋지 않는 관계가 되었 을 때 모호하게 고소를 당해 어려움을 겪는 경우가 자주 있었다. 잘못이 없 는데도 옥에 갇히기도 하고 죽임까지 당하기도 했다.

이런 어려움에 처한 그리스도인들에게 베드로는 이 서신을 통해 먼저 그리스도인들이 어떤 존재인지를 설명하고 지금의 고난을 이겨낼 수 있는 방법과 방안을 제시한다. 이 권고는 단지 베드로전서를 기록할 때만 적용 되는 것이 아니라, 기독교에 대한 부정적인 인식이 강한 오늘날에도 그리 스도의 이름 때문에 여러 모로 어려움을 당하는 모든 그리스도인들에게 주 어진 것이다.

과연 오늘날 그리스도인들은 어떤 존재라고 생각하는가? 하나님이 우리에게 허락하신 구원을 얼마나 소중하게 여기고 있는가? 또한 그리스도인들을 부정적인 태도로 대하는 세상에 어떤 태도를 취해야 하는가? 과연 그리스도인들은 이 세상을 어떤 자세로 이겨내야 하는가?

02

기독교인의
사회적 책임과 선한 행실

베드로전서 2:11~3:12의 주해와 적용

본문 구조와 개요

1. 본문의 구조

먼저 이상의 한글 사역은 단순한 번역 작업이 아니라, 이미 본문에 대한 철저한 석의와 연구의 결과로 이뤄진 해석 작업 그 자체다. 그런 점에서 아래에 제시되는 이 글의 상당 부분은 사실상 이미 해석된 본문인 이 한글 사역에 대한 기술 내지 자세한 설명일 뿐이다. 일단 이상의 구조 분석을 통해 볼 때, 본문은 다음과 같은 소단락들로 구성되었다. 1) 2장 11~12절, 2) 2장 13~17절, 3) 2장 18~25절, 4) 3장 1~6절, 5) 3장 7절, 6) 3장 8~12절. 이런 단락 구분은 내용(content)을 중심으로 이뤄질 수도 있고, 어떤 빌딩 블럭으로 구성되어 있는가 하는 형식(form)상의 관점에서 이뤄질 수 있다.

이상의 단락 구분은 주어+정동사로 이뤄진 주절의 존재 여부 그리고 단락을 연결짓는 접속사에 집중한 형식 분석(form analysis)을 통한 본문의 구조 분석에 따른 것이다. 본문이 어떻게 이뤄져 있는가, 더 정확히 말해 본문이 말하려는 바를 본문은 어떻게 말하고 있는가를 살피는 형식 분석을 통한 본문의 주제 파악은, 본문은 무엇을 말하고 있는가를 살피는 내용 분석(content analysis)을 통한 본문의 주제 파악보다 더 객관적이라 할 수 있다.

11 　　　 사랑하는 자들아,
내가 나그네와 거류민 같은 너희를 권하노니
　　　　　　　 영혼을 대항하여 싸우는 육신적 욕심을 **제어할지니,**
12 　　　　　 이방인들 가운데서 너희의 선한 행실을 보임으로써[1], 그렇게 하라.
　　　　　　 이는 그들이 너희에게 악을 행한다고 비방하는 일 중에, 너희의 선한 일을 봄으로써,
　　　　　　　　 그들이 하나님의 방문의 그 날에 하나님께 영광을 돌리게 하려 함이라.

13 　　　 인간의 모든 제도들에 대해 주로 인하여, **순복하라,**
　　　　　 이것이 다스리는 위치에 있는 왕이든지,
14 　　　　　 혹은 악을 행하는 자를 징벌하고 선을 행하는 자를 포상하기 위하여
　　　　　　 그로부터 보냄을 받은 통치자들이든지 순복하라.
15 　　　 이는 하나님의 뜻이 이와 같기 때문이니,
　　　　　 곧 어리석은 사람들의 무지한 말을 잠잠케 하기 위해 선을 행하는 것이라.
16 　　　 자유인이지만, 악을 변명하는 자유를 갖지 말고, 하나님의 종으로서,
17 　　　 모든 자들을 존중하고, 형제를 사랑하며 하나님을 경외하고, 왕을 존경하라.

18 　　　 사환들아,
　　　　 (하나님에 대한) 모든 경외 가운데, 주인들에게 **순복하되,**
　　　　　　 선하고 너그러운 자들에게만 아니라 옳지 못한 주인들에게도 순복하라.
19 　　　　 이는 하나님을 의식하기에 어떤 이가 부당하게 고난을 당하면서 슬픔을 견디어 낸다면,
　　　　 그것이 하나님의 임재의 표현, 곧 은혜이기 때문이라.
20 　　　　 왜냐하면, 만약 죄를 지어서 매를 맞으면서, 참는다면 영예가 없고,
　　　　　 오직 선을 행하고 고난을 받으면서, 참는다면 영예가 있을 것이기 때문이라.
21 　　　 이것이 하나님이 판단하시기에 은혜, 곧 그의 임재의 표현이라.
　　　　　 이는 너희가 이를 위해 부르심을 입었기 때문이라.
　　　　　　 그 이유는 그리스도 역시 너희를 위하여 고난을 받으셨기 때문이요,
　　　　　　　 이를 통해 너희에게 모범적 예를 남겨둠으로써
　　　　　　　　 너희들로 하여금 그의 자취를 따라오게 하려함이라.

22 　　　　　 이 분은 죄를 범치 아니하셨고, 그 입에 궤사도 없었으며,
23 　　　　　 이 분은 저주를 당하면서도, 저주로 응답하지 않으셨고, 고난을 받으면서도,
　　　　　　 위협하지 아니하시고, 오직 공의롭게 판단하시는 분에게 자신을 내어맡기셨고,
24 　　　　 이 분은 친히 나무에 달려 그 몸으로 우리 죄를 담당하셨으니
　　　　 이는 우리로 하여금 죄에 대하여 죽음으로써, 의에 대하여 살게 하려 하심이라.
　　　　　 이분을 통해, 즉 그의 상처를 통해, 너희가 나음을 얻었으니,
25 　　　　　 그 이유는 너희가 전에는 양과 같이 길을 잃었더니
　　　　　　 이제는 너희 영혼의 목자와 감독 되신 이에게 돌아왔기 때문이라.

1 　　　 아내들이여,
　　　 이와 같이 자기 남편에게 **순복하라.**
　　　　　 이는 혹 어떤 이가 말씀을 불순종한다 해도, 말이 아니라 아내의 행실로 말미암아
2 　　　　 너희의 경외감어린 그리고 순결한 행실을 봄으로써, 그가 구원을 얻게 하려 함이라.
3 　　　　 그 행실은 머리를 땋고 금을 차고 아름다운 옷을 입는 것과 같은 외형적인 것들이어서는 안 되며,
4 　　　　 오직 썩지 아니할 마음의 숨겨진 사람, 즉 온유하고 조용한 심령의 사람이 되어야 할 것이니,
　　　　　　 이것이 하나님 앞에서 값진 것이라.
5 　　　　 왜냐하면, 전에 하나님께 소망을 두었던 거룩한 부녀들도
　　　　　　 이와 같이 자기 남편에게 순복함으로써, 자신들을 단장하였기 때문이라.
6 　　　　 예를 들어, 사라가 아브라함을 주라 부름으로써, 순종한 것과 같으니,
　　　　　 너희는 이 사라의 딸이 되었도다.
　　　　 그러므로 너희는 아무 것도 두려워하지 말고 선을 행하라.
7 　　　 남편들이여,
　　　 이와 같이 깨달음 중에, 더 연약한 그릇과 같은 자인 너희 아내와 **함께 살아갈지니,**
　　　　　 생명의 은혜를 유업으로 함께 받을 자인 그녀에게 존중을 보임으로 그렇게 하라.
　　　　　　　 이는 너희 기도가 방해를 받지 않게 하려 함이라.
8 　　　 마지막으로, 모든 자들이
　　　 한 마음을 지니고 동일한 마음을 품으며, 형제를 사랑하고 불쌍히 여기며, 겸손한 마음을 지닌 자들로써,
9 악을 악으로, 욕을 욕으로 **갚지 말고, 도리어 복을 빌라.**
　　　　　 이는 너희가 이를 위해 부르심을 입었기 때문이요,
　　　　　　 이로 인해 너희가 복을 유업으로 받게 하려 함이라.
10 왜냐하면 생명을 사랑하고 좋은 날을 보고자 하는 자는,
　　　　　 혀로 하여금 악한 말을 그치게 해야 하고,
　　　　　 입술로 궤사를 말하지 못하게 해야 하며,
11 　　　　 대신 악에서 떠나 선을 행하고 화평을 추구하며 이것을 좇아야 하기 때문이라.
12 　　　 그 이유는 주의 눈이 의인을 향하며, 그의 귀는 저의 간구에 귀 기울이되,
　　　　　 주의 얼굴은 악을 행하는 자들을 향하여 계시기 때문이라.

보다 자세히 살펴보면, 첫 번째 단락인 11~12절은 '내가 육신적인 욕심을 제어하라고 권면하노라'는 주절 하나, 분사 구문과 목적절 하나씩, 여기에 덧붙여진 여러 부가적인 문장 요소들로 구성되어 있다. 두 번째 단락인 13~17절은 "인간의 모든 제도들에 대해 순복하라"는 명령법의 주절 하나, 여기에 종속된 이유절(15절), 나머지 부가적 요소들로 이뤄져 있다. 세 번째 단락은 "남편에게 순복하라"는 명령법의 주절 하나, 여기에 종속된 목적절(1b), 나머지 부가적인 요소들로 구성되어 있다. 네 번째 단락은 "아내들에게 존중을 보임으로써, 아내들과 함께 살아가라"는 분사 구문과 분사 형태로 이뤄진 명령법의 주절 하나, 부속 요소들로 이뤄져 있다. 마지막 단락은 "되갚지 말고 대신 복을 빌라"는 명령법의 주절 하나, 여러 개의 이유절과 목적절 하나, 부속 요소들로 구성되어 있다. 이런 단락의 구분은 이상에서 보여주듯 주절과 종속절 및 부속 사항들을 살핌으로써 이뤄지는 상당히 객관적인 작업이라 할 수 있다.

2. 본문의 개요

그렇다면 이제 우리가 살필 일은 이런 여러 개의 단락들이 어떤 관계로 연결되어 하나의 전체를 이루고 있는가 하는 점이다. 이는 본문의 전체적인 개요를 살피는 작업에 해당하며, 단락들을 나누는 작업보다 다소 주관적인 측면을 지닐 수 있다고 볼 수 있다. 그럼에도 불구하고 개요를 만드는 작업은 본문을 전체적으로 파악하는 데 매우 중요한 작업이라 할 수 있다. 개요를 만드는 작업은 크게 둘로 나눌 수 있다. 하나는 단락들을 연결짓는 여러 형태의 연결사들 혹은 접속사들에 주의를 기울임으로써, 단락들의 전개가 어떤 식으로 이뤄지는가를 살피는 것이다.

또 하나의 고려 사항은 단락 간에 나타나는 유사한 단어들이나 주제들에 주목하는 일이다. 본문의 경우에 '선'과 '악', '선을 행하다', '악을 행하다', '선한 행실' 혹은 '악한 행실' 등의 동일한 단어나 유사한 단어들이 본문 전체에서 매우 전략적으로 나타남으로 본문을 하나의 통일적인 유기체로 연결짓고 있음을 주목할 필요가 있다.

먼저 본문의 구성상 특이한 점을 생각해 보고자 한다. 하나는 본문이 첫 단락에서 '악을 행한다'고 비방하는 이방인들에게 '선한 행실'을 보이라는 권면으로 시작하여, 마지막 단락에서 '악을 행하는' 자들을 주님이 보고 계시기에 '선을 행하라'는 권면으로 끝을 맺는다. 이 점은 본문이 전체적으로 수미상관(인클루지오, inclusio)이라는 문학적 구조를 띠고 있다는 것을 보여준다. 이 수미상관의 구조는 본문을 하나의 일관된 주제로 형성된 단일한 단락임을 시사할 뿐 아니라, 본문의 주제적 관심 역시 선한 행실을 촉구한다는 점을 보여준다.

다른 하나는 세 번째 소단락에서 네 개의 관계대명사로 시작하는 절이 나타나는데, 이 절들은 모두 선행사가 그리스도로서 그리스도 인성과 사역을 다루고 있다는 것이다. 문제는 이 부분을 단지 앞서 나오는 주인들에게 순복하라는 사환들에 대한 명령의 모범적 예로 보기에는 양적으로 상당히 길뿐 아니라, 매우 정형화된 시적 형태를 띠고 있으며, 이런 점에서 매우 돌출적인 성격을 지닌다는 점이다.[2]

이를 고려할 때, 이 부분은 본문 구성상 보다 중요한 전략적 위치를 점하고 있다고 판단된다. 즉 이 부분은 본문의 중심 부분에 해당하며, 본문은 이 중심을 축으로 양쪽에 서로 대조되는 두 그룹의 소단락들이 놓여 있는 구조를 띠고 있다고 볼 수 있다. 11~12절(A) – 13~21절(B) – 22~25절(C) – 3장 1~7절(B′) – 8~12절(A′). 즉 이 본문은 ABCB′A′의 교차대구법적 구조를 띠며, 이 경우에 C가 중심 부분으로서 본문의 해석 원리를 제공하고 있다고 볼 수 있다.

이 부분은 여러 면에서 양쪽에 놓여 있는 단락들과 유기적 관계를 맺고 있음을 보여준다. 첫째로 A – A′의 관계는 앞에서 수미상관 구조를 말하면서 이미 설명한 바 있다. 둘째로 B – B′의 관계는 가족법에서 통상적으로 다루는 아내와 남편, 자녀와 부모, 종과 주인에 대한 명령 중에서 자녀와 부모라는 항목을 생략하고 있을 뿐 아니라 종과 주인의 항목에서도 주인을 생략한 채 종에 대한 부분만을 다루고 있다. 게다가 아내와 남편의 항목에서도 남편에 대한 부분을 매우 간략하게 처리하고 아내에 대한 부분을 매우 길게 다루고 있다는 점에서 정작 본문에서 다루고자 하는 부분은 사환들과 아내들에 대한 진술이라고 볼 수 있다. 이 점에서 B와 B′는 사환과 아내를 집중적으로 조명하고, 이런 점에서 서로 평행적 관계를 지닌다고 볼 수 있다.

셋째로 C부분은 대응하거나 평행적 관계를 지닌 부분이 없는, 가운데 부분에 해당된다. C부분은 나머지 부분들에 대한 해석의 원리를 제공한다. 그리고 그 가운데 가장 중요한 해석의 원리는 다음과 같다. C가 예수 그리스도의 대속의 죽음이 지니는 궁극적 목적을 제시한 것이 본문 전체에 걸쳐 일관되게 나타나는 선한 행실(12, 14, 15, 20절; 3:1, 6, 11, 12절의 의인)과 일맥상통할 뿐 아니라, 이런 선한 행실에 대한 근본적인 토대를 제공한다는 것이다.

24절은 우리로 하여금 의에 대해 살게 하려는 것이라고 말하고 있는데, 바로 이런 의로운 삶은 C부분이 둘러싸고 있는 단락들과 주제 상 많은 연관 관계를 보여 준다. 첫째, C부분은 악하다고 비방을 받으면서도 악에 응대하지 않고 암묵적으로 선을 행하고 있는 예수의 모습을 보임으로써 A가 말하는 악을 행한다고 비방하는 자들을 향해 선한 행실을 보이라는 권면과 일맥상통한다. 둘째, C의 이런 예수의 모습은 악을 악으로 갚지 말고 선을 행하라는 A′의 권면과 정확히 일치한다. 셋째, C가 보여주는 예수의 선한 행실은 선을 행함으로써 어리석은 자들의 무지한 말 즉 악한 자들의 비방을 잠잠케 하는 것이 하나님의 뜻이라는 B의 진술과 일치한다. 게다가 C가 보여주는 죄 없는 예수의 대속적인 고난과 죽음은 B에서 말하는 불의한 주인으로 말미암은 고난과 슬픔 중에서 인내와 그 맥을 같이한다. 넷째, C가 보여주는 예수의 행실 특히 공의로운 재판장 되신 하나님께 자신을 맡기는 순종의 행위야말로 B′가 말하는 아내의 순결한 행실 곧 온유하고 조용한 심령의 행실로서, 이는 하나님 앞에서 값진 행실이라는 진술과 매우 유사하다. 이로 보건대, 그리스도의 인성과 속죄 사역을 말하고 있는 C부분은 본문 전체에 대한 해석학적 토대와 원리를 제공하고 있음이 분명하다.

주해와 설교 포인트

1. 해석상의 중요 이슈들

우리는 먼저 A단락(11~12절)의 육신적인 욕심을 제어하라는 권면과 이어서 B단락(13~17절)의 순복하라는 명령은 서로 어떤 연관 관계를 갖고 있는지 살펴볼 필요가 있다. 앞서 살펴본 바와 같이, A단락의 권면은 B단락에서 말하는 인간 제도들에 대한 순복의 명령과 유기적으로 연결되어 있다. 즉 권면의 구절에선 선한 행실을 보여줌으로써 악하다고 비방하는 자들로 하여금 결국 하나님의 구원을 볼 수 있게 하라고 말한다. 이에 반해, 13~17절의 명령 구절도 선을 행함으로써 악하다고 비방하는 자들을 잠잠케 하는 것이 하나님의 뜻이라고 말한다는 점이다.

우리는 이 둘의 관계를 다음과 같이 설명할 수 있다. 11~12절은 '이방인들 속에서 크리스천의 행실'에 대한 일종의 사례 연구(case study)의 역할을 하며, 13~17절은 이방인들 속에서라는 문맥을 당시의 로마 정부와 시민을 대표하고 구현하는 로마의 통치 제도들로 보다 구체화하고 확장시킨다. 그럼으로써 크리스천의 선한 행실이 로마 통치 질서에 대한 순복의 명령으로 표현되고 있다.[3]

그뿐 아니라, 13~17절은 뒤 따르는 세 개의 단락들에 대한 하나의 표제(heading) 역할을 한다. 이런 표제의 역할은 13절에서 '순복하라'(휘포타게테)가 명령법 동사로 표현되는데 반해, 뒤 따르는 세 단락들의 경우는 명령들이 모두 분사 형태의 동사라는 점에서도 잘 나타난다. 즉 2장 18절(휘포타쏘-메노이), 3장 1절(휘포타쏘메나이), 3장 7절(쉰오이쿤테스)의 분사 형태의 명령들은 모두 13절의 '순복하다'라는 명령법 동사의 구체적이고 확장된 표현의 일환이라는 뜻이다.

특별히 이 단락은 시민적 의무 이행을 하나의 뼈대로 제시하여, 이 뼈대 안에서 뒤 따르는 세 개의 가족법들을 이해하도록 하고 있다. 이런 의미에서 표제 역할은 유사한 가족법을 다루고 있는 골로새서 3장 18절에서 4장 1절까지와 에베소서 5장 21절에서 6장 9절까지의 경우와 중요한 차이점을 보여준다. 후자의 경우는 뒤 따르는 가족법들이 모두 그리스도 안에서 피차 복종이라는 상호 관계성이라는 표제 하에서 제시된다는 점이다. 그에 반해 전자인 우리 본문의 경우는 수신자들의 종교적 공동체 밖에 있는 자들, 특히 황제나 다스리는 위치에 있는 자들에 대한 크리스천의 의무 이행이라는 표제 하에서 제시된다는 점이다.[4]

2. 본문 주해와 강해

여기서 우리는 이상의 구조 분석에서 제시한 단락들을 개개 단락의 논지를 중심으로 설명한 뒤에, 개개의 논지들을 구조 분석에 비춰 본문의 총체적이고 주제적 관심에 따라 연결지어 설명하고자 한다.

1) A단락(2:11~12)

2장 11절에서 말하는 '육신적 욕심'의 삶은 의미상 1장 14절에 나오는 "무지 속에서 있었던 이전의 욕심을 따라 살았던 삶"과 평행 관계를 이루며, 1장 15절이 말하는 "너희를 거룩하다고 부르신 이를 따라 사는 거룩한 행실의 삶"은 2장 11절에서 말하는 '영혼'과 평행 관계를 이룬다. 여기서 육신적 욕심이란 영과 육의 이분법적 구도 하에 있는 육신의 죄성(sinful nature)을 가리키기보다 자연적 본능에 따라 사는 육체적이고 물리적인 단순한 삶의 존재 양식[5], 즉 복음의 진리를 알지 못하고 사는 의미 없는 삶의 증후군을 보여주는 욕심을 가리킨다. 이에 반해 뒤이어 나오는 영혼이란 하나님 앞에 놓여 있는 화평과 안정이라는 궁극적인 선을 추구하는 삶의 존재 양식, 곧 하나님의 은혜를 통해 살아 약동되어진 자기-초월적인 영적

삶을 가리킨다.[6]

그렇다면, 본능에 따라 사는 물리적이고도 육체적인 삶은 무지 가운데 행해졌던 이전의 삶 곧 악한 행실의 삶으로 볼 수 있고, 궁극적인 선을 추구하는 삶은 하나님의 부르심에 따라 이뤄진 새로운 삶 곧 거룩하고 선한 행실의 삶이라고 할 수 있다. 따라서 이 단락이 말하는 바는 화평과 안정 곧 하나님이 염원하시는 샬롬의 상태 즉 궁극적인 선을 추구하는 거룩한 삶의 행실을 이방인들 가운데 보여줌으로 본능에 따른 이전의 삶의 방식을 벗어버리라고 권면한다. 이를 통해 무지 때문에 성도들을 비방하는 이방인들이 궁극적으로 하나님의 최종적 심판 날에 구원을 얻게 될 것이라는 소망과 바람을 표현한다. 여기서 '하나님의 방문의 그 날'은 비방 가운데 행해지는 선한 행실의 토대와 방향성이 윤리적인 것이 아니라 종말론적인 것임을 보여준다.

2) B단락(2:13~21)

이 단락은 전반부에서 인간의 모든 제도들이나 권력들 혹은 모든 인간에 순복하라는 명령에 대해, 후반부에서 사환들에 대한 주인들에게 순복하라는 명령을 말한다. 먼저 전반부에서 말하는 순복은 선을 행하는 것으로 표현되며, 이런 순복의 선한 행실은 인간의 제도들이나 통치 권력들의 도움을 통해 선한 행실을 비방하는 악한 자들의 비방을 잠정적으로 잠잠케 하는 것이라고 주장한다. 이런 주장은 A단락에서 천명했던 바, 선한 행실은 궁극적으로 이방인들로 하여금 하나님의 구원에 이르게 하는 것이라는 진술이 구체적인 역사적 정황 가운데서 보다 현실적인 의미로 표현되어 있다고 볼 수 있다.

또한 베드로는 자신의 수신자들을 자유자들로 표현하고 있는데, 여기서 말하는 자유는 정치적 의미의 자유가 아니라 이전의 삶의 존재 방식이었던 육체적 본능의 지배에서 자유하게 된 자를 말한다. 이제 이들에게 육체적 본능에서 해방된 자유를 더 이상 자신의 예전의 삶의 존재 방식인 본능적 삶에 대한 변명에 사용하지 말고 하나님의 거룩한 삶으로 부르심을 받은, 다시 말해 이런 하나님의 거룩한 통치 가운데 종속되어진 종으로서(16절) 모든 인간들을 존중하고 왕을 존경하며 무엇보다 자신의 크리스천 형제들을 사랑하고 하나님을 경외하라고 명령한다.[7]

특별히 16절 끝에 나오는 "하나님의 종"이라는 표현은 수신자들의 과거에 있었던 육체적 본능의 지배에서 자유하게 되어 하나님의 지배로 들어오게 된 수신자들의 새로운 정체성을 말해 준다. 이런 관점에서 뒤 따르는 네 개의 명령들을 이해해야 할 뿐 아니라, 사환들에 대한 순복의 명령과 아내들에 대한 순복의 명령들도 이런 맥락에서 이해할 것을 시사한다.

특히 17절의 네 가지 명령은 단락 초두에서 주어진 모든 인간 제도나 권력들에 순복하라는 명령과 일종의 수미상관 구조를 지닌다. 여기서 인간 제도들이나 권력에 '순종' 하라는 표현을 사용하지 않고 '순복' 이라는 단어를 사용하고 있음에 주의할 필요가 있다. 순종이라는 단어는 베드로전서에서 주로 그리스도의 메시지를 받아들여 그리스도와 인격적 관계를 맺는 일에 사용되고 있다(1:2, 14, 22). 이런 점에서 순종은 그리스도에 대한 일차적이고도 근본적인 헌신을 의미한다. 이에 반해 여기서 사용되는 순복은 경의와 존경을 표시하는 행위를 말한다.

이 단어는 헬라어로 '휘포타쏘' 인데, 이 단어는 주어진 질서를 의미하는 '탁시스' 에서 유래한 것으로 주어진 질서에 대한 존중의 의미를 갖는다고 볼 수 있다. 다시 말해, 구약에서 말하는 샬롬 즉 하나님이 설정하신 질서 속에서 상호간에 올바른 관계를 가짐으로써 모든 사람들에게 번영과 생명을 낳게 하라는 문맥 하에서 순복을 말한다. 즉 구체적인 역사적 삶의 형태들에 대한 의무를 지고, 그것들 가운데서 책임성 있게 살아야 한다는 의미를 내포하고 있다.[8]

13절에 나오는 순복하라는 명령에서 또 하나 주목할 사실은, 이 명령을 한정하고 "주로 인하여"라는 표현이다. 이 표현은 자연스럽게 우리를 사환들에 대한 순복의 명령과 이어준다. 왜냐하면, 이 표현은 뒤이어 나오는 C

단락에서 사환들에 대한 순복의 명령에서 언급하고 있는 주 되신 그리스도의 고난(21절)과 유기적으로 연결되어 있기 때문이다. 인간 제도나 권력들에 대한 존중과 주어진 질서 가운데 책임성 있게 살아가라는 13~17절의 논지는 주인에게 속해 있는 사환에 대한 순복의 명령 가운데서 구체적인 적용을 보여 준다.

특별히 사환들에 대한 순복의 명령을 다루는 18~25절에 바로 앞서 17절에서 저자는 분명히 그의 수신자들을 하나님의 종이라고 규정함으로써 특정한 사회적 그룹인 사환들에 대한 순복의 명령을 준비시키고 있다.

이 단락의 후반부에서 말하는 사환들의 순복에 대한 명령은 순복 곧 수신자들이 구체적으로 놓여 있는 역사적 삶의 문맥에 순응하고 주어진 질서를 지키며, 그 안에서 책임성 있게 살아가야 한다는 점을 강조할 뿐 아니라 책임성 있는 삶이 수반하게 되는 고난의 문제를 다루게 된다. 특별히 주인들에 대한 순복의 명령이 "하나님에 대한 모든 경외"에 의해 한정되고 있음에 주목할 필요가 있다. 다시 말해, 주인에 대한 순복은 바로 앞서 17절 끝에 말한 바 있는 "하나님에 대한 경외"라는 문맥 속에서 이뤄져야 할 것을 말하고 있다. 또한 이런 경외는 19절에 나오는 "하나님에 대한 의식"과도 연결되어 있다.

그렇다면 하나님에 대한 의식적인 헌신 때문에, 주인에 대한 사환의 순복에는 고난(파스코)이 따를 수 있다는 뜻이다. 한 걸음 나아가, 사환의 순복과 관련한 부당한 고난이 21절에서 베드로의 수신자들인 크리스천의 부르심과 연결되어 있다는 점이다. 즉 선을 행하는 중에 부당하게 고통을 당하는 것은 가깝게는 그리스도인들의 부르심 곧 소명의 본질적 일부라는 점이다. 나아가, 이런 크리스천의 소명은 근본적으로 토대이자 이유인 그리스도의 고난과 연결되고 있다.

다시 말해 이 고난은 일차적으로 하나님의 종으로서 하나님께 헌신하여 사는 삶과 동시에 인간 제도와 권력들에 대한 순복이, 특히 부정의한 제도와 권력에 대한 순복이 크리스천으로 하여금 서로 상이한 방향으로 이끌어갈 때 생겨나는 것을 말한다. 그리고 궁극적으로 그리스도의 고난(파스코, 위에서 사환이 당하는 고난을 표현하는 단어와 동일함을 주목하라)과 연결되고 있다.

그리스도는 죄 없는 분으로서 하나님의 의로운 판단에 자신을 온전히 의탁하고 헌신함으로써 동시에 불의한 인간 제도와 권력들에 대한 말없는 순응 가운데 고난을 겪었기 때문이다. 물론 이러한 그리스도의 고난은 일차적으로 죄에 대한 우리의 죽음과 의에 대한 우리의 삶을 이루신 구속 역사지만, 동시에 우리에게 주어진 질서 속에서 책임성 있는 삶 때문에 당하는 고난에 대한 하나의 모범적 예로 볼 수 있다. 그리고 하나님의 궁극적 신원하심에 대한 소망의 근거로 삼을 수 있다.

3) C단락(2:22~25)

앞서 지적했듯이, 이 단락은 시적 형태의 구조를 띠고 있을 뿐 아니라, 그 내용에서도 빌립보서 2장 6~11절("그는 근본 하나님과 본체시나…")과 골로새서 1장 15~20절("그는 보이지 않는 하나님의 형상이요…")과 같이 그리스도의 인성과 사역에 집중되어 있다. 이런 점은 이 구절이 초대 교회에서 불렀던 그리스도 찬송시의 일환일 가능성을 보여준다. 그뿐 아니라, 이 구절은 고난 받는 종에 관한 예언 중에 일부인 이사야서 53장 4~12절과 매우 유사한 언어들과 주제들을 담고 있음도 주목할 만하다.

이로 보건대, 이 단락의 구성에 당시 초대 교회의 그리스도 찬송시와 이사야 본문이 크게 관여했을 것으로 판단된다. 특히 이 단락에서 주목할만한 점은, 하나의 모범적 예로서 그리스도의 고난에서(21절), 이사야의 고난 받는 종에 대한 예언의 본문을 집중적으로 반영하고 있는 그리스도의 대속적인 죽음(22~25절)으로의 전환이다. 물론 예수의 고난에 대한 모범적 해석 부분이 사환에 대한 순복의 명령에만 적용될 수 있는 특정한 사안은 아니다.

하지만 예수의 대속의 죽음이야말로 보다 근본적이고 보편적인 의의를 지닌 사건이라 할 수 있다. 사환에 대한 순복뿐 아니라 인간의 모든 제도들과 권력에 대한 순복, 남편에 대한 아내의 순복, 나아가 육신적 욕심을 제어하고 악을 악으로 갚지 않고 도리어 복을 빌라는 본문의 모든 권면과 명령들에 대한 토대를 마련한 종말론적 사건이기 때문이다.

이미 베드로는 서신 초두에서 그의 수신자들을 "하나님의 미리 아심에 따라서, 성령의 거룩케 하심을 통해, 선택됨으로써, 결과적으로 세상에서 나그네 된 자들"이라고 규정하고 있다. 이들을 '순종과 그리스도의 피 뿌림을 목표로 하는 자들'이라고 명시한다(1:1~2).

여기서 순종이란 그리스도의 복음을 받아들이고 새 언약 아래 있는 새로운 공동체의 구성원이 되는 일이며, 그리스도의 피 뿌림이란 그리스도의 죽음의 능력을 통해 영적 노예 상태에서 해방되고 이전의 삶의 방식에서 정결케 되는 것을 의미한다. 이로 보건대, 새로운 공동체의 구성원으로 육신적 욕심을 제어하고 이방인들 중에서 선한 행실을 보여주는 일 즉 본문 가운데 여러 형태의 순복으로 표현된 새 삶은 기본적으로 이런 그리스도의 대속의 죽음을 통해 가능케 된다는 것을 베드로는 본문의 현재적 구성을 통해 강력하게 시사한다.

그러나 그리스도의 대속의 죽음에 대한 이런 초점이 그의 고난의 모범적 적용을 결코 약화시키지 않는다. 이 점은 시형 구조로 이뤄진 우리의 단락인 22~25절의 전반부에서 잘 나타나 있다. 22절 첫 부분은 죄를 범치 않았지만 고난을 당하시는 그리스도를 노래하고 있다. 이것은 정확히 사환들에 대한 순복의 명령 가운데 나오는 주제 곧 선을 행하면서 부당하게 고난받는 크리스천들의 모습을 반영한다. 이 점에서 그리스도의 '부당한' 죽음은 우리가 선을 행하다 부당하게 겪는 고난에 대한 하나의 준거의 틀을 마련하고 있다고 볼 수 있다.

또 계속 이어지는 구절에서 나오는 "그 입에 궤사가 없으신" 그리스도(22절)는 마지막 단락인 A′에 나오는 "입술로 궤사를 말하지 못하게 하라"(3:10장)는 명령에 대한 모범적 예가 된다. 그러나 중요하고도 분명한 사실은 이런 모범적 해석들이 예수의 인성과 사역에 대한 일반적인 도덕적 교훈을 정당화하는 것은 아니라는 사실이다. 중요한 것은 고난 받는 의인의 모습이든,[9] 고난 받는 종의 모습이든(사 53), 이들에 대한 구약 구절들의 예언은 그리스도안에서 종말론적으로 성취되었다는 사실이다. 이런 맥락에서 이제 부당한 궤사나 비방이나 고난도 새로운 종말론적 국면을 지니게 되었다는 점을 인식하는 것이다. 이제 크리스천을 향한 어떤 부당한 행동도 일반적이고 도덕적인 차원의 일로 치부될 수 없으며, 그리스도의 종말론적인 고난과 근본적으로 연결되어 있다는 뜻이다.

마지막으로, 이 단락의 24절은 그리스도의 대속 죽음의 궁극적 의미는 우리로 의에 대해 살게 하려는 것이라고 말하고 있다. 이는 본문 전체에 걸쳐 일관되게 나타나는 선한 행실에 대한 궁극적 토대를 보여주는 것이다.

4) B′ 단락(3:1~7)

이 단락은 믿는 아내들에게 불신자 남편에게 순복하라는 긴 설명과 동시에 남편들에게 깊은 성찰 중에 연약한 아내와 함께 살아가고 아내를 존중하라는 비교적 짧은 명령으로 이뤄져 있다. 이런 양적인 불균형은 앞서 사환에 대한 순복의 명령에 대한 설명에서 언급한 바와 같이, 베드로전서의 당시 역사적 정황 즉 다수의 믿는 아내들이 불신자 남편들과 결혼해 살아가던 소아시아 디아스포라의 삶의 정황을 반영한다. 이런 사실은 아내들의 경건하고 순결한 행실을 통해 남편들로 구원을 얻을 수 있게 하라는 2절의 목적절에 잘 나타나 있다.

먼저 아내들에 대한 명령 부분(3:1~6)은 그 구조상 수미상관의 형태를 보여준다. 1절과 2절을 함께 연결해 다른 말로 표현한다면, 아내의 순복의 행위를 어떤 남편이 보게 될 경우에 이런 행위는 그 남편으로 구원을 얻게 할 수 있다는 것이다. 이 경우에 분명 1절에서 말하는 아내의 순복의 행위는 2절에서 말하는 순결한 행실 곧 남편으로 구원에 이르게 하는 선한 행위로 동일시되고 있다고 볼 수 있다.

끝 구절인 6절의 경우에 이미 한글 사역에서 제시한 바, 아내들이 사라의 딸이 된 것은 베드로 공동체의 아내들이 이전에 경험했던 크리스천으로서 개종 사건에 대한 은유적 표현으로 보는 것이 적절하다.

그러나 문제는 바로 뒤에 나오는 두 개의 분사형 동사인 '선을 행하는 것'과 '아무 것도 두려워하지 않는 것'을 어떻게 해석할 것인가 하는 점이다. 이 두 행위를 '딸이 되는' 사건을 부대하는 상황으로 해석할 경우, 아내들의 개종은 선을 행함으로 이뤄진다는 결론에 이르게 된다. 그러나 베드로전서 어디에서도 개종을 선한 행실의 결과로 제시하는 경우는 없으며, 개종은 그리스도 안에서 이루시는 하나님의 주권적 행위로 묘사한다.

그렇다면 두 분사는 '딸이 되었다'는 구절과 독립된 별개의 분사로 간주해야 하며, 이 경우에 이 분사들에 대한 적절한 해석은 분사형의 명령을 해석하는 것이다.[10] 또한 이 두 분사는 사라의 딸들이 되었다는 진술과 독립된 별도의 분사다. 이 분사를 1절의 순복의 선한 행실과 상관을 맺는 분사로 취급해야 할 또 하나의 이유는, 6절에서 도입되는 사라의 예는 이미 5절에서 언급한 바 있는 거룩한 부녀들에 대한 하나의 예로 덧붙여진 경우로 보는 것이 논리 흐름 상 적절해 보이기 때문이다.

만약 6절의 사라에 대한 언급이 이와 같이 해석될 경우에 이 부분에서 아내의 순복에 대한 명령은, 아주 정확히 1절의 남편에게 '순복하라'는 명령과 5절 끝에 나오는 '순복함으로써'라는 분사형의 동일한 동사로 열고 닫는 수미상관의 형태를 띠게 된다.[11]

여기서 아내에게 주어지는 순복의 명령은 그 목적상 믿지 않는 남편이 아내의 행실을 '봄으로써' 그 남편이 구원을 얻도록 하는 데 있다고 말하고 있다. 여기서 '봄으로써'라는 단어는 12절에서 이방인들이 베드로 공동체 구성원들의 선한 일을 '봄으로써'로 사용되는 단어와 정확히 일치한다.

그뿐 아니라, 두 문장의 의미와 구조 역시 다음과 같이 매우 유사하다. '이방인들 – 남편이', '선한 – 순결한', '행실을 봄으로써 구원을 얻게 한다 – 하나님께 영광을 돌리게 한다' 등이다. 이런 평행 관계는 우리로 하여금 이 단락에서 제시하는 아내의 행실과 남편의 구원의 종말론적 성격을 인식할 수 있게 해 준다. 다시 말해, 아내의 행실과 남편의 구원은 윤리적 선행을 통한 구원의 가능성을 말하는 것이 아니라는 점이다. 이는 바로 뒤이어 아내의 행실을 내적 단장으로 설명하는 것에서 더욱 분명해진다.

여기서 아내의 행실은 당시 고대 로마 사회에 편만해 있던 여자들의 외형적 단장이 아니라, 내면의 단장을 말한다. 즉 썩지 아니할 내적 사람, 온유하고 조용한 심령을 갖춘 내적 단장이라고 규정한다. 또한 이런 내적 단장은 사무엘상 16장 6~7절이 말하고 있듯이, 외모를 보는 사람과 달리 중심을 보시는 하나님 앞에서(참조 벧전 1:17) 정말 값진 것이라 말한다. 특별히 이런 내적 사람 곧 심령의 단장을 '썩지 아니할' 것이라고 부르는 대목은, 베드로 공동체의 구성원들의 구속은 은과 금과 같은 썩어질 것들로 이뤄진 게 아니라 그리스도의 보배로운 피로 이뤄진 것이라는 1장 18~19절의 말씀을 상기시킨다. 또 그들의 거듭남은 썩어질 씨로 된 것이 아니라 썩지 아니할 씨 곧 하나님의 말씀으로 이뤄졌다는 1장 23절의 말씀도 상기시킨다. 이런 점들은 아내들의 단장이 단순히 윤리적 차원의 착한 행실을 말하는 게 아니라, 종말론적 차원의 근본적인 단장을 가리키고 있음을 강하게 시사한다.

나아가 저자는 이런 내적 단장의 이유를 이전에 하나님께 소망을 두었던 거룩한 부녀들의 신앙에 두고 있다. 이런 연결은 윤리적 차원의 내적 단장이 아니라, 종말론적인 차원의 내적 단장을 더욱 강화시켜 준다. 이 부녀들이 지녔던 하나님에 대한 소망은 장차 이루실 하나님의 신원하심과 복주심에 대한 종말론적 신앙을 말하며, 이런 소망이 오늘 베드로 공동체 속의 믿음의 아내들 가운데서 종말론적 성취를 보여주고 있다는 점을 본문의 저자는 시사하고 있다.

남편에 대한 명령은 짧지만, 다소 난해한 구문 구조를 지니고 있다.[12] 그러나 간단히 표현하면, 이 명령은 아래와 같이 설명할 수 있다. 즉 남편들은 아내가 더 연약한 존재인 것을 깨달아 이에 준하는 존중을 아내에게 보임으로써 함께 살라는 뜻이다. 이 경우, 두 개의 분사 중 뒤에 나오는 '존중하다'는 분사는 앞에 나오는 '함께 살라'는 분사의 부대 상황을 묘사한다. 특히 그 중에서도 수단 혹은 방법을 나타내는 부사적 의미로 해석하고 있다. 그렇다면 아내가 더 연약한 존재라는 것을 깨달아 아는 일은, 아내와 함께 살아가는 일이나 아내에 대한 존중에 모두 연결된 것임을 알 수 있다. 따라서 아내와 함께 살아가고, 아내에게 존중을 보이는 일은 뒤 따르는 또 하나의 표현인 '생명의 은혜를 유업으로 함께 받을 자로서'라는 문구에 의해 다시 한정되고 있다. 그러면 아내에 대한 명령은 아내가 더 연약한 존재라는 사실에 대한 인식과 영원한 은혜를 함께 받을 자라는 사실에 대한 깨달음에 기초하고 있음을 알 수 있다.

여기서 아내가 더 연약한 존재라는 것은 단순히 육체적으로 남편보다 더 약하다는 것만을 의미하지 않는다. 이 표현은 베드로의 기독교적 전망과 시각을 반영한다고 볼 수 있다. 다시 말해 하나님의 관점에서 존중과 영예가 연약한 자와 나중 된 자들에 속해 있다는 크리스천 신앙과 확신을 반영하고 있는 것이다. 언제나 스스로 충족성과 의존성을 갖지 못한 자들에게 주어지는 하나님의 은혜로운 관심, 그럼으로써 하나님의 은혜에 대한 인간의 자기 의와 자랑의 가능성을 원천적으로 배제하시는 것이 하나님의 뜻이라는 점이 바로 이런 크리스천 신앙과 확신의 근저에 놓여 있다.

여기서 아내에 대해 영원한 기업을 함께 상속받을 자로 표현하는 것은, 반드시 아내가 믿는 자들이라는 것을 의미하지 않는다. 당시 로마 사회의 일반적인 통념에 따르면 아내는 남편의 종교적 신념을 채택하는 것으로 되어 있는데, 여기서도 아내를 영원한 기업의 상속자로 표현하는 것은 동일한 맥락에서 볼 수 있다. 이런 해석은 본문의 구체적인 수신자들이 사환과 아내들에 크게 한정되어 있고, 단지 남편들에게 매우 간략한 명령이 주어지고 있다는 사실에서 암시되듯이, 베드로 사도의 관심은 당시 자신의 디아스포라 신앙 공동체 내의 크리스천 사환들과 아내들에게 있다는 것이다 (이들을 통한 주인들과 남편들의 구원에 대한 관심과 함께). 이 점에서 믿지 않는 아내와 살고 있는 소수의 크리스천 남편들에 대한 명령은 간략하게 취급되고 있다는 점에서도 잘 알 수 있다. 어떤 경우이든, 아내들에 대해 생명의 은혜의 기업을 함께 상속받을 자라는 남편의 인식은 단순히 윤리적 차원의 도덕적 깨달음을 말하는 것이 아니며, 그리스도 안에서 보장된 영원한 기업에 대한 인식을 담고 있는 종말론적 성격의 인식을 말한다.

아내와 관련한 이와 같은 맥락의 남편에 대한 명령은 '너희 기도가 방해를 받지 않게 하려 함이라'는 진술로 끝을 맺는다. 이것은 단순히 기도 생활이 방해받지 않게 하려는 뜻이 아니라, 바로 앞에서 진술한 내용 즉 생명의 영원한 기업을 함께 받을 자, 공통의 목표를 향해 함께 경주하는 자로서 남편과 아내의 하나 됨에 대한 다른 표현 양식이다. 이들의 기도 생활로 표현되는 영원한 은혜로운 기업에 대한 공동의 관심과 추구는 오직 더 연약한 자인 아내에 대한 깨달음과 그에 대한 존중을 통해 더욱 구현될 수 있다는 뜻이다.

5) A′ 단락(3:8~12)

마지막 단락인 3장 8~12절은 앞 단락들에서 보여주었던 고난 중에서 인내와 잠잠함에 대한 명시적이고 암시적인 청원에서 한 걸음 더 나아가, '악을 악으로 갚지 말고 복을 빌라'는 명령을 담고 있다. 이런 확장을 통해 베드로는 자신의 크리스천 공동체 내의 상호간 의무와 책임에 대한 인식을 불러일으킬 뿐 아니라, 확장된 질문인 대적들에 대해 어떻게 행동할 것인가에 대한 문제에 초점을 맞추고 있다. 물론 이런 확장된 명령은 베드로 사도가 예수의 지상 사역 중에 들었을 명령, 즉 누가복음 6장 28절에 나오는 "너희를 저주하는 자를 위하여 축복하고 너희를 모욕하는 자를 위하여 기도하라"는 예수의 말씀을 반영하고 있다고도 볼 수 있다.

그러나 중요한 사실은 베드로는 이 명령을 다시 한 번 크리스천 수신자들의 부르심 곧 그들의 소명과 연결짓고 있을 뿐만 아니라, 나아가 이런 소명을 이들이 장차 받을 미래의 복된 기업과 연계시키고 있다는 점이다. 먼저 베드로는 이 명령을 수신자들의 부르심 곧 소명과 연결짓고 있다(9절).

이런 부르심은 그리스도의 구속적 죽음과 부활을 통해 가능케 된 소명인 그들의 개종을 가리키며(1:3, 18~21), 이들은 "하나님이 기쁘게 받으실 신령한 제사를 드릴 거룩한 제사장"(2:5)으로, "택하신 족속이요, 왕 같은 제사장이요, 거룩한 나라요, 그의 소유된 백성"(2:9)으로 부르고 있다. 이들의 정체성은 이들이 하나님을 기쁘시게 하는 신령한 제사를 드리고 그분을 찬양하며 그분의 위대하심을 선포하는 자들임을 밝혀줄 뿐 아니라(2:5, 9), 이제 이들이 하나님의 기업을 유업으로 받을 자들임을 암시한다. 이런 문맥에서, 베드로 사도는 본 단락 3장 9절에서 악을 악으로 갚지 않고 도리어 복을 빌라는 부르심은 이들로 복을 유업으로 얻게 하려는 것이라고 말한다.

분명 베드로는 미래에 얻게 될 이 기업의 근거를 시편 34편 13~17절에 대한 그리스도의 종말론적 성취의 문맥에다 위치시키고 있음이 확실하다. 베드로는 지상에서 예수의 한 명령을 단순히 반향하고 있는 게 아니라, 예수 그리스도의 구속의 사역을 통해 탄생된 새로운 출애굽 공동체를 향해 고난에 대한 종말론적 신원하심과 현재의 화에 대한 종말론적 복으로의 대반전을 환기시키고 있다. 새로운 공동체의 종말론적 신원하심과 대반전에 대한 확신과 소망 그리고 공동체의 부르심에 대한 올바른 성찰 중에 악을 악으로 갚지 않고 복을 빌 수 있는 것이다. 이런 점에서 이런 명령은 크리스천들에게 윤리적 것이 아니라, 종말론적 구현에 대한 청원으로 볼 수 있다.

결론

베드로 사도는 자신의 수신자들을 1장 1절에서 "흩어진 나그네, 곧 택하심을 입은 자들"이라 부르고 있는데, 이 말은 헬라어로 "에크레크토이스 파레피스데모이스"로 표현되고 있다. 이에 대한 보다 정확한 의미는 "선택됨으로써 결과적으로 이 세상에서 나그네 된 자들"이란 뜻이다. 다시 말해,

베드로 서신의 수신자들은 일차적으로 하나님에게서 선택받은 특권 그룹이요, 이런 정체성 때문에 결과적으로 세상 속에서 나그네 같은 자들이라는 뜻이다. 이런 점에서 베드로의 공동체는 당시 유대교의 쿰란과 같은 이주(移住) 공동체가 아니라, 여전히 세상의 질서 가운데 책임성 있는 크리스천 공동체로 살아가는 이행(移行)의 종말론적 출애굽 공동체라고 규정할 수 있다.[13] 다시 말해, 주어진 공동체 밖으로 이주해 나간 것이 아니라, 주어진 삶의 현장 속에서 머물러 살되 새로운 삶으로 변화된 공동체라는 뜻이다.

본문의 가족법들은 바로 이런 이행 공동체인 종말론적 출애굽 공동체의 구성원들에게 사회 속에서 기독교인 됨의 본질을 책임성 있게 행하라는 권면의 글로 요약할 수 있다. 특히 본문 속에서 일관되게 천거하는 '선한 행실'은 베드로의 공동체가 다른 곳으로 이주해 버린 것도 아니라, 이행의 공동체라는 맥락에서 기존의 질서와 권위들에 대한 순복의 명령을 윤리적으로 실천하는 것만을 말하지도 않는다. 오히려 그리스도를 통해 이루신 하나님의 은혜와 인자를 이미 맛본 자들(2:3)로서, 미래에 주어질 영원한 기업에 대한 소망과 이에 따른 위로 중에 인내하며, 주어진 삶의 위치에서 책임성 있게 그리고 비판적으로 행동할 것을 요구하는 것이다.

결론적으로 이런 선한 행실은 결코 윤리적 차원의 행실이 아니라, 그리스도를 통해 근본적이고 종말론적으로 성취된 의 그리고 성령을 통해 우리에게 은혜롭게 부여된 의가 우리의 삶 속에서 지속적으로 구현되도록 의도되고 또한 그렇게 요구되는 의의 표현으로서 선한 행실을 말하는 것이다. 이제 구체적인 사회의 실존 가운데 살아가는 크리스천들은 율법과 사망 그리고 죄의 속박 아래 사는 사회에서 이주가 아닌 이행의 삶을 사는 자들이다. 그렇기에 이런 선한 행실 곧 주어진 사회적 상황과 질서 중에 책임감 있는 행동을 하는 일이 가능한 것이다.

03

선을 행하며
고난을 기뻐하라

베드로전서 3:13~4:19의 주해와 적용

베드로전서 3장 13절부터 4장 19절은 3장 8절부터 시작된 논의의 일부로 "선으로 인한 고난"의 문제를 다루고 있다. 물론 이는 우리가 다룰 본문에만 국한되는 것은 아니며, 비신자들과 함께 사는 삶 속에서 신자들이 지켜야 할 일반적인 원칙으로 제시되고 있다. 베드로는 성도들에게 "열심으로 선을 행하면" 해칠 사람이 없다는 전제에서 시작한다(벧전 4:13). 우선 이는 비신자들이라고 해도 선한 사람에게 나쁘게 할 이유가 없다는 뜻일 수있다. 문제는 이것이 고난을 당연시하는 본서의 흐름과 잘 맞지 않는다는 것이다(벧전 1:6, 20~21; 3:17; 5:9). 혹은 이는 세상의 비우호적 태도가 성도들의 궁극적 안녕을 해칠 수 없다는 말일 수도 있다.

본문 해설

1. 두려움과 소망

성도들은 하나님의 능력으로 보호되며(벧전 1:5; 5:10) 따라서 세상의 저항을 이기고 승리할 것이다. 하지만 "의를 위하여" 사는 현재에는 고난이 있다. 그런데 예수의 말씀처럼, 이는 오히려 성도들에게 좋은 일("복")이다(벧전 4:14). 그 이유는 베드로전서 4장 1~2절, 12~14절 등에서 구체적으로 밝혀질 것이다. 세상의 악한 태도로 고난당할 때 성도는 "저희의 두려워함을 두려워하지 말며 소동치 말고" 오히려 "너희 마음에 그리스도를 주로 삼아 거룩하게 해야" 한다(벧전 3:14~15).

여기서 인용한 이사야서 8장 12~13절에 의하면, 두려움과 관련된 베드로전서 3장 14절은 악하게 나오는 세상의 관점에 "흔들리거나" 굴복하지 말고 하나님만 두려워하라는 말이다. 또 "그리스도를 주로 삼아 거룩하게 하라"는 것은 곧 주님이신 그리스도께만 복종하라는 권면이다. 물론 이는 앞서 사라를 예로 들어 이미 제시된 내용이다(벧전 3:5~6). 이런 태도는 성도들이 가진 "소망에 관한 이유를 묻는 자에게 대답할 것을 항상 예배하는" 것을 포함한다(벧전 3:15).

본서에서 소망은 신앙의 핵심으로(벧전 1:3~5, 9, 21; 2:2), 신자들이 가진 결정적인 차별성이다. 이 "준비"는 법정적 상황에서의 변증일 수도 있고 혹은 보다 일상적인 문맥에서 대답일 수도 있다. 어느 쪽이든, 이는 우리 삶의 "선교적" 본질을 잘 포착한다. 하나님의 "아름다운 덕을 전파하기 위해" 부르심을 받은 성도들은 그들이 가진 소망에 관해 분명히 "전파"할 수 있어야 한다. 이런 선포는 "온유함과 두려움"을 요구한다. 온유와 두려움은 모두 그리스도께서 보여주신 바와 같이(벧전 2:23), 불리한 상황에서도 포기하면 안 될 독특한 복음적 자태다.

2. 의를 위해 고난 받는 성도

또한 "선한 양심"이 필요한데, 이는 사실상 "선한 행실"과 같은 의미다(벧전 3:16; 3:21). 성도들이 선한 양심과 삶을 끝까지 지킨다면, 비방하는 자들은 자신들의 부당한 비방으로 부끄럽게 될 것이다(벧전 3:16). 물론 이 부끄러움은 심판의 상황을 염두에 둔 것이다(벧전 2:12; 4:5). 베드로전서 3장 17절은 13~16절의 권면을 요약한다. 하나님이 그렇게 뜻하신 것이라면, 성도들의 고난은 불가피한 것이다. 하지만 그 고난은 선을 인한 것이어야지 악을 인한 것이어선 안 된다.

"왜냐하면"(개역에는 누락됨)으로 시작하는 베드로전서 3장 18~22절은 13~17절 권면의 기독론적 버팀목 역할을 한다. 베드로는 이미 "그리스도도 너희를 위해 고난을 받으사 너희에게 본을 끼쳐 그 자취를 따라오게 하셨다"고 말했다(벧전 2:21). 같은 생각이 베드로전서 4장 1절과 13절에서도 반복된다. 곧 고난에 관한 베드로의 권면은 철두철미하게 그리스도의 죽음에 기초하고 있다. "의로운 자"로서 불의한 자 대신 고난당한 그리스도는 성도들이 왜 불의보다 의를 위해 고난받아야 하는지 말해 준다.

그의 죽음은 "우리를 하나님 앞으로 인도하기" 위함이었다. 이는 하나님과 언약 관계 속으로 들어가 그의 택하신 소유가 되는 것을 의미한다(벧전 2:9~10). 이제 성도는 하나님의 덕 곧 그분의 거룩하심을 선포하는 존재가 되었다(벧전 1:15). 곧 그리스도 사건은 우리가 "죄에 대해 죽고 의에 대해 살아야 한다"는 거룩한 의지의 표현이었다(벧전 2:24). 바로 이런 언약적 문맥에서 선행으로 인한 고난에 관한 권면이 가능해진다.

3. 고난받는 성도들을 향한 격려

성도의 모범인 그리스도는 "육체로 죽음을 당하시고, 영으로 살리심을 받았다." 물론 이는 그분의 죽음과 성령을 통한 부활을 지칭한다. 여기서 "육체로는" 혹은 "영으로는"이라는 수식어의 의미는 베드로전서 4장의 유사한 표현을 통해 짐작할 수 있다. 그리스도께서 "육체의" 고난(죽음)을 받으셨는데, 이는 성도들이 "육체의 고난"을 받아 다시는 "사람의 뜻을" 따르지 않고 오직 "하나님의 뜻을 따라" 살아야 하는 이유가 된다(벧전 4:1~2).

또 예수께서 죽은 자들에게도 복음을 전하셨던 것은 그들로 "육체로는 사람처럼" 심판을 받지만 "영으로는 하나님처럼" 살게 하려는 것이었다(벧전 4:6). 곧 육체의 고난은 과거의 죄악된 삶과의 절연, 영으로 산다는 것은 하나님의 뜻을 따른 새로운 삶을 강조하기 위한 표현들이다. 난해한 구절로 꼽히는 베드로전서 3장 19~20절 역시 동일한 입장에서 해석할 수 있다.[1] "옥에 있는 영들에게 전파하신" 일은 지옥에서의 전도보다 "영으로"

곧 부활 후 하늘의 악한 영들에게 승리를 공포하신 것을 의미한다.

이를 노아 홍수와 연결한 것은 목회적 움직임으로 보인다. 방주를 예비할 동안 오래 참으신 것은 구원과 심판을 기다리는 성도들의 "말세적" 상황과 통한다(벧전 4:5, 17). 그리고 "순종치 않던 자들" 및 "몇 명뿐이니 겨우 여덟 명" 등의 언급은 구원이 "좁은 문"임을 지적함으로써 성도들을 경계하기 위한 것으로 보인다(벧전 4:17~19).

홍수의 "물에" 관한 언급은 세례라는 복음적 주제를 도입하려는 포석이기도 하다(벧전 3:21). 홍수가 세례라면, "예수 그리스도의 부활"은 방주의 기능과 통한다. 성도들은 세례를 통해 부활하신 그리스도 곧 우리를 구원하시는 분 안에 들어간다. 그리고 이 세례는 "육체의 더러움"을 씻는 외적 의식이 아니라 "하나님께 대한 선한 양심의 약속" 곧 하나님께 선한 양심의 삶을 약속하는 행위다.[2]

여기서 "선한 양심을 가지라"는 권면이 나온다(벧전 3:16). 결국 베드로의 의도는 구원은 하나님을 향한 선한 양심의 약속을 포함하며, 이 구원은 손쉽게 얻을 수 있는 목표가 아님을 상기시킴으로써 고난에 처한 성도들을 독려하는 것이다. 그리스도의 승천과 영적 세력들의 "굴복"은 성도들의 자신감을 북돋운다. 그들은 이런 "하나님의 능력으로 보호하심을 입은" 존재라는 것이다(벧전 1:5).

4. 성도의 고난은 믿음의 시험

베드로전서 4장은 3장의 기독론적 논증에 기초한다. 그리스도께서 육체의 고난을 받았다. 그러므로 성도들 역시 동일한 태도로 무장해야 한다. 왜냐하면 육체의 고난을 받는 자들은(개역에서 "받은"은 오역이다) 그 고난을 통해 그들이 이미 죄를 멈추고, 이제 사람의 정욕 대신 하나님의 뜻에 순종하는 자들임을 드러내기 때문이다. 고난에 굴하지 않는 신실함으로 무장한 성도들은 마귀가 우는 사자처럼 삼킬 제물을 찾는 영적 전투의 상황을 이겨낸다(벧전 5:8~9).

따라서 성도의 고난은 그들의 신실함을 확증하는 "믿음의 시험"이 된다(벧전 1:7; 4:12). "육체의 남은 때"는 "그 후" 곧 그리스도께로 온 후의 삶이다. 물론 이는 성도가 현재 살아가는 종말론적 정황(벧전 1:5~9) 그러니까 "너희의 나그네로 있을 때"를 말한다(벧전 1:17). 나그네 삶은 과거의 방탕함을 버리고 철저히 앞의 소망에 따라 살 것을 요구한다. 성도는 "조상이 전해 준 망령된 행실에서 구속된" 자들로(벧전 1:18), 더 이상 "사람의 정욕"을 따르지 않고 "하나님의 뜻"을 따라 살아간다(벧전 4:2).

베드로전서 4장 3절과 4절은 성도의 과거와 현재를 극명하게 대조한다. 음란, 정욕, 술취함, 방탕, 연락 및 무절제한 우상 숭배의 삶은 "이방인의 뜻" 곧 현재 성도들을 핍박하는 자들의 삶을 따르는 것이다(벧전 4:3; 1:14). "지나간 때가 족하다"는 표현은 "남은 때"(벧전 4:2)와 통하는데, 종말론적 삶의 긴박감과 베드로의 권면의 단호함을 드러낸다. 이제 성도들은 "하나님의 뜻"을 따라 살고 그래서 "그들"은 성도들이 예전처럼 자기들과 함께 "그런 극한 방탕에로 치닫지 않는" 것에 "놀라" 이들을 "비방한다"(벧전 4:4; 3:16; 4:14; 마 5:11).

하지만 성도들은 여기에 흔들려선 안 된다(벧전 3:14). 비방하는 자들은 "산 자와 죽은 자 심판하기를 예비하신 자"에게 심판받을 것이기 때문이다(벧전 4:5; 마 12:36). 현재 성도들의 의연함은 하나님의 구원과 심판에 관한 종말론적 소망에 근거한다(시 73:16~20). 베드로전서 4장 6절의 "이를 위하여"는 5절보다 2절과 이어지는 것으로 보인다.

"죽은 자들"은 "먼저 복음을 듣고 그 후 죽은" 성도들로 보는 것이 가장 자연스럽다. 죽음은 하나님의 심판일 수 있다는 점에서 초대 교회 성도들에게 심각한 영적 문제가 될 수 있었다(살전 4:13~18). 6절은 이에 관한 의문을 해소함으로써 성도들을 위로하려는 의도인 것 같다. 죽음을 통해 이들은 "육체로는 사람처럼" 심판을 받지만, "영으로는 하나님처럼" 살게 될 것이다.

5. 성도들의 청지기적 섬김

베드로전서 4장 7~11절에서 공동체 안으로 시야가 좁혀진다. 7절은 종말론적 상황을 재차 부각시킨다. "만물의 마지막이 가까웠다"는 말세적 정황은 현재 성도의 삶을 규정한다. "정신을 차리고 근신하라"는 것은 말세적 상황에 어울리는 태도를 보이라는 것이다. 이런 삶은 "기도"를 위한 것이다. 이은 기도가 막히지 않게 근신하라는 베드로전서 4장 7절의 권면을 상기시킨다. 또한 앞에서 근신은 소망에 대한 기대와 연관되어 있다(벧전 1:13). 그렇다면 여기서 "기도" 역시 일반적인 기도보다 재림 때 구원의 은혜를 기다리는 기도 곧 고난 중에 선을 행하며 "그 영혼을 미쁘신 조물주께 부탁하는" 태도를 가리킬 가능성이 높다(벧전 4:19). 곧 종말론적 소망이 구체적으로 표현된 기도인 셈이다.

공동체 내에서 근신하는 종말론적 삶의 특징은 "무엇보다도" 진솔한 형제 사랑이다. 이는 본서에서 여러 번 언급되었다(벧전 4:8; 1:22; 2:17; 3:8). "사랑이 많은 죄를 덮는다"는 것은 잠언 10장 12절의 인용인데, 앞서 말한 태도 곧 악을 악으로 갚지 않고 도리어 복을 비는 태도와 연관된다(벧전 4:9; 참고. 롬 12:17~21; 13:10; 마 5:43~48). 또 이런 사랑은 불평 없이 형제의 필요를 채우는 호의로도 나타날 것인데(벧전 4:9), 이는 당시의 열악한 상황에서 매우 실제적인 사랑의 표현이었을 것이다.

베드로전서 4장 10~11절 상반절은 성도들의 관계를 "은사의 선한 청지기" 관점에서 접근한다. 하나님에게서 각종 은사를 받은 자들로서 성도들은 그 맡기신 은사에 신실하게 "서로 섬긴다"(벧전 4:10). 말하는 것은 하나님의 말씀의 전달이 되고, 서로 섬김은 하나님의 힘을 통한 섬김이 된다. 이런 형제 사랑은 성도들이 "흠 없고 점 없는 어린양 같은 그리스도의 보배로운 피로" 거듭나고, "하나님의 살아 있고 항상 있는 말씀으로" 중생한 결과를 반영한다(벧전 1:19~23). 따라서 성도들은 하나님의 "은혜의 선물"을 활용하는 청지기들인 것이다. 이 모든 섬김의 목적은 주인이신 하나님의 영광이다. 이 영광은 "예수 그리스도를 통해" 이루어진다. 성도들의 청지기적 섬김 자체가 그리스도의 희생적인 사역에 근거한 것이기 때문이다.

6. 그리스도의 고난에 참여하는 기쁨

베드로전서 4장 12~19절은 다시 고난의 주제로 돌아간다. 고난은 "너희를 시험하는 불의 시험"으로 규정된다. 선행의 결과로서 성도에게 다가오는 고난은 결코 "이상한 현상"이 아니다. 따라서 성도들은 여기에 "놀라서는"(이상히 여겨서는) 안 된다(벧전 4:12, 개역의 '이상한 일'과 '이상히 여기다'는 두 단어의 연관성을 잘 살리고 있지만 동사 자체의 의미는 '이상히 여기다'는 것보다 '깜짝 놀라다'에 가깝다). 물론 이는 놀람 그 자체보다 마음이 흔들려서 성도다운 자태를 잃는 것에 대한 경고다(벧전 3:13). 성도는 오히려 고난의 상황을 즐거워해야 한다.

왜냐하면 이것이 "그리스도의 고난에 참여하는" 것으로, 그리스도가 재림할 때 누리게 될 "기쁨"을 보장하는 것이기 때문이다(벧전 4:13; 마 5:11~12). "영광의 영" 곧 "하나님의 영이 그들 위에 머물러 있다"는 표현은 이사야서 11장 2절에서 인용한 것이다. 여기서 그들이 구원에 이르도록 하나님의 능력으로 보호하심을 입고 있다는 사실(벧전 1:5) 혹은 그들의 영혼이 하나님께 맡겨진 것이라는 사실(벧전 4:19)을 가리킨다. 또한 하나님께서 이들을 자기의 영원한 영광에 이르도록 지키실 것이라는 사실(벧전 5:10)을 가리킨다.

악행으로 인한 고난을 피하고 신자로서 당하는 고난은 부끄러워하지 말라는 베드로전서 4장 15~16절은 2장 19~20절 및 3장 13~17절의 논증을 사실상 반복한다. "그 이름으로 하나님께 영광을 돌리라"는 것은 단순히 "찬양하라"는 의미를 넘어 하나님께 영광이 될 거룩함을 드러내라는 권유를 포함한다. 고난에 관한 권면이 종말론적 심판과 연결되는 것도 본서의 두드러진 특징이다(벧전 1:6~7; 2:11~12; 2:21~23; 3:9, 16; 4:4~5). 심판이 하나님의 집에서 시작한다는 것은 에스겔서 9장 6절에 근거하는데, 각자의 "행위를 따라" 내리시는 신적 심판의 엄중함을 강조한다(겔 9:10).

이 엄중한 심판에서 "우리"와 "복음을 순종치 않는 자", "의인"과 "경건치 않은 자와 죄인"이 대조된다. 신자들에게 먼저 심판의 잣대가 적용된다면, 복음을 순종치 않는 이들이 받을 결과는 얼마나 더 처절할 것인가? 또 잠언에서 말하듯이 "의인"들이 "겨우 구원을 얻는" 상황이라면, 경건치 않은 자들과 죄인들은 어떻게 되겠는가(잠 11:31, 칠십인역)? 이 인용의 효과는 이중적이다.

악인의 심판에 대한 확언은 고난 중에 있는 성도들에게 큰 격려가 될 것이며, 동시에 하나님의 엄중한 심판에 관한 언급은 성도들의 근신을 더욱 자극할 것이다(벧전 1:17). 베드로전서 4장 19절은 이런 이중적 의미를 멋지게 전달한다. "하나님의 뜻대로 고난을 받는" 성도들은 "그 영혼을 신실하신 창조주께 맡긴다"(참고 벧전 5:7, 10). 그리고 이 "맡김"의 삶은 "선을 행함으로써" 이뤄진다. 곧 고난 중에 선을 행하는 삶을 계속 유지함으로써 성도들은 신실하신 하나님을 향한 그들의 소망을 재확인한다(벧전 1:21).

"모든 은혜의 하나님 곧 그리스도 안에서 너희를 부르사 자기의 영원한 영광에 들어가게 하신 이가 잠깐 고난을 받은 너희를 친히 온전케 하시며 굳게 하시며 강하게 하시며 터를 견고케 하시리라"(벧전 5:10).

본문에서 부각되는 신학적 주제들

1. 소망으로서 신앙

베드로전서의 목적은 불신자들 사이에서 큰 어려움을 당하고 있는 성도들을 위로하고 이들이 계속 견실한 신앙적 태도를 지키도록 권면하는 것이다. 이를 위해 베드로는 우선 성도들에게 주어진 새로운 특권을 언급하고 (벧전 1:3~12), 이 특권이 요구하는 새로운 삶을 그려 보인다(벧전 1:13). 이들은 본래 이방인이었지만 이제는 하나님의 "택하신 민족"이고 "거룩한 나라"며 "왕적 제사장"이고 하나님의 "소유된 백성"이 되었다(벧전 2:4~9). 그리고 이런 언약적 신분은 당연히 그에 합당한 언약적 삶을 요구한다. 곧

"내가 거룩하니 너희도 거룩하라"는 언약적 요구다(벧전 1:15~16).

그런 점에서 베드로의 논증은 언약적이다. 베드로전서에서 옛 언약은 비판과 극복의 대상이기보다 예수 그리스도를 통한 새로운 상황을 이해하는 개념적 틀로 기능한다. 하지만 이 새로운 신분은 완결된 것이 아니다. 새로운 실재는 오히려 새로운 가능성에 가깝다. 베드로는 이를 "산 소망"이라고 부른다(벧전 1:3). 이 소망의 대상은 "썩지 않고 더럽지 않고 쇠하지 않는 기업" 곧 종말론적 "구원"으로서(벧전 1:4), "말세" 곧 예수의 재림 때 나타날 것이다(벧전 1:7, 13). 현재 이 구원은 "하늘에 간직되어" 있고, 성도들은 이 구원을 얻을 때까지 하나님의 능력으로 보호되고 있다(벧전 1:5).

이런 종말론적 정황에서 "내가 거룩하니 너희도 거룩하라"(벧전 1:16)는 언약적 논리는 "하나님은 각 사람을 그 행위대로 심판하신다"(벧전 1:17; 참고 2:23; 4:5)는 심판의 원리가 된다. 하나님의 백성으로 부르심을 받았지만 이들은 아직 목적지에 도달하지 못한 "나그네와 행인들"이다(벧전 1:1, 17; 2:11). 하나님은 각 사람을 그 행위대로 심판하실 것이므로 미래는 아직 성도의 소유가 아니다(벧전 2:23; 4:5). 따라서 그들의 삶은 "두려움"을 수반한다(벧전 1:17; 3:15). 이들이 신실하신 하나님의 보호 아래 있다는 점에서 노예적 불안과 다르지만(벧전 1:5; 5:10), 동시에 심판이 "하나님의 집에서 먼저 시작"되며 "의인조차 겨우 구원 얻는다"는 사실을 인식하는 신중한 겸손이다(벧전 4:18).

"구원 받았다"는 고백이 진정한 구원의 확신으로 치부되는 현재의 상황에서 복음을 "소망"으로 요약하며 이 소망으로 현재의 삶을 조명하는 베드로의 미래 중심적 관점은 시사하는 바가 크다. 앞서 보았듯이, 고난에 관한 베드로의 권면은 철두철미하게 구원과 심판이라는 미래를 전제한다. 고난 중에서 선한 삶을 포기하지 말라는 권면은 선을 행하는 성도들의 미래는 신실하신 하나님의 보호를 받지만(벧전 3:13; 4:13), 악을 행하는 사람들의 미래는 하나님의 엄중한 심판에 직면할 것이라는(벧전 3:16; 4:5, 17~18) 믿음에 기초한다.

성도 개인의 삶은 물론이고 교회의 삶도 세속적 가치에 물들어 가는 오늘의 현실은 교회가 미래를 망각하고 있다는 사실 그래서 세상 사람들과 마찬가지로 "이 땅에서" "이 땅의 방식으로" 승리를 거두려 하는 경향과 무관치 않다. 교회가 유지해야 할 초월적 삶은 적어도 부분적으로 우리 신앙의 미래적 차원과 얽혀 있다. 그런 의미에서 설교자의 주요 임무는 베드로전서의 분명한 미래적 전망을 분명히 함으로써 우리 삶의 초월적 차원을 잃지 않게 하는 것이다.

2. 선한 삶의 구원론적 중요성

설교자들은 본서의 본질적 관심사는 고난이 아니라 "선한 삶"이라는 사실을 분명히 전달해야 한다(벧전 3:13). 고난에 대한 베드로의 논의는 선한 삶에 대한 관심에 철저히 종속된다. 고난이 중요한 것은 그 고난이 선행을 방해할 수 있는 "시험"이기 때문이지(벧전 1:6~7; 4:12) 고난 자체가 독자적 중요성을 가졌기 때문이 아니다. 본문의 관심은 "의를 위하여" 혹은 "선을 행함으로" 받는 고난 곧 "그리스도의 이름으로"(벧전 4:14) 혹은 "그리스도인으로"(벧전 4:16) 당하는 고난이다. 이것이 "하나님의 뜻대로 받는 고난"이다(벧전 3:17; 4:19).

물론 이는 "악을 행함으로 받는 고난"과 아무런 공통점이 없다(벧전 3:17; 4:15). 바울처럼, 베드로 역시 성도의 고난을 그리스도의 고난과 관련짓는다(벧전 2:21~25; 3:18~22; 4:1, 13). 이는 "모범"이신 그리스도를 "본받는" 관계다(벧전 2:21). 고난 중에 그리스도와 "같은 마음으로 무장하라"는 명령을 받는다(벧전 4:1). 곧 그리스도와의 접촉점은 고난 자체가 아니라 고난에 대처하는 태도다. 이런 태도는 "육체의 고난을 받은 자가 죄를 그쳤다"는 말로 요약된다(벧전 4:1).

그리스도의 마음으로 고난에 대처하며 성도들은 "사람의 정욕을 좇지 않고 오직 하나님의 뜻을 좇아 사는" 법을 배운다(벧전 4:2). 여기서 우리의 고난은 그리스도의 고난과 이어진다. 즉 고난 자체가 아니라, 고난이 죄와 절연하는 수단 혹은 증거라는 점에서 우리의 고난은 그리스도의 고난에 "참예하는" 것이 된다(벧전 4:13). 그리스도의 고난에 참여함을 기뻐하라는 것은 고난 자체에 대한 교훈이 아니라 고난 중에도 간직해야 할 "선한 삶"에 대한 주문이다.

하나님의 심판이 우리의 행위를 겨냥한다는 점에서, 우리의 선한 삶은 분명 "구원론적" 의미를 지닌다. 피상적인 "은혜 구원"이 복음의 정수로 행세하고 행위의 구원론적 의미를 강조하는 것이 행위 구원론으로 비난받는 어처구니없는 상황에서, 우리의 현재 삶이 미래 운명과 깊은 관련이 있다는 사실은 더욱 분명히 선포되어야 할 성경적 진리에 속한다. 우리는 과거의 "망령된 행실"에서 구속되었고, 우리의 부르심은 "너희도 거룩하라"는 언약적 의무를 포함한다(벧전 1:14~16; 엡 1:4~5; 2:10; 4:1~2).

우리의 "소망"은 뒷짐을 지고 버스를 기다리는 것과 다르다. 우리 아버지는 각 사람을 행위대로 심판하는 분이며(벧전 1:17), 우리 소망은 "마음의 허리를 동이고 근신하는" 태도로 유지된다(벧전 1:13). 우리는 목적지를 향해 가는 "나그네들"이며 따라서 우리는 아직 "남은" 여정을 "두려움"으로 살아간다(벧전 1:17). 그리고 오늘 우리의 걸음이 우리의 목적지를 결정한다(갈 6:7~9; 롬 6:21~23; 8:13).

3. 고난에 대한 객관적 시각

고난에 관한 베드로의 가르침은 매우 현실적이다. 세속적 권력을 권선징악을 위한 하나님의 도구로 본 것과 비슷하게(벧전 2:13~17), 베드로는 불신자들의 세계에 무조건 비관적 입장을 취하지 않는다. 물론 성도들이 선행 때문에 고난을 받지만, 그렇다고 해서 고난이 무조건 우리의 선함을 입증하는 것은 아니다. "악을 행함으로" 받게 되는 고난도 존재하기 때문이다(벧전 2:20; 3:17).

말하자면 성도들이 겪는 고난 그 자체로는 "중립적" 현상이다. 그래서 그는 이렇게 경고한다. "너희 중에 누구든지 살인이나 도적질이나 악행이나 남의 일에 간섭하는 자로 고난을 받지 말라"(벧전 4:15). 고난이 나의 신실함을 정당화하는 것은 아니기에, 나는 고난과 상관없이 나의 선행을 보일 수 있어야 한다. 곧 나의 신실함이 고난을 의미 있게 하는 것이지, 고난이 나의 삶을 선하게 바꾸어 주는 것은 아니다.

고난은 오늘날에도 보편적 체험에 속하지만 그러기에 더욱 신중하게 다루어야 할 주제다. 베드로의 냉정한 시각은 사회적 인식이 "최저"를 면치 못하는 우리 교회가 더 깊이 묵상해야 할 주제에 속한다. 오늘날 반기독교적 편견은 엄연히 존재하지만, 그렇다고 사회의 "반감"이 모두 의로운 고난으로 설명될 수는 없다. 성도나 교회는 자신의 구린 모습을 감추기 위해 세속 사회를 비난하지 않도록 주의해야 한다. 불신 사회의 비난은 "반감"만으로 설명할 수 없으며, 실제로 우리가 받는 비난의 많은 부분은 "악을 행함으로" 받는 고난이라는 것이 대부분의 공통된 인식이다.

고난에 관한 설교는 우선 이 부분에서 신중해야 한다. 설교자는 의로운 고난이 복의 원천이 된다는 사실뿐 아니라, 불의로 인한 고난은 멸망을 향해 가는 표시에 지나지 않는다는 점도 분명히 선포해야 한다. 그래서 설교자는 성도들이 처한 상황이나 그에 대한 평판을 두고 냉정히 자신을 성찰할 수 있도록, 고난을 낭만적으로 미화하거나 이기적으로 호도하지 않도록 도와야 한다. 베드로의 교훈은 "악을 행함으로 고난 받는" 상황을 피하라는 것이며, 설교자는 이 점을 분명히 전달해야 한다. 어려움을 겪는 성도들을 격려하는 것이 중요하지만, 섣부른 보호 본능으로 자신의 고난이나 어려움을 주워섬기기 전에 자신이 겪는 어려움의 원인을 철저하게 살피도록 하는 것도 중요하다.

4. 소망의 터전으로서 일상적 삶

앞서 논점과 관련해, 우리는 베드로가 실제로 말하는 고난이 성도들의 일상적 삶의 문맥에서 일어나는 것임을 주목해야 한다. 본서에서 말하는 "고난" 곧 성도들의 겪는 "복음적 갈등"은 신자들의 가치관이 세속적 가치관과 다르다는 사실에 연유하는 것으로(벧전 4:4), 성도들과 불신자들 사이에 직접적이고 일상적인 수준의 접촉을 전제로 한다. 그러니까 신자들은 불신자들과 가장 긴밀히 만나는 그 문맥에서 그들의 차별성을 드러낸다. 동일한 상황에서 취하는 색다른 행동, 이것이 바로 악의적 "비방"의 원인이 되는 것이다. 그러니까 "소망"이 그 구체적 의미를 구현해 가는 터전은 우리가 이 세상과 부딪히며 영적 싸움을 벌이는 일상적 삶이라는 문맥이다.

우리의 신앙적 사고에서 멋없는 "일상"은 곧잘 화려한 "교회 생활"의 그늘에 가려진다. 하지만 책임 있는 설교는 우리 삶의 본래적 문맥이 우리끼리 어울리는 예배당 안이 아니라 불신자들과 갈등하는 일상적 삶이라는 사실을 분명히 전달해야 한다. 베드로가 말하는 고난은 성도들이 세상적 가치와 투쟁하며 경험하는 어려움이다. 물론 "교회 생활"도 일상적 삶처럼 중요하지만, 우리의 섬김(예배)은 대부분 예배당 밖에서 이루어지므로 일상적 삶이 더 "중대한" 문제가 되는 것은 당연한 것이다.

특히 교회가 자기의 "직장"이요 "일상"이 되는 목회자들에게는 성도들이 부르심을 받은 터전인 일상적 삶의 중요성을 폄하하고, 신실한 삶을 충실한 교회 생활로 축소시키려는 유혹이 늘 존재한다. 하지만 설교자는 세상 속에서 고난당하는 성도들을 향한 권면을 교회 생활에 관한 지침의 재료로 변질시키지 말아야 한다. 가정이건 직장이건, 성도들이 그들의 일상적 삶 속에서 신자다운 면모를 드러내려고 애쓰며 당하는 비방과 어려움, 이것이 바로 참된 영성의 재료들이며, "소망"이 그 참된 의미를 드러내는 자리인 것이다.

5. 기독교적 삶의 선교적 성격

베드로전서는 성도들의 삶을 "선교적" 관점에서 파악한다. 우리가 가진 소망에 관해 항상 대답할 준비를 갖추는 선교적 자태는 기독교적 삶의 한 부수적 양상이 아니라 주를 두려워하는 삶의 가장 중요한 특징의 하나다(벧전 3:15). 기독교적 삶의 선교적 본질은 성도들이 이제 "그의 기이한 빛에 들어가게 하신 자의 아름다운 덕을 선포하는" 자들로 부르심을 받았다는 진술에서 명백하게 드러난다(벧전 2:9). 물론 하나님의 덕을 선포하는 일은 언어적 전달을 넘어서는 것으로, 모든 면에서 "이방인 중에서 행실을 선하게 가지는" 것을 포함한다(벧전 2:12).

거룩한 삶을 향한 언약적 요구는 하나님을 향한 의무이면서 동시에 세상을 향한 선포적 기능을 갖는다. 선행을 통한 우리의 선포가 심판과 직접 연결되는 것도 이런 선교적 본질을 부각시킨다. 세상에 대한 성도의 태도가 "온유함"이어야 하는 것 또한 이런 선교적 기능과 무관하지 않다. 이런 관점은, 제자들을 "산 위에 있는 동네" 혹은 "등경 위의 등불"로 비유하면서 모두에게 드러나 선한 행실의 빛을 비추도록 요구하는 산상 수훈과 같다. 혹은 아버지를 계시하는 아들의 사역을 제자들에게 위임하며 예수의 사랑을 본받아 사랑하는 모습을 세상에 보여줄 것을 요구하는 요한복음의 제자도 개념과 다르지 않다.

우리의 삶 자체가 선교적 혹은 선포적 사명 아래 있다는 사실도 오늘날 교회가 회복해야 할 가르침에 속한다. 교회의 사는 모양이 세상과 별로 다르지 않은 시대에 책임 있는 설교는 기독교적 삶 자체가 지닌 선교적 기능을 일깨울 수 있어야 한다. 그러므로 우리의 언어적 답변은 우리 삶 자체의 이질성에 대한 구체적 설명이 된다. 우리가 아무 다른 점을 보여주지 못한다면 애초에 이런 질문은 생기지 않을 것이다. 그래서 성도들의 일차적 임무는 세상에 우리 본연의 거룩함("선행" 혹은 "의")을 보여주는 일이다. 설교자는 이런 존재를 통한 선교가 그 선교의 불가결한 기초고 본질이라는 사실을 분명히 하고, 성도들의 구체적 삶의 문맥에서 이를 설명할 수 있어야 한다.

맺는말

베드로전서의 "소망"은 현재를 즐기는 데 익숙한 오늘의 신자들에게 큰 질문을 던진다. 심판의 엄중함과 선한 삶의 중요성을 강조하는 것도 값싼 은총과 껍데기 믿음에 맛들인 우리에게 불편하다. 신자란 하나님의 아름다운 거룩함을 이 세상에 드러내는 자라는 말씀은 우리의 존재를 다시금 돌아보게 한다.

말하자면 베드로전서는 사람들이 좋아할 만한 설교를 꾸밀 수 있는 서신은 아니다. 하지만 여기서 우리는 설교자가 직면한 영원한 질문을 떠올린다.

"이제 내가 사람들에게 좋게 하랴 하나님께 좋게 하랴 사람들에게 기쁨을 구하랴 내가 지금까지 사람의 기쁨을 구하는 것이었더면 그리스도의 종이 아니니라"(갈 1:10).

조직신학 관점에서 본 '그리스도의 지옥 전도'

베드로전서 3:19~20의 주해와 적용

베드로전서 3장 19~20절은 성경에서 이해하기 어려운 구절들 중에 하나다. "신약성경 가운데 가장 모호하여 자신도 그 정확한 의미를 알지 못한다"고 말한 마틴 루터의 고백이 이를 대변해 준다. 그럼에도 그것은 여러 가지 다른 뜻으로 해석되고 있을 뿐 아니라, 환상적인 이론의 온상이 되고 있다. 특히 이 구절과 관련해 신학자들 사이에 논란이 그치지 않는 주제는 불신자의 사후 상태에 관한 문제다.

그리스도께서 "영으로 옥에 있는 영들에게 전파"하셨다(벧전 3:19)는 구절은 사후에도 복음을 믿을 수 있음을 의미하는가, 아니면 그런 의미가 아닌가? 이에 대한 신학적 논의는 두 방향으로 전개되고 있다. 로마 가톨릭 교회와 일부 학자들은 사후 상태를 확정적인 것으로 보지 않고 구원의 가능성을 인정하고 있는 반면에, 개신교 정통 교회와 대부분의 신학자들은 그것을 확정적인 것으로 보고 구원의 가능성을 부정하고 있다. 전자가 성경적 근거로 삼고 있는 중요한 본문이 바로 베드로전서 3장 19~20절이다. 그것에서 불신자의 사후 구원 가능성을 주장하는 여러 학설들이 생겨났다.

불신자의 사후 구원 가능성 문제는 베드로전서 3장 19~20절을 어떻게 해석하느냐에 달려 있다고 해도 과언이 아니다. 먼저 불신자의 사후 구원의 가능성을 주장하는 학설들과 그들의 해석을 개괄한 후, 개신교 정통 교회 신학자들의 입장을 살펴봄으로써 '그리스도의 지옥 전도'는 불신자의 사후 구원 가능성을 의미하는 것이 아니라는 사실을 밝히려고 한다.

불신자의 사후 상태는 확정적인가

고대부터 현대에 이르기까지 불신자들의 사후 구원 가능성을 주장하는 이론들이 끊임없이 출현하고 있다. 가장 널리 알려진 이론이 보편 구원론과 연옥설이라면, 지옥 정복설과 같은 비교적 생소한 견해도 있다. 보편 구원론은 모든 인류가 결국 구원에 이르게 되며 악인의 영혼도 때가 되면 죄의 징벌에서 풀려나 하나님께로 회복되리라고 주장하는 이론이다. 그것은 보편회심설, 보편기회설, 보편화해설, 보편회복설 등 여러 형태로 나눠지며 사후 인간 영혼의 운명과 조건은 고정되지 않았다는 것이 그 핵심 주장 가운데 하나다. 죽은 후에도 구원 받을 수 있는 기회가 있다는 것이다. 보편구원론은 그리스도의 음부 전도에 관한 사도 베드로의 진술과 죽은 자를 위한 기도에 대한 언급을 중요한 성경적 근거로 제시하고 있다. 그리스도가 "영으로 옥에 있는 영들에게 전파"하셨다는 구절을 그리스도께서 죽은 자들에게 복음을 전파하여 그들을 구원하기 위해 음부에 가신 것으로 해석한다. 또한 죽은 자를 위한 기도가 고대 교회의 관행이었음을 지적하고 그 것을 살아있는 사람의 기도가 죽은 사람의 영혼의 조건과 상태를 변경시킬 수 있다는 근거라고 말한다.

연옥설은 사후 구원 가능성을 암시하는 가장 오래되고 널리 알려진 견해다. 로마 가톨릭 교회에 따르면, 각 개인의 영혼은 죽음과 동시에 하나님의 심판을 받아 영원한 지위가 결정된다. 악한 상태로 죽은 사람은 즉시 지옥에 가는데 반해, 영적으로 완전한 상태로 죽은 사람은 즉시 천국으로 간다. 그러나 하나님의 은혜 안에 있지만 아직 영적으로 완전하지 못한 채 죽은 사람은 연옥으로 간다고 한다. 연옥은 천국과 지옥 사이의 중간적 장소며, 지옥과 천국으로 직행하지 못한 사람들이 가는 곳이다. 시련과 징벌의 장소가 아니라 정화의 장소다. 현세에서 신앙 생활을 했으나 고해성사를 통해 죄에서 정결함을 받지 않고 죽은 사람들은 천국에 들어가기에 앞서 연옥에서 불로 정화되어야 한다는 것이다.

가톨릭 교회가 연옥 교리의 성경적 근거로 삼고 있는 것은 베드로전서 3장 18~20절과 외경 마카비후서 12장 43~45절 등이다. 후자는 죽은 자를 위한 희생 제사와 죽은 자의 부활에 대한 소망을 언급하고 우상 숭배 죄로 죽은 군인조차도 구원받을 수 있다는 것을 암시하고 있다. 한편, 3장을 사후 구원 가능성에 대한 언급으로 간주하는 것은 일부 고대 교부들에게서 이미 예견된 것이었다. 2세기 초 속사도 교부 「헤르마스의 목자」는 연옥 교리를 암시한 가장 오래된 기독교 문헌이다. 「헤르마스의 목자」는 그리스도께서 십자가에 죽으신 후 음부로 내려가 옥에 갇혀 있는 영들에게 복음을 설교하여(벧전 3:19), 그들을 천국으로 인도하셨다고 가르쳤다. 2세기 중엽 영지주의자 말시온 역시 그같은 주장을 했다.

또한 3세기 동방교회 최고 학자인 오리겐은 죄인에 대한 영원한 형벌에 심각한 의문을 제기하고 사후 회개 가능성을 암시했다. 종말을 교육과 치료를 통한 인간 영혼의 전진과 회복 과정의 절정으로 이해하고 모든 영혼이 완전 상태로 회복되는 전진 과정은 회심 때부터 시작해 전 생애를 통해 진행되나 그 대부분은 육체적 죽음 이후 이뤄진다고 주장했다. 죽음 후에도 계속되는 교육과 교정을 통해 갱신과 회복이 완성된다는 것이다. 특히 「셀슘 논박」에서 예수가 음부에 내려가 그곳에 있는 영혼들에게 복음을 전파해 회개하게 했다고 주장했다. 오리겐의 치료적 형벌 개념과 사후 회개 가능성에 대한 견해는 중세에 유행한 연옥 교리의 기원이 됐다. 연옥 개념이 교리화된 것은 교황 그레고리 1세 때(590~604)였으며, 공식 교리로 선포된 것은 1439년 플로렌스 공의회에서였다.

로마 가톨릭 교회는 불로 영혼을 정화시키는 연옥 외에도 두 종류의 림보(limbus), 즉 선조 림보와 유아 림보가 있다고 주장한다. 전자는 구약 시대 성도들의 영혼이 그리스도께서 부활하실 때까지 있어야 하는 곳이라면, 후자는 세례 받지 못하고 죽은 아이들의 영혼이 거하는 장소다. 선조 림보 교리의 성경적 근거는 베드로전서 3장 18~19절이다. 가톨릭 교회에 따르면, 그리스도께서 십자가 위에서 죽으심으로 속죄 사역을 완성한 후, 구약 시대 성도들이 거처하는 음부로 내려가 그들을 해방시켜 천국에 들어가게 하셨다는 것이다.

제2 시험설은 모든 사람들이 중간 상태에서 그리스도를 통해 구원받을 수 있으며 이 구원은 현세에서와 동일한 방식, 즉 예수에 대한 신앙을 통해 가능하다는 주장이다. 이 이론에 따르면, 모든 사람들은 그리스도를 받아들이도록 권고 받게 되며, 누구도 이런 시험 없이 지옥으로 가도록 정죄 받지 않는다고 한다. 따라서 개인의 영혼이 사후 중간 상태에서 어떤 결정을 하느냐에 따라 구원이 좌우된다는 것이다. 누구든지 예수를 알고 받아들일 수 있는 기회를 누리지 못한 채 멸망당하지 않을 것이라는 신념이 이 이론의 토대며 성경적 근거로 제시되는 것이 베드로전서 3장 19절, 4장 6절 등이다.

제2 시험설과 유사한 이론이 제2 기회설이다. 이는 구원받지 못하고 죽은 사람들은 저 세상에서 구원받을 수 있는 기회를 다시 한 번 갖게 된다는 주장이다. 그리스도를 완고히 반대하는 자를 제외하면, 누구도 정죄 받지 않는다는 것이다. 유아 때 죽은 사람과 이 세상에서 복음을 듣지 못하고 죽은 불신자들이 그런 기회를 갖게 된다는 주장이다. 한편 제2 기회설은 언제 기회가 있느냐에 따라 두 형태로 구분된다. 이미 지옥에 영원한 거처를 정한 후로 보는 것과 죽음 직 후 지옥에 보내지기 전으로 보는 것이다. 지옥 정복설은 그리스도께서 죽음과 부활 사이 기간에 지옥에 가 전도하여 그곳에 있는 많은 사람들을 구원함으로써 지옥을 정복했다는 주장이다. 하지만 그것은 반복될 수 없는 일회적 사건이며 그 후에 지옥으로 간 사람들은 더 이상 그곳에서 빠져나올 수 없다고 한다. 지옥정복설의 성경적 근거 역시 베드로전서 3장 18절이다.

앞서 살펴 본 바와 같이, 불신자의 사후 상태를 고정적인 것으로 보지 않고 복음을 믿고 구원 받을 수 있다고 주장하는 학설들은 그리스도가 "옥에 있는 영들에게 전파"하신 것을 성경적 근거로 한다는 것과 이를 문자적으로 해석하는 점이 공통된다. 예수가 그의 죽음과 부활 사이 기간에 지옥의 영혼들에게 복음을 전파하여 그들을 구원했다는 것이다.

불신자의 사후 상태는 확정적이다

개신교 정통 교회는 불신자의 사후 상태에 관해 어떻게 가르치고 있는가? 인간의 운명은 이 세상의 행적에 의해 결정될 뿐, 중간 상태 자체는 사후 영혼의 운명에 어떤 영향도 미치지 못한다. 성경은 사후에도 구원 받을 수 있는 기회가 있다고 결코 말하지 않는 반면에, 불신자의 사후 상태가 고정되어 있다고 가르치고 있다. 불신자의 영혼은 사후 지옥으로 들어간다(마 25:41, 요 8:24). 이를 증거하는 대표적인 성경 본문이 누가복음 16장 19~21절의 부자와 나사로의 비유다. 부자는 음부에서 고통의 완화를 간청하지만 허락되지 않았다. 또한 그 비유는 낙원과 음부 사이에 서로 교통할 수 있는 길이 없음을 분명히 하고 있다. "너희와 우리 사이에는 큰 구렁이 끼어 여기서 너희에게 건너가고자 하되 할 수 없고 거기서 우리에게 건너올 수도 없게 하였느니라." 이 구절은 불신자의 사후 상태는 영원히 변경될 수 없음을 암시하고 있다. 그렇다면, 그리스도께서 옥에 내려가 전파했다는 구절을 어떻게 해석해야 하는가? 이 구절은 난해한 구절들 가운데 하나로 고대부터 수많은 해석상의 논란을 일으켰다. 그리스도께서 옥에 있는 영들에게 전파하신 때는 언제인가? 성육신 전 노아 때인가, 죽으신 후 부활 전인가, 아니면 부활 후인가? 누구에게 전파했는가? 인간의 영인가, 타락한 천사인가, 아니면 양자 모두인가? 무엇을 전파했는가? 구원의 복음을 전도한 것인가, 아니면 정죄의 심판을 선포한 것인가? 버나드 램(Bernard Ramm)에 따르면, 이 구절에 대한 해석은 대략 세 가지로 분류할 수 있다.

첫째, 예수의 죽음과 부활 사이의 활동이다. 그 기간에 그리스도께서 지옥에 내려가 그곳에 갇혀 있는 사람들의 영들에게 복음을 전했다는 것이다. 지옥에 있는 영들은 노아 시대 사람들이나 그리스도 이전에 살았던 모든 사람들이다. 이것은 문자적 해석이다. 그러나 이 해석의 지지자들도 그 전파한 내용과 목적 및 대상에 대해 의견이 일치하지 않는다. 어떤 사람은 모든 죽은 사람들에게 다시 한 번 회개할 수 있는 제2의 기회를 제공한 것으로, 또 어떤 사람들은 구약 성도의 영혼에게 지옥에서 석방을 전파한 것 등으로 이해하고 있다. 둘째, 성육신 이전 그리스도의 활동이다. 그리스도께서 선재 상태에 있을 때, 그리스도의 영이 노아를 통해 그 당시 사람들에게 복음을 전파했다는 것이다. 하지만 그것을 끝내 거부했던 사람들은 지금 지옥에 갇혀 있다. 이것은 본문에 대한 영적 해석이다. 셋째, 복음의 승리를 선포한 그리스도의 활동이다. 그것은 "옥에 있는 영들에게 전파"하셨다는 구절에서 전파를 선포로 이해한 것이다. 선포는 구원의 수단을 의미하는 것이 아니라 죽으심과 부활을 통해 영적 세계의 세력에 대한 승리의 선언을 의미한다. 그러나 이 해석을 지지하는 이들도 그리스도의 활동 시기와 그 대상에 대해선 의견이 갈라지고 있다. 어떤 사람은 예수가 죽음과 부활 사이의 중간 상태에서 지옥에 갇혀 있는 타락한 천사들에게 그의 승리를 선포한 것으로, 어떤 사람은 지옥에 있는 악인의 영혼들에게 현재 운명의 정당성을 선포한 것으로 해석한다. 또 어떤 사람은 예수가 부활 후 타락한 천사들에게 그의 승리와 그들의 운명을 선포한 것으로, 또 다른 사람은 오순절 이후 성령께서 사도들을 통해 불신 유대인들에게 전도한 것으로 해석한다.

고대의 많은 교부들이 첫 번째 해석을 수용했지만, 그것은 일시적 현상이었다. 그것은 외견상 자연스러운 해석이며 베드로전서 4장 6절의 죽은 자들에게 복음이 전파되었다는 구절과 조화가 되고 복음을 듣지 못한 사람들에게 기회를 준다는 합리성을 지니고 있다. 그렇지만 죽은 자가 어떻게 구원받는가는 불확실하며, 모든 불신자들에 대한 전파가 아닌 일시적이고 일회적인 것에 불과하다는 문제점을 지니고 있다. 또한 불신자의 사후 구원 가능성을 부정하고 있는 다른 본문들과 충돌을 피할 수 없으며, 결국 연옥설로 연결된다는 약점을 지니고 있다.

개신교 정통 교회는 대체로 두 번째와 세 번째 해석 가운데 하나를 따르고 있다. 노아를 통한 영적 전파설과 죽음과 부활 사이 기간의 선포설 중에 하나를 가르친다. 영적 해석에 따르면, 선재하는 그리스도의 영이 노아를 통해 그 시대의 백성들에게 하나님의 의를 전파하고 회개를 촉구했다. 그것을 거부했던 사람이 지금도 지옥에 있는 영들이라는 것이다. 이는 어거스틴의 견해였고 현대에도 많은 개혁 신학자들이 수용하고 있는 해석이다. 올리버 부스웰(J. Oliver Buswell)은 저서 「조직 신학」에서 그리스도는 노아를 통해 그리고 노아의 시대에 영으로 전파했다는 것을 다음과 같이 설명하고 있다. "이 구절들에 대한 해석에서 나는 그리스도가 베드로 시대에 옥에 있는 영들이라고 불렸던 사람들에게 전파한 때는 노아의 시대였다는 것과 그리스도는 의의 설교자(벤후 2:5)로 부르는 노아를 통해 영으로 전파했다고 이해하는 것에 있어서 찰스 하지, 워필드, 로버트슨 등의 가르침을 따른다." 이뿐 아니라 부스웰은 이 해석에 근거해 로마 가톨릭 교회의 림보설을 비판했다. "베드로는 그리스도가 그의 몸이 무덤에 있을 동안, 선조 림보에 갔다고 가르치고 있는 것이 아니라 오히려 그것은 노아 시대 그리고 노아를 통해 그리스도의 영이었다는 사실"을 강조한 것이다. 벌콥(Louis Berkhof)은 그의 「조직 신학」에서 "이 구절에 대한 일반적 개신교 해석은 영으로 그리스도는 노아를 통해 홍수 전에 살았으며 베드로가 서신을 쓸 때 옥에 있는 영들이었던 불순종한 사람들에게 설교했다는 것"이라고 했다. 뵈트너(Loraine Boettner)는 예수 그리스도를 부활시키신 성령은 노아 시대 사람들에게 노아를 통해 설교하신 그리스도의 영이며 이 설교에 부정적으로 반응한 사람들이 '옥에 있는 영들'이라고 주장했다.

한편, 세 번째 견해는 문자적 이해에 근거한 것이며 오늘날 널리 받아들여지고 있는 해석 중에 하나다. 그리스도께서 그의 중간 상태 동안에 지옥에 갇혀 있는 사람들의 영혼이나 타락한 천사들에게 복음의 승리를 선포하셨다는 것이다. 그것은 구원에 대한 전파가 아니라 심판의 선고와 불신앙에 대한 경고였다.

예수가 옥에서 전파했다는 구절은 사후 회개 가능성이나 구원 기회에 대해 전혀 언급하지 않고 있다. 특히 예수께서 부자와 나사로의 비유를 통해 불신자의 사후 상태는 영원히 변경될 수 없다고 교훈하셨다. 그럼에도 보편구원론, 연옥설, 림보설, 제2 기회설, 제2 시련설, 지옥정복설 등은 이 구절에 근거해 불신자의 사후 구원을 주장하고 있다. 그것은 인도주의적 발상에서 시작됐지만, 성경 전체의 교훈과 일치하지 않는다는 문제점을 갖고 있다. 생전에 그리스도를 믿은 사람만이 구원을 얻게 될 것이며, 사후에 회개나 구원의 기회가 전혀 없다는 것이 성경적 신앙이다.

05

신약학 관점에서 본
'그리스도의 지옥 전도'

베드로전서 3:19~20의 주해와 적용

베드로전서 3장 19~20절은 본서에서 가장 많은 논쟁을 일으켜 온 본문이다.

'옥에 있는 영들'은 누구인가

베드로전서 3장 19절에 사용된 '영들'(프뉴마타)이라고 번역된 헬라어 단어가 죽은 사람을 의미하는지, 아니면 천사와 같은 영적 존재를 의미하는지가 본문의 의미를 파악하려고 할 때 논쟁의 초점이 된다.[1] 신약 성경에서 '영들'이라는 단어가 사람을 가리키는 경우는 히브리서 12장 23절이 유일하다. 물론 신약 성경 밖에서는 그 예를 찾을 수 있지만(제1에녹서 22:3~13) 신약 성경 안에서 이 단어가 아무런 수식어 없이 독자적으로 사용되어 사람을 가리키는 경우는 찾아 볼 수 없다.

이런 점에서 '영들'은 천사를 의미하는 것처럼 보인다. 특히 '영들'을 수식하는 표현인 '옥에 있는'(엔 필라케)이라는 표현은 그 자체로 보면 타락한 천사들을 가리킨다고 할 수 있다. 왜냐하면 본문에 '옥'(필라케)으로 번역된 장소는 유대인들이 생각하던 '스올'(쉐올)인데, 헬라어로 번역하면 '하데스'라는 곳으로 죽은 자들이 거하는 장소나 악인들이 심판 받는 장소를 의미하기 때문이다(참조 눅 10:15; 16:23; 마 11:23; 16:18; 행 2:27, 31). 그곳은 문자적으로 '가둬 두는 곳'으로 자유가 없고 소망이 없는 고통스럽고 어두운 장소다.

베드로후서 2장 4절은 "하나님이 범죄한 천사들을 용서치 아니하시고 지옥에 던져 어두운 구덩이에 두어 심판 때까지 지키게 하셨으며"라고 언급하면서 타락한 천사들이 옥에 갇혀 있는 것으로 묘사하고 있다. 또한 베드로는 계속해 베드로후서 2장 5절에서 노아와 홍수의 심판에 대해 언급하고 있다. 이와 관련해 유다서 6절에도 "자기 지위를 지키지 아니하고 자기 처소를 떠난 천사들"을 옥에 갇혀 있는 것으로 묘사한다. 그러므로 '영'이라는 단어와 함께 '옥'에 대한 언급은 모두 타락한 천사의 운명을 묘사하는 이 본문들과 잘 어울리는 것처럼 생각된다. 이런 점에서 본문에 언급된 '영들'은 타락한 천사를 의미한다고 주장하기도 한다.[2]

그러나 19절의 '영들'이 타락한 천사를 의미하는지에 대해 그 다음에 계속되는 구절을 통해 신중하게 검토해야 할 필요가 있다. 왜냐하면 베드로전서 3장 20절은 19절의 '영들'에 대해 다시 설명하고 있기 때문이다. 20절에 의하면 첫째, 이 영들은 '옛적에 노아가 방주를 지을 동안에' 존재했다. 둘째, 이 영들은 '하나님께서 아직 참고 기다리실 때'에 존재한 영들이다. 셋째, 이 영들은 '순종하지 않던 자들'이라고 설명한다.

베드로전서 3장 20절에서는 19절에 언급된 '영들'을 "옛적에 노아의 날 순종치 아니하던 자들"이라고 표현한 것은 홍수 때 멸망한 세대를 일차적으로 떠올리게 한다. 하지만 그 영들을 노아 시대에 순종하지 않은 타락한 천사들이라고 할 수 있을지는 의문이다. 왜냐하면, 불순종한 천사들과 그 후예들은 노아의 홍수 사건 이전에 세상에서 불법을 선동하던 자들로 간주되기 때문이다. 이와 관련해 제1에녹서는 불순종한 천사들이 범죄한 시기가 노아의 때가 아니라 노아의 조상 야렛(창 5:18)의 때였다고 기록하고 있다(참조 제1에녹서 6:6; 106:13).[3] 만일 이런 기록을 수용한다면 창세기 6장에 등장하는 '하나님의 아들들'(sons of God)의 범죄는 홍수 사건 수세대 전에 일어났기에 '영들'을 노아의 날에 불순종한 천사들로 볼 수 없다.

또한 만일 '영들'이 타락한 천사를 의미하는 것이라면 20절에 베드로가 "순종하지 않던 자들"(아페이테사신)이라는 단어를 사용한 이유를 이해하기 어렵다. 왜냐하면 이 단어는 베드로 서신 속에서 불신앙의 사람들이 불순종하는 것을 묘사하는 용어지, 타락한 천사들을 묘사하는 단어로 사용되지 않았기 때문이다(참조 벧전 2:7, 8; 3:1; 4:17). 노아가 방주를 만드는 동안 심판을 피할 수 있는 가능성은 사람들에게만 있었지 타락한 천사들에게는 없었다.[4] 하나님께서 노아 시대의 죄인들, 즉 노아가 의를 전파한 사람들에 대해선 참고 기다리셨다(참조 벧후 2:5). 홍수 이전 기간 동안에 하나님께서 참고 기다리신 것은 그분이 지금 심판을 연기하심으로써 보이신 참으심과 분명히 같은 것이다(참조 벧후 3:9). 이런 점에서 19절의 '영들'은 타락한 천사들이 아니라 노아의 날에 순종치 않고 죽은 자들을 의미한다. 그리고 그 영들은 현재 옥에 갇혀 있다.

'그리스도께서 선포하신 것'은 무엇인가

베드로전서 3장 19절에 사용된 '선포하셨다'(에케뤼크센)라고 번역된 헬라어는 본래 '크게 외치다'(cry aloud), '선언하다'(announce), '설교하다'(preach), '선포하다'(proclaim)라는 의미를 갖고 있다. 본문에서는 목적어 없이 동사만 단독으로 사용되었다(참조 막 3:14). 그러므로 그리스도께서 무엇을 선포하셨는지가 불분명한 것이 사실이다. 그러나 베드로전서 3장 18절에서 4장 6절이 한 단락을 이루고 있기 때문에[5] 19절과 베드로전서 4장 6절을 같은 문맥 속에서 이해한다면, 19절의 그리스도께서 선포한 내용은 복음으로 이해할 수 있다. 왜냐하면 베드로전서 4장 6절은 '죽은 사람들에게도 복음이 전해졌다'는 사실을 분명하게 언급하고 있기 때문이다.

또한 같은 6절에서 베드로는 죽은 사람들에게도 복음이 전해진 이유를 설명하면서 "그들이 육신으로는 모든 사람이 심판받는 대로 심판을 받으나, 영으로는 하나님을 따라 살게 하기 위함"이라고 분명히 밝히고 있다. 더욱이 베드로전서 3장 19절에 사용된 헬라어 동사 '케뤼쎄인'은 신약 성경에서 목적어의 유무와 관계없이 '복음을 선포하다'라는 의미의 기독교 전문 용어로 사용되고 있다.[6] 이런 점에서 그리스도께서 선포하신 것은 구원의 복음이라고 이해할 수 있다.

그러나 베드로전서 3장 19절의 '선포하셨다'(에케뤼크센)라는 표현이 구원의 복음을 제시하기보다 심판을 선포하는 것으로 이해하려는 시도가 있다. 곧 그리스도께서 선포하신 것은 옥에 있는 죽은 사람들, 또는 옥에 있는 타락한 천사들에게 최후의 심판을 선언하신 것으로 이해한다.[7] 베드로전서 3장 22절에 묘사된 그리스도의 승리를 고려한다면 이런 의미가 가장 타당할 것이다. 만일 그렇다면 그리스도께서 "옥에 있는 영들에게 전파하셨다"는 것은 그가 '천사들과 권세들과 능력들'에게 그의 부활의 승리와 그들의 운명을 선포한 것이 된다. 그렇지만 19절에는 '심판'이나 '정죄'라는 단어가 전혀 사용되지 않았다. 만일 19절이 옥에 있는 죽은 사람들, 또는 옥에 있는 타락한 천사들에게 '심판'이나 '정죄'를 선언하는 것이라면, 왜 노아가 방주를 지을 때 불순종했던 사람들(지금은 옥에 갇혀 있는 죽은 사람들)에게만 그리스도의 최후 승리를 선포하는 것인가에 대한 질문에 적절히 대답하기 어렵다.

다시 말해, 그리스도의 최후의 승리는 옥에 있는 타락한 천사들과 죽은 사람들에게만 제한적으로 선포될 것이 아니라 모든 피조물들에게 선포되어야 할 것이기 때문이다. 특히 20절의 "하나님께서 아직 참고 기다리실 때"라는 표현은 '옛적에 노아가 방주를 지을 동안에 순종하지 않던 자들'과 관련해 이해할 때 노아의 시대에 불순종하던 사람들에게 회개의 요청이 선포되었음을 암시하고 있다. 왜냐하면 "하나님께서 아직 참고 기다리실 때"라는 표현은 회개와 관련될 때만 의미가 있기 때문이다. "하나님께서 아직 참고 기다리실 때"라는 표현은 옥에 있는 타락한 천사나 죽은 사람들에게 예수께서 구속 사역을 완성하셨다고 선포하는 것이지만, 최후의 승리를 선포하는 것과 연결시키는 일은 의미상 부자연스럽다. 이런 점에서 19절에 예수께서 선포하신 내용은 예수의 최후의 승리가 아니라, 구원의 복음으로 이해하는 것이 적절하다.

언제 그리스도께서 선포하신 것인가

이 질문에 답변하기 위해 먼저 베드로전서 3장 18절의 말씀인 "육체로는 죽임을 당하시고 영으로는 살리심을 받으셨으니"의 의미를 이해해야 한다.[8] 베드로는 예수의 몸이 죽었다고 말하지 않고, 예수의 영이 계속해 산다고 말한다. 즉 예수께서 자연적이고 물리적인 존재의 영역 안에서는 죽임을 당하셨으나, 영적인 존재의 영역 안에서는 생명을 얻었다는 의미다. 베드로가 "육체로는 죽임을 당하시고 영으로는 살리심을 받으셨으니"라고 표현한 것은 그리스도의 영과 육의 이탈을 의미하지 않고 그리스도께서 새로운 차원의 생명으로 부활하셨음을 의미한다.[9] 이런 이해 속에서 베드로전서 3장 18절의 마지막 부분인 '영으로'(프뉴마티)를 19절에 사용된 관계대명사(호)의 선행사로 이해할 경우에, 그리스도께서 '또한 영으로(엔 호 카이) 옥에 있는 영들에게 가서서 선포하셨다'는 의미가 된다.[10]

그렇다면 그리스도께서 분명히 영적 존재의 상태로 지금 옥에 갇혀 있는 죽은 사람들에게 어느 시기에 가서서(포류쎄이스) 구원의 복음을 선포하셨던 것을 의미한다. 한글개역성경은 19절에 사용된 '포류쎄이스'라는 헬라어를 번역하지 않았으나, 표준새번역 개정판 한글 성경은 이 단어를 '가셔서'라고 번역했다. 19절에 사용된 헬라어 '포류쎄이스'는 부정과거분사로서 그리스도께서 과거에 행하신 단순한 행위를 표현한다. 이 행위는 걸린 시간의 길이에 관계없이 사건이나 단 하나의 사실로 여겨진다. 그러면 이것은 20절의 "노아가 방주를 지을 동안에"라는 설명과 함께 그리스도의 복음 선포가 그리스도께서 성육신하기 이전인 노아의 시대에 이뤄졌음을 암시하는 것으로 이해할 수 있다.

이런 관점에서 그루뎀(W. A. Grudem)은 본문을 "그(그리스도)가 가서, 노아의 날에 하나님께서 오래 참고 기다리시던 때에 불순종하여 지금 옥에 갇혀 있는 영들에게 전파하셨다"라고 번역한다.[11] 이것은 노아 시대에 사람들의 불순종이 복음 전파와 더불어 지속되고 있었음을 암시한다. 또한 본문에 대한 이런 이해는 그리스도의 복음 선포가 노아 시대에 방주를 만들고 있었던 노아를 통해 이뤄진 것으로 생각한다면 아주 자연스럽다. 이런 사상은 노아의 시대에 복음이 선포되었다는 사실을 부인하는 사람들에게 적절한 대답이 될 수 있다(참조 히 11:7). 분명히 노아의 방주가 만들어지고 있던 때에는 그 시대 불순종한 사람들이 옥에 갇히지 않았지만, 그 불의한 사람들은 홍수로 말미암아 멸망해서 현재 옥에 갇혀 있다. 본문과 관련해 노아 시대의 불순종한 사람들이 영적으로 옥에 갇혔다고 주장했던 어거스틴의 비유적 설명은 설득력이 없다. 현재 옥에 갇혀 있는 이 죄인들은 그리스도의 영이 오래 전에 노아를 통해 그들에게 구원의 복음을 선포하셨을 때 불순종한 사람들이었다(참조 벧전 3:20; 1:11, 마 24:37~39; 히 11:7). 19절의 "옥에 있는 영들"에 대한 이런 현재적 이해는 베드로전서 4장 6절의 "죽은 자"에게도 동일하게 적용된다. 두 경우 모두 베드로는 그들의 현재 상태를 언급하고 있다.

그러나 어떻게 그리스도께서 영으로 노아를 통해 구원의 복음을 노아가 방주를 지을 때 불순종한 사람들에게 전파하셨는가에 대해 대답할 수 있어야 한다. 특히 19절의 '가셔서'(포류쎄이스)라고 번역된 헬라어와 관련해 어떻게 그리스도께서 영으로서 노아 시대의 불순종한 사람들에게 가실 수 있었는지에 대해 이해할 수 있어야 한다. 그루뎀은 베드로가 19절에 '가셔서'라고 번역된 헬라어를 사용한 것은 그리스도께서 하늘에서 영적으로 전파하는 것과 달리, 노아를 통해 구원의 복음을 선포하셨음을 표시하기 위한 것이라고 설명한다.[12] 또한 구약에서는 하나님의 신적 개입이 종종 오고

갔음으로 묘사되었다(창 3:8; 11:7; 18:21).

그리스도께서 노아를 통해 복음을 노아 시대의 불순종한 사람들에게 전파하셨다는 것은 노아가 구약의 선지자 역할을 했다는 점을 암시한다. 노아에 대한 이런 암시와 관련해 베드로후서 2장 5절은 노아를 묘사하면서 "정의를 부르짖던 사람"이라고 표현하고 있다. 그러나 헬라어 본문은 노아가 정의를 외쳤다는 것인지, 아니면 노아가 의로운 설교가 또는 전파자라는 것인지가 분명치 않다. 왜냐하면 헬라어 문법에서는 두 가지 번역이 모두 가능하기 때문이다. 그러나 두 가지 다른 번역의 가능성이 있을지라도 그 핵심 내용은 노아가 자기 주변의 사람들에게 회개를 촉구하며 부르짖었다는 사실이다.[13] 특히 베드로후서 2장 5절에서 사용된 명사 '부르짖던 사람'(케뤼카)과 베드로전서 3장 19절에 사용된 '선포하셨다'(에케뤼크센)는 헬라어 동사의 어원적 연관성은 노아의 선지자 역할의 가능성과 관련해 매우 큰 의미가 있다. 이런 점에서 그리스도께서 복음을 선포하신 때는 그가 성육신하기 훨씬 이전인 노아의 시대다.

나가는 말

본문에 언급된 '옥에 있는 영들'은 타락한 천사들을 의미하는 것이 아니라, 노아 시대에 불순종하다가 죽은 사람들로 지금 옥에 갇혀 있는 사람들을 의미하며, 그리스도께서 선포하신 것은 구원의 복음이었다. 그리스도께서 성육신하시기 이전에 구원의 복음을 노아를 통해 영으로 노아 시대에 불의한 사람들에게 선포하셨던 것으로 이해할 수 있다.

하나님의 자녀들의
거룩한 입맞춤

베드로전서 5:1~14의 주해와 적용

베드로전서는 하나님과의 관계와 그리스도인들을 핍박하는 사회 속에서 그리스도인들이 어떻게 살아가야 하는지에 대한 풍성한 가르침을 제공한다. 베드로전서의 저자 사도 베드로[1]는 독자들에게 고난을 당하면서도 하나님의 은혜를 증거하고 그 가운데 서서 흔들리지 말며 그리스도를 믿는 믿음을 통해 주어진 소망을 가지고 가정과 교회와 사회에서 진실하고 거룩하게 살아갈 것을 권면하고 있다. 베드로전서 5장에서 베드로는 고난과 핍박에 직면하여 고통을 당하고 있는 교회의 지도자들과 교인들에게 서로 섬기고 연합하여 고난을 극복할 것을 권고한다. 그리고 베드로전서 5장은 교회 일반에 대한 여러 권면과 서신의 목적과 마지막 인사와 축복을 포함한다.

성도들 간의 섬김에 대한 권면(5:1~5)

베드로는 고난을 겪고 있는 하나님의 양무리들을 돌보는 장로들에게 권면한다. "장로들"은 노인들이 아닌 교회 공동체의 지도자들을 지칭한다. 장로는 교회에 의해 세움을 받은 지도자의 직함을 일컫는 말이다(행 14:23; 15:2~6; 딤전 5:17, 19; 딛 1:5; 약 5:14).[2] 베드로는 자신을 "함께 장로 된 자"[3]로 소개하면서 자신과 "장로들"을 동격화하여 자신의 사도적 권위를 주장하기보다 동역자로서 동병상련의 마음을 전달한다. 자신을 "그리스도의 고난의 증인"으로 소개하면서 자신이 그리스도의 고난을 직접 목격한 사실에 강조를 두는 것이 아니라, 그리스도의 고난을 증거하는 자로서 자신의 정체성을 밝힌다.[4] 이 말은 자신이 그리스도의 고난을 나누는 삶을 통해 그것을 증거하고 있음을 암시한다. 베드로는 자신에 대해 그리스도께서 다시 오실 때 나타날 영광을 그리스도의 고난을 나눈 성도들과 함께 기쁨과 감격 속에서 경험할 자임을 말한다(벧전 4:13 참조). 베드로가 가진 동고동락의 동역자관과 그리스도의 고난을 증거하는 삶은 오늘날 목회자들이 본 받아야 한다.

베드로는 자신을 소개한 후 장로들에게 목회에 임하는 올바른 자세를 권면한다. 하나님의 양무리를 친다는 이미지는 구약(시 23; 사 40:11; 렘 23:1~4; 겔 34:1~31)에 근거하고 있으며 신약(마 18:10~14; 눅 12:32; 요 10:1~8)에서도 발견된다. 장로는 자신의 양들이 아닌 하나님의 양들을 돌보는 자다.

사도 베드로는 장로들에게 세 가지를 권면한다. 1) "부득이함으로 하지 말고 오직 하나님의 뜻을 좇아 자원함으로 하라" – 어려움과 중압감으로 억지로 목회를 하지 말고 하나님이 원하시는 바대로 자발적으로 목회할 것을 권면한다. 2) "더러운 이를 위하여 하지 말고 오직 즐거운 뜻으로 하며" – 장로들은 그들의 사역에 대한 보수를 받았으며(딤전 5:17~18), 교회의 재정 관리와 성도들에게 영향력을 행사했을 것이다(행 5:1~5). 그 당시에 돈을 목적으로 가르치던 헬라의 소요(逍遙) 철학자들과 거짓 교사들이 있었는데(고후 11:7~21; 딤전 6:5~6; 딛 1:11), 이런 상황에서 베드로는 장로들에게 사리사욕을 목적으로 하지 말고 열정적으로 최선을 다해 목회해야 한다고 권고한다. 3) "맡기운 자들에게 주장하는 자세를 하지 말고 양무리의 본이 되라" – 교회의 장로는 하나님의 양들을 지배하거나 군림하는 지도자가 아니라, 교회의 성도들이 본받을 수 있도록 모범적인 삶의 모습을 보여줘야 한다.

오늘날 교회 지도자는 억지로, 사리사욕의 목적으로, 존경과 순종을 바라는 마음으로 목회할 것이 아니라 자원하고 즐거운 마음으로 모범적 제자도의 삶을 통해 하나님의 양무리들을 돌보며 인도해야 한다. 위와 같은 삶으로 목양하는 신실하고 충성된 장로들은 목자장이신 예수 그리스도께서 재림하실 때 쇠하지 않는 영광의 면류관을 상급으로 받을 것이다.[5] 목회자는 목자장이신 예수 그리스도의 대리자로서 이 세상의 사라질 영광에 비교할 수 없는 영원한 영광의 면류관을 소망하며 사역해야 한다.

베드로는 "젊은 자들"(네오테로이)[6]을 향해 장로들에게 순복하라고 권면한다. 고난 중에 있는 젊은 자들이 장로들의 지도에 반발하여 교회의 일치와 단결을 훼손할 수 있는 가능성을 염려하여 이같은 권고를 한 것 같다. 오늘날 교회에서도 젊은 세대들은 신실하고 하나님의 말씀을 따라 사역하는 교회 지도자들의 권위를 인정하는 것이 바람직하다.

또한 저자는 모든 성도들[7]에게 "서로 겸손으로 허리를 동이라"고 권면한다. '허리를 동이라'는 말은 헬라어 '엥콤보사스테'를 의역한 것으로 원래 '옷을 입다'라는 뜻이다[8]. 곧 예수께서 수건으로 앞을 두르시고 제자들의 발을 씻기신 것을 연상하여(요 13:14~17) 서로 겸손히 섬기는 자가 될 것을 권면한다. 겸손은 그리스도인들이 삶으로 실천해야 할 위대한 덕목(막 10:42~45; 빌 2:3; 골 3:12)이며 서로 종노릇하는 것(갈 5:13)이 교회 공동체의 화목과 단결을 유지하는 길이다. 겸손해야 할 이유는 하나님은 교만한 자를 대적하시되, 겸손한 자들에겐 은혜를 베푸시기 때문이다(잠언 3:34 인용).

전체 성도들에 대한 마지막 권면(5:6~11)

베드로는 고난에 직면하여 고통을 당하는 독자들에게 "하나님의 능하신 손'(텐 크라타이안 케이라 투 테우)[9] 아래 겸손하라"고 권면한다. 하나님은 겸손한 자들에게 은혜를 주시므로(운) 하나님의 공급하심과 돌보심을 의지하며 하나님의 능력을 믿고 하나님께 자신을 전적으로 의뢰하라고 권고한다.

그리하면 하나님께서 정하신 때(즉 그리스도의 재림)에 겸손한 자를 높이실 것이다(마 23:12; 눅 14:11 참조). 하나님께서 겸손하신 예수 그리스도를 존귀하게 하신 것(빌 2:6~11) 같이, 하나님께 겸손하게 순종하는 자들에게는 존귀와 영광을 주실 것이다.

7절에서 베드로는 하나님의 능력의 손 아래서 어떻게 겸손해야 할지 설명한다.[10] 고난과 핍박으로 인한 염려를 하나님께 맡겨 버림으로써 하나님께(엡프 아우톤, 그에게)[11] 전적으로 자신의 삶을 의탁하라고 권면한다. 그 이유는 하나님께서 그런 자들을 돌보시기 때문이다. 성도들은 의식주 문제와 고난과 핍박으로 염려하지 말며 신실하시고 돌보시는 하나님께 자신의 존재를 의탁해야 한다(마 6:25~34; 벧전 4:19).

베드로는 고난과 핍박 가운데 처해 있는 성도들의 믿음을 더욱 강건하게 하고 나태한 신앙 생활을 경고하기 위해 성도들의 대적인 마귀가 "우는 사자"와 같이 두루 다니며 "삼킬 자"를 찾고 있다고 강조한다. 마귀와 대적하여 승리하기 위해선 혼돈과 갈등이 없는 맑은 정신과 공격에 대처할 수 있는 준비된 자세를 가져야 한다. 성도를 무너뜨리려는 마귀의 유혹과 공격이 강력하기 때문에 영적 완전 무장이 필요하다(엡 6:10~17). 마귀의 어떤 유혹과 공격에도 흔들리거나 두려워하지 말고 확고한 믿음을 가지고 마귀를 대적해야 한다.

하나님의 전신갑주를 입고(엡 6:11) 하나님을 전적으로 의지하는 믿음과 하나님의 말씀으로 대적해야 한다(마 4:1~11; 엡 6:17 참조). 이 세상에 살아가는 다른 그리스도인 형제 자매들도 동일한 고난을 당하고 있음을 알아 용기와 힘을 잃지 말고 마귀와 싸워야 한다. 마귀와 싸우며 고난을 당하고 있는 하나님의 양무리들을 하나님은 그냥 내버려 두시지 않는다. 하나님은 은혜가 풍성하고 그 은혜가 한이 없으시며 그리스도 안에서 영원한 영광으로 그들을 부르셨다.

베드로는 고난 중에 있는 독자들에게 하나님의 돌보시는 은혜와 그들이 마지막에 누릴 하나님의 영광을 상기시키면서 마귀와의 전투 및 고난에서 승리할 것을 격려한다. 하나님이 잠깐 동안 고난을 받은 성도들을 온전한 인격으로 회복시키시고 고난 중에서도 흔들리지 않는 믿음을 주시며, 고난을 극복할 수 있는 능력을 주시고 요동치 않도록 견고케 하실 것을 말한다. 베드로는 고난을 당하고 있는 자들에게 이 말씀으로 위로하고 격려하며 소망을 주고 있다. 베드로는 "권력이 세세 무궁토록 그에게 있을지어다 아멘"이라는 송영을 통해 독자들에게 확신을 주면서 다시 한 번 우주를 다스리시는 하나님의 능력을 의지하고 고난과 핍박 그리고 마귀와의 전투에서 승리할 것을 권면한다.

마지막 권고와 인사(5:12~14)

베드로는 신실한 대서자 실루아노를 통해 이 편지를 기록했다고 말한다.[12] 이 서신[13]의 목적은 독자들을 격려하며 하나님의 은혜의 선물이라는 것을 확증하기 위함이다. 그리고 하나님의 진정한 은혜인 이 편지에 기록된 말씀을 굳게 붙들어 흔들리지 말 것을 권고한다. 베드로는 마지막으로 독자들에게 인사를 한다. "바벨론에 있는 그녀"(헤 엔 바빌로니)는 로마에 있는 교회를 지칭한다.[14] 함께 택하심을 받은 하나님의 백성이며 같은 고난을 당하고 있는 로마 교회의 문안 인사를 전한다. 그리고 나이 많은 선생과 나이 어린 제자 사이인 요한과 마가의 문안 인사도 전한다. 이 문안 인사를 통해 고난 중에 있는 성도들을 격려한다. 가족간의 사랑과 결속의 표시인 입맞춤으로 하나님의 가족으로서 서로 사랑하며 격려할 것을 권고한다. 마지막으로 그리스도와 연합하여 그리스도께서 다스리는 영역 안에 살아가는 성도들에게 영육간의 강건함을 바라는 평강의 축복을 기원한다.

설교를 위한 적용

오늘날 목회자들은 베드로의 자기 정체성에 대한 인식과 그의 권면을 통해 소중한 교훈을 받아야 한다. 또 고통을 받는 동역자들과 동고하며 그리스도의 고난을 삶으로 증거하는 사람이 되어야 한다. 주위에 이모저모로 어려움을 겪고 있는 목회자들을 물심양면으로 도와야 한다. 그리스도의 고난을 자발적이고 적극적으로 경험하며 그리스도의 십자가를 자랑하고 그 능력을 전파하며 고난 가운데 영적으로 강력해지는 경험을 가져야 한다. 그리고 성도들과 기쁨과 슬픔을 함께 나누는 진정한 교제의 삶을 살아야 한다.

또한 목회자들은 하나님의 뜻을 따라 자발적으로 기쁜 마음과 겸손하고 모범적인 신앙의 삶을 보여줌으로써 하나님의 양무리들을 목회해야 한다. 그리하면 영광의 면류관을 상급으로 받을 것이다. 목회자들은 권력과 돈에 대한 욕심을 가져선 안 된다. 어떤 목회자들은 이런 욕심으로 교회 내에 문제를 야기시키며 불신자들에게 비판을 받는 우를 범하기도 한다. 성도들에게 자신을 본받는 신앙 생활을 하라고 요구할 수 있는 목회자가 된다면, 교회는 질적으로나 양적으로 부흥할 것이다. 오늘날 한국 교회는 신행일치의 모범을 보이는 목회자들을 요청하고 있다.

그리고 본문 말씀은 고난 중에 있는 성도들이 어떻게 살아야 할 것인지를 가르치고 있다. 성도들은 하나님의 구원의 능력을 의지하여 서로 겸손해야 한다. 교회가 어려운 상황에 처했을 때 성도들은 교회 지도자들에게 겸손히 대하고 서로 사랑하며 섬기는 사람이 되어야 한다. 그럴 때 교회 안에 분란이 없고 단결과 사랑을 통해 어려움을 극복할 수 있다. 하나님이 겸손한 자와 그분의 백성들을 돌보시므로 성도들은 모든 염려를 하나님께 맡겨야 한다. 또 고난 가운데서 믿음을 굳게 하고 나태한 신앙 생활을 해선 안 된다. 마귀는 신자들을 자신의 종으로 삼으려고 활동하므로 확고하고 깨어있는 믿음 생활과 공동체적 단결 그리고 하나님의 은혜와 능력을 의지해 마귀와의 영적 전투에서 승리해야 한다.

오늘날 마귀는 물질주의, 쾌락주의, 이기주의, 황금만능주의, 다원주의와 같은 세속적 가치관을 통해 교회와 성도 개개인을 공격한다. 교회는 이런 공격에서 교회의 거룩성을 수호해야 한다. 그리고 마귀와 대적하여 승리할 수 있는 그리스도의 전사들을 훈련시켜야 한다. 이런 세속적 물결에 역류하며 살아가는 성도들은 조롱과 불이익을 당해 고난을 겪을 수 있다. 고난이 무서워 이런 세계관을 본받거나 그것들에 타협해선 안 된다. 하나님은 거룩한 삶을 살다가 고통과 불이익을 당하는 성도들을 돌보시고 회복시키시며 굳게 세우시고 복을 주신다. 성도들은 이런 소망을 갖고 고난 중에도 기쁘게 살아야 한다.

07

샛별이
마음에 떠오르기까지
베드로후서 1장의 주해와 적용

샛별은 금성(Venus)이다. 이 별은 어두컴컴해지는 저녁에 서늘한 바람과 함께 찾아와 서산 마루에 물빛 머금은 영롱한 한 줄기 빛을 선사한다. 어둠이 지쳐 늘어지는 새벽녘, 뭇별들이 서서히 퇴장하기 시작하는 미명의 시각에도 이 별은 태양의 큰 빛이 세상을 덮기 전까지 작지만 명징한 빛을 몰고 온다. 그래서 샛별은 희랍어로 '빛을 가지고 오다'(포스포로스)는 의미를 담고 있다. 가장 일찍 찾아와 가장 늦게까지 머무는 샛별의 빛은 가장 참신하지만, 아무리 위세 당당한 어둠의 환경일지라도 그로 인한 시련에 굴하지 않고 끝까지 견딘다는 인내와 불멸의 소망을 표상한다. 그 샛별이 나와 당신의 마음에 떠오른다면, 우리는 나그네 삶의 종말과 함께 비로소 새롭게 펼쳐지는 환한 생명의 세계로 들어갈 수 있으리라.

베드로후서 1장은 여러 훈계의 말씀을 전하는 끄트머리에 "샛별이 너희 마음에 떠오르기까지" 그것을 주의하는 것이 옳다고 한다. 그토록 샛별이 그들 마음에 떠오르기를 갈망해야 했던 사정과 내력이 어떠했을까. 샛별이 마음에 떠오르면 그 마음은 어떻게 된다는 말인가.

생각나게 하려는 까닭

본문 상 이 서신의 발신자 베드로는 수신자들에게 긴박하게 생각나게 해야 할 것이 있었다. 그 대상은 그들이 받은 선물로서 전통적 기독교 신앙이었고 그에 기반을 둔 윤리적 행동 규범이었다. 기억력의 감퇴와 쇠락으로 기억은 세월이 갈수록 희미해진다. 인간의 뇌세포 수의 축소에 따라 생기는 기억력의 자연적 퇴화도 있지만, 주변 환경 탓으로 기억을 애써 지우려는 경우도 생긴다. 가짜 기억, 왜곡된 기억, 그릇된 사실에 정초된 쓸데없는 생각의 결과로 돌림으로써 그 기억이 탈락되는 경우가 그것이다.

본문의 베드로는 수신자들이 이른바 '거짓 선생들'(2:1)에 의해 기독교 신앙을 엉터리 기억의 산물로 여기는 미혹에 뒤집어질 것을 극도로 우려했다. 따라서 애당초 그들이 받은 기독교 신앙과 그 신앙의 대상인 주님의 과거와 현재와 미래에 대해 다시 상기시키고자 했던 것이다.

수신자들이 구체적으로 누구였는지는 불확실하다. 추측하기로 헬레니즘적인 다문화의 환경에 살았던 이방인 개종자들이었을 것이라고 본다. 물론 그들은 유대교와 기독교의 전통에 꽤 익숙해 있던 신자들이었을 것이다. 그들의 주거 공간과 관련하여 일각에서는 수리아의 안디옥이나 이집트의 알렉산드리아 혹은 로마 등에 살았을 것으로 추론하기도 하지만, 더 그럴 법한 곳은 소아시아 일대다. 특히 베드로전서와의 연속선상에 볼 때 이지역의 사람들이었을 가능성이 높다.

베드로는 그들에게 신앙적 기본을 다시 기억나게 만들어야 했다. 그것도 매우 간절한 심정으로 그랬다. 왜냐하면 그들이 처한 위기 상황이 심상치 않았고 이제 베드로는 세상을 떠날 시점이 다가왔기 때문이다(1:14). 그래서 그는 유언하는 심정으로 그들의 상황을 돌이키려 애썼던 것이다. 특히 미혹되었던 가르침은 주의 재림이 지연되면서 그런 약속에 대한 믿음이 허망하다는 것이었다(3:4). 이와 같은 삿된 교설은 주를 부인하고(2:1) 권위를 멸시하며 육체의 정욕 가운데 탐닉하게 만드는 풍조(1:10)와 결부되어 있었다. 이에 따라 하나님의 심판과 종말론적 구원은 부인되었고 예수의 오심과 능력조차 교묘하게 만들어낸 신화적인 이야기로 폄하되었다(1:16). 그 대신에 들어선 것은 인간사의 과거와 현재와 미래에 개입하시는 하나님의 존재를 부인하는 무신론적 회의주의와 자기 방종을 위한 '자유'의 약속(2:19), 쾌락의 옹호(2:13), 개인주의적이고 삿된 성경 해석(1:20)과 이를 통한 개인적 이득의 추구였다(2:3, 15~16).

그들의 역사적 실체에 대해 일부 학자는 베드로가 빈번하게 지식을 언급하는 것(1:2, 3, 5, 6, 8, 2:20, 3:17)에 착안하여 기독교 내부의 영지주의자들로 이해한다. 하지만 좀 더 설득력 있게 다가오는 것은 당시 소아시아에 풍미한 철학 사조들, 특히 에피쿠로스학파의 쾌락주의 사조다. 지식이 물리적 세계의 감각적 인지 능력에서 파생한다는 설, 모든 사물은 원자의 조합으로 이루어져 있고 결국에는 해체된다는 주장, 모든 것은 유한하고 내세는 없다는 믿음, 신들이 이 세상사에 관여치 않는다는 생각, 사후의 보복이나 징벌은 없다는 가르침이다. 나아가 고통과 번민이 없고 두려움과 죄책감에서 자유로운 쾌락의 삶을 추구해야 한다는 지향 목표 등은 베드로후서의 배경에 떠오르는 대적자들로 에피쿠로스 철학을 상정할 만하다. 더구나 그들은 항간에서 제 욕정에 뒹구는 돼지에 비유되었는데, 이 점 또한 베드로가 유사한 맥락에서 언급한 동물이다(2:22).

베드로는 그들의 무신론적 회의론과 방종적인 자유와 쾌락의 가르침에서 이방인 개종자들을 보호하고 보존해야 했다. 그래서 그는 세상의 철학 사조와 예수 그리스도의 복음 사이에 경계를 짓는다. 그 복음의 내용을 옹호하기 위해 그는 이 서신을 통해 구약 성경과 예언자들의 증언 그리고 변화산에서 하나님으로부터 직접 승인된 예수 그리스도의 신분과 위상을 증거로 제시한다. 그렇게 해서 그는 그들에게 희미해져가는 그들의 믿음을 다시 생생한 기억의 토대 위에 세우고자 한 것이다. 아울러 그 기억의 사실성과 순정성을 변증하고자 한 것이다.

동일하게 보배로운 믿음

베드로후서 1장은 크게 세 문단으로 나누어 읽을 수 있다. 1~2절은 편지의 서두 부분으로 수신자와 발신자, 은혜와 평강의 인사를 전하는 상례적인 문단이다.

3~11절은 신자된 이들을 부르시고 택하신 목적과 그것을 이루어나가기 위한 진보적 단계를 서술한다. 이 문단은 다시 세 개의 소단락으로 나눌 수 있는데 3~4절, 5~9절, 10~11절이 그것이다. 이 구분에서 두 차례 '그러므로'로 시작하는 문장이 구획의 기점을 이룬다. 첫 번째 '그러므로'(아우토 투토)는 원인 관계의 설명문을 인도하고, 두 번째 '그러므로'(디오)는 결론적 권면의 말씀을 소개한다.

먼저 3~4절은 하나님이 그 백성을 부르신 뜻이 큰 약속을 선물로 주신 결과며 그 궁극이 썩어짐을 넘어 신성한 성품에 참여하는 자가 되게 하기 위한 것임을 언급한다. 이어 5~9절은 그 목표를 향해 진보해야 할 신앙적 덕행의 단계를 믿음에서 사랑까지 서술하고 그것들의 중요성을 서술한다. 끝으로 10~11절은 권면의 어조로 부르심과 택하심을 굳게 할 것과 그 귀결점으로서 "주 예수 그리스도의 영원한 나라에 들어감"을 제시한다.

또 다른 '그러므로'(디오)와 함께 전개되는 셋째 문단(12~21절)은 보배로운 약속, 신성한 성품과 영원한 나라의 소망이 헛된 이야기에 근거한 것인 양 가르치는 풍조에 대한 반박을 목적으로 베드로가 변화산에서 친히 목격한 그리스도의 영광을 전하고 성경의 예언을 그 증거로 취한다.

이 대단락은 다시 몇 개의 소단락으로 나누어 읽을 수 있는데 12~15절, 16~18절, 19~21절이다. 이 가운데 첫째 소단락 12~15절은 임박한 베드로의 죽음과 그것에 연계된 마지막 책무의 자각으로 자신의 기억을 통해 생각나게 하려는 뜻을 전한다. 둘째 소단락 16~18절은 변화산에서 계시된 그리스도의 영광을 회상의 형식 속에 재현하고 있다. 셋째 소단락 19~21절은 위대한 약속의 증거로 성경의 예언을 언급하는데, 그것의 권위와 해석상의 유의점과 더불어 그 약속이 마침내 결실되기까지 즉 "샛별이 너희 마음에 떠오르기까지" 주의할 것을 권면한다.

첫 문단(1:1~2)의 인사말에서 베드로는 서신의 수신자들이 "믿음을 받은 자들"(토이스 이소티몬 헤민 라쿠신 피스틴)임을 명시한다. 이는 그들이 이방인의 배경을 가지고 살다가 회심한 기독교 개종자들이었음을 암시한다. 그런데 그 믿음은 "우리 하나님과 구주 예수 그리스도의 의" 가운데 발현된 공통의 것이다. '나'의 하나님과 '너'의 예수 그리스도가 아니라 '우리' 모두에게 하나님과 구주가 되시는 그 위상을 감안할 때, 그 믿음 또한 동일하게 보배로운 것으로서 평등성을 지님을 짐작할 수 있다. 복음을 전해준 자나 그 복음을 받은 자나 하나님에게서 값없이 주어진 은혜의 선물이므로 위격의 차이가 있을 수 없다. 그것은 "동일하게 보배로운 믿음"으로 아무도 그것을 내세워 하나님 앞에 자랑할 수 없는 것이다. 이어 은혜와 평강의 인사는 바울 서신에서 상용되는 문구를 따르고 있는데, 그것이 하나님과 주 예수를 아는 '지식'과 연동되어 있는 점이 흥미롭다. 앎의 범주 안에서 그것의 확대와 비례하여 은혜와 평강의 파동도 증폭된다.

신성한 성품에 참여하는 자

그 앎에 대한 강조는 이어지는 단락(1:3~4)에서도 강조된다. 이때의 앎은 '범주'(엔 에피그노세이)가 아니라 하나님의 "신기한 능력"이 하사되는 '경로' 내지 '매개'(디아 테스 에피그노세오스)다. 하나님이 하사한 그 선물의 내용을 달리 표현하자면 "생명과 경건에 속한 모든 것"이다. 여기서 '생명'(조에)은 썩어질 육체적 한계를 넘어서는 영원한 생명이다. '경건'(유세베이아)은 그 생명을 담보하는, 이생에서 통과해야 할 삶의 제반 훈련을 가리킨다. 즉 하나님은 이생과 내생에서 필요한 모든 것들을 제공하는 보호자시다. 이를 이루기 위해 하나님은 우리를 그분의 백성으로 부르셨다. 그 부르심은 하나님의 무슨 결핍을 채우려는 게 아니라 그분의 "영광과 덕"에 따른 자족적 선택의 결과다.

전술한 믿음은 "보배롭고 지극히 큰 약속의 선물"을 노른자로 품고 있다. 그것은 육체적 욕망에 시달리다가 썩어버리는 이 세상 삶의 지평을 넘어 "신성한 성품에 참여하는 자"를 목표로 한다. 우리에게 필요한 모든 것을 공급하는 하나님의 '신기한 능력'과 그 능력의 결과로 제공되는 '신성한 성품'은 서로 상응하는 문구다. 여기서 달리 번역된 '신기한'과 '신성한'은 희랍어로 같은 단어(테이오스)다. 그것은 하나님의 초월적 신성을 형용하는 어휘로서 썩어지고 유한한 가치에 대비되는 불멸의 무한한 존재성을 특징으로 한다. '성품'은 단순히 성격이 아니라 특정 대상에 각인된 존재론적 '본성'(퓌시스)을 가리킨다. 그렇다면 '신성한 성품'이란 신적 본성을 나타내는데, 거기에 '참여하는 자들'(코이노노이)이 된다는 것은 무엇을 의미하는 것일까? 본성적 차원에서 인간과 신이 서로 교통한다는 것은 유대교의 유산과 무관한 희랍적 사고의 산물이다.

이는 가령 신을 불멸하는 인간으로, 인간을 유한한 신으로 설명한 아리스토텔레스의 어록에서 확인된다. 그렇다면 신성한 성품에 참여함이 이런 식으로 신과 인간이 뚜렷한 경계 없이 서로 상통하는 상호 변신의 차원을 전제하는 것일까. 필자는 이런 가능성은 희박하다고 생각한다. 그것보다 더 적절한 두 가지 가능성이 있다. 이 땅에서 사는 동안 경건의 훈련을 통해 하나님과 영적으로 소통하는 사귐의 차원이 그 하나고, 또 다른 하나는 썩어질 것을 초월하여 하나님의 신성한 능력으로 변화 받을 인간의 새로운 존재성을 염두에 둔 것이다. 양쪽 모두 하나님의 백성들은 하나님과 영적으로 교제함으로써 '신성한 성품'에 참여한다.

부르심과 택하심을 굳게 하라

신성한 성품에의 참여는 믿음의 진보를 선결 요건으로 한다. 하나님이 그 백성을 부르시면서 자신의 영광과 덕을 근거로 삼으셨듯이, 그의 백성들도 그 믿음의 결실을 위해 먼저 '덕'(아레테)을 필요로 한다. 덕은 덕행이다. 그것은 믿음의 실천적 표현이다. 그것은 공동체를 세우며 그 구성원들의 믿음을 견고하게 다독이는 베풂이고 나눔이다. 그 덕은 적절히 계몽되지 않은 열정만으로 제대로 실천될 수 없다는 점에서 마땅히 '지식'(그노시스)을 필요로 한다. 지식은 덕의 실천을 조율하는 자기 계몽과 상황 판단의 필수적 절차다. 그 지식이 모든 것을 향한 모든 것의 지식으로 잡다하고 방만하게 흩어져선 안 된다는 점에서 '절제'(엥크라테이아)를 필요로 한다.

절제는 자신의 몸과 마음을 통제하여 욕망의 포로가 되지 않게 하기 위한 훈련의 기본이다. 그 훈련은 적잖은 어려움과 시련을 동반한다는 점에서 '인내'(휘포모네)를 요청한다. 인내는 주어진 조건 하에서 겸손하게 견디는 것이다. 그렇게 단정하게 조율된 영혼의 질서는 결국 하나님과 사람을 향하여 진정으로 잘 어우러진 예배와 섬김의 실천 곧 '경건'(유세베이아)으로 진보한다. 경건은 단지 거룩한 양 드러내는 기획된 형식이 아니라 훈련의 결과로 틀 잡힌 삶의 형식 속에 꽉 채워진 내실이다.

그러나 그 경건의 실천은 자족적인 개인의 미덕에 국한되어선 안 된다. 참된 예배가 이 세상을 향하여 하나님의 공의를 바로 세우며 왜곡된 세상의 질서에 균형을 잡아주는 삶의 실천으로 이어져야 하듯이, 경건은 타자의 건강과 행복에 관여하는 '형제 우애'(필라델피아)를 향해 나아가야 한다. 고아와 과부의 아버지인 하나님의 성품을 본받아 특히 열악한 형편에 처한 형제·자매를 향하여, 아니 설사 그 대상이 교회 밖의 사람일지라도 그를 형제·자매로 포용함으로써 하나님과의 신앙적 교제가 이웃과의 우애 어린 사귐으로 확대되어야 한다. 그 형제 우애의 결국은 조건 없이 대상을 차별하지 않고 두루 품고 사랑하는 하나님의 사랑으로서 '아가페'다. 이렇듯, 믿음의 진보는 덕과 지식과 절제와 인내와 경건과 형제 우애를 통과하면서 사랑으로 최종 결실한다. 바울은 이러한 과정을 축약하여 일찍이 '사랑으로써 역사하는 믿음'(갈 5:6)이라고 표현한 바 있다.

이러한 덕목들은 신자들의 삶에 늘 현존하면서 더욱 증폭되어야 하는 것들이다. 이로써 그들은 예수 그리스도의 앎을 향하여 무기력해지지 않고 열매를 맺게 된다. 반대로 이러한 것들이 부재하거나 늘 제자리걸음 가운데 풍족하게 진보하지 않는다면 신앙의 근거로서 그 앎은 무기력하게 늘어지고 열매 없이 조락한다. 화자는 이와 같은 신앙적 진보가 없는 자들을 '맹인', 멀리 보지 못하는 '근시안'으로 규정한다(1:9). 그들은 미래를 향해서만 감감하지 않다. 과거를 향해서도 마찬가지인데, 그들의 대표적 특징은 망각이다. 특히 자신의 죄가 이미 깨끗해짐을 잊어버림으로써(1:9) 현재의 좌표를 상실하고 미래의 방향을 가늠하지 못한다. 그러나 하나님의 백성들은 그 부르심과 택하심을 확고하게 견지할 때 결코 실족하지 않을 것이다(1:10). 이렇듯, 애당초 출발점에 대한 생생한 기억의 재현이 중요하다. 여기서 그 출발점은 하나님의 부르심과 택하심이다. 예수 그리스도의 공로로 죄를 씻어 깨끗함을 얻게 한 은총의 선물이다. 그 출발점을 견고하게 지킬 때 그 백성들은 예수 그리스도의 영원한 나라에 차질 없이, 넉넉히 들어가게 될 것이다. 놀랍게도 그 마지막 '진입로'(헤 에이소도스)의 통과 여부는 맨 처음의 그 출발점에 연동되어 있다.

영광의 회상, 유전되는 기억

이어지는 문단(1:12~21)에서 베드로는 그들의 부르심과 택하심을 확고하게 세우기 위한 전략으로 자신의 목격담을 증거로 제출한다. 이러한 간증이 절박했던 것은 그가 이 세상의 장막을 벗고 소천할 때가 가까워졌기 때문이다(1:14). 당시 시점으로 베드로의 죽음이 임박했다는 것은 예수 그리스도가 직접 그에게 공지한 계시의 결과다(1:14). 살아 있는 동안 그들에게 "일깨워 생각나게 함"이 옳다고 여긴 것은, 그 마지막 유언이 그의 사후에도 이 땅에 남아 있는 자들에게 기억을 불러일으킴으로써 삶의 지침이 될 수 있다고 보기 때문이다(1:12~15). 그 기억의 대상 중에 베드로가 뽑은 것은 복음서에 기록된 변화산에서 생긴 일이다.

그는 이것을 "예수 그리스도의 능력과 강림하심"을 변증하기 위해 기억에서 뽑아낸다(1:16~18). 당시 철학계의 합리주의적 회의론자들은 예수 그리스도의 이야기를 대중 종교를 비판하는 논조와 함께 흥미 위주로 교묘하게 꾸며낸 신화의 수준으로 일관되게 취급했다. 그들은 감각적 인지 능력을 중시했고 그로부터 추출된 지식을 철학의 이름으로 숭배했다. 이에 따라 화자는 그들의 기준에 따라 '봄'과 '들음'이라는 시각과 청각이라는 감각 기능의 어사를 동원하여(1:16, 18) 예수 그리스도의 존재와 위상을 현장 경험자의 입장에서 증언한다. 그때 변화산에서 나타난 예수 그리스도의 위상은 하나님의 "사랑하는 아들"과 "기뻐하는 자"로서 존귀와 영광의 존재로 부각된다(1:17). 그는 그 소리를 거룩한 산에서 하늘로부터 직접 들은 당사자다. 이와 같이 언제, 어디서, 무엇을 어떻게 경험했는지 증언함으로써 화자는 예수 그리스도가 일반 신화적 인물과는 구별되는 이 땅에 발 디딘 역사적 존재며 동시에 초월적 권능을 지닌 신적 존재임을 입증한다.

또 다른 증거는 예언의 말씀이다. 이어지는 소단락(1:18~21)은 그것을 변화산 경험담보다 "더 확실한"(베바이오테론) 증거로 취함으로써 베드로 자신의 개인적 경험보다 씌어진 예언의 말씀을 더 앞세우고 있다. 그 당시 베드로의 경험을 담은 변화산의 이야기는 복음서의 일부로 기록되어 있었지만, 그것이 아직 '성경'의 권위로 자리 잡은 상태는 아니었다. 그러나 구약 성경의 예언은 유대교와 기독교의 경전으로 수용된 상태였기 때문에 저자는 굳이 "더 확실한 예언"이라고 표현한 것이다. 그 예언의 말씀은, 특히 예수 그리스도와 관련하여 "어두운 데를 비추는 등불"과 같다(1:19). 즉 무지와 몽매를 타파하고 계몽하는 참된 진리의 빛이다. 그러므로 "너희 마음에 샛별이 떠오르기까지” 그 예언의 말씀에 주목하는 것이 좋다(칼로스 포이에이테).

여기서 시적 문구로 표현된 “너희 마음에 샛별이 떠오르기까지”는 본문의 핵심 주제인 자기 계몽과 각성, 예언의 실현, 예수 그리스도, 믿음의 인내와 최후 승리로서의 구원 등을 두루 포괄하는 은유적 수사다. 이 문구는 심지어 성경 해석상의 삿된 주관주의와 개인주의의 함정조차 경계한다. 샛별이 진리의 총화로서 우리 마음을 환히 밝힐 때까지 우리의 해석은 절대시 되지 말아야 한다. 다시 말해 겸손하고도 조심스러워야 한다. 그도 그럴 것이 성령의 감동으로 씌어진 성경의 예언을 사사로이 풀려다가 도리어 왜곡하고 본질적 의미를 망치는 경우가 허다했고, 지금도 같은 실수가 반복되기 때문이다(1:20~21, 2:16). 영감 어린 예언의 해석은 이처럼 중요하다. 그러나 그 해석이 온당하게 이루어지기 위해서라도 그 말씀을 후대에 유전시키는 것은 더욱 선결 과제가 된다. 그래서 베드로는 죽기 전에 자신의 기억을 남김으로써 그것이 후대에 성경의 일부로서 기록되고 그것을 매개로 말씀이 해석될 수 있는 또 다른 근거를 남긴 것이다.

마무리하는 말

베드로후서 1장 말씀은 몇 가지 방향으로 이 시대의 우리 사회, 오늘날의 한국 교회에 적용할 수 있다. 첫째, 본문에 근거하여 설교자는 이 시대와 우리 사회의 무신론과 쾌락주의 풍조를 비판하면서 썩어질 것, 유한한 가치에 목을 매고 사는 군상들에게 하나님이 썩지 않고 영원한 선물로 “보배롭고 지극히 큰 약속”을 제공하셨음을 선포할 수 있다. 그리하여 흠 많고 유한한 인간으로 어떻게 그 구원의 대열에 동참할 수 있는지 전도의 메시지를 뽑아낼 수 있다. 과학이라는 미명 하에 온갖 회의와 냉소가 가득 찬 이 세상을 향하여 설교자는 성경의 복음이 단순히 억지로 꾸며낸 옛날의 신화적 이야기가 아니라 그 구체적인 뿌리로서 역사성과 특정 시대에 국한되지 않는 초월성을 간직한 근거 있는 말씀임을 증언해야 한다.

둘째, 이 본문의 말씀은 믿음의 진보를 향한 열정이 점점 더 쇠락하고 있는 한국 교회를 향하여 모든 신자들의 믿음이 덕과 지식과 절제와 인내와 경건과 형제 우애를 포괄하면서 사랑으로 결실되어야 함을 역설하는 방향으로 적용 가능하다. 이러한 진보는 보배롭고 지극히 큰 약속의 실현을 위해 밟아야 할 기본 코스자 신성한 성품에 참여하는 방식이며, 부르심과 택하심을 굳게 하는 실천 전략이고 썩을 것을 넘어 예수 그리스도의 영원한 나라에 들어가는 필수 과정이다.

이를 위해 우리의 삶이 세상 정욕과 같이 썩어질 것에 복무하는 차원을 넘어, 선지자들과 사도들을 통해 역사 속에 면면히 유전된 말씀의 기억을 되살려 깊이 상고하고, 성경의 예언에 대한 삿된 주관주의적 해석을 경계하면서 신앙의 규범을 재정립할 필요가 있는 것이다. 신앙의 유전이라는 견지에서 보면, 베드로가 임박한 죽음에 즈음하여 자신의 가장 생생한 경험을 역사적 기억 속에 재현했듯이, 우리도 삶의 가장 극적인 신앙적 경험을 후손들에게 남겨줘야 할 의무가 있다. 그렇게 우리의 초월적 신앙은 역사화 되는 것이다.

끝으로, 우리는 "샛별이 너희 마음에 떠오르기까지" 예언의 말씀에 주의하라는 교훈을 깊이 되새겨야 한다. 마음속에 떠오르는 샛별은 계몽과 성숙과 구원의 표상이다. 이 세 가지는 불가피하게 연동되어 있다. 샛별이 없는 마음이 어둡고 절망적이듯, 마음이 없는 샛별도 무의미한 것과 마찬가지 이치에서 그렇다. 우리의 삶은 시간이 익어가는 시숙(時熟)의 결절과 함께 진보하며 성숙한다. 예수께서도 때가 차매, 구원의 주로 이 땅에 오셨다지 않은가. 샛별은 태양과 달에 비하여 가냘픈 빛이지만 그만큼 영롱하다. 그러나 마냥 어둠을 방관한 채 기다린다고 그 별이 떠오르지는 않을 터다. 샛별이신 예수 그리스도를 닮아 우리가 그의 삶에 잇대어 살아갈 때 우리의 시간도 성숙으로 익어가고 마침내 우리의 구원도 마음에 쨍하고 떠오르는 샛별처럼 어느 날 갑자기 후련히 완성될 것이다.

08

거짓 교사들은
무엇으로 사는가

베드로후서 2장의 주해와 적용

베드로후서는 여러 점에서 유다서와 공유하는 형식과 내용을 포함하고 있다. 특히 베드로후서 2장에 언급되고 있는 "거짓 교사"들에 대한 묘사는 더욱 그러하다(유 1:5~16). 하지만 필자는 본문에만 집중하면서 아래와 같이 크게 세 가지 단락으로 분류하여 본문을 풀이한 후, 전체 메시지에 초점을 맞춰 짧은 적용을 제시하고자 한다. 이 세 가지 단락은 (1) 거짓 교사의 나타남(1~3절), (2) 심판의 세 가지 사례(4~10상반절) 그리고 (3) 거짓 교사의 속성과 삶(10하반절~22절)으로 구분된다.

거짓 교사의 나타남(2:1~3)

2장 1~3절은 본문의 근접 문맥에서 고려할 때 베드로후서 1장 16절부터 시작된 구조(chiastic structure)의 마침 단락으로 이해될 수 있다.[1]

　(a) 사도들(1:16~18)

　　　　(b) 구약 선지자들(1:19~21)

　　　　(b′) 구약의 거짓 선지자들(2:1상)

　(a′) 거짓 교사들(2:1하~3)

즉, 과거 이스라엘 백성에게 나타나 그들을 미혹했던 '거짓 선지자들' 이 있었듯이, 본 서신을 기록하던 당시에도 이와 유사한 '거짓 교사들'이 있었음을 유비적으로 설명하면서 이들의 위선적 마음과 행위를 2장 전반에 걸쳐 폭로한다. 그럼으로써 하나님의 참 백성은 이와 같은 거짓 교사들을 잘 분별해야 될 뿐 아니라 이들이 종국에 도착할 길이 다름 아닌 멸망의 길임을 또한 명심해야 한다. 한편, 본 서신에서 소개되는 거짓 교사들에 대한 속성은 유다서의 내용과 긴밀한 관계를 나누고 있음을 확인할 수 있다. 실제로 유다서의 25개 절 중 19절이 전체적으로 또는 부분적으로 베드로후서에서 활용되고 있음을 보여준다.[2] 흥미로운 것은 거짓 교사들의 출현에 대해 현재적(2:11이하, 17이하; 20; 3:5 참조)이면서도 미래적(2:1; 3:3 참조)인 것으로 소개한다는 점이다. 이럴 경우, 우리는 구약성경에 대한 현재적 성취(예, 신 13:2~6)와 예수의 말씀에 따른 미래적 예언(예, 마 24:24)을 고려해 볼 수 있을 것이다.

'거짓 선지자들'(프슈도프로페타이)은 이미 오랜 구약성경 시대에도 존재하고 활동했다(왕하 18:19; 사 9:13~17; 렘 5:31; 14:14; 23:30~32 참조). 이와 마찬가지로 베드로가 본 서신을 쓰고 있는 초대 교회 상황에도 '거짓 교사들'(프슈도-디다스칼로이)은 여전히 존재하고 활동하고 있음을 알 수 있다(마 24:4~5, 11; 행 20:29~30; 갈 1:6~9; 빌 3:2; 골 2:4, 8, 18, 20~23; 살후 2:1~3; 딤전 1:3~7; 4:1~3; 딤후 3:1~8; 요일 2:18~19, 22~23; 요이 7~11; 유 3~4 참조). 이들은 (1) 타인뿐 아니라 자신들까지도 '파멸로 인도할 이단'(하이레세이스 아폴레이아스)의 가르침과 그에 따른 삶의 패턴을 은밀하게 소개하는 자들이며 (2) 자신들을 예수 그리스도의 피로 값 주고 사신 하나님의 은혜와 능력을 의도적으로 거절하는 자들이다. 따라서 본 서신은 거짓 교사들이 당할 멸망은 필연적임을 공고히 선언해 준다. 그럼에도 이들의 위선과 거짓된 가르침에 현혹된 자들이 많이 발생하고, 그들의 부끄러운 행실을 따름으로 진리가 더욱 훼방(disrepute) 받게 되는 일이 벌어지게 된다. 더욱 안타까운 것은 이 세상 사람들이 좇는 거짓 교사들이 자신들의 사욕을 채우기 위해 없는 말을 꾸며낼 뿐 아니라 미혹 받은 자들에게서 물질적 이득을 취하려고 혈안이 된 자들임을 보게 된다. 참으로 우리를 낙심시키는 일이 아닐 수 없다. 그러나 성도는 낙심 가운데서도 결코 소망을 잃어서는 안 된다. 왜냐하면 성경은 이같은 거짓 교사들에게 반드시 심판(condemnation)과 멸망(destruction)이 따라올 것임을 분명히 밝히고 있기 때문이다.

심판의 세 가지 사례(2:4~10상)

본문은 이제 그 당시 거짓 교사들이 필히 당하게 될 하나님의 진노와 심판을 과거 인간의 죄악 된 역사 가운데 개입하시는 하나님의 일하심에 근거하여 세 가지 사례로 제시한다. (1) '범죄한 천사들'(4절 - 창 6:1~4; 유 1:6; 계 12:7 참조), (2) '옛 세상'으로 '경건치 아니한 자들'(5절 - 창 6장 참조), (3) '소돔과 고모라 도시에서 음란한 행실을 소유한 무법한 자들'(6~7절 - 창 19:24~28 참조). 이같은 하나님의 징계 속에서도 '경건한' 또는 '의로운' 자들 - 노아와 그 일곱 식구들 그리고 롯 - 은 하나님으로부터 구원(구출) 받는다라는 사실을 잊어서는 안 된다. 그러나 본문에서 메시지의 핵심은, 하나님께서는 '과거의 불의한 자들'을 심판하셨듯이 '오늘 현재의 불의한 자들'도 반드시 심판하실 것이라는 사실이다(9절). 하나님 앞에서 의롭게 살기 원하는 자들이 이 세상의 불법한 자들의 말과 행실을 보고 낙심에 빠져 심령이 상하게 될 때가 실제로 적지 않다. 그러나 경건하게 살기를 힘쓰는 자는 마지막 날 하나님께서 최종적 구원을 베푸실 뿐 아니라 또한 최종적 심판을 이루신다는 진리 앞에 '의로운 심령'을 끝까지 포기하지 않고 이 세상을 인내하며 살아가야 한다.

구약성경에 기록된 위의 세 사건들은 유대 중간기 문헌과 후기 랍비 문헌에서 더욱 폭넓게 해석되었던 것을 보게 된다. 특히 롯의 경우는 더욱 그러하다. 실제로 롯에 대한 이해에서 유대 전승은 그가 의인인가 아닌가에 대해 양 견해를 모두 견지하고 있는데, 이는 창세기 본문 자체에 기인한다고 볼 수 있다(긍정적 구절 – 창 18:25; 19:1~16; 부정적 구절 – 창 13:10~11; 19:29, 32~35).[3]

한편, 구약성경의 실례들과 베드로후서 본문의 문맥을 함께 고려해 볼 때 하나님께서 심판하시는 '불의한 자들' 또는 '경건치 아니한 자들'의 공유적 삶의 요소는 '음란한 행실' 곧 성적 타락인 것을 보게 된다. 다시 말해 이들은 "육체를 따라 더러운 정욕 가운데" 사는 자들이다. 이런 이들은 주께로부터 허락된 신령하고 바른 권위를 부인함으로 신앙 공동체의 경건한 지도자들을 오히려 무시하고 자신들이 참 지도자인양 온갖 술수를 다 동원한다. 한마디로 이들은 하나님과 하나님의 말씀을 빙자한 거짓 교사들일 뿐이다. 본문은 이제 거짓 교사들의 생태와 삶을 독자들에게 더욱 구체적으로 드러내 준다.

거짓 교사의 속성과 삶(2:10하~22)

우리는 베드로후서 2장 10절 하반절부터 마지막 22절에 걸쳐 연속적으로 소개해 주는 거짓 교사들의 삶의 양태들을 주목할 필요가 있다.[4] 이것들은 한마디로 이 세상에 속한 세속적 가치관에 물들은 열매들이다. 이들은 죄악을 범하는 것에 담대하여 자신의 정욕을 추구하는 것에만 몰두하는 '고집장이'들로서, "더 큰 힘과 능력을 가진 천사들"이 '악한 천사'(독사스)들을 하나님께 의탁하는 것과 달리, 이들에 대한 평가를 스스럼없이 거만하게 내뱉고 다니는 자들이다. 말하자면, 자신들이 하나님의 영광이나 권세를 대행하고자 하는 교만이 가득한 자들임을 알 수 있다(11~12절).[5] 베드로는 이 문맥에서 거짓 교사들을 "이성 없는 짐승"으로 비유함으로써 이들의 행실이 '그리스도의 형상'으로 새롭게 회복된 성도들의 기준에 맞지 않을 뿐 아니라 '하나님의 형상'으로 지음 받았던 인간 그 본래의 가치까지도 상실한 비극적 상태를 암시한다. 이들의 무지함은 인간의 이성적 판단이 아닌 짐승과 같은 본능적 자기 욕구에 기인한다. 따라서 짐승들이 죽임을 당하는 것처럼 거짓 교사들 역시 종국에는 파멸 당하지 않을 수 없을 것이다. 말하자면 이들은 자신들이 행한 악한 일들로 '악의 보상'을 받을 것이 자명한 자들이다.

본문 13절 하반절부터 16절까지 베드로는 거짓 교사들의 탐욕적이며 음란한 삶에 더욱 초점을 맞추어 거론한다. 이들은 대낮에도 먹고 즐기면서 자기들이 원하는 쾌락을 일삼음으로써(살전 5:7 참조) 성도들에게 본이 되기는커녕 오히려 신앙 공동체에 치명적 불명예와 수치를 입히는 "점과 흠"(스필로이 카이 모모이)일 뿐이다. 하지만 베드로는 이와 대조적으로 3장 14절에서 자신이 사랑하는 성도들을 향해서는 주님의 마지막 재림의 날까지 "점도 없고 흠도 없이"(아스필로이 카이 아모메토이) 나타날 것을 권면한다(벧전 1:19; 엡 5:27도 참조). 한편 거짓 교사들이 신앙 공동체 안에서 일반 회원들과 음식을 나누며 잔치를 벌이는 본문의 문맥은 주로 '성찬'(the holy communion)과 함께 '애찬'(love-feasts)이 뒤따랐던 초대 기독교 공동체의 식탁 교제를 반영하는 듯하다(고전 11:17~34 참조).

이럴 경우 "간사/속임수"로 번역된 헬라어 '아파타이스'는 '아가파이스'의 또 다른 이문일 수 있을 것이다(유 1:12 참조).[6] 주목할 것은 거짓 교사들의 무절제함과 부도덕함이 그럴 듯한 속임수들을 동원하여 공적이고 공개적인 자리에서도 자행되었다는 사실이다. 특히 이들의 눈은 "음녀"(모이칼리스)로 가득 차 있어 공공의 잔치 자리에서 여인들을 볼 때마다 음욕을 품고 성적 파트너로 간주했던 것을 우리의 본문은 신랄하게 고발한다(마 5:27~28 참조).[7] 그리고 본문은 이들의 이와 같은 성적 탐욕이 끊이지 않고 계속된 중독성 깊은 범죄였음을 밝힌다. 물론 이들의 비윤리적 삶의 행태는 그들의 잘못된 사상(교리)으로 자신들의 비도덕적 삶을 합리화 할 뿐 아니라 타인들도 이런 방탕한 삶으로 초청하였던 것이다. 이로 인해 복음의 진리에 아직 온전히 서지 못했던 공동체의 회원들은 마치 낚시꾼의 미끼에 걸려 든 것과 같이 거짓 교사들이 탐닉하고 있는 죄악의 수렁에 빠져들게 된 것이다.

실로 이와 같은 거짓 교사들은 분명 '축복의 사람들'인 하나님의 자녀(살전 5:5 참조)와는 본질상 다른 "저주의 자식"(카타라스 테크나)이다(요 17:12; 엡 2:3 참조). 그러나 우리를 경계토록 하는 것은 이들이 처음에는 나름대로 복음의 길을 따라가는 것으로 인정받았다가 시간이 지난 어느 즈음부터 "바른 길을 떠났다"는 사실이다. 따라서 외관상으로는 여전히 이들이 '말씀의 교사들'로 행세하고 있었음을 보게 된다.

이 사람들이 복음의 바른 길을 벗어나게 된 결정적 동기를 베드로는 구약성경의 '거짓 선지자' 발람의 경우(민 22~24장; 신 23:4~5; 수 13:22; 24:9~10; 느 13:1~2; 미 6:5; 유 1:11; 계 2:14 참조)를 빌어 설명해 준다. 그것은 한마디로 "불의의 삯을 사랑"했던 그들의 재물 탐심이었다. 이처럼 재물 탐심과 성적 탐닉은 한 동전의 양면과 같음을 시사해 준다. 하지만 거짓 교사들의 이런 타락한 삶은 한편으론 이들이 하나님의 영광에서 이미 떠났음을 말해 주는 것이다. 또 다른 한편으론 이들의 삶이 복음(하나님)을 수단으로 하여 자기 영광 – 명예 – 부귀의 길로 들어선 자들임을 의미한다. 이런 사람들은 신분상 또는 호칭상 "말씀의 교사들"로 행세하며 불릴 수는 있다. 하지만 발람과 마찬가지로 하나님께 기도를 드린다 할지라도 오히려 짐승(나귀 – 12절 참조)보다도 하나님의 임재와 그분의 뜻을 깨닫지 못하는 그래서 "알맹이가 없고 껍데기만 남은 거짓 교사"로 전락한 자들일 뿐이다.

17~22절은 지금까지 언급했던 거짓 교사들의 세속적이고 탐욕적 삶의 양태를 반복하여 폭로하면서도 다소 다른 은유적 표현을 활용함으로써 이들의 삶에서 나타나는 거짓된 동기와 그에 따른 삶의 허망한 결과를 결론 짓고 있다. 거짓 교사들은 먼저 "물 없는 샘들"과 "광풍에 밀려가는 안개들"로 비유된다. 전자의 표현은 인생의 만족과 행복을 가르치고 약속했던 그들의 교훈되 삶이 종국에는 모두 허황되고 거짓된 '구원'임을, 후자의 표현은 이들의 불안정성과 이들 가르침의 가변성 내지 일시성을 시사해 준다. 즉, 이들은 "경건의 모양은 있으나 그 능력은 부인하는"(딤후 3:5) 자들로 자신뿐 아니라 자신을 좇는 사람들에게도 '신령한' 열매를 기대할 수 없는,

마치 '저주 받은 무화과나무 잎사귀'(막 11:12~14, 20~21 참조)와 같은 자들이다. 그럼에도 불구하고 이교도에서 막 돌아서서 복음에 귀를 기울이기 시작한 자들은 이들의 부풀린 자기 허세와 위선의 낚시 바늘에 걸려들어 잘못된 교리를 따라 하나님의 백성에 전혀 합당치 않은 성적 타락과 비도덕적 삶의 길로 빠져들기 쉽다. 거짓 교사들의 실체는 "멸망의 종들"이기 때문에 이들의 가르침과 삶을 따르는 자들 역시 "멸망의 종들"이 되는 것은 너무나 자명한 일이다. 20절의 조건절에서 나타나는 주어 "저희"는 문법적으로 18절의 "미혹한 데 행하는 사람들에게서 겨우 피한 자들"과 19절의 "멸망의 종들"로 묘사된 거짓 교사들 – 이 양자가 모두 가능하다. 하지만 문맥 상 좀 더 설득력 있는 것은 19절의 거짓 교사들이다.[8] 이럴 경우, 본문이 서술해 주는 거짓 교사들은 그야말로 한때 '(우리) 주 되신 구주 예수 그리스도를 앎으로 세상의 더러움을 피한 후에 다시 그 중에 얽매이고 진 자'(20절) 내지는 '의의 도를 안 후에 받은 거룩한 명령을 저버린 자'(21절)라는 사실에 주목하지 않을 수 없다. 말하자면, 이 거짓 교사들은 분명 이전에 한때 복음 공동체 안의 회원들이었고 또한 리더들이었다는 사실이다.[9] 이 문맥의 포인트는 무엇보다 이와 같은 자들에게 임할 하나님의 진노와 심판은 복음의 진리를 전혀 접하지 못한 자들보다 훨씬 더 심각하다는 메시지다(마 12:43~45; 눅 11:26; 12:47~48 참조). 이런 의미를 좀 더 쉽고 분명하게 설명하는 차원에서 베드로는 두 속담을 인용한다. "개가 그 토하였던 것에 돌아가고 돼지가 씻었다가 더러운 구덩이에 도로 누웠다"(22절). 오늘날도 그러하지만, 그 당시는 더욱 더 유대인들뿐 아니라 이방인들에게도 개 그리고 돼지를 인간과 유비시켜 회자된 격언은 그렇게 긍정적이지 못했다(잠 26:11; 마 7:6 참조).[10] 2장 12절에서 이미 묘사된 바 있던 "이성 없는 짐승"은 이런 점에서 "거짓 교사들"에 폭넓게 적용되는 비유인 셈이다(16절도 참조).

우리는 앞의 글을 통해 베드로후서 2장이 처음 1절부터 마지막 22절에 이르기까지 그 당시 신앙 공동체에 매우 큰 위협과 해를 끼치고 있었던 "거짓 교사"들에 대한 정체와 그에 따른 삶의 양태들을 조목조목 다루고 있음을 확인할 수 있다. 한마디로 이 거짓 교사들은 그 당시 초대 기독교 신앙 공동체의 이단자들이라 할 수 있다. 그리고 이들은 신앙 공동체 내에서 믿음이 여린 신자들뿐 아니라 모든 성도들에게 크고 작은 유혹(다른 복음 - 갈 1:6, 8, 9 참조)을 통하여 "복음 - 구원에 이르는 유일한 길"을 의심하고 떠날 것을 끊임없이 종용하는 자들이다. 이와 같이 하나님의 교회를 대적하는 "거짓 교사"들은 그때 거기서와 마찬가지로 지금 여기서도 쉼 없이 우리 성도들 개인과 공동체의 허점을 틈타 우는 사자와 같이 우리들의 영적 급소를 노리고 공격해 오는 것을 상기할 필요가 있다(벧전 5:8 참조). 이런 점에서 오늘의 목회자는 기독교 신앙 공동체의 바른 정체성과 바른 고백을 정확하게 전달할 책임이 있으며, 오늘의 성도들은 주일 예배로 만족하는 차원을 넘어서서 사도적 신앙 고백을 체계적으로 배우고 알아야 될 의무가 있다.

하지만 우리의 본문을 오늘 적용하는 데 더욱 초점에 두어야 할 것은 일반 성도들보다는 오늘의 말씀 "교사들"이라 할 수 있는 교회의 목회자들과 신학교의 교수들이라 할 수 있다. 말하자면, 오늘의 말씀 "교사들"로 부름 받은 자들은 자신의 삶과 자신이 속한 신앙 공동체, 특히 교회와 신학교 안에서의 삶에 혹 "거짓" 교사들의 삶의 동기와 내용에서 발견되는 영적 불순물이 들어있지 않은지를 점검하는 일에 게을러서는 안 된다. 따라서 베드로후서 2장의 문맥을 적용해 볼 때, 무엇보다 오늘의 "참된 말씀의 교사들"은 그 당시 "거짓 교사들"과는 대조적으로 재물(불의의 삯)과 이성(음심에 가득한 눈)에 정직하고 깨끗하기를 한 평생 힘써야 한다. 이것은 말씀 교사들의 입술에서 나오는 신앙 - 신학적 고백이 일상생활 가운데 신앙 - 신학적 행실로 보여주어야 할 이유이기도 하다. 그 당시 거짓 교사들의 일상적 삶이 곧 그들의 신앙과 신학의 현주소를 대변해 주었듯이, 오늘의 말씀 교사들 역시 일상적 삶을 통해 드러날 수밖에 없는 자신들의 신앙과 신학의 자화상을 어찌할 수 없다. 말씀의 교사로 부름 받은 오늘의 목회자와 신학자들의 신앙과 신학이 강단 위에서 뿐 아니라 강단 아래에서도 평가 받아야 할 이유가 여기에 있다.

09

종말 신앙을 통한 도전과 권고

베드로후서 3장의 주해와 적용

베드로후서는 법정적(Forensic) 수사학(rhetoric)을 사용한다. 증인이나 목격자로서 보고 들은 사실이 강조되고(2:16, 18), 적대자들을 향해 무법한 사람들이라고 고소한다(3:17, 참고 2장). 이처럼 베드로후서의 저자가 유언의 양식을 띤 서신을 법정적 수사학으로 점철한 까닭은 그가 교훈하려는 바가 반드시 임하게 될 예수의 재림과 최후 심판이라는 법정적 성격을 지닌 사건이기 때문이다. 그의 교훈은 무법한 적대자들인 거짓 교사들의 미혹에 넘어가지 않고 거룩함에 거하며 도덕적이고 종교적인 삶을 살아가도록 격려하는 것이다. 그의 격려의 대상들은 지극한 애정을 담은 '사랑하는 자들'(3:1, 8, 14, 17)이라는 호칭으로 거듭 표현된다.

베드로후서 3장의 구조

3:1~4   거짓 교사들의 회의적 질문에 대한 언급

        3:1~2   교훈의 근거가 권위: 예언자들의 권위, 주님의 명령, 사도들의 가르침

        3:3~4   말세에 일어날 일

               3:3a   말세가 있다.

거짓 교사들의 회의적 질문에 대한 언급(3:1~4)

이전의 논쟁적인 주제들을 다시 반복하는 3장을 시작하면서, 베드로후서의 저자는 재차 강조할 주제의 중요성을 부각시키기 위해 3중의 권위를 내세운다. 사도 베드로의 권위, 예언자들의 권위, 주님의 명령(3:1~2). 그렇게 함으로써 저자는 1장에서의 논증 즉 그리스도의 재림이 공교히 만들어진 허구의 이야기가 아님을 다시 한 번 강조한다. 그리고 이런 3중의 권위에 근거한 교훈의 핵심적 내용은 '기억하게 하려 하노라'(므네스테나이)는 유언 양식의 권고에 집약되어 있다. 그렇다면 베드로후서의 수신자들이 반드시 기억해야 할 것은 무엇인가? 파루시아가 하나님의 약속의 말씀이라는 사실이다. 본 서신의 저자는 다음의 세 가지 방식으로 이에 대해 논증한다.

첫째, '말세'(에스카톤 톤 헤메론)가 있다는 것이다. 당시 지식인 계층에 편만해 있던 에피쿠로스 철학은 원자와 공간의 영원성을 주장했다. 이런 철학의 영향은 신앙 공동체 내부에까지 스며들었던 것으로 보인다. '만물이 처음 창조할 때와 같이 그냥 있다'고 가르치는 거짓 교사들의 주장이 그것을 뒷받침한다. 그러나 베드로후서의 저자는 말세와 그 시기에 일어나는 시련에 대해 경고하고 예수의 재림, 부활, 최후의 심판, 명확한 보상과 형벌을 확언한다. 이것은 베드로후서 전체를 관통하는 핵심 주제다(특히 벧후 2장).

둘째, 말세에 '자기의 정욕을 좇아 행하며 기롱하는 거짓 교사들'이 일어난다는 것이다(3절). 여기서 '정욕'은 '에피튀미아'로서 원래 '열심'을 뜻하나, 베드로후서에서는 매우 부정적인 의미로 사용된다(1:4, 2:10, 18). 베드로후서의 저자는 이미 2장 1절에서 거짓 교사들이 '사랑하는 자들'이 속한 공동체 안에 존재할 가능성을 미래 예언 형식으로 제시했다. 너희 중에도 거짓 선생이 '있으리라'(에손타이). 거짓 교사들이 일어나는 것은 말세의 징조 중에 하나다. 그것은 베드로후서의 저자로 설정되어 있는 베드로의 생전에는 여전히 미래적인 사건이지만, 베드로후서의 실제 저자나 독자들의 시대에는 이미 현재적인 사건으로 나타나고 있다. 이것은 저자의 종말론적 견해를 평가하는 데 매우 중요하다. 유다서의 저자와 같이, 그는 거짓 교사들의 출현을 파루시아가 도래하기 전, 역사의 마지막 단계에서 일어나는 징조로 본다. '파루시아를 부정하는 적대자들은 스스로 그것의 임박함을 증명한다.' 이 말은 예언들에 대한 믿음을 확언한다는 차원이 아니라, 거짓 교사의 출현이 성도들의 믿음을 방해할 수 없다는 것이다.

셋째, 거짓 교사들의 가르침이다. 그들은 예수의 재림에 대한 약속에 회의적이었을 뿐 아니라 그것을 거부했다. 거짓 교사들의 회의적 질문은 '푸에스틴'(어디 있느냐?)로 시작한다. 이는 구약 성경에서 하나님의 백성이 고난 중에 혹은 이방 민족의 침입 앞에서 하나님의 구원을 보지 못할 때 그들의 대적자들에게서 조롱당하는 것을 표현하는 대표적인 양식이다(LXX 시 41:4, 11, 78:10, 113:10; 욜 2:17; 미 7:10).

특히 말라기 2장 17절에서 이 양식은 하나님이 악인을 심판하고 의인에게 상을 내리신다는 데에 대한 회의적 질문에서 사용된다('공의의 하나님이 어디 계시냐?'). 또 예레미야서 17장 15절에서 예레미야의 예언이 이뤄지지 않았을 때, 그의 대적자들은 '여호와의 말씀이 어디 있느냐 이제 임하게 할지어다'라고 조롱한다. 따라서 이 양식은 예수의 재림이 지연되는 상황에서 그것에 관한 예언의 말씀을 거부하는 거짓 교사들의 조롱을 표현하는 데 매우 적합하다.

거짓 교사들이 자신의 정욕을 좇아 행하며 거짓 교훈을 가르친다는 3절의 고발은, 베드로후서 저자의 교훈이 예언의 말씀, 구주의 명령, 사도들의 권위에 근거한다고 밝히고 있는 2절과 대립 구도를 이룬다. 독자들이 기억해야 할 것은 자신의 정욕을 좇아 가르치는 재림에 대한 회의주의가 아니라 예언의 말씀들, 구주의 명령, 사도적 권위에 근거해 저자가 권고하는 파루시아에 대한 확신이다.

적용 : 파루시아는 반드시 기억해야 할 하나님의 약속의 말씀이다

오늘날 하나님의 말씀이나 신앙의 증인들의 경험은 미래를 확증하는 절대적인 기준이 되지 못하고 있다. 물론 과학적 검증으로 밝혀진 결과들에 대해서도 사람들은 의심의 눈길을 보내곤 한다. 이런 흐름은 그야말로 베드로후서의 저자가 경계하는 거짓 교사들의 삶의 태도인 회의주의와 다르지 않다. 그러나 하나님의 말씀은 의와 불의에 단호하다. 의를 행하고 불의를 버려야 한다. 그런 태도의 중요성은 미래에 있을 예수의 재림 및 심판과의 밀접함으로 더욱 커진다. 그렇다면 우리의 삶에서 의와 불의를 구분하는 기준은 무엇인가? 그것은 바로 하나님의 말씀이다.

비록 오늘날 시대의 흐름이 총체적 회의주의로 규정된다고 할지라도, 그리스도인들은 그 시대의 흐름을 역행하고서라도 하나님의 말씀이야말로 우리 삶과 태도의 표준임을 다시 한 번 확증해야 한다. 이것이야말로 베드로후서의 저자가 오늘날 그리스도인들을 향해 전하는 메시지의 근거이자 본질적 토대다.

거짓 교사들에 대한 반박(3:5~10)

베드로후서의 저자는 성경적 근거를 통해, 거짓 교사들이 애써 부정하려고 하는 것을 들춰낸다. 그것은 바로 거짓 교사들이 하나님의 말씀의 능력을 부정한다는 것이다. 창세기 1장 2절에 따르면, 하나님의 말씀이 있기 전에 땅은 혼돈하고 흑암이 깊음 위에 있었다. 그러나 빛의 창조가 이뤄진 후에 하나님은 땅위의 물과 땅 아래의 물을 나눠 궁창을 만드신다. 베드로후서의 저자는 물을 나누고 합하는 것으로 이뤄낸 하나님의 창조의 행위를 홍수로 인한 심판과 연관시킨다. 하나님의 말씀의 능력이 창조를 가능케 했다면, 동일한 능력으로 심판도 가능케 하실 것이라는 말이다.

베드로후서의 적대자들은 이 세상이 끝날 것이라는 하나님의 약속에 정면으로 도전한다. 그럼에도 불구하고 그 적대자들 역시 '창조의 때'를 언급한다(4절). 그러나 창조의 능력을 믿는다면, 심판의 능력도 부인할 수 없다. 거짓 교사들은 창조의 때를 언급하면서 하나님의 신앙 공동체의 신실한 일원인 것처럼 처신하지만, 그들은 심판을 행하시는 하나님의 능력을 무시함으로써 결국 하나님의 말씀의 능력 자체를 부정한다. 그들은 이것을 기억해야 했다. 과거에 세계를 창조했던 하나님의 말씀의 능력은, 지금 현존하는 것들을 유지시킨다. 그러나 유지 자체에 목적이 있는 게 아니라, 다만 심판의 날까지 모든 것들을 간수하시는 것이다.

또한 베드로후서의 저자는 '사랑하는 자들'에게 하나님의 시간과 사람의 시간이 다르다는 사실을 잊지 말라고 권고한다(8절). 이는 예수의 재림이 지연됨으로 회의주의에 빠지게 된 거짓 교사들의 주장을 반박하는 기능을 한다. 게다가 재림의 지연은 다름 아닌 하나님의 오래 참으심이라고 설명한다. 신약 성경에서 '오래 참음'(마크로튀미아)은 원래 인간의 덕목을 나타내기 위해 사용되지만, 하나님의 성품(롬 2:4, 9:22; 벧전 3:20)이자 그리스도의 성품(딤전 1:16; 벧후 3:15)을 표현하기도 한다. 저자는 재림의 지연은 하나님이 인류를 용서하려는 의지를 확증하는 것이라고 말한다. 그러나 이를 보편 구원론으로 연결시켜선 안 된다. 왜냐하면, 신약 성경의 본문들은 구원이 예수와 그분의 복음의 말씀에 놓여 있다고 말하기 때문이다. 따라서 우리는 예수 재림의 지연은 하나님이 모든 사람들로 그리스도와 복음에서 그들의 길을 발견하도록 기회를 제공하려는 의지의 표현으로 이해하면 된다.

그러나 하나님의 오래 참음은 영원히 계속되지 않을 것이다. 베드로후서의 저자는 독자들에게 종말이 도적같이 올 것이라는 확립된 전승을 상기시킨다(10절). 하늘이 큰 소리로 떠나간다는 표현은 신적 현현을 묘사할 때 사용된다. 그것은 하나님이 '심판자'로 등장한다는 뜻이다. 그때 에피쿠로스 철학에서 영원한 것으로 간주했던 '원소'(체질, 스토이케이아)조차 불에 풀어질 것이다. 예수의 재림이 도래하는 그날에 땅과 하늘과 돌이키지 않은 인류에 대한 하나님의 심판이 집행될 것이다.

적용 : 파루시아의 지연은 하나님이 베푸시는 기회다

예수의 승천 이후 2,000년이 지난 지금, 예수의 재림 신앙은 어떤 의미를 제공하는가? 이미 사도 시대에 예수의 재림은 공교히 꾸며낸 이야기라며 조롱하는 자들이 등장하기 시작했다. 더욱이 재림과 심판을 의식하면서 도덕적으로 살아가기엔 우리의 삶의 현장이 너무 치열하다. 우리의 사고와 생활 방식은 이윤 추구라는 경제 원리가 곳곳에 견고하게 자리 잡고 있어서, 성경이 가르치는 분배의 정의와 나눔의 덕이 설 자리는 이미 남아 있지 않다. 그러나 성경은 구약과 신약 전체에 걸쳐서 이런 삶의 태도, 즉 개인주의적이고 이기적인 삶의 태도와 그 결과로 나타나는 분배의 부정의(不正義) 및 나눔의 부재를 단호한 어조로 불의라고 지적한다. 이런 성경의 지적에 자유로울 수 있는 그리스도인들이 과연 얼마나 될까?

마치 재림이 영원히 일어나지 않을 것처럼 그래서 심판이 없는 것처럼 살아가는 우리에게 파루시아의 지연은 하나님을 향한 불신의 요소가 아니라 하나님이 베푸시는 회개의 기회가 된다. 아직까지 의를 행하지 못하고 있다면, 도덕적인 생활을 하지 못하고 있다면 우리는 당신의 의와 성품에 참여하도록 부르시는 하나님의 부르심에 힘써 응답해야 한다. 그것이 우리를 향해 오래 참으시는 하나님의 의지와 목적에 부합하는 신앙인의 태도다. 하지만 거짓 교사들처럼, 하나님의 자비를 애써 부인하고 오히려 하나님의 자비를 자신의 삶의 태도에 합법화하기 위한 수단으로 왜곡한다면 그런 사람들에게 주어지는 것은 불같은 심판뿐이다.

마지막 권고와 송영(3:11~18)

비록 종말의 때에 심판이 일어나지만, 그것의 결과는 파괴만이 아니다. 오히려 그것은 거룩한 행실과 경건함으로(11절) 그날을 사모하는 자들(12절)에게는 새 하늘과 새 땅의 회복으로 나타날 것이다(13b절). 그 회복은 확실한 하나님의 약속에 근거한다(13a절).

베드로후서에서 옛것들이 심판의 불에 모두 풀어져 버릴 것이라는 미래적 기대는 그것의 교훈을 듣는 독자들로 하여금 현재에 도덕적 선행과 경건한 행동을 하라고 권고하는 동기가 된다. 이는 데살로니가후서 3장 6~13절과 비교해 보면 매우 흥미롭다. 그것의 저자는 임박한 주의 날에 대한 기대가 어떤 그리스도인들에게 게으름을 피우도록 문제를 야기했다고 주장한다. 그러나 현재적 삶에 충실하지 못하다면 그것은 미래를 기대하면서 기다리는 그리스도인들의 적절한 태도가 아니다.

베드로후서의 저자는 예수의 파루시아로 말미암는 종말의 미래적 실현이 확실한 만큼 현재에 더욱 도덕적이고 종교적인 생활을 해야 한다고 강조한다. 이런 도덕적인 주장은 2장 전체에 걸쳐 저자가 고발했던 거짓 교사들의 부도덕한 삶이 결국 예수의 재림과 심판의 확실성을 그들이 부인한 결과라는 주장과 잘 맞아떨어진다. 도덕적이고 경건한 삶의 태도야말로 믿음의 결과며 종말론적 신앙인의 본보기가 된다는 것이다.

3장 14~17절은 유언의 형식을 띠는 베드로후서의 마지막 권고에 해당한다. 더불어 베드로후서의 전체적인 권고를 세 가지로 요약한다. 첫째, 예수의 재림은 기정 사실이다. 그러므로 예수의 재림과 최후 심판을 확실한 것으로 믿는 자들은, 심판에 대한 불안 때문이 아니라 회복에 대한 소망으로 주 앞에서 거룩한 생활을 하도록 힘써야 한다. 둘째, 예수 재림의 지연은 하나님의 약속의 변경이 아니라, 인류에 대한 구원의 약속을 확증하기 위해 회개할 기회를 주시는 것이다. 즉 하나님이 우리를 향해 오래 참고 계시다는 말이다. 셋째, 무법한 자들의 미혹에 이끌리지 말라는 것이다. 그들은 자신의 정욕에 이끌려 성경을 억지로 푸는 자들이다(16절). 그런 행위는 하나님의 오래 참으심에 대한 잘못된 이해를 낳게 된다. 따라서 그들은 하나님이 주신 마지막 회개의 기회를 놓쳐버리고 그 결과로 멸망에 이를 것이다.

베드로후서의 저자는 자신의 권고를 마치면서 잠깐 바울과 그의 추종자들을 언급한다(15, 16절). 이는 아마 베드로후서의 저자가 강조하는 규범적인 삶에 반대하는 바울의 추종자들을 견제하려는 것 같다. 왜냐하면 바울은 하나님의 구원의 은혜를 강조하기 위해 율법 준수의 가치를 상대화시켰기 때문이다. 베드로후서의 저자는 바울의 주장 자체가 아니라 그것을 사사로이 해석하는 급진적 추종자들을 경계한다.

적용 : 거룩한 삶으로 파루시아를 기다리라

역사적으로 볼 때, 재림 신앙은 사회적 혼란기나 격동기에 발흥하곤 했다. 그러나 그렇게 발흥하는 재림 신앙은 매우 급진적이어서 데살로니가후서에서 경고하는 불성실한 삶의 태도로 왜곡되어 나타나거나 그런 신앙에 대한 지독한 회의적인 태도로 나타난다. 종말 신학이나 재림 신앙이 물의를 일으켰던 것은 그 자체의 문제가 아니라 재림 신앙을 가진 사람들의 삶의 태도의 문제에서 비롯된 것이다. 실제로 미래에 있을 예수의 재림과 심판의 확실성을 의심 없이 받아들인다면, 현재 재림이 지연되는 까닭을 우리를 향하신 하나님의 구원의 의지로 믿는다면 그런 사람들의 현재적 삶은 하나님 앞에서 거룩하고 도덕적이며 종교적인 것으로 표현되어야 한다. 그것이 하나님이 오늘날 우리를 향해 기대하시는 바요, 베드로후서의 저자가 사랑하는 자들을 향해 권고하는 교훈의 핵심이다.

베드로후서는 매우 논쟁적이고 법정적인 진술들로 가득 차 있다. 그리고 그런 논쟁은 미래적 사건인 예수의 재림과 최후의 심판으로 곧장 이어진다. 따라서 베드로후서의 말씀은 성도들이 가까이 하며 즐겁게 읽어내려갈 수 있는 평범한 말씀은 아닌 듯 보인다. 그러나 베드로후서가 다루고 있는 교훈이나 논쟁들은 오늘날 그리스도인의 정체성과 관련해 심각한 도전을 준다. 우리의 현재적 삶의 태도와 실천이 우리의 신앙을 반영하고 있다는 것이다.

재림의 지연이 하나님께서 주신 기회라면, 우리의 삶의 태도는 어떻게 변화되어야 하는가? 베드로후서는 우리가 회의주의, 개인주의, 이기주의, 종말에 대한 무감각이라는 심각한 신앙의 병폐들에 미혹되지 않고 믿음을 지키며 살아가도록 구체적인 도움을 준다는 데 그 의의와 중요성을 매길 수 있다.

유다서

어떻게 설교할 것인가

contents ✳

발간사

Ⅰ. 유다서 배경연구

II. 유다서 본문연구

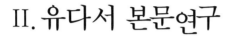

I. 배경연구

1. 유다서 개관 | 안진호

01

유다서 개관

배경과 개관

유다서 1절은 야고보서 1장 1절과 유사하게 시작한다. 유다서 1절은 "예수 그리스도의 종 유다"로 시작하고, 야고보서 1장 1절은 "하나님 곧 주 예수 그리스도의 종 야고보"로 시작한다. 이 유사한 표현들은 유다와 야고보가 서로 연관이 있음을 시사한다. 이뿐만 아니라 1절에서 유다는 자신이 야고보의 형제라고 언급하고 있다(유 1). 유다는 자신을 예수님의 형제라고 하지 않고 야고보의 형제라고 한 것을 보면 오히려 유다서가 위서(僞書)가 아님을 증명한다. 왜냐하면 위서는 거창하게 소개하기 때문이다. 또한 위서라면 유명하지 않은 유다를 내세울 리가 없다. 따라서 유다서는 유다가 썼다고 볼 수 있다. 유다의 형제 야고보는 누구일까? 야고보라 하면 예수님의 동생이요, 예루살렘교회의 수장이외에는 없다. 만일 야고보가 AD 62년 죽은 후에 유다서가 쓰인 것이라면 유다는 죽은 야고보를 자신의 형제라고 하지는 않았을 것이다. 따라서 적어도 야고보가 죽기 전 AD 62년 이전에 유다서가 쓰인 것으로 사료된다. 유다서의 227 단어 중에 야고보서에 쓰인 단어는 93개나 된다. 유다서와 야고보서에 공동으로 사용된 93단어 중에 27개는 유다서에서 두 번 이상 사용되었다.[1] 신약에서 유다서와 베드로후서, 골로새서와 에베소서 다음으로 유다서와 야고보서가 단어가 일치하고 있다.[2] 유다와 야고보는 예수님의 동생들로서 오랜 동안 함께 살고(마 13:55; 막 6:3) 또한 그 후 사역하는 동안 서로 교분을 가졌기 때문에 이와 같은 언어와 표현의 일치는 우연이 아니다. 한편 학자들은 유다서와 야고보서의 헬라어의 어휘나 수사적 표현이 유창하기 때문에 유다나 야고보서가 헬라어가 모국어인 사람들의 작품이라고 생각한 나머지 그들의 저작을 부인한다. 하지만, 1세기에 갈릴리 옆에 있는 데가볼리는 로마세계에서 맹위를 떨친 헬라철학자, 헬라문필가들을 배출하였다는 사실을 고려한다면, 유다와 야고보도 그들의 서신을 헬라어로 쓸 수 있다고 봐야 할 것이다. 무식한 목수, 석수였던 그들이 어떻게 헬라어를 수준급으로 구사할 수 있었는가 의문을 품지만, 이웃 데가볼리로 일하러 간 목수나 석수는 다른 직업을 가진 사람들과 달리 헬라인들이 그들에게 집을 어떻게 지어달라는 등 헬라어로 어느 정도 듣고 말해야만 했을 것이다. 뿐만 아니라, 목수인 그들이 돈을 많이 벌고 데가볼리에서 헬라문학과 철학을 공부했을 가능성도 배제할 수는 없다. 여하튼 팔레스타인 출신이기 때문에 헬라어 서신들을 쓸 수 없다고 볼 수 없다. 또한 유다가 예수님 돌아가신 후부터 유다서를 쓸 때까지 소아시아지역에서 약 30년 가까이 헬라어로 설교하거나 목회를 했다면 그는 넉넉히 유다서처럼 헬라어를 구사할 수 있었을 것이다.

17절 "너희는 우리 주 예수 그리스도의 사도들의 미리 한 말을 기억하라"를 근거로 유다서를 후대로 생각하는 학자들이 있다. 즉 복음의 첫 세대가 아니라는 것이다. 그러나 18절 "그들이 너희에게 말하기를"을 보면 사도들이 유다서 수신자에게 직접 말하였으므로 사도들이 활동할 당시에 쓰인 것이라면 50년대 저작을 부인할 수 없다. 이는 유다서 수신자교회는 유다가 세운 것이 아님을 보여준다. 바울이 골로새서를 56~58년경 가이사랴 감옥에 갇혔을 때 썼다면, 적어도 골로새서가 쓰인 이후, 유다서가 56~62년 사이에 쓰였을 것이다. 유다교회와 멀리 떨어지지 않은 골로새교회를 개척한 에바브라(골 1:7), 바울의 편지, 또 그곳을 다녀갔을 베드로는(고전 1:12; 9.5) 유다서 17절 "주 예수 그리스도의 사도들"을 형성하였을 것이다.

예수님의 동생 유다가 유다서를 어디에서 썼을까? 일반적으로 학자들은 유다서가 팔레스타인에서 쓰였다고 생각한다. 왜냐하면 특별히 팔레스타인 유다주의에서 발견되는 에녹 1서 1장 9절과 모세의 유언이 각각 유다서 14~15, 9절에서 인용되었기 때문이라는 것이다. 또 유다서 12절에 인용된 잠언 25장 14절과 유다서 13절에 인용된 이사야 57장 20절, 유다서 12절에 인용된 에스겔 34장 2절은 디아스포라 유대인들이 사용하는 칠십인역이 아니라 히브리어성경에서 직접 인용하였다. 또한 아래에서 보겠지만, 구약을 인용하고 그것이 당시에 성취된 것으로 보는 쿰란의 미드라쉬(4Q Flor 1:2, 3, 11, 17; 4QpIsa 3:7, 9, 10, 12; 4QpIsab 2:6~7 등등에서)가 유다서에 발견되기 때문에 유다서는 팔레스타인에서 쓰였고 팔레스타인 유대인들에게 보내진 것으로 생각하는 이들도 있다.

그러나 프레이(J. Frey)는 유다서가 소아시아로 보낸 편지라고 본다.[3] 이유는 다음과 같다. 유다서 8절 "권위를 업신여기며 영광을 훼방하는" 즉 천사들을 업신여기는 유다서의 적대자들은, 천사숭배를 금하는 골로새서 2장 18절의 바울의 명령을 따르는 자들과 상관이 있다. 그리고 이들은 유다공동체로 몰래 침입해 들어왔다(유 4). 유다서 8b절의 "권위"는, 골로새서 1장 16절과 에베소서 1장 21절에서 천사를 의미하기 때문에, 천사를 의미한다고 본다. 골로새교회는 하나님 앞으로 가려는 데 예수님을 찾지 않고 중간적 존재(intermediary beings)인 천사들을 찾았다. 이런 문제를 해결하려는 시도는 비단 골로새교회에만 발견된 것이 아니라 에베소에서 쓰인 글들에 나타난다(요 3:13; 계 22:8, 9 등등; 히 1장과 2:5). 따라서 천사숭배는 에베소와 골로새, 라오디게아를 잇는 리커스 계곡에서 유행한 것으로 보인다. 천사를 업신여기는 자들이 유다서공동체로 침투하였다는 사실은 유다서의 공동체가 골로새와 에베소에서 가까운 곳에 있었다는 사실을 보여준다.

한편 유다서공동체에 침투한 사람들은 천사들을 업신여길 뿐만 아니라 음란한 행동을 하였다(유 4, 6, 7, 8, 10, 16, 18, 19, 23). 일반적으로 경제가 어려울 때는 외모에 치장을 하지 않다가 좀 살만하면 미모를 신경쓴다. 여자들이 미모에 대한 관심을 쓰게 된 것은(벧전 3:2; 딤전 2:9) 소아시아의 경제가 좋아졌다는 것을 의미한다. 소아시아의 경제적 발전으로 미에 대한 여인들의 관심은 이미 소아시아에 퍼져있는 음란에 부채질을 한 것 같다. 소아시아는 로마제국과 파르티안 제국의 전쟁터였다. 한번은 네로 황제가 "우리는 시리아(소아시아를 말함)를 잃어버렸다"라고 말한 적이 있었다. 승전국사람들은 패전국사람들의 재산과 여자들을 맘대로 취급한다. 이로써 소아시아의 성윤리가 해이해졌다. 따라서 문란한 생활을 하는 소아시아로 보낸 베드로전후서, 유다서, 디모데전서는 경건한 삶을 독려하고 있다. 전쟁뿐만 아니라 로마사병들은 15년에서 20년 장기 군복무 하는 동안 결혼을 하지 않았다. 로마제국은 골 지방 다음으로 7개의 정규군 군단을 소아시아에 주둔시켰다. 혈기왕성한 젊은이들의 군대사회는 소아시아에 성문란을 초래하였을 것이다.

극동아시아에서 정착지를 차지하지 못한 돌골족이 AD 1000년 터키 곧 소아시아를 침략하여 오토만제국을 세우기 전까지는 소아시아는 문화적으로나 인종적으로 그리스와 별 차이가 없었다. 철학적으로 종교적으로 과거 1세기의 그리스와 소아시아는 구별이 없었다. 특히 고전 15장에 부활이 없다고 하는 신령한 자들 혹은 은사자들은 육체의 부활을 부인하였다. 또한 이들은 자신들이 영적 은사를 받았기 때문에 신령한 자라 생각하고 그렇지 못한 자들은 육에 속한 자라 하여 교회 내에 분열을 초래했다. 이들은 육신의 부활을 부인할 뿐만 아니라, 육신에 대하여 금욕적인 태도를 취하든지 아니면 육신은 아무 것도 아니기 때문에 아예 아무렇게나 사는 방종생활을 하였다. 복잡하고 발전된 2세기 초의 영지주의의 모습은 아니지만 1세기 중엽에 벌써 영지주의의 두 가지 특성 곧 금욕주의와 방종주의가 신약에 나타나 있었다. 규율 없이 사는 이들에게 부활 혹은 재림, 심판이 있다는 것은 아주 부담스러운 일이었으므로 재림과 심판을 부인하는 모습이 유다서를 많이 인용한 베드로후서에 명백하게 언급되어 있다(벧후 3:3~4). 헬라 철학이 수반하는 영지주의적 방종주의가 소아시아의 음란을 부추겼다.

이러한 세속 방종주의를 수용하는 은사자들에 대하여 유다서 19절은 다음과 같이 말한다. "이 사람들은 당을 짓는 자며 육에 속한 자며 성령은 없는 자니라." "성령은 없는 자"라는 유다의 말은 적대자들이 성령을 받은 자라고 주장하였음을 보여준다. 또한 8절에 보면 이들은 "꿈꾸는 자"라고 말한다. 그들은 환상과 꿈으로 은사자인 척하는 자들이었다.[4] 이들은 당을 짓는 자다. 즉 이들은 자신들이 성령을 받은 자 혹은 은사자기 때문에 그렇지 못한 자들을 육에 속한 자라 하여 유다서공동체의 분열을 조장하였다. 성령을 받았다 하였으나, 방종주의에 빠진 이들을 유다는 '프쉬키코이'라고 평한다.

야고보는 야고보서 3장 15절에서 이 단어를 위에서 나지 않은 지혜를 묘사하는 "세상적", "정욕적", "마귀적"이란 단어들 사이에 넣었다. 즉 이들은 은사자로서 성령을 받은 자라고 했지만, 아이러니하게도 그들의 몸은 성령이 아니라 마귀에 사로잡혀 사는 자들이었다. 만일 유다서가 팔레스타인 배경에서 쓰였다면 야고보서처럼 육신의 방종에 대한 언급이 전혀 없었을 것이다. 비록 히브리어 성경과 에녹서와 모세의 유언을 인용하고 기법이 팔레스타인적이긴 하지만 유다서의 수신하는 공동체는 이방 즉 소아시아, 구체적으로 골로새나 에베소를 잇는 리커스 벨리였을 것이다. 대적자들에 대한 상세한 묘사는 일반서신이라기 보다는 구체적인 공동체에 보낸 편지다. 바울이 에베소에서 53~54년에 쓴 고린도전서 9장 5절의 "다른 사도들과 주의 형제들과 게바"에 대한 언급은, 바울이 에베소에서 유다를 만났거나 유다의 행보가 고린도와 에베소에 알려졌음을 암시한다. 아마도 고린도전서 1장 12절에 고린도교회의 4개파 중에 그리스도파는 유다의 영향력으로 생긴 것일 수도 있다. 그렇다면 유다는 고린도에 영향을 미칠 정도로 소아시아 남서부에서 맹활약한 것으로 사료된다. 유다서는 소아시아에 사는 유대문헌에 익숙한 유대공동체에게 보낸 서신이다.

유다서 구조

A. 1~2: 인사

B. 3: 유다서의 주제 "믿음의 도를 위하여 힘써 싸우라"

C. 4~19: 4절의 거짓 교사를 논증하기 위하여 5~19절을 할애
  a. 5~7: 구약인용(5: 출애굽세대가 불신앙으로 가나안 땅에 들어가지 못함; 6: 노아시대 타락한 천사; 7: 소돔과 고모라)
  a¹. 8~10: 8절의 "이 사람들"은 바로 5~7을 성취함. 9절은 모세의 시신에 대한 구약을 인용
  b. 11: 구약인용(가인, 발람, 고라를 인용)
  b¹. 12~13: 12절의 "저희"(8절의 이 사람들이나 12절의 저희나 19절의 이 사람들은 다 헬라어로 '후토이' 다)는 11절의 구약인용을 성취한 자들이다
  c. 14~15: 에녹 1서 1장 9절에 있는 에녹의 심판 예언인용
  c¹. 16: "이 사람들"은 심판을 받을 자들이다
  d. 17~18: 예수님의 사도들이 정욕대로 행하며 비웃는 자들이 나타나리라 예언하였다
  d¹. 19: "이 사람들이" 바로 예수님의 사도들이 예언한 그 사람들이다

D. 20~25: 유다서 주제의 반복, 거짓 교사들을 대항하여 믿음과 소망 가운데 자신을 지키고, 거짓 교사에게 미혹당한 이들과 거짓 교사들을 구할 것을 권함. 하나님께 찬양으로 결론[5]

a, b, c, d는 예언된 말씀이고 a1, b1, c1, d1은 각각 a, b, c, d에 대한 적용이다. 이런 기법은 쿰란 미드라쉬 식이다. a, c, d는 예언의 말씀을 인도하는 말로 시작한다. b는 "화 있을진저"라는 문구로 예언의 말씀을 진입한다.

Ⅱ. 본문 연구

1. 유 1장 : 지극히 거룩한 믿음 | 안진호

01

지극히 거룩한 믿음

유다서 1장의 주해와 적용

25절로 구성된 유다서는 무려 16절(4~19)을 거짓 교사들을 지적하는 데 할애하였다.

인사(1~2)

하나님 아버지의 사랑을 받고 예수 그리스도의 지키심을 받은 자들에게 편지를 한다. 지킨다는 것은 통제함을 받는 다는 것을 말한다. "지키심을 입은 자"(테테레메노이스)는 지키다(테레오)의 현재완료수동분사로서 지속적으로 지키심을 받고 있음을 의미한다. 이 단어는 유다서에서 네 번이나 등장한다. 1절에 한 번 그리고 6절에 두 번 타락한 천사들이 자기의 지위를 지키지 않았다. 그래서 하나님이 그들을 큰 날의 심판까지 영원한 결박으로 흑암에 가두셨다(테테레켄). 21절에 수신자는 하나님의 사랑 안에서 자기를 지키라고 권함을 받고 있다. 비록 지키다는 단어를 사용하지 않았지만 4절에 홀로 하나이신 주재 곧 우리 주 예수 그리스도를 부인하는 자 역시 통제를 거절하는 것이기에 지키는 것을 거절하는 의미로 이해할 수 있다. 보캄은 8절 "권위를 업신여기며 영광을 훼방하는 도다"의 뜻은 천사가 준 율법(갈 3:19; 행 7:53; 히 9:15), 특히 윤리적 명령을 거절하는 행위로 이해하고 있다. 6절에서 타락한 천사가 자기의 지위를 지키지 않아서 형벌을 위하여 흑암에 지켜지거나, 아니면 1절이나 21절처럼 그리스도의 통치 아래 자신을 지킴으로 하나님의 사랑 안에 영생에 이른다. 1절은 예수 그리스도 아래 지킴을 받는다는 것은 하나님의 사랑을 받는 것과 동일한 내용임을 보여준다. 21절도 지킨다는 단어는 하나님의 사랑과 함께 쓰인다. 21절 하나님의 사랑이(아가페 테우) 여격으로 쓰였다. 이를 원인의 도구격(instrumental of cause)으로 해석한다면 하나님의 사랑 때문에 자신을 지킨다고 번역할 수 있다. 그리스도의 통제와 율법의 윤리적 요청은 그 자체가 하나님의 사랑이요 우리의 행복을 위한 것이다. 하나님은 우리를 사랑하사 우리의 행복을 위해서 주신 율법은 선하다(롬 7:12). 따라서 율법과 율법의 중심에 계신 그리스도는 속박이 아니라 하나님의 사랑의 표현이다.

유다서의 주제: 믿음의 도를 위해서 힘써 싸우라(3)

20~25절에서 이 주제를 다시 다룬다. 4절부터 19절까지 유다서의 대부분을 거짓 교사들에게 할애한다.

거짓교사들에 대하여(4~19)

거짓교사들은 4절에 유다공동체에 가만히 들어온 몇 사람이고, 경건치 아니하여, 은혜를 음란으로 바꾸고, 하나이신 주재 예수 그리스도를 부인하는 자다. 믿음으로 구원받는다는 칭의 교리와 영지주의의 하나의 특징인 방종주의를 신봉하는 거짓 교사들이 윤리적인 삶을 거부하였다. 윤리적 삶을 거부하는 것은 그들의 구원자이신 그리스도를 거부하는 것이었다. 이런 자들이 받을 심판이 오래 전부터 기록되었다. 그 심판들이란 수신자들이 잘 알고 있는 세 개의 과거심판이다. 출애굽했으나 불신앙으로 심판받은 사건(5절), 천사들이 타락하여 사람의 딸을 취하고 홍수심판 받은 사건(6절), 소돔과 고모라의 음란으로 불심판 받은 사건(7절). 5절은 민수기 13장 32절에서 악평하는 정탐꾼들을 따라 불신앙에 빠진 이스라엘 사람들에게 가나안 땅에 못 들어가리라는 하나님의 심판(민 14:23, 35)을 말한다. 6절은 창세기 6장 1~7절의 사건을 지칭한다. 즉 하나님의 아들들 곧 천사들이 자기 처소를 떠나 사람의 딸들을 아내로 삼았는데 하나님이 홍수로 지상을 쓸어버리셨을 뿐만 아니라 최후 심판을 받을 때까지 영원한 결박으로 흑암에 가두셨다는 것을 말한다. 7절은 창세기 19장 1~28절에 기록된 사건으로 음란한 소돔과 고모라 사람들이 불심판을 받았음을 보여준다. 거짓 교사들은 사람들과 성관계를 가진 타락한 천사들, 특히 천사와 성관계를 가지려 했던 소돔과 고모라 사람들의 행동양식을 따랐다(7절). 즉 "이들과 같은 양식으로 간음하던 (도시)들"에서 이들은 다름 아닌 거짓 교사들이다.[1] "다른 육체를 좇음"(필자의 번역)은 동성연애를 의미할 수 있다. 천사들을 거부하는 이들이라면(8절) 6~7절에서 천사들을 빼버리면 남는 것은 음란밖에 없다. 9절엔 미가엘 천사장과 마귀가 등장하여 몸의 지배를 가지고 다툰다. 미가엘은 죽은 모세의 몸을 하나님 앞으로 가져가기를 원했지만, 마귀가 모세의 몸을 소유하려고 하였다. 예수님의 죽으심과 부활 사이의 예수님의 몸에 대하여 미가엘과 마귀의 다툼이 요한계시록 12장 5~12절에도 나온다. 요한계시록 12장 7절은 예수님은 하나님의 아들이시기에 싸울 것도 없는 싸움이기는 하였지만, 예수님의 몸을 가지고 미가엘과 마귀의 다툼이 있었음을 보여준다. 미가엘은 모세가 죄인이기에 자신의 것이라 주장하는 마귀와 다툴 수가 없었다. 단지 그는 하나님 편에서 모세를 구원하는 길 밖에 없기에 "주께서 너를 꾸짖으시기를 원하노라"(9절)고 하였다. 그러나 그리스도의 부활, 승천으로 사단 마귀가 하늘에서 땅으로 내쫓겼다(계 12:9). 만일 그리스도께서 단순히 하나님의 아들로서 승천하셨다면 마귀는 내쫓기지 않았을 것이다. 예수께서 흘리신 보혈로 구속을 성취하시고 승천하심으로 죄를 고발하는 마귀의 독아(毒牙, Satan's fang)가 빠졌기에 마귀와 그의 졸개들은 하늘에서 죄를 고발하는 기능을 상실하고 땅으로 내어쫓김을 당하였다. 아마도 미가엘이 마귀에게 "주께서 너를 꾸짖으시기를 원한다"라고 할 때 미가엘도 모르는 그리스도의 구속의 비밀(벧전 1:12b)을 선취적으로 (proleptically) 언급하고 있었을 것이다. 6절 천사와 인간의 상합으로 노아의 홍수가 났을 뿐만 아니라 타락한 천사들에게 영원한 결박과 흑암으로 큰 날의 심판이 남아 있다. 그리고 7절 천사와 성관계를 가지려던 소돔과 고모라는 유황불로 멸망당하였을 뿐만 아니라 영원한 불의 지속적 형벌이 남아 있다. 바로 노아홍수, 소돔과 고모라의 멸망과 같은 심판이 다가 아니다. 그들에게 최후 심판이 또 남아 있다. 이런 이중적, 역사적 그리고 영원한 심판이 유다서의 거짓 교사들에게 임한다는 것이다. 그런데 이 적대자들은 천사들을 업신여기는 자들 곧 천사들과 교제하지 않은 자들인데(8절), 천사들과 교제한 이들처럼 심판받는다는 것이다. 12절 거짓 교사들이 성찬에 참여하는 것을 보면 하나님께로 가는 길로서 천사가 아니라 그리스도의 구속을 축하하는 자들임을 보여준다. 이 점에서 그들이 천사를 거부한 사실은 옳은 일이지만, 그들의 음란한 행실을 통하여 영적인 존재와 교제를 함으로써 타락한 천사들이나 소돔과 고모라 사람들처럼 현세의 심판과 미래의 심판을 받을 것이다. 음란은 그리스도를 거부하고 영적인 다른 세력을 초빙하는 것이다. 4b "경건치 아니하여 우리 하나님의 은혜를 도리어 색욕거리로 바꾸고 홀로 하나이신 주재 곧 우리 주 예수 그리스도를 부인하는 자니라." 심지어 그리스도 없이 율법을 지킨다하는 것 역시 다른 영적인 세력을 초빙하는 것이다(갈 4:3, 9). 이들은 성찬에 참여함으로써(12; 벧후 2:13~14) 그리스도의 칭의적 구원에는 참여하였으나, 음란으로 그리스도를 부인함으로 사단을 초빙하였다. 이에 대하여 베드로후서 2장 20~22절은 보다 명쾌한 설명을 하고 있다.

만일 저희가 우리 주 되신 구주 예수 그리스도를 앎으로 세상의 더러움을 피한 후

에 다시 그 중에 얽매이고 지면 그 나중 형편이 처음보다 더 심하리니 의의 도를
안 후에 받은 거룩한 명령을 저버리는 것보다 알지 못하는 것이 도리어 저희에게
나으니라 참 속담에 이르기를 개가 그 토하였던 것에 돌아가고 돼지가 씻었다가
더러운 구덩이에 도로 누웠다 하는 말이 저희에게 응하였도다.

이들의 도덕폐기(antinomian)적 행위는 바울의 칭의론을 오해한 데서 비
롯된 것이다(벧후 3:16; 롬 5:20~6:2). "그러한데 꿈꾸는 이 사람들도 그와 같이
육체(여기서는 '사르카'를 씀, '소마'와 '사륵스'는 다 동의어다)를 더럽히며 권위를
업신여기며 영광을 훼방하는 도다"(8). "더럽다"는 것은 다른 부분에 속함
을 의미한다. 즉 마귀에게 내어줌을 의미하는 것이다. 플라톤의 주장대로
몸은 영혼의 감옥이요 무덤이기 때문에 금욕을 하거나 아무렇게나 살도록
할 것이 아니다. 우리의 "몸"(소마)은 하나님께로부터 받은 바 "성령의 지성
소"다(고전 6:19). 그리스도의 피로 구속받은 우리의 몸을 하늘의 천군이 지
키고 있는데 음란은 성전을 예수 그리스도와 천군이 슬프게도 마귀의 처소
로 만드는 반역죄다. 성범죄는 단순한 육체의 만남이 아니라 악령숭배요
멸망을 자초한다(유 10). 이들은 바울의 칭의론과 바울의 천사숭배금지를 곡
해하여 그리스도의 피로 우리의 몸을 지키는 하늘의 천군을 버리고 사단의
처소로 자신을 내어주는 어리석음을 범하였다고 말한다. 8절의 "꿈꾸는 자
들"은 필자로 2세기 초반의 영지주의 이단 발렌티누스를 생각나게 한다.
바울이 골로새교회로 천사숭배를 금지한 후 골로새교회 이단들이 천사숭
배를 하지 않는다고 했지만, 그들의 예배의식은 그대로 남아있었던 것 같
다. 천사와 만난다고 묵념하던 그것이 소아시아의 세속물결과 편승하여 음
란으로 채워진 것 같다. 발렌티누스는 자기 여신도들에게 성령을 받으라할
때 그것은 성적인 교감을 의미하였다. 11절에서 유다는 이들을 가인, 발람,
고라에 비유하고 있다. 그들은 이러한 행실로써 가인처럼 영적 살인을 자
행하고, 발람처럼 사람들을 잘못 인도하며, 고라처럼 하나님을 반역하며
사람들을 오도하였다. 특히 발람과 고라는 백성을 오도한 지도자들이다.

따라서 거짓 교사들은 평신도가 아니라 교회의 지도적 인물들이다. 12절에 "자기 몸만 기르는 목자"라고 명백히 밝히고 있다. 12절에서 이들은 비 없는 구름, 열매 없는 나무, 13절에 진흙탕 물을 뿜어내는 파도, 유리하는 유성들과 같이 열매가 없고 악취와 혼동을 가져오는 유다공동체의 파멸자다. 14~15절은 이들에 대한 심판이 에녹에 의해서 예고되었음을 알리고 있다. 에녹은 예언하였다. "주께서 그 수만의 거룩한 자와 함께 임하셨나니 이는 뭇사람을 심판하사 모든 경건치 않은 자의 경건치 않게 행한 모든 경건치 않은 일과 또 경건치 않은 죄인의 주께 거스려 한 모든 강퍅한 말을 인하여 저희를 정죄하려 하심이라." 에녹시대에 하나님의 심판이 아직 임하지도 않았는데 부정과거를 썼다. 이는 미래사실 즉 심판이 너무 확실해서 부정과거를 쓴 것이다. 따라서 문란한 성생활로 사단을 숭배한 거짓 교사들은 심판을 현세와 내세에서 분명히 받을 것이다. 거짓 교사들은 성적인 문란 외에 원망과 불평, 우쭐함과 아첨, 조롱을 일삼음으로 교회 내에 분열의 조장을 일삼았다(16~19).

믿음에 바로서서 타락한 이들을 돌이키며 영생을 취하라(20~25)

육체를 더럽히고(8) 점과 흠(12)이 있고 영원한 불심판을 받을 거짓 교사들과는 달리 수신자들은 하나님의 은혜로 "지극히 거룩하고"(20) 흠 없이 (24) 기쁨으로 하나님 앞에 나아가야 한다. 음란에 취해 있는 것이 아니라 성령으로 기도해야 한다(20). 자신을 그리스도의 통제 아래 지켜 영생을 취해야 한다(21). 거짓 교사들에 의해 타락한 자들과 거짓 교사라도 불쌍히 여기며 그들의 타락에 감염되지 않도록 주의하며 그들을 그리스도 앞에 다시 서도록 힘써야 한다(22~23).

적용

요즈음에는 한국에 이혼율이 주춤하였다고 한다. 이혼에 여러 가지 이유가 있겠지만 가장 큰 이유는 음란이라고 볼 수 있다. 초기 유대문헌에 따르면 두 영이 사람을 지배하려고 한다. 윤리적인 행동 이면에는 영적 세력이 있다. 이 음란의 영이 자타가 공인하듯이 한국 교회에도 침입하였다. 그리스도의 신부가 되어야 할 교회는 그리스도의 통치를 벗어나 음란의 영에 사로잡히지 않도록 해야 한다. 미국에 9·11테러, 뉴올리언스의 카트리나 태풍피해, 남아시아의 쓰나미, 파키스탄의 지진, 중국과 터키의 조류독감으로 인한 사망 등의 역사적 심판 뒤에는 분명히 하나님의 통치가 있다. 한국은 어떤가? 삼성이 세계적인 기업이 되고 국제무역수지는 역사상 최대치를 기록하고 비록 황우석이 논문조작으로 수치를 당하기는 했으나 역시 BT산업에 세계선두주자가 되는 등으로 한국은 선진국의 대열에 들어가는가? 외국의 어느 목회자가 한국목회자들이 여자문제와 물질문제 두 가지를 회개하지 않으면 심판이 임한다고 말한 바를 들은 적이 있다. 돈이 있는 곳에 여자도 따른다. 돈도 그렇고 여자도 그렇고 유다서의 거짓 교사처럼 그리스도의 통치와는 무관하다. 완전히 정욕이 지배한다. 이렇게 도전 받으면 영권(유 8, 19) 카드로 위협한다. 그래서 자기 몸만 기르는 이들(유 12) 때문에 가난한 대다수 목회자들의 생활이 더욱 비참해진다. 언제부터인가 교회만 가면 샘솟던 기쁨과 즐거움이(유 24) 사라졌다. "지극히 거룩한 믿음"(유 20 "지극히 거룩한"은 최상급으로 사용되었다) 즉 완전한 그리스도의 지킴(유 1, 21)이 교회 지도자들에게서 시작될 때 한국교회는 회복될 것이며 미래가 보일 것이다.

야고보서 주(註)

1부

2장
1. 이 글은 「신학과 세계」(2004), pp. 96~122에 발표된 것으로, 자세한 헬라어와 주는 이 자료를 참고.

3장
참고 문헌
1. Bauckahm, Richard. *James*. London: Routledge, 1999.
2. Dibelius, Martin. *James: A Commentary on the Epistle of James*. Edited and revised by Heinrich Greeven, translated by Michael A. Williams. Philadelphia: Fortress, 1975.
3. Hartin, Patrick J. *A Spirituality of Perfection: Faith in Action in the Letter of James*. Collegeville, Minnesota: The Liturgical Press, 1999.
4. Johnson, Luke Timothy. *Brother of Jesus, Friend of God: Studies in the Letter of James*. Grand Rapids, Michigan/ Cambridge, U. K.: William B. Eerdmans Publishing Company, 2004.
5. McCartney, Dan G. *James*, Baker Exegetical Commentary on the New Testament. Grand Rapids, Michigan: Baker Academic, 2009.
6. Painter, John. *Just James: The Brother of Jesus in History and Tradition*. Minneapolis: Fortress Press, 1999.
7. Schrage, Wolfgang. *The Ethics of the NT*. Translated by David E. Green. Philadelphia: Fortress Press, 1988.
8. 김병국. 「설교를 위한 공동서신강해」. 서울: 이레서원, 2004.

2부

2장
1. F. Francis, 'The Form and Function of the Opening and Closing Paragraphs of James and 1 John', *ZNW* 61 (1970), p. 118; 참조. P. Davids, *The Epistle of James. A Commentary on the Greek Text* (NIGTC; Exeter: Paternoster, 1982), p. 78; P. J. Hartin, "James and the Q Sayings of Jesus," *JSNTSup*, 47 (Sheffield: Sheffield Academic Press, 1991), pp. 26~28.
2. R. P. Martin, "James," *WBC*, 48 (Waco: Word Books, 1988), pp. 14~15, 30; pace S. Laws, *A Commentary on the Epistle of James* (BNTC; London: A & C Black, 1980), p. 52.

3. 대부분의 주석가들은 페이라스모스라는 단어가 1:2~4과 1:12(13)~15에서 다른 의미로 사용되고 있다는 데 의견을 같이한다; J. B. Adamson, *The Epistle of James* (NICNT; Grand Rapids: Eerdmans, 1976), p. 70; Martin, *James*, pp. 30~33; et al. Contra Davids, *James*, pp. 80~84.

4. Martin, *James*, pp. 32~33; pace Adamson, *James*, pp. 67~70.

5. Martin, *James*, p. 33.

6. Pace Davids, *James*, p. 81.

7. 하지만 흥미롭게도 역대상 21:1은 사무엘하 24:1의 언급을 정정하여, 시험의 주체를 하나님이 아니라 사단이라고 규정하고 있다. 이러한 시도는 희년서 17~18장에서도 눈에 띤다.

8. M. Dibelius, *A Commentary on the Epistle of James* (Hermeneia; Philadlphia: Fortress Press, 1975), pp. 121~122; Laws, *James*, p. 71; 참조. Martin, *James*, pp. 34~35. Davids, *James*, p. 82는 이러한 해석적 가능성을 구약과 신약에서 사람들이 하나님을 시험하는 경우들을 들어 반박한다(예. 신 6:16; 고전 10:9). 그러나 그러한 사실은 인간의 문제를 기술하고 있는 것이지, 하나님께서 시험을 받으셨다는 사실이나 가능성을 기술하는 것은 아님을 주목해야 할 것이다.

9. Davids, *James*, p. 86; Martin, *James*, p. 37.

10. J. H. Ropes, *A Critical and Exegetical Commentary on the Epistle of St. James* (ICC; Edinburgh: T. & T. Clark, 1916), p. 158.

11. Davids, *James*, p. 86; pace Martin, *James*, p. 38.

12. 예를 들어, 태양 빛의 시시 각각의 변화와 낮과 밤의 변화 등; Adamson, *James*, p. 74.

13. Windisch, *Die katholischen Briefe*, pp. 9~10.

14. Dibelius, *James*, pp. 104~105; Adamson, *James*, pp. 76~77; Davids, *James*, pp. 89~90. 한편 Laws, *James*, p. 78은 창조와 구속 두 사건 모두를 지칭한다는 제안을 한다.

15. Davids, *James*, pp. 89~90; 참조. Martin, *James*, pp. 39~41.

16. Adamson, *James*, p. 93.

17. B. Reicke, "The Epistles of James, Peter, and Jude," AB 37 (Garden City: Doubleday, 1964), p. 21.

18. Davids, *James*, p. 93. 한편 하나님의 의에 대한 종말론적 가능성을 취하는 해석에 대해서는 Martin, *James*, p. 48을 보라.

19. Pace Dibelius, *James*, p. 122.

20. 참조. Martin, *James*, p. 49.

21. 여기서 프쉬케는 육체에 반대되는 '영혼' 이라는 의미보다는 '인간 전체' 를 대표하는 의미로 이해되어야 할 것이다(참조. 막 8:35; 요 10:11; 행 2:41); Davids, *James*, p. 95.

22. Davids, *James*, p. 97; 참조. Dibelius, *James*, p. 114.

23. 이렇게 함으로써 22~25절은 교차대칭 구조를 형성한다.

24. Martin, *James*, p. 51.

25. W. D. Davies, *The Setting of the Sermon on the Mount* (Cambridge: Cambridge University Press, 1964), pp. 402~405; Davids, *James*, pp. 99~100.

26. 참조. Dibelius, *James*, pp. 121~122; Reicke, *James*, p. 25.

베드로전후서 주(註)

1부

1장

1. 베드로는 네로 황제의 박해 때(64~65년) 순교한 것으로 전해지고 있다. 따라서 집필 연대는 그 이전이어야 한다. 한편 바울이 쓴 로마서(약 58년경)에 베드로에 대한 언급이 없는 것으로 보아 로마서 집필 이후로 추정된다.

2. 한글 개역 성경 1장 17절의 '나그네'에 해당하는 헬라어는 '파로이키아'인데, 이 단어는 '나그네로 있는 상태'라는 의미가 강하다.

3. John H. Elliott, "First Epistle of Peter," in *Anchor Bible Dictinary*, 5:273.

4. John H. Elliott, *A Home for the Home less: A Sociological Exegesis of 1 Peter. Its Situation and Strategy* (Philadelphia: Fortress Press, 1981), pp. 24~48.

5. Elliott, *ABD*, 5:273.

6. *Exegetical Dictionary of the NT*, 3:42, "파로이코이"

7. 만약 저자가 베드로의 제자라고 한다면, 로마 군대에 의한 예루살렘의 멸망이 하나님의 심판이 시작되었다고 저자에게 느끼게 해주었을 것이다.

8. '선을 행함'을 뜻하는 헬라어 '아가쏘포이에인'은 신약에서 모두 9회 사용되고 있는데, 누가복음 6장에서만 4회(9, 33절에서 2회, 35), 베드로전서에서 4회(2:15, 20; 3:6, 17), 요삼 11절에서 한 번 사용되고 있다. 그리고 베드로전서 안에서 '아가쏘포이에인'의 파생어나 유사어가 사용된 구절로서 2:12, 14; 3:13; 4:19가 있다. 반대로 '악을 행함'과 그 파생어는 2:1, 14, 16; 3:12, 17; 4:15에 사용되고 있다.

9. '형제 사랑'을 뜻하는 헬라어 '필라델피아'는 베드로전서에서만 사용되고 있는 독특한 단어다. 한편 베드로전서에서 원수에 대한 사랑이 전혀 나타나 있지 않다고는 볼 수 없다. 예를 들어서 3:9은 롬 12:17, 20처럼 원수사랑의 윤리로 볼 수 있다.

10. 왕과 방백(2:13~17)의 경우에 왕과 방백을 대상으로 둘 사이의 관계에 대해 각자에게 권면하는 내용이라기보다 믿는 이들이 왕과 방백에 대해 어떤 태도를 취해야 할 것인지를 말하고 있다는 점에서 가훈표의 대상이라고 하기엔 무리가 있다.

2부

1장

1. 베드로전서 1장 3절~4장 11절까지는 형식이나 내용 면에서 편지로 보기 어렵다는 주장이

제기되기도 한다. 곧 일반적인 편지에 나타나는 장소나 인물들에 대한 언급이 없다는 것이다. 이 때문에 서신이기보다 설교라고 본다. 반면에 그 구조의 짜임새를 근거로 볼 때 유월절에 시행한 감독의 세례에 관한 문헌이라는 주장도 제기된다.

2. 디오는 결론이 자명하다는 것을 나타낸다.

3. 주후 96년 비두니아 본도 지역의 총독 플리니가 트라얀 황제에게 보낸 서한과 트라얀 황제의 칙재서.

2장

1. 여기서 '보이다'라는 동사는 분사 형태를 띠고 있다. 이것은 독립적 분사 용법의 일환으로 명령법으로 해석할 수도 있고, 부대 상황의 분사로 취급해 주 동사인 '끊어버리다'의 부사적 상황 즉 시간이나 수단의 상황을 보여주는 것으로 해석할 수 있다. 이상의 본문에서는 후자의 경우로 해석하고 있다. 반면에 이상의 본문 중에서 2장 18절의 '순복하다', 3장 1절의 '순복하다', 3장 7절의 '함께 살다'와 '보이다', 3장 9절의 '갚다'와 '복을 빌다'는 모두 전자의 경우로 해석된 경우다.

2. 이 부분은 소위 초대 교회의 그리스도 찬송시라고 부르는 빌립보서 2장 6~11절("그는 근본 하나님과 본체시나")과 골로새서 1장 15~20절("그는 보이지 않는 하나님의 형상이요")의 구절들을 연상시킨다. 헬라어 성경 중에 하나인 NA27판은 세 본문들을 모두 시형으로 구성해 놓고 있다.

3. J. Ramsey Michaels, *1 Peter*, WBC 49 (Word Books, 1988), pp. 123, 135.

4. 이런 차이는 당시 베드로 전후서의 수신자 공동체의 상황을 반영하고 있다고 볼 수 있다. 구체적으로 말해, 당시의 공동체 구성원들은 주로 가족에 속한 종들로 이뤄졌고 개개의 가정도 소수의 이방인 남편들과 결혼한 다수의 크리스천 아내들로 이뤄졌기에, 베드로 사도는 그의 편지의 방향을 그리스도 안에서 상호 복종이 아니라, 공동체 밖을 지향해 당시의 인간 권력에 대한 순복에 맞추고 있다(참조 J. Ramsey Michaels, *1 Peter*, p. 122).

5. J. Ramsey Michaels, *1 Peter*, WBC 49. p. 116.

6. Donald P. Senior, *1 Peter*, Sacra Pagina Series 15 (The Liturgical Press, 2003), p. 67.

7. 이 단락의 마지막 부분인 17절은 분명 교차대구 및 수미상관의 구조를 지닌다. 모든 자들을 존중하고 (A) - 형제를 사랑하며 (B) - 하나님을 경외하고 (B´) - 왕을 존중하라(A´). A - A´는 크리스천 공동체 밖에 있는 모든 사람들에 대한 일관된 자세인 존중(양쪽 모두 동일한 단어인 '티마오'의 명령형이 사용되고 있음)을 명령하며, 가운데 부분인 B - B´는 크리스천 형제와 하나님에 대한 사랑과 경외를 명령하고 있다.

8. 레온하르트 고펠트, 「신약 신학 Ⅱ」(크리스챤다이제스트, 1995), p. 222ff.

9. 본문 3장 10~12절은 시편 34장 12~17절을 반향하고 있는데, 이 본문은 고난받는 의인에 관한 시편의 일환이다.

10. 이미 이런 분사형의 명령적 해석은 2장 18절과 3장 1절에 나오는 '순복하다'에서 살펴본 바요, 3장 9절에 나오는 '되갚지 말라', '복을 빌라'에서도 적용되는 경우다.

11. J. Ramsey Michaels, *1 Peter*, WBC, p. 166.

12. '깨달음 중에'의 의미와 '존중하다'의 해석의 문제(명령법인가 아니면 부대 상황의 분사

인가) 등을 포함한다.

13. 레온하르트 고펠트, 「신약 신학 Ⅱ」, p. 220 이하를 참조하라.

3장

1. 여러 주석적 문제들을 간략하게 정리한 것으로 H. Marshall, *I Peter* (IVP)를 들 수 있다.

2. 개역 번역은 어색하다. 여기서 육체와 양심의 대조는 외적 미와 내적 온유를 대조하는 베드로전서 3장 1~6절을 상기시킨다. 양심을 깨끗케 한다는 말은 베드로전서 1장 22절에서 "영혼을 깨끗케 한다"는 말과 통한다.

5장

1. '영들'에 관한 세 가지 다른 견해에 대해 R. Bau ckham, *Spirits in Prison*, D. N. Freed man(ed.), Anchor Bible Dictionary (6 vols.; New York: Doubleday, 1992), VI, pp. 177~78을 참조하라.

2. Selwyn, *First Epistle of St Peter*, pp. 197~201, 313~62를 참조하라. Selwyn은 옥에 있는 영들을 불순종의 악령, 악한 천사들이라고 한다.

3. J. N. D. Kelly, *A Commentary on the Epistles of Peter and of Jude* (BNTC; London: A & C Black, 1969), pp. 154 ~55를 참조하라.

4. Grudem, *First Epistle of Peter*, pp. 208~223에서 하나님의 오래 참으심을 노아 홍수의 때와 연결시키며, 에녹서는 천사들에게 심판을 경감시키는 일은 있을 수 없다는 사실을 강조한다.

5. N. Hillyer, *1 and 2 Peter*, *Jude* (Peabo dy, MA: Hendrickson, 1992), p. 118; S. E. Johnson, *The Preaching to the Dead*, JBL 79 (1960), pp. 48~51을 참조하라.

6. Kelly, *Epistles of Peter*, p. 156. 물론 이 헬라어 동사가 복음과 전혀 관계없이 사용된 경우도 있는 것은 사실이다(참조 눅 12:3; 롬 2:21; 계 5:2).

7. I. H. Marshall, *1 Peter* (Leicester: InterV arsity Press, 1991), pp. 124~25를 참조하라.

8. R. T. France, *Exegesis in Practice: Two Samples* in I. H. Marshall (ed.) New Testament Interpretation: Essays on Principles and Methods (Exeter: Paternoster, 1977), pp. 252~81 특히 p. 280, n. 35를 보라.

9. France, *Exegesis*, p. 267.

10. Kelly, *Epistles of Peter*, p. 152.

11. Grudem, *First Epistle of Peter*, p. 203.

12. Ibid., pp. 236 ~37.

13. Ibid., p. 224.

6장

1. 베드로전서의 저자가 누구인가에 대해 학자들 사이에 논란이 있지만, 필자는 사도 베드로

가 본서의 저자라고 믿는다. I. Howard Marshall, *1 Peter* (The IVP New Testament Commentary Series; Downers Grove, IL: IVP, 1991), pp. 21~24를 보라.

2. 사도행전에서 예루살렘 교회의 지도자들이 '장로'로 호칭되는 것은 유대 전통에 근거하고 있다(출 3:16,18; 24:9; 민 11:16; 수 20:4; 마 16:21; 21:23; 막 14:43; 눅 20:1; 행 4:5, 8; 25:15 참조).

3. '동료 장로(쉼프레스뷔테로스)'라는 단어는 신약에서 여기에만 나온다.

4. Peter H. Davids, *The First Epistle of Peter* (Grand Rapids: Eerdmans, 1990), p. 175를 참조하라.

5. 예수 그리스도께서 목자장(아르키포이멘)으로 묘사된 것은 베드로전서에서만 발견된다. 목 자로서 예수 그리스도는 히브리서 13장 20절과 요한복음 10장 11, 14절에 나온다. 영광의 면류관 이미지는 이사야서 28장 5절, 예레미야서 13장 18절에 나온다.

6. 이 단어의 의미에 대한 다양한 해석들이 있지만, 약 30세 이하의 젊은 사람들을 일컫는 것 으로 보인다. Davids, *The First Epistle of Peter*, pp. 183~184를 참고하라.

7. 한글개역성경에는 이 권면의 대상이 '젊은 자들'로 되어 있는데 교회 전체로 보는 것이 옳 다.

8. 이 단어는 신약에만 나온다(롬 13:12; 엡 6:11, 14; 골 3:12; 살전 5:8). 노예들이나 목자들 이 옷이 더러워지는 것을 피하기 위해 옷 위에 두른 앞치마와 같은 것에서 유래되었다.

9. '하나님의 능력의 손'이라는 이미지는 구원의 능력을 상징한다(출 3:19; 6:1; 13:3; 신 9:26 참조).

10. 분사 ἐπιρίψαντες(에피리프산테스)를 명령적 분사(imperatival)로 보는 것보다 정황적 분 사(circumstantial participle)로 보는 것이 더 옳다.

11. 대명사 αὐτός(아우토스)는 앞에 나온 하나님을 지칭한다. 그런데 한글개역성경에는 '주' 로 나와 있는데 이는 원문에 충실한 번역이 아니다.

12. 실루아노는 사도행전에 나오는 바울의 동역자다(행 15:22, 27, 32~33; 16: 19; 17:14~ 15). 실루아노가 베드로전서를 작성하는 데 단순히 필사자 이상의 역할을 했을 것이다.

13. 원문에서 ταύτην(타우텐)이 무엇을 가리키는지 학자들 사이에 의견이 다양하다. 그 의견 에 대해 Davids, *The First Epistle of Peter*, p. 200을 참고하라.

14. 다른 다양한 견해에 대해서 Davids, *The First Epistle of Peter*, pp. 201~203을 참고하라.

8장

1. Bauckham, R. J., *Jude, 2 Peter* (WBC; Waco, Texas: Word Books, 1983), p. 236.

2. 대부분의 학자들은 베드로후서의 저자가 유다서에서 언급한 거짓 교사들에 대한 성격을 참 고했을 것으로 이해한다. 벧후 2:1~2/유 4; 벧후 2:4, 6/유 6~7; 벧후 2:10~16/유 8~13을 대조하여 비교해 보라. Bauckham, R., *Jude, 2 Peter*, pp. 259~260; 272~273. 베드로전 서와 후서의 관계와 더불어 베드로후서와 유다서의 상호 관계와 유사성 그리고 유대문헌의 배경에 대해서는 Knight, J., *2 Peter and Jude* (NTG; Sheffield: Sheffield Academic Press, 1995), pp. 9~36을 참조하라.

3. Bauckham, R., *Jude, 2 Peter*, pp. 248~255를 참고하라.

4. Jerome Neyrey는 자신의 주석서에서 베드로후서에서 언급되고 있는 "거짓 교사"들을 에 피큐리안 사상에 물들은 그리스도인 지도자들로 간주하는 것이 그 당시 사회-역사적 배경 하에 가장 적합하다고 제안하였다. 이들의 대표적 입장은 그리스도의 재림과 장래 심판에 대한 부정(벧후 1:16~21; 3:3~12) 그리고 이생에 대한 부정과 육신에 대한 자유함 등이다. 이런 해석이 옳다면, 거짓 교사들은 그 당시 기독교 공동체 안에서 나타난 이단자들이라 할 수 있다. Neyrey, J. H., *2 Peter, Jude: A New Translation with Introduction and Commentary* (AB; New York: Doubleday, 1993), pp. 122~128를 보라.

5. 11절에 있는 "영광 있는 자"(독사스)에 대한 해석에 있어 현대 주석가들은 대부분의 한글판 번역들과 달리 '선한 천사들' 보다는 '악한 천사들'로 간주한다. Moo, D. J., 2 Peter, *Jude: The NIV Application Commentary* (Grand Rapids: Zondervan, 1996), p. 121와 Bauckham, R. J., *Jude, 2 Peter*, p. 261을 보라.

6. Green, M., *2 Peter and Jude: Tyndale New Testament Commentaries* (Grand Rapids: Eerdmans, 1987, 2nd edition), pp. 121~122.

7. "음심이 가득한 눈을 가지고"(with eyes full of adultery)라고 번역된 한글성경이나 NIV 영어성경과는 달리 그리스어 원문은 "음심" 대신에 "음녀"(모이칼리도스 – adulterous women)로 되어 있다.

8. Bauckham, R., *Jude, 2 Peter*, p. 277을 보라.

9. 베드로후서 2장 20~21절의 문맥은 독자들에게 "거짓 교사들"의 정체성에 대해 또 다른 이 슈를 질문하지 않을 수 없게 해 준다. 즉, 이들은 실제로 한때 소위 "중생 받은 성도들"이라 고 말할 수 있는가에 대한 신학적 물음이다. 이와 관련하여 Moo는 칼빈주의적 입장에 서 있는 자신의 신학적 기초를 인정하면서 성도를 향한 구원의 보장은 하나님의 신실하신 성 품과 계획에 근거하여(즉, 성경의 다른 전체적 메시지에 근거하여, 특히 롬 5~8장), 이 본 문의 "거짓 교사들"이 과거에 '실질적인 그리스도인들'이 아니었을 것으로 해석한다. 그럼 에도 베드로후서 본문 자체의 문맥은 실질적 그리스도인 독자/지도자들을 향한 강한 경고 임을 밝히고 있다. 나아가 Moo 자신도 자신의 견해가 이 본문에 '충분히' 만족스럽지 못함 도 인정하고 있다. "And when that context is considered, my hesitant conclusion is that the best interpretation I can now discover is that Peter is not talking about truly regen-erate believers. But I will honestly admit that I am not finally satisfied with this con-clusion, and I keep coming across warning passages that I struggle to do exegetical justice to," *2 Peter, Jude*, p. 155. 필자는 서신들뿐 아니라 복음서에 드러나 있는 이와 유 사한 '경고 구절들'(예, 히 3:12~18; 6:4~6; 10:26~31; 롬 11:13~24; 고전 10:1~12; 갈 5:16~21; 마 7:15~27; 유 1:4~6 참조)은 일차적으로 그 해당 문맥을 충실히 고려하여 해 석해야 될 것을 제안하고 싶다. 이런 점에서 성경의 '경고 구절들'이 우선적으로 그리스도 인 독자들을 주된 대상으로 고려된 원 저자들의 의도와 본문의 의미를 좀 더 심각하게 고려 하고 적용할 가치가 있다고 본다.

10. Moo, D., *2 Peter, Jude*, pp. 146~147을 보라.

유다서 주(註)

1부

1장

1. Jorg Frey, "Der Judasbrief zwischen Judentum und Hellenismus"(2002년 영국 더람에서 열린 SNTS 공동서신 분과 모임에서 발표한 논문), p. 14.
2. Daryl Charles, *Literary Strategy in the Epistle of Jude* (London: Associated Press, 1993), p. 77, 더 자세하게는 pp. 71~79를 보라.
3. Frey, "Der Judasbrief zwischen Judentum und Hellenismus," p. 17.
4. Daniel Harrington, *Jude and 2 Peter* (Sacra Pagina 15; Collegeville, Minnesota: Litergical, 2003), p. 206.
5. 이 구조는 리처드 보캄을 따른 것이다(ABD 3. 1098~1099).

2부

1장

1. 7, 14에서는 여격으로 8, 10, 12, 16, 19에서는 주격으로 사용되었다.

원어 일람표(히브리어/헬라어)

P. 19
디아스포라 διασπορά

P. 34
호도이 ὁδοί
포레아이 πορεαί
플로이아 πλοῖα
페다리온 πηδαλίον
유쒸논 εὐθύνων
폴리스 πόλις
포류오마이 πορευόμαι
케르다이노 κερδαίνω

P. 37
뤼파로스 ῥυπαρός

P. 58~59
텔레이오스 τέλειος
텔레이오오 τελειόω
타밈 תמים
페이라스모스 πειρασμός
페이라조 πειράζω

P. 60, 62
페이라스몬 πειρασμόν
파산 카란 Πᾶσαν χαρὰν
에르곤 ἔργον

P. 64~65
에피쒸미아 ἐπιθυμία

에피쒸미아 사르코스
    ἐπιθυμία σαρκός
도시스 δόσις
도레마 δώρημα
에소프트론 ἔσοπτρον
토 프로소폰 테스 게네세오스 아우투
    τὸ πρόσωπον τῆς γενέσεως αὐτοῦ
게네시스 γένεσις

P. 67
파라퀴프토 παρακύπτω
파라메노 παραμένω

P. 73
칼린아고게오 χαλιναγωγέω
칼린아고게사이 χαλιναγωγῆσαι

P. 79
하플로스 ἁπλῶς

P. 104
페이라스모스 πειρασμός
도키미온 δοκίμιον
도키모스 δόκιμος
휘포모네 ὑπομονή
휘포메노 ὑπομένω
페이라조 πειράζω
아페이라스토스 ἀπείραστος
휘포메네이 ὑπομένει

362

P. 105
테스 조에스 τῆς ζωῆς
에피튀미아 ἐπιθυμία
페이라스모스 πειρασμός
아페이라스토스 ἀπείραστος

P. 106
에피튀미아 ἐπιθυμία
예쩨르 יֵצֶר
하마르티아 ἁμαρτία
아포텔레스테이사 ἀποτελεσθεῖσα

P. 107
메 플라나스테 μὴ πλανᾶσθε
파사 도시스 아가테 카이 판
도레마 텔레이온
  πᾶσα δόσις ἀγαθὴ καὶ πᾶν
  δώρημα τέλειον
도시스 δόσις
도레마 δώρημα
아가토스 ἀγαθός
텔레이오스 τέλειος
아노텐 ἄνωθεν
파르 호 우크 에니 파랄라게
에 트로페스 아포스키아스마
  παρ' ᾧ οὐκ ἔνι παραλλαγὴ
  ἢ τροπῆς ἀποσκίασμα
파랄라게 παραλλαγή
트로페스 τροπῆς
아포스키아스마 ἀποσκίασμα

P. 108
아페퀴에센 ἀπεκύησεν

P. 109
디오 διό

P. 110
톤 엠퓌톤 로곤
  τὸν ἔμφυτον λόγον
프쉬케 ψυχή

P. 111
노몬 텔레이온 톤 테스
엘류테리아스
  νόμον τέλειον τὸν τῆς
  ἐλευθερίας

P. 112
트레스코스 θρησκός
트레스케이아 θρησκεία
칼리나고게오 χαλιναγωγέω

P. 113
카타라 카이 아미안토스
  καθαρὰ καὶ ἀμίαντος
아스필로스 ἄσπιλος
코스모스 κόσμος

P. 119
프로소폴렘프시아 προσωπολημψία
나사 파님 נָשָׂא פָּנִים
람프라 λαμπρᾷ
루흐파라 ῥυπαρᾷ

P. 121
노모스 바실리코스 νόμος βασιλικός

364

P. 205~206, 209
파로이코이 πάροικοι

P. 205
파레피데모이 παρεπίδημοι
파로이코이 πάροικοι

P. 210
필로크세노이 φιλόξενοι
오이코스 투 테우 οἶκος τοῦ θεοῦ
오이코도메이스테 οἰκοδομεῖσθε
쉰오이쿤테스 συνοικοῦντες
오이코노모이 οἰκονόμοι

P. 211
둘로이 δοῦλοι
오이케타이 οἰκέται
파로이코이 πάροικοι

P. 212
오이케타이 οἰκέται
파로이코이 πάροικοι

P. 230
디오 διό

P. 233
파레피데모스 παρεπίδημος

P. 234
아프타르톤 ἄφθαρτον
아미안토스 ἀμίαντος

P. 235
아마란토스 ἀμάραντος
엔 ἐν
디아 διά
에이스 εἰς

P. 236
파라퀴프사이 παρακύψαι
하그니제이 ἁγνίζει

P. 246
휘포타게테 ὑποτάγητε
휘포타쏘메노이 ὑποτασσόμενοι
휘포타쏘메나이 ὑποτασσόμεναι
쉰오이쿤테스 συνοικοῦντες

P. 249
휘포타쏘 ὑποτάσσω

P. 250~251
파스코 πάσχω

P. 258
에클레크토이스 파레피스데모이스
  ἐκλεκτοῖς παρεπιδήμοις

P. 285
프뉴마타 πνεύματα
엔 퓔라케 ἐν φυλακῇ
퓔라케 φυλακή
쉐올 שְׁאוֹל
하데스 ᾅδης

P. 287
아페이테사신 ἀπειθήσασίν
에케뤼크센 ἐκήρυξεν

P. 288
케뤼쎄인 κηρύσσειν
에케뤼크센 ἐκήρυξεν

P. 289
프뉴마티 πνεύματι
호 ᾧ
엔 호 카이 ἐν ᾧ καὶ
포류쎄이스 πορευθεὶς

P. 290
포류쎄이스 πορευθείς

P. 291
케뤼카 κήρυκα
에케뤼크센 ἐκήρυξεν

P. 295
네오테로이 νεώτεροι
엥콤보사스테 ἐγκομβώσασθε
텐 크라타이안 케이라 투 테우
  τὴν κραταιὰν χεῖρα τοῦ θεοῦ
운 οὖν

P. 296
에프 아우톤 ἐπ᾽ αὐτόν

P. 297
헤 엔 바뷜로니 ἡ ἐν Βαβυλῶνι

P. 301
포스포로스 φωσφόρος

P. 304
아우토 투토 αὐτὸ τοῦτο
디오 διό

P. 305
토이스 이소티몬 헤민 라쿠신
피스틴
  τοῖς ἰσότιμον ἡμῖν λαχοῦσιν
  πίστιν
엔 에피그노세이 ἐν ἐπιγνώσει
디아 테스 에피그노세오스
  διὰ τῆς ἐπιγνώσεως
조에 ζωή
유세베이아 εὐσέβεια

P. 306
테이오스 θεῖος
퓌시스 φύσις
코이노노이 κοινωνοί

P. 307
아레테 ἀρετή
그노시스 γνῶσις
엥크라테이아 ἐγκράτεια
휘포모네 ὑπομονή
유세베이아 εὐσέβεια
필라델피아 φιλαδελφία
아가페 ἀγάπη

P. 308
헤 에이소도스 ἡ εἴσοδος

P. 309
베바이오테론 βεβαιότερον

P. 310
칼로스 포이에이테 καλῶς ποιεῖτε

P. 314
프슈도프로페타이 ψευδοπροφῆται
프슈도디다스칼로이 ψευδοδιδάσκαλοι
하이레세이스 아폴레이아스
  αἱρέσεις ἀπωλείας

P. 316
독사스 δόξας

P. 317
스필로이 카이 모모이
  σπίλοι καὶ μῶμοι
아스필로이 카이 아모메토이
  ἄσπιλοι καὶ ἀμώμητοι
아파타이스 ἀπάταις
아가파이스 ἀγάπαις
모이칼리스 μοιχαλίς

P. 318
카타라스 테크나 κατάρας τέκνα

P. 322~329
파루시아 παρουσία

P. 323
므네스테나이 μνησθῆναι
에스카톤 톤 헤메론
  ἐσχάτων τῶν ἡμερῶν

에피튀미아 ἐπιθυμία
에손타이 ἔσονται

P. 324
푸 에스틴 ποῦ ἐστιν

P. 326
마크로튀미아 μακροθυμία
스토이케이아 στοιχεῖα

P. 341
프쉬키코이 ψυχικοί

P. 342
후토이 οὗτοί

P. 347
테테레메노이스 τετηρημένοις
테레오 τηρέω
테테레켄 τετήρηκεν

P. 348
아가페 테우 ἀγάπη θεοῦ
사르카 σάρκα
소마 σῶμα
사륵스 σάρξ

P. 356
파로이키아 παροικία
파로이코이 πάροικοι
아가쏘포이에인 ἀγαθοποιεῖν
필라델피아 φιλαδελφία

P. 357

티마오 τιμάω

P. 359

쉼프레스뷔테로스 συμπρεσβύτερος
아르키포이멘 ἀρχιποίμην
에피리프산테스 ἐπιρίψαντες
아우토스 αὐτός
타우텐 ταύτην

P. 360

독사스 δόξας
모이칼리도스 μοιχαλίδος

---

* θ는 원칙적으로 'ㅆ'으로 음역했으나, 필자가 'ㅌ' 혹은 'ㄸ'를 선호한 경우 필자의 의견을 존중했습니다.
* υ는 원칙적으로 'ㅟ'로 음역했으나, 필자가 'ㅜ'를 선호한 경우 필자의 의견을 존중했습니다.